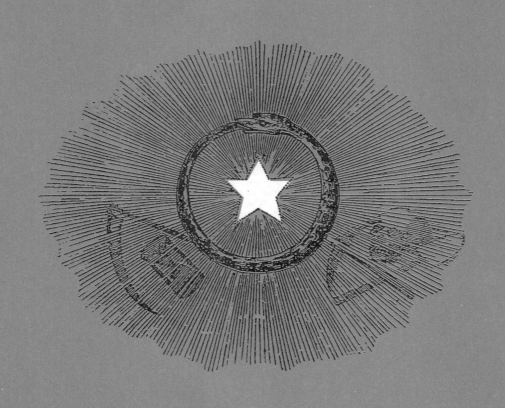

DADOS INTERNACIONAIS DE
CATALOGAÇÃO NA PUBLICAÇÃO (CIP)
Andreia de Almeida CRB-8/7889

Hutton, Ronald
Grimório das Bruxas / Ronald Hutton ; tradução de
Fernanda Lizardo. — Rio de Janeiro : DarkSide Books, 2021.
544 p.

ISBN: 978-65-5598-090-5
Título original: The Witch: A History of Fear, from Ancient
Times to the Present

1. Feitiçaria - História 2. Feiticeiras - História
I. Título II. Lizardo, Fernanda

21-0826   CDD 133.4309

Índices para catálogo sistemático:
1. Feiticeiras - História

Ilustrações de Vitor Willemann (p. 104, 156, 232, 282, 286, 338) e Katarzyna Jodzis (p. 198). A iconografia deste grimório contempla os trabalhos de Francisco de Goya, Gustave Doré, D. Teniers, Virgil Finlay, Martin Schongauer, Henry Justice Ford, Hendrick Goltzius, John W. Ehninger, Andreas Zetter, José Guadalupe Posada, Edouard Gouerg, Heinrich Kely, Jan Van de Velde II, Stephen Miller, entre outros artistas; imagens do Museum of Witchcraft and Magic Cornwall, JT Vintage, acervo do autor e acervo Macabra/DarkSide, ©Alamy, ©123RF, ©Shutterstock e ©Pictorial Press.

Imensos Guardiões, seres de luz infinita, de dia me tragam paz, de noite os dons da magia. Invisíveis Guardiões, protejam os quatro cantos de minha alma, os quatro cantos de minha casa, os quatro cantos dos nossos corações.

GRIMÓRIO DAS BRUXAS
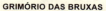
THE WITCH: A HISTORY OF FEAR, FROM ANCIENT TIMES TO THE PRESENT
Copyright © 2017 by Ronald Hutton
Tradução para a língua portuguesa
© Fernanda Lizardo, 2021
Tradução de Macbeth
© Enéias Tavares, 2021
Tradução de "O Jovem Goodman Brown"
© Marcia Heloisa, 2021

A magia que mora no farfalhar das folhas, na alquimia dos aromas, no sopro do vento e no virar das páginas também existe em todos nós. Magicae celebra a vida, as fases da lua, as marés internas e os mistérios dos oráculos, para que possamos nos reencontrar com a nossa própria essência.

Coven
Christiano Menezes
Raquel Moritz
Chico de Assis
Arthur Moraes

Artífices da Magia
Isadora Torres
Jéssica Reinaldo
Sergio Chaves
Tinhoso e Ventura

Sabbaths & Arte
Black Philipp
Diana
Tituba
Macabra

Impressão
Ipsis Gráfica

© 2021 MACABRA/ DARKSIDE

Agradecimento especial para Marcia Heloisa, a sacerdotisa da Fazenda Macabra. Em perfeito amor e perfeita confiança com a Família DarkSide.

Todos os direitos desta edição reservados à
DarkSide® Entretenimento Ltda. • darksidebooks.com
Macabra™ Filmes Ltda. • macabra.tv

RONALD ☾ HUTTON

GRIMÓRIO DAS BRUXAS

MACABRA™
DARKSIDE

RONALD ☾ HUTTON

Iniciação
PRIMEIRA PARTE

013. NA SOMBRA DE GIGANTES
017. ELEMENTOS FUNDAMENTAIS
025. INTRO: RITUAL DO SABER

Raízes da Bruxaria
SEGUNDA PARTE

033. VOZES: MANIFESTAÇÃO UNIVERSAL
107. ORIGENS: ANTIGOS PRECEITOS
159. SAGRADO: TRANSE XAMÂNICO

Visões da Bruxaria
TERCEIRA PARTE

199. MAGIA CERIMONIAL
235. SABBATH DAS BRUXAS
285. IDADE MÉDIA
341. MALDADE MODERNA
397. CÍRCULO SAGRADO

Tradução Fernanda Lizardo

GRIMÓRIO DAS BRVXAS

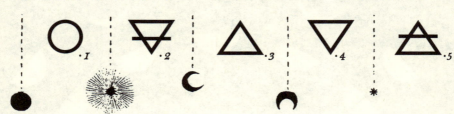

Arte da Bruxaria
QUARTA PARTE

4

415. FEITIÇO ATRAVÉS DOS TEMPOS
435. HAXAN
443. BIBLIOTECA DE SALEM
451. FONTES DE SABEDORIA
498. INGREDIENTES MÍSTICOS

 EXTRAS

Eternas Bruxas
QUINTA PARTE

5

513. QUEM FORAM AS BRUXAS DE SALEM?
521. AS BRUXAS DE MACBETH
529. O JOVEM GOODMAN BROWN
543. ARTÍFICE DA MAGIA

Em nome da grande Deusa, eu traço este círculo de proteção. Dele nenhum mal sairá. Dentro dele, nenhum mal poderá entrar.

PARTE I • INICIAÇÃO

NA SOMBRA
DE GIGANTES

*TERRA GIGANTUM REPUTATA
EST ET IN UMBRA*

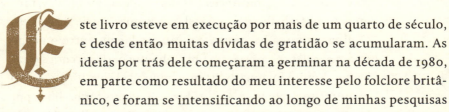

Este livro esteve em execução por mais de um quarto de século, e desde então muitas dívidas de gratidão se acumularam. As ideias por trás dele começaram a germinar na década de 1980, em parte como resultado do meu interesse pelo folclore britânico, e foram se intensificando ao longo de minhas pesquisas sobre a história dos ritos festivos anuais da Grã-Bretanha, e também por causa de minhas viagens ao exterior, especialmente às ilhas da Polinésia e à antiga URSS, o que só fez aumentar meu interesse pela religião e magia indígenas, bem como pelo xamanismo. Na década de 1990, comecei a tatear o assunto na forma de palestras e artigos de seminários nas universidades de Oxford, Leicester, Edimburgo e (tal como era chamada na época) País de Gales, processo este que manteve continuidade no novo século em Edimburgo e mais uma vez em Oxford, e também em Durham, Exeter, Åbo, Harvard, Ohio State, Jerusalém e Manchester. A partir de 1999, também passei a publicá-los em uma série de trabalhos que serviram de alicerce para a argumentação deste livro, e que são referenciados como tais. Sendo assim, devo sinceros agradecimentos aos meus anfitriões nas referidas instituições acadêmicas; aos editores de publicações, ensaios reunidos e editoras que aceitaram aqueles primeiros escritos, e aos revisores que os agraciaram com suas observações; e aos muitos bibliotecários e arquivistas que auxiliaram minha pesquisa com entusiasmo e gentileza maiores do que o esperado. Para todos os citados, há espaço somente para expressar um senso generalizado e genérico, mas ainda assim fervoroso, de compromisso duradouro.

Já a fase final do trabalho deu-se de outra forma, a tarefa contínua e concentrada de completar a pesquisa e redigir este livro, a qual foi realizada entre 2013 e 2017. Esta foi possibilitada pela fundação Leverhulme Trust, que financiou um projeto de três anos dando origem à obra "The Figure of the Witch", com Louise Wilson como minha assistente e Debora Moretti como minha aluna. A seguir, atraímos outros alunos, apoiados por outras fontes, formando a seguinte equipe: Victoria Carr, Sheriden Morgan e Tabitha Stanmore; posteriormente, a artista Beth Collier se juntou a nós. Minha experiente colega no estudo *Classics and Ancient History*, Genevieve Liveley, promoveu um trabalho inestimável na organização de simpósios. O dinamismo, a harmonia e a camaradagem entre o grupo foram excelentes, e criaram um ambiente perfeito para se trabalhar. Louise foi uma assistente impecável e verificou todo o manuscrito deste livro. Capítulos individuais foram lidos por Jan Bremmer, Mark Williams, Charlotte-Rose Millar e Victoria Carr, e suas respectivas críticas foram de grande valor. Ana Adnan também realizou leituras, e além de tudo demonstrou mais uma vez seu notável talento para a função notadamente difícil de se proporcionar companhia a um escritor.

Fui agraciado também pela atenção de colegas que contribuíram consideravelmente para o trabalho, e que estão registrados ao final deste livro: na verdade, a leitura cuidadosa de tais registros é um testemunho da dimensão que reflete o quanto a escrita da história tem se tornado um processo colaborativo e comunitário. Nas últimas décadas, tanto as rixas pessoais quanto os embates entre campos ideológicos diminuíram notavelmente entre os historiadores acadêmicos, e ambos sempre foram parcos no agora vasto e geograficamente extenso campo do estudo profissional das crenças europeias em feitiçaria e magia. Pessoalmente nunca testemunhei nenhum conflito, muito menos me enfiei em algum durante minha atuação, e embora não possa creditar nenhum de meus colegas do meio como um adversário, posso intitular muitos deles como conhecidos e alguns como amigos íntimos; algo que novamente os mais perceptivos poderão detectar dentre as observações finais deste livro. Gostaria, no entanto, de concluir esta seção expressando meu apreço pelo relacionamento com dois homens particularmente grandiosos, e prestar homenagens a um terceiro.

O primeiro deles é Carlo Ginzburg, cujas palestras eu já assistira várias vezes desde minha época como jovem dignitário em Oxford, em 1981, mas de quem acabei me tornando amigo durante uma conferência em Harvard, em 2009. Lembro-me com especial deleite de uma caminhada juntos pelo campus de Cambridge (Massachusetts) numa noite calorenta de verão, na qual ele me contou sobre sua descoberta de registros que revelavam a existência dos *benandanti*. O segundo deles é Richard Kieckhefer, com quem — entre outras atividades — também realizei uma caminhada durante o verão, desta vez numa região de Jerusalém; mas foi uma ocasião muito mais pesada, visto que havíamos sido abandonados no bairro errado por um motorista de táxi desonesto, e bem em cima da hora para o meu discurso no evento ao qual ambos deveríamos comparecer. Numa demonstração exemplar de domínio sobre novas tecnologias, ele sacou seu celular e usou o mapeamento de satélite para nos guiar a pé, salvando a minha honra e a programação idealizada por nossos anfitriões. O terceiro deles é Norman Cohn, com quem meu relacionamento foi muito diferente. Encontramo-nos apenas uma vez, em Cambridge, 1973, quando eu era estudante de graduação lá, e ele foi um conferencista convidado. Em nosso encontro, tentei defender o texto do século XIX de Charles Godfrey Leland, *Aradia*, como uma fonte viável para nosso conhecimento sobre a bruxaria medieval e do início da Era Moderna, e ele aniquilou minha argumentação. Porém o fez com cortesia e genialidade impecáveis; consequentemente, é claro, percebi que ele estava certo, mas ainda assim foi uma experiência dolorosa. O fato de o trabalho dele subsequentemente ter sido tão bem aproveitado dentro do meu, inclusive no presente livro, é a prova de como os encontros pessoais devem afetar os julgamentos acadêmicos ao mínimo; e de como algumas das melhores lições podem ser deveras contundentes. Com isso em mente, dedico este volume a esses três gigantes, pois foi debaixo da sombra deles que me desenvolvi.

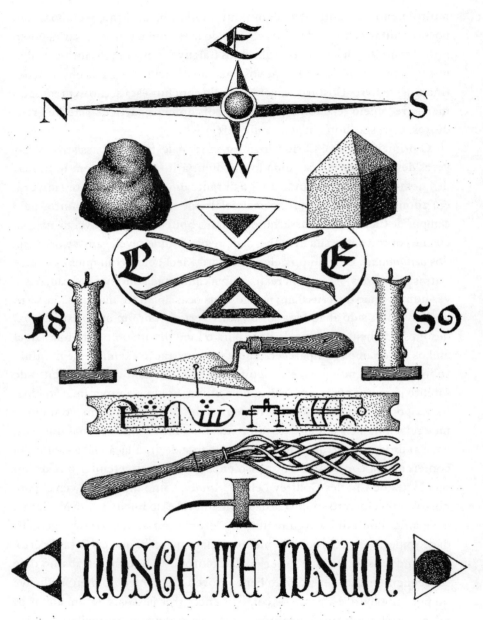

AS BASES DA MAGIA } p. 17

ELEMENTOS
FUNDAMENTAIS
ELEMENTORUM PRAECIPUORUM

O que é uma bruxa? A definição acadêmica padrão do que seria uma bruxa foi resumida em 1978 por Rodney Needham, um importante especialista em antropologia da religião, como "alguém que causa dano a outrem usando de meios místicos". Ao afirmá-lo, ele estava conscientemente se isentando de sua visão pessoal do assunto, e sim resumindo um consenso acadêmico já estabelecido, o qual abordava a figura da bruxa como um daqueles seres intitulados por ele como "personagens fundamentais" da humanidade. Needham acrescentou que nenhuma definição mais rigorosa foi geralmente aceita.[1] Nesse contexto, ele

certamente foi preciso, pois os estudiosos da língua inglesa têm utilizado a palavra "bruxa" para classificar essa figura tão renomada em todas as partes do mundo bem antes de Needham, e desde então, conforme veremos adiante. Quando Wolfgang Behringer, o único historiador dos ensaios europeus a inserir as bruxas sistematicamente num contexto global nos últimos anos, se empreendeu na tarefa, ele denominou a bruxaria "um termo genérico para todos os tipos de magia e feitiçaria malignas, conforme percebido pelos contemporâneos".[2] Mais uma vez, ao fazê-lo, ele perpetuou conscientemente um modelo acadêmico. Tal uso tem persistido até o presente entre antropólogos e historiadores de povos extraeuropeus: para dar um exemplo recente, em 2011 Katherine Luongo prefaciou seu estudo sobre a relação entre a bruxaria e as leis no Quênia do início do século XX, definindo a bruxaria em si como "'dano mágico' no sentido euro-americano da palavra".[3]

Esse é, no entanto, somente um uso contemporâneo da palavra. Na verdade, a acepção anglo-americana adota pelo menos quatro formas diferentes, embora a discutida acima ainda pareça a mais difundida e frequente.

As outras definem a figura da bruxa como qualquer pessoa que faça uso de magia (embora aquelas que a empreguem para propósitos benéficos sejam frequentemente distinguidas popularmente como bruxas "boas"); ou como um praticante de um tipo específico de religião pagã baseada na natureza; ou como um símbolo de autoridade feminina independente e de resistência à dominação masculina.[4] Todos os conceitos detêm validade no presente, e acusar alguém de erro por adotar qualquer um dos termos acima seria revelar-se um ignorante de conhecimentos gerais e educação, bem como de erudição. Na verdade, a circulação simultânea de todas as quatro definições é um dos fatores que torna a pesquisa sobre bruxaria tão empolgante e relevante no que diz respeito aos interesses contemporâneos — e, muitas vezes, também tão complicada. Embora as duas últimas sejam definições distintamente modernas da palavra, com raízes no século XIX embora já florescendo ao final do século XX, as outras datam de muitos séculos. Não obstante, o uso da palavra "bruxa" para denotar um agente da magia nociva não só tem sido usado mais larga e comumente, como parece ter sido empregado por aqueles dotados da crença genuína na magia e que se valem dela, o que representaria a maioria dos povos pré-modernos. Seu emprego para significar qualquer tipo de sujeito mágico — remetendo a uma longa tradição medieval entre clérigos hostis no polimento da palavra "bruxa" com termos latinos para uma gama de agentes da magia aparentemente benéfica — parece ter sido uma ferramenta polêmica para manchar todos os agentes da magia associando-os ao termo utilizado para classificar o tipo destrutivo e odiado.[5] Portanto, neste livro, seguiremos a convenção acadêmica predominante, e a palavra adotada apenas para um suposto agente da tal magia destrutiva. Tal uso pode incomodar alguns indivíduos que hoje em dia normalmente empregam a palavra para agentes da magia em geral (e especialmente os do tipo benevolente), mas espero que, ao ler este livro, eles compreendam que minha escolha tem respaldo, dadas as preocupações direcionadas nesta obra.

Agora, no entanto, é premente a necessidade de outra definição, e desta vez para a magia em si. O termo empregado neste livro é aquele discutido e justificado à exaustão em um de meus trabalhos anteriores,[6] e adotado em tudo o que já publiquei no que concerne ao assunto: "quaisquer práticas performadas por seres humanos destinadas a atingir fins específicos por meio de controle, manipulação e direcionamento do poder sobrenatural ou do poder espiritual oculto no mundo natural". Este conceito, por sua vez,

NOTA DO AUTOR } .19

costumo distinguir da religião, definida no mesmo trabalho anterior como a "crença na existência de seres ou forças espirituais que são, em algum grau, responsáveis pelo cosmos, e na necessidade humana de manter os relacionamentos para com eles, dentro dos quais sejam devidamente respeitados". Quando um grupo de pessoas opera com o mesmo propósito, tem-se "uma religião". Deve ficar claro a partir dessas formulações que, na prática, pode haver uma sobreposição considerável entre os dois, de modo que, por exemplo, pode-se realizar um rito mágico com o intuito de se obter uma visão ou interação com uma divindade escolhida. A magia pode, de fato, constituir uma categoria dentro da religião; mas também pode operar de maneira independente, quando os humanos tentam manipular poderes espirituais que percebem como alheios às divindades, e os quais buscam acionar em prol de benefícios puramente práticos.

Se o termo "bruxa" for reservado a alguém que acredita-se utilizar magia para propósitos prejudiciais, o que dizer então dos muitos indivíduos que alegam serem capazes de usar a magia para o benefício de terceiros, e que ganharam credibilidade alheia a respeito de suas habilidades? A maioria — senão todas — das sociedades humanas tradicionais possui tais personagens. Alguns se especializaram em somente uma técnica mágica e/ou em apenas um serviço, como o poder da cura, a clarividência, a anulação dos efeitos da bruxaria, o rastreio de bens perdidos ou roubados ou mesmo os feitiços de amarração. Outros se mostraram versáteis em seus métodos, bem como na gama de tarefas que lhes é creditada. Em sociedades de organização muito simples, seus serviços costumam ser solicitados por toda a comunidade, e as honras e privilégios recebidos são diretamente proporcionais. Já em grupos sociais mais complexos, eles atuaram mais como empreendedores independentes, oferecendo aos clientes a contratação de suas habilidades, assim como outros tipos de agentes da magia. Na Inglaterra, eles eram comumente conhecidos como sacerdotes ou sábios, embora, ao se referirem a sociedades tradicionais fora da Europa, os falantes de inglês normalmente os chamassem curandeiros ou curandeiras (principalmente na América do Norte) ou feiticeiros (principalmente na África). Em partes do continente africano onde predomina a língua inglesa, uma recente expressão comum para eles é "curandeiro tradicional", mas é duplamente equivocada, pois as práticas adotadas por esses indivíduos são constantemente inovadas, ao ponto de acolherem ideias oriundas de tradições estrangeiras, e a cura é

NOTA DO AUTOR } .21

apenas parte do repertório. Para muitos, na verdade, o presságio, especialmente das causas de um infortúnio, é mais importante, e como eles são mais obviamente unidos pela reivindicação de poderes especiais conferidos por seres invisíveis, sua suposta posse de magia é sua principal característica distintiva.[7] Neste livro, o termo "artífice da magia" será usado para tais figuras. "Sacerdote" ou "curandeiro(a)" e "feiticeiro(a)" soam cultural-mente específicos demais, e são apenas alguns de uma gama de nomes populares usados para tais indivíduos. O termo mais retórico, "praticante de magia", tem se tornado cada vez mais popular entre os estudiosos, todavia tem a desvantagem de descrever logicamente qualquer pessoa que pratique a magia, para qualquer propósito, inclusive aqueles que o fazem para fins egoístas e particulares, e bruxas. A expressão escolhida "artífice da magia" tem a virtude de resumir a função específica dessas pessoas, que era — e ainda o é — fornecer serviços mágicos a seus clientes. Para muitas pessoas, tanto as bruxas quanto os artífices da magia são aqueles que trabalham com a ajuda de entidades comumente conhecidas como espíritos, e estes tam-bém necessitam de citação especial aqui. Eu os definiria como seres sobre-humanos, invisíveis ou inaudíveis para a maioria das pessoas na maior parte do tempo, que se supõe serem capazes de intervir de forma construtiva ou destrutiva no mundo físico e perceptível. Os espíritos mais poderosos, de acordo com essa definição, consistem naqueles que se acredita serem capazes de comandar aspectos inteiros do cosmos e das atividades dentro deste, e que geralmente são intitulados divindades, deusas e deuses. Existem, todavia, muitas variedades menos poderosas, concebidas dos povos tradicionais, desde as divindades de servos e mensageiros a forças que insuflam a vida de determinadas árvo-res ou corpos d'água, ou de objetos aparentemente inanimados e construídos pelo homem, como fogões. Chamar tais seres de "espíritos" é uma tradição que recentemente tem caído em desuso entre alguns antropólogos, e estudiosos influenciados por estes, devido ao fato de ser muito eurocêntrica e de carregar uma série de significados implícitos. Eu mantenho o uso porque foi um termo cunhado historicamente por pessoas que acreditavam muitíssimo nas entidades em questão, e este livro está intensamente concentrado de tais "infiltrados". Além disso, o significado que deram ao termo, o qual explanei acima, ainda é uma terminologia coloquial e, portanto, contribui em vez de complicar sua compreensão num contexto histórico. Eu também, no entanto, utilizo a palavra "espírito" num sentido diferente, para descrever aquela parte da consciência humana que muitas pessoas creem possuir vida independente do corpo físico e de ser capaz de se desconectar dele. O uso do mesmo termo para propósitos diferentes não é necessariamente confuso, pois, conforme será demonstrado, os dois tipos de entidade assim descritos às vezes podem se misturar.

Finalmente, mantenho três convenções descritivas do meu livro mais recente, cujas escolhas expliquei detalhadamente.[8] Eu emprego o termo "paganismo" para exprimir as religiões pré-cristãs da Europa e do Oriente Próximo, e o restrinjo a uma adoração diligente das divindades associadas a elas. Optei também por manter a antiquada expressão "as Ilhas Britânicas" para descrever todo o complexo arquipélago que tem a Grã-Bretanha como sua maior ilha (e a Irlanda a segunda maior), usando o termo "britânico" meramente num sentido geográfico e não político, a fim de refletir o principal componente físico do grupo. Finalmente, e com certo desconforto persistente, adotei as tradicionais abreviaturas a.C. e d.C. para denotar épocas históricas, em vez de alternativas mais religiosamente neutras de surgimento mais recente, a.E.C. e d.E.C. Ao fazê-lo, estou, tal como em outras obras, honrando o padrão normativo em minha editora, mas também tentando manter um gesto de nobreza adequado ao ideal, o qual costumo professar, de tolerância e respeito mútuo entre religiões.

SCIENTIA RITUAL } p.25

INTRO:
RITUAL DO SABER

Este livro foi essencialmente elaborado como uma contribuição rumo à compreensão das crenças referentes à bruxaria, e também dos notórios julgamentos resultantes das ditas bruxas, no início da Europa moderna. Nos últimos 45 anos, essa tem se tornado uma das áreas de pesquisa mais dinâmicas, empolgantes e concorridas, e de fato em escala internacional. Entre outras coisas, é um belo exemplo para a história cultural recente, ilustrando perfeitamente o papel do historiador na interpretação, explicação e representação ao mundo atual das ideias e posturas que agora são oficial e majoritariamente, na verdade, estranhas à mente moderna. Ao longo do processo, foram feitos avanços gigantescos na compreensão das crenças e processos legais em questão, porém também se abriu um abismo entre as abordagens anglófonas e da Europa continental.

Estudiosos de países de língua inglesa no mundo inteiro têm coletado as percepções fornecidas pela criminologia, psicologia, crítica literária, estudos culturais e filosofia da ciência. Eles têm se interessado especialmente pelas estruturas de poder social e político e nas relações de gênero. Nesse processo, foram produzidos excelentes trabalhos, se destacando como excepcionais no polo britânico os de James Sharpe, Stuart Clark, Diane Purkiss, Lyndal Roper, Malcolm Gaskill, Robin Briggs e Julian Goodare. No entanto, eles têm se mostrado muito menos interessados nas percepções obtidas da antropologia, do folclore e da história antiga, embora estes tenham sido especialmente populares entre os historiadores britânicos nos primeiros dois terços do século XX. Em muitos aspectos, os variados focos adotados por seus sucessores representaram uma reação, inicialmente autoconsciente, contra as abordagens anteriores, incitados por mudanças no modelo acadêmico, e que serão exploradas neste livro. Um resultado da mudança foi uma relativa perda de interesse nas ideias e tradições populares que contribuíram para fomentar os primeiros estereótipos modernos da bruxaria, em oposição àquele apresentado pelos intelectuais. Por outro lado, alguns estudiosos continentais mantiveram forte interesse nas raízes antigas das crenças em bruxas e na relação entre estas e os primeiros julgamentos modernos. Eles buscaram conectar os sistemas de crenças que escoravam tais julgamentos às tradições pré-cristãs, especialmente tal como ilustradas na cultura popular. Essas preocupações os levaram a um interesse muito maior pelos estudos clássicos, pelo folclore e pelos paralelos extraeuropeus em comparação a seus colegas falantes da língua inglesa: alguns notáveis expoentes dessa abordagem foram Carlo Ginzburg, Éva Pócs, Gustav Henningsen e Wolfgang Behringer. Suas abordagens produziram um conjunto diferente de percepções de grande valor, mas ao mesmo tempo também ficaram suscetíveis a um tipo diferente de crítica: o de estar fazendo uso do folclore moderno para preencher lacunas no conhecimento de sociedades anteriores, e de aplicar modelos generalizados de sistemas de crenças arcaicos e universais sem a devida atenção às variações locais.

<u>Esta obra se destina, em especial, a enfatizar a importância de diferentes sistemas de crenças regionais que envolvam o sobrenatural, e a maneira como estes reforçam, restringem ou negam modelos universais.</u>

Seu debate central diz respeito à relevância das comparações etnográficas e das antigas e primitivas ideias medievais, expressas tanto na transmissão de textos escritos quanto nas tradições locais populares, para a formação das crenças na feitiçaria do início da era moderna e na natureza e padronização dos julgamentos resultantes. Este livro é construído sobre duas esferas de perspectiva estreita, representadas por suas duas seções. A primeira delas está relacionada a contextos um tanto amplos, sobre os quais podem ser inseridos — e de fato foram — os dados do início da era moderna. Seu início se dá com uma comparação global, baseada em estudos etnográficos, de posturas em relação à bruxaria, e ao tratamento dado às suspeitas de bruxaria nas sociedades do mundo não europeu. Daí tem sua continuidade levando em conta os mesmos fenômenos nas sociedades da Europa antiga e do Oriente Próximo, dos quais temos registros, e — como na pesquisa global — enfatiza

INTRODUÇÃO } .27

ARRIVÉE AU SABAT
Gravé d'après le Tableau Original de D. Teniers.
Tiré du Cabinet de Monsieur le Comte de Vence.

a grande variação de tais aspectos em cada uma das culturas, e a relevância da maioria dessas variedades de crença e prática até a história europeia posterior. E se conclui com uma reflexão se as tradições xamânicas pan-eurasianas desempenharam papel significativo na sustentação das crenças europeias a respeito de bruxaria e magia; o que inevitavelmente envolve olhar para as diferentes definições do xamanismo.

A segunda seção mostra como as reflexões sobre a primeira podem ser aplicadas a um estudo de dimensões continentais sobre o contexto europeu medieval dos primeiros julgamentos de bruxas da era moderna, e a maneira como as tradições locais existentes — principalmente as tradições populares — contribuíram para a padronização e natureza de tais julgamentos. Seu início se dá no exame da magia cerimonial erudita, um ramo da atividade mágica que difere bastante da bruxaria em sua natureza e origem, e que na prática raramente é confundida com esta. Mas que, no entanto, muitas vezes viria a se tornar oficialmente associada à bruxaria por cristãos ortodoxos medievais, provocando assim uma reação hostil crescente, a qual viria a se transformar em uma das fontes das primeiras caças às bruxas modernas. O objetivo deste capítulo é fornecer uma história concisa desse tipo de magia, desde suas raízes antigas, adotando a perspectiva de grande angular da primeira seção, porém se concentrando na Europa e no Oriente Próximo, especificamente no desenvolvimento da tradição desta magia do final da Antiguidade para uma forma medieval. O capítulo seguinte aborda as crenças medievais relativas aos espíritos noturnos errantes e seus aliados humanos, mais um complexo de ideias que alimentou diretamente os julgamentos das bruxas. A terceira seção desta sequência traça a evolução dos conceitos de bruxaria ao longo da Idade Média, abordando sucessivamente o impacto do cristianismo, a incidência de julgamentos das bruxas no período medieval e as origens do estereótipo da bruxa satânica do início da era moderna. O quarto capítulo examina a padronização e a essência dos julgamentos modernos em si, sob a ideia de determinar até que ponto ambos foram afetados pelas tradições regionais populares.

Este livro convida você a vislumbrar um futuro onde o medo do desconhecido e o espanto diante do diferente não conduzem à humanidade pelos caminhos sangrentos de outrora. <u>Entender a história da bruxaria é o primeiro passo para que possamos inaugurar sob nossos pés uma estrada rumo a um amanhã cada vez mais mágico.</u>

INTRODUÇÃO } .29

PARTE II • RAÍZES DA BRUXARIA

CAPITULUM .I } p.33

VOZES:
MANIFESTAÇÃO UNIVERSAL
VOCES: MANIFESTARI UNIVERSALIS

A importância da busca por um contexto mundial para os julgamentos de bruxas na Europa no início da era moderna é que deste modo pode ser possível determinar o que, se é que o há, é especificamente europeu a respeito desses julgamentos e das imagens de como uma bruxa deveria ser sob o ponto de vista europeu. Tal conclusão pode responder à pergunta se o que ocorreu na Europa no início da era moderna foi algo incomum, sob um contexto global, ou simplesmente a expressão regional mais teatral de algo que os seres humanos já vinham fazendo na maioria dos lugares na maior parte do tempo. Para embarcar nesta jornada, é essencial estabelecer precisamente desde o início o que está sendo buscado e quais são as características da figura da bruxa tal como definida na língua inglesa. O termo básico escolhido anteriormente, como um suposto agente da magia destrutiva, estabelece a primeira e mais importante característica creditada às pessoas executadas nos primeiros julgamentos de bruxas na Europa no início da era moderna: que elas representavam uma ameaça direta aos seus semelhantes. Em muitos casos, acreditava-se que elas empregavam meios sinistros e intangíveis para causar infortúnio ou dano a outros humanos, e muitas vezes elas também eram acusadas de atacar os fundamentos religiosos e morais de sua sociedade. Quatro outras características distintas eram incorporadas à figura da bruxa, conforme definido por tais julgamentos e pela ideologia no qual se baseavam. A primeira das características era que o indivíduo agia para prejudicar vizinhos ou parentes em vez de desconhecidos e, portanto, representava uma ameaça interna à comunidade. A segunda era que o surgimento de uma bruxa não era um evento único e isolado. Era esperado que as bruxas agissem sob uma tradição, e por isso adotassem técnicas e recursos transmitidos por essa tradição, adquirindo-os por sucessão, por iniciação ou por manifestação espontânea dos poderes especiais aos quais estavam conectadas. O terceiro componente do estereótipo europeu da bruxa era que esse indivíduo era alvo da hostilidade social generalizada, de um tipo muito forte. As técnicas mágicas supostamente empregadas pelas bruxas nunca foram oficialmente consideradas um meio legítimo de buscar brigas ou rivalidades. Elas sempre eram tratadas com raiva e horror públicos e normalmente espontâneos, e frequentemente associadas a uma aversão geral por parte da humanidade e da sociedade, e a uma aliança forjada [pela bruxa] com poderes sobrenaturais malignos à solta no cosmos: no caso europeu, notoriamente, por um pacto com o diabo representado no cristianismo. E finalmente, geralmente era consenso que as bruxas poderiam e deveriam ser combatidas, mais comumente persuadindo-as ou obrigando-as a revogar suas maldições; ou realizando um ataque físico direto para feri-las ou matá-las; ou sujeitando-as à lei, com o objetivo de cessar seus poderes por meio de uma punição que poderia se estender à pena de morte.

Poucos especialistas, se é que existe algum, sobre julgamentos das bruxas na Europa no início da era moderna considerarão inaceitáveis esses cinco componentes conclusivos da figura da bruxa; na verdade, se tivermos de apontar algo problemático neles, muito provavelmente será sua banalidade. No entanto, eles de fato fornecem um inventário de características mais preciso do que aquele empregado até agora, sendo adequados para um estudo comparativo capaz de englobar todo o planeta. O resultado de tal estudo é, em certo sentido, uma conclusão prévia, pois durante séculos acadêmicos têm relatado a detecção de figuras muito semelhantes às da bruxa europeia em todas as partes do mundo, e de fato eles empregaram a palavra "bruxa" para tais personagens. Mais uma vez, entretanto, sugere-se a adoção de mais cautela ao se fazer as comparações necessárias, e podemos empregar uma amostra maior de material para isso. Ademais, não é de forma alguma certo que a maioria dos especialistas no estudo dos julgamentos europeus daria crédito a tal iniciativa. A história do relacionamento entre os especialistas nesses julgamentos e o que se intitulou bruxaria em outras partes do mundo já é um tanto longa e às vezes pesada, com uma bela carga de estranhamento. Todo esse enredo deve ser levado em consideração antes de nos aventurarmos nessa última contribuição.

HISTORIADORES, ANTROPÓLOGOS E BRUXARIA:
Uma amizade que deu errado[1]

Na década de 1960, uma abordagem global para o estudo da figura da bruxa era praticamente norma entre os estudiosos britânicos, em grande parte porque a maior parte da pesquisa a respeito de bruxaria publicada em meados do século xx era realizada por antropólogos de sociedades extraeuropeias, principalmente da África Subsaariana. Quando os especialistas britânicos em julgamentos europeus de bruxas emergiram, no final da década, eles não apenas empregavam normalmente dados antropológicos para interpretar as evidências europeias, como também reconheciam que seu interesse no assunto era inspirado em parte pelos relatórios estrangeiros.[2] Os antropólogos retribuíram com gestos de parceria, de modo que suas conferências e coletâneas de ensaios a respeito da bruxaria rotineiramente incluíssem artigos de especialistas na história europeia.[3] Quando em 1978 Rodney Needham redigiu seu estudo sobre a bruxa como um arquétipo humano, ele usou dados tanto de fontes africanas quanto europeias, declarando que uma abordagem comparativa era essencial para o exercício.[4] Naquela época, porém, tal visão já se encontrava em declínio. E não convencia os historiadores americanos, que afirmavam que os grupos sociais "primitivos" da África carregavam pouca semelhança com as culturas e sociedades mais complexas da Europa no início da era moderna.[5] Tal ponto de vista também influenciou alguns antropólogos americanos, que antes do fim do década de 1960 já alertavam que o termo "bruxaria" estava sendo adotado como um rótulo para fenômenos que se diferiam radicalmente entre as sociedades.[6] Mesmo na Grã-Bretanha, no auge da colaboração entre história e antropologia nesse campo, membros proeminentes de ambas as disciplinas insistiam que tais trocas deveriam ser conduzidas com cautela.[7]

Mas o que realmente condenou o conceito foi uma mudança dentro da própria antropologia, à medida que a dissolução dos impérios coloniais europeus desencadeou uma reação contra a estrutura tradicional da disciplina, agora percebida como servidão ao imperialismo. Essa reação incorporou hostilidade tanto à imposição de termos e conceitos europeus aos estudos de outras sociedades quanto na oferta de comparações entre essas sociedades nas quais a imposição dos termos em questão era mais fácil. O hábito estava se voltando a análises detalhadas de comunidades específicas, como entidades exclusivas, comportando-se tanto quanto possível dentro de seus modelos linguísticos e mentais específicos (o que, é claro, também conferiu valor e poder extra aos estudiosos individuais que reivindicaram conhecimento privilegiado de tais comunidades). Essa "nova antropologia" autoconsciente estava chegando às universidades britânicas no início dos anos 1970.[8] Em 1975, Hildred Geertz, uma representante norte-americana dessa vertente, publicou críticas severas ao historiador britânico Keith Thomas, que emergira como o mais ilustre praticante da utilização dos conceitos antropológicos ao passado de sua própria nação. Ela o acusou de adotar classificações construídas pelos britânicos a partir do século XVIII, como armas culturais a serem implantadas contra outros povos; e questionou de forma geral se as particularidades culturais poderiam ser formadas a partir de conceitos generalizados e comparadas ao longo de diferentes períodos e continentes. Ela não questionou o valor das classificações acadêmicas em si, apenas defendeu que houvesse mais cautela e senso crítico ao usá-las; mas Thomas fez do debate uma oportunidade para sugerir que os historiadores ocidentais se afastassem das comparações a culturas extraeuropeias e se concentrassem em suas próprias sociedades, para as quais a terminologia ocidental era inata e bastante adequada.[9]

Ao fazê-lo, ele identificou explicitamente a mudança na antropologia, reconhecendo que seus especialistas tinham começado a ponderar sobre a adoção de conceitos ocidentais para compreender as culturas não ocidentais, e preferiu empregar aqueles sobre os povos que estavam sendo estudados. Thomas aceitou que eles agora desejavam reconstruir diferentes sistemas culturais em sua totalidade em vez de simplesmente empregar termos usados impensadamente pelos historiadores, tais como "bruxaria", "crença" e "magia" para fazer comparações entre eles. Para o caso de algum de seus compatriotas não compreender o objetivo, este foi deixado muito claro entre 1973 e 1976 por Malcolm Crick, um antropólogo da mesma universidade de Thomas,

CAPITULUM .I } .37

Oxford, com conceitos aplicados especificamente à bruxaria. Crick solicitou publicamente que o conceito da bruxa fosse "dissolvido numa estrutura de referência mais ampla", relacionando os personagens que os falantes de inglês intitulavam bruxas a outros que incorporavam poderes sobrenaturais de diferentes tipos dentro de determinada sociedade. Ele também afirmou que as classificações conceituais variavam tanto entre as culturas, que a "bruxaria" não poderia ser abordada de forma generalizada, e alertou os historiadores sobre o material etnográfico, proclamando (sem de fato demonstrar) que "a bruxaria inglesa *não* é como os fenômenos assim rotulados em outras culturas".[10] De forma geral, os historiadores da bruxaria europeia internalizaram tal mensagem, e o número cada vez maior de pesquisas sobre as crenças em bruxas e julgamentos do início da era moderna que surgiram a partir do final da década de 1970 se limitaram a estudos transculturais dentro do universo europeu, às vezes estendido aos colonos europeus no estrangeiro. Quando algum estudioso tentava comparar os materiais europeu e africano, nunca se tratava de alguém proeminente nos assuntos da bruxaria ou de alguém que dera continuidade às suas publicações no assunto.[11]

Em 1989, um artigo intransigentemente intitulado "History without Anthropology" [História sem Antropologia, em tradução livre] concluiu que os antropólogos dissuadiram muito eficazmente os historiadores a se interessarem por seus trabalhos com referência ao tema da bruxaria.[12] A ironia disso é que, durante o mesmo período, os profissionais da antropologia estavam começando a mudar de ideia novamente. Numa acepção importante, eles nunca abandonaram a abordagem comparativa e a terminologia ocidental criticada por muitos na década de 1970, pois mesmo aqueles que descreviam as práticas mágicas de povos não europeus usando termos nativos ainda inseriam expressões inglesas como "bruxaria" e "magia" em seus títulos. Em geral, eles continuavam a colocar tais termos também na apresentação, e alguns faziam de tais palavras a estrutura de toda a apresentação do estudo local: elas mantiveram seu valor como uma moeda semântica internacional para os falantes do inglês. Por volta da década de 1990, alguns dos mais ilustres antropólogos começaram a se interessar mais ativamente por uma nova colaboração entre sua disciplina e os historiadores da Europa. Uma delas descreveu a fixação de sua disciplina no trabalho de campo holístico em sociedades específicas de pequena escala usando a observação do participante como uma "estreiteza acadêmica", que a isolou da história da religião.[13] Outro fez uso de dados tanto da África moderna quando da Europa do início da era

moderna para comparar as posturas ante a bruxaria e a lepra como estratégias de rejeição, e para refletir sobre o fenômeno da caça às bruxas.[14] Uma
terceira sugeriu que as representações da bruxaria do início da era moderna
estavam intimamente relacionadas às crenças africanas. Ao fazê-lo, ela atacou
explicitamente as afirmações anteriores de que o termo "bruxaria" carecia de
qualquer validade nas comparações interculturais: de fato, ela reafirmou tais
comparações como um dever de sua disciplina.[15] Em 1995, Andrew Sanders,
sociólogo britânico, realizou um desafio paralelo a tais afirmações, e publicou uma pesquisa de caráter mundial sobre a ocorrência da figura da bruxa,
utilizando tanto registros históricos europeus quanto registros etnográficos
modernos.[16] O desenvolvimento mais significativo a esse respeito se deu
entre os africanistas, que requereram uma ênfase renovada na comparação
intercultural dos estudos da bruxaria. Tal movimento foi impulsionado por
uma das características mais dolorosas e — para muitos — surpreendentes
dos estados pós-coloniais no continente, uma intensificação do medo da

A intensificação do medo da bruxaria e de ataques a pretensas bruxas [funciona] como uma reação ao processo de modernização pós-independência.

bruxaria e de ataques a pretensas bruxas como uma reação ao processo de
modernização pós-independência: este desenrolar será discutido adiante. Os
antropólogos que estudaram tal fenômeno se flagraram ávidos por dissuadir
colegas ocidentais de atribuir a persistência da crença na bruxaria na África
a qualquer disposição inerente à "superstição" ou "atraso" por parte de seus
povos. Tal estratégia exigia nova ênfase no predomínio de tais crenças pelo
mundo, inclusive no passado europeu relativamente recente, e um retorno
a um método comparativo; e pedidos diretos para que isso acontecesse
estavam sendo feitos por africanistas proeminentes em meados da década
de 1990.[17] Um exemplo foi um estudo influente sobre os Camarões, realizado
por Peter Geschiere, que concluiu que "tais percepções, agora traduzidas

CAPITULUM .I } .39

em toda a África como 'bruxaria', refletem uma luta contra problemas comuns a todas as sociedades humanas". Ele convidou antropólogos para estudar pesquisas sobre os julgamentos europeus, e classificou a recente negligência deles para com o assunto como "ainda mais desconcertante" do que a perda de interesse dos historiadores da Europa pelos paralelos africanos. Repreendendo especialistas sobre o início da Europa moderna, os quais alegavam que as sociedades africanas modernas eram totalmente diferentes daquelas relatadas no foco de estudo destes, ele argumentou que, especialmente com suas elites dominantes de governantes e colonos europeus, a África do início do século xx fora tão social e culturalmente complexa quanto a Europa do século XVI.[18] Em 2001, os editores de uma vasta coletânea de ensaios sobre bruxaria africana puderam apresentar isso alertando os estudiosos para que não restringissem o estudo das crenças em bruxas a "qualquer região do mundo ou qualquer período histórico".[19] Nos centros urbanos da África moderna, uma perspectiva multicultural se tornara essencial em todo o caso: a imagem da feitiçaria nos subúrbios de Soweto, em Johanesburgo, por exemplo, era na década de 1990 uma mistura de ideias extraídas de diferentes grupos nativos, com algumas delas trazidas por colonos holandeses e ingleses e baseadas na estereótipo europeu do início da era moderna.[20] No entanto, uma reaproximação entre historiadores e antropólogos sobre o assunto era um empreendimento extremamente complicado.

Apesar do apelo de alguns para que houvesse um retorno do método comparativo, na prática, poucos africanistas prestaram atenção aos estudos sobre a figura da bruxa em outras partes do mundo, ou mesmo no decorrer dos períodos. Aqueles que tentavam citar o material europeu do início da era moderna frequentemente pareciam alheios a qualquer estudo publicado sobre o assunto no início dos anos 1970: o surgimento das pesquisas ocorridas então, internacionalmente e assumindo formas cada vez mais sofisticadas, fora completamente ignorado. Quanto aos historiadores da bruxaria, quase todos pararam de ler sobre antropologia, supondo terem sido dissuadidos a fazê-lo pelos próprios profissionais da área. Retomar o envolvimento com o assunto depois de mais de duas décadas exigiria uma bela quantidade inestimável de trabalho extra, quando eles já estavam alcançando resultados aparentemente impressionantes como consequência dos relacionamentos com uma gama de outras disciplinas. Na década de 1990, estava bastante nítido por que os africanistas interessados na bruxaria poderiam lucrar com um compromisso renovado com as comparações europeias, mas nem mesmo os antropólogos tinham uma argumentação evidente de por que os historiadores na Europa beneficiar-se-iam de tal transação. Uma ironia oculta na situação toda era que a história cultural recém-desenvolvida nas décadas de 1980 e 1990, que exercera profunda influência no estudo da bruxaria europeia, em última análise se derivava em parte da antropologia; mas alcançava a maioria dos historiadores apenas de forma indireta.

Não é de surpreender, portanto, que os historiadores tenham ignorado enormemente a oportunidade para um novo diálogo, e os antropólogos basicamente tenham parado de oferecê-lo. No início dos anos 2000, o presente autor publicou dois ensaios que chamaram a atenção para o assunto, e sugeriram vantagens específicas aos especialistas na Europa do início da era moderna a partir de tal exercício comparativo.[21] Os artigos, entretanto, foram mais citados do que ouvidos. Em 2004, Wolfgang Behringer, um dos maiores especialistas em julgamentos de bruxas na Idade Moderna da Alemanha, lançou um livro peso-pesado intitulado *Witches and Witch-Hunts: A Global History* [Bruxas e caça às bruxas, uma história global, em tradução livre].[22] Na prática, era uma história detalhada e impressionante sobre a caça às bruxas na Europa, agrupada entre duas breves pesquisas de crenças e processos judiciais relativos à feitiçaria pelo restante do mundo. O primeiro apontava que os acontecimentos na Europa eram parte de um padrão global, e o segundo provava que a continuação da caça às bruxas não era somente um problema na África contemporânea, mas em muitas outras partes do planeta. Eis aí uma aplicação precisa e frutífera do método comparativo; mas o presente livro parece ser o primeiro a dar seguimento a tal empreendimento. O único efeito geral da crescente ciência em um novo potencial de colaboração entre antropólogos e historiadores em torno da bruxaria foi um aparente desaparecimento, em ambos os lados, das afirmações de que tal colaboração é em si inerentemente indesejável; o que de certa forma é um progresso. Alguns antropólogos continuaram a fazer uso do material europeu, mas os historiadores da Europa normalmente não retribuem a lisonja.[23] Se qualquer avanço for feito de fato em tentativas anteriores de colaboração, certamente um refinamento da metodologia seria necessário.

CAPITULUM .I } .41

Andrew Sanders interessou-se principalmente pela relação entre a figura da bruxa e a busca do poder por meio de relações sociais competitivas em diferentes partes do mundo. Como sociólogo, ele estava mais preocupado com as implicações e consequências de uma crença na bruxaria para as sociedades humanas que a detinham do que com a natureza da crença em si. O objetivo de Wolfgang Behringer era mostrar que, na maior parte do mundo, os seres humanos sempre foram inclinados a atribuir infortúnios aparentemente misteriosos à magia maligna realizada por seus iguais, e assim ilustrar as consequências letais que tal inclinação costumava render (e que continua rendendo até hoje). Meus próprios ensaios já tentaram estabelecer um modelo global coerente para a figura da bruxa, com características transculturais continuadas, e propuseram um modelo baseado nas cinco características delineadas acima como sendo fundamentais para o conceito europeu dessa figura. O que será tentado agora é uma aplicabilidade mais sistemática do método transcultural em todo o planeta, verificando tais características uma a uma. Esse modelo aborda estudos de crenças em bruxas num total de trezentas sociedades extraeuropeias formadas entre 1890 e 2013: 170 delas na África Subsaariana; seis no norte da África e no Oriente Médio; 37 no Sul da Ásia, da Índia à China e à Indonésia; 39 na Austrália, Polinésia e Melanésia, incluindo a Nova Guiné; 41 na América do Norte (incluindo Groenlândia e Caribe); e sete na América do Sul.[24] A predominância da África na amostra reflete a quantidade de trabalho feito lá pelos antropólogos, mas também os recursos disponíveis para um pesquisador alocado no Reino Unido, visto que muitos desses antropólogos eram britânicos.[25] No entanto, existem dados suficientes do restante do mundo para fornecer comparação com o material africano, e esse exercício agora pode ser realizado ponto a ponto em coerência às características de uma bruxa europeia listada acima. As sociedades estudadas são aquelas nas quais a antropologia com publicações em inglês escolheu ou foi capaz de se concentrar, em geral relativamente simples e pequenas, consistindo em unidades tribais. Há uma escassez de informações disponíveis sobre estruturas sociais e políticas maiores com sistema de base estatal, como é o caso da China e do Japão, que até certo ponto serão compensadas por um exame continuado de antigos estados na Europa e no Oriente Próximo e Médio ao longo do próximo capítulo. No entanto, a amostra de unidades étnicas menores no mundo inteiro é volumosa o suficiente para um exercício comparativo garantidor de uma compreensão geral.

CAPITULUM .I } .43

I} CARACTERÍSTICA UM:
Uma bruxa causa dano por meios estranhos

Há poucas dúvidas de que em todos os continentes habitados do mundo, a maioria das sociedades humanas registradas tem acreditado, e temido, a capacidade de alguns indivíduos de causar infortúnio e danos a outrem por vias intangíveis e misteriosas ("mágicas"): esta foi a lição mais notável do trabalho de campo antropológico e dos registros da história extraeuropeia. Robin Briggs, um notável historiador sobre a Europa do início da era moderna, na verdade propôs que o medo da bruxaria pode ser inerente à humanidade: "um potencial psíquico que não conseguimos evitar carregar dentro de nós como parte de nossa herança a longo prazo".[26] Do ponto de vista da antropologia, Peter Geschiere propôs que "percepções, agora traduzidas em toda a África como 'bruxaria', refletem uma luta contra problemas comuns a todas as sociedades humanas".[27] O fato relevante sobre tais análises é que elas testemunham à verdade universal de que os seres humanos tradicionalmente possuem grande dificuldade em lidar com o conceito do acaso. De modo geral, as pessoas tendem a querer atribuir ocorrências de grande sorte ou azar ao arbítrio, seja ele humano ou sobrenatural. É importante enfatizar, no entanto, que tal causalidade foi atribuída apenas aos humanos maléficos: os outros incluem divindades, espíritos não humanos que habitam o mundo terrestre ou os espíritos de ancestrais humanos já falecidos. Todos estes, se afrontados pelas ações de um indivíduo, ou se inerentemente hostis à raça humana, poderiam infligir morte, doença ou outros infortúnios graves. Onde quer que apareçam, tais crenças alternativas ou limitam ou excluem uma tendência de se associar sofrimento à bruxaria.

Além disso, muitas sociedades acreditam que certos humanos detêm o poder de malograr outros sem a intenção de fazê-lo, e frequentemente sem saber que o fizeram. Tal intento é atingido involuntariamente pelo investimento de palavras ou de um olhar com poder destrutivo: no caso desse olhar maléfico, tal característica ficou conhecido por falantes da língua inglesa como "evil eye", "mau-olhado". A crença nele tende a surtir um efeito atenuante sobre o medo de bruxas onde quer que ele seja identificado, sendo principalmente na maior parte do Oriente Médio e Norte da África, do Marrocos ao Irã, com alguns casos em partes da Europa e da Índia. Isto acontece porque se pensa ser parte da constituição orgânica do indivíduo que possui tal olhar nocivo. Como tal, é totalmente compatível com a bruxaria se a pessoa em questão o aciona consciente e deliberadamente a fim de causar o mal, já que se pensa que alguns o fazem para além de sua extensão. Todavia, acredita-se que a maioria daqueles que incorporam tal poder maligno o fazem de maneira totalmente inata e involuntária, de modo que não podem ser pessoalmente responsabilizados por seus efeitos. A proteção e os antídotos para isso têm primordialmente o efeito da contramágica, o que inclui o uso de amuletos, berloques e talismãs, a declamação de orações e encantamentos, a realização de sacrifícios e romarias, e também os exorcismos, bem como o afastamento ou aplacamento da pessoa que se presume possuir o mau-olhado. Em todos os círculos nos quais esse é um componente importante da crença, ele é usado para explicar precisamente o tipo de infortúnios misteriosos que são atribuídos à bruxaria em outros lugares.[28]

Explicações alternativas para o infortúnio que excluem ou marginalizam a bruxaria são encontradas na maior parte do mundo. Antes dos tempos modernos, a maior região do planeta livre de bruxas provavelmente era a Sibéria, a qual se estende por um terço do hemisfério norte; sua importância terá papel primordial no terceiro capítulo deste livro. Em outras partes do mundo, sociedades que não acreditam em bruxaria, ou que acham que ela não deve ser levada tão a sério, raramente são encontradas em concentrações compactas, e sim espalhadas entre povos que temem as bruxas intensamente. Embora mais raros do que os grupos com um temor significativo da bruxaria, aqueles estão presentes na maioria dos continentes: os habitantes das ilhas Andamão, no Oceano Índico, os Korongo do Sudão, os Tallensi do norte de Gana, os Gurage da Etiópia, os Mbuti da bacia do Congo, os fijianos do Pacífico, as tribos das colinas de Uttar Pradesh, os índios Slave e Sekani do noroeste do Canadá e os Ngaing, Mae Enga, Manus e Daribi da Nova Guiné são todos exemplos.[29] Os Ndembu, na Zâmbia, atribuíam o infortúnio a espíritos ancestrais furiosos, mas estes eram vistos como evocados por humanos malévolos, que faziam dos espíritos agentes das bruxas. Todavia, eram os espíritos que eram aplacados, por meio de ritual, e assim as bruxas tornavam-se inofensivas e ignoradas.[30]

Entre os povos que possuem um conceito de bruxaria, a intensidade com que ela é temida pode variar bastante, mesmo dentro de uma mesma região ou estado. Entre os grupos étnicos no estado moderno dos Camarões estão os Banyang, os Bamileke e os Bakweri. Os primeiros acreditavam em bruxas, mas muito raramente acusavam alguém de ser uma. Acredita-se que aqueles afetados por magia hostil atraíam desgraça sobre si mesmos.[31] Os segundos levavam a feitiçaria a sério e faziam grande esforço para detectar seus praticantes. Estes, no entanto, não eram responsabilizados por suas atitudes, e pensava-se que perdiam seus poderes automaticamente tão logo eram expostos em público.[32] E os terceiros temiam a feitiçaria intensamente, caçando seus supostos agentes, e a crença era de que permaneciam perigosos e malévolos mesmo quando identificados, de modo que precisavam ser punidos diretamente na mesma proporção do dano que supunham que tivessem causado.[33] Na vizinha Nigéria, um grupo de sociedades tribais partilhava de crenças teóricas muito semelhantes sobre a existência de bruxas, mas na prática os Ekoi as temiam, os Ibibio e os Ijo as temiam moderadamente e os Ibo e os Yakö mal lhes dava importância.[34] Outrossim, uma pesquisa feita em 1985 com uma amostra de povos intensamente estudados do arquipélago da Melanésia descobriram que dois deles não acreditavam que os humanos pudessem usar de magia malévola; cinco a consideravam um monopólio legítimo de líderes hereditários e que a utilizavam de forma produtiva a fim de manter a ordem e conduzir a guerra; 23 acreditavam que tais líderes poderiam usá-la, mas que não era respeitável fazê-lo; cinco a concebiam como uma arma secreta dos oprimidos, empregada contra líderes impopulares; onze identificavam como um meio pelo qual membros comuns da comunidade feriam uns aos outros secretamente, mas que em geral conseguiam, na prática, conter as tensões provocadas pelos temores ante a magia; e seis tinham a mesma crença, mas ficavam imensamente perturbados pelas suspeitas resultantes.[35] Entre um único povo, a intensidade com que a bruxaria era temida poderia variar de acordo com o tipo de acordo social vigente. Os Maias da Península de Yucatán, no México, em tese odiavam as bruxas igualmente no início do século XX, mas aqueles nas aldeias raramente se mostravam inclinados e desconfiar que alguém em seu meio fosse uma bruxa, ao passo que a tensão era muito maior nas cidades: na capital do distrito de Dzitas, <u>durante a década de 1930, pensava-se que 10% da população adulta era perpetradora ou vítima de bruxaria</u>.[36]

A identificação de uma crença na bruxaria entre povos extraeuropeus, por um estudioso europeu, muitas vezes pode envolver a extração de um elemento de uma gama de conceitos nativos de magia e de tipos de mágico. O povo Wimbum do noroeste dos Camarões adotava três termos para o conhecimento oculto: *bfiu*, o emprego inofensivo de poderes arcanos para a autoproteção; *brii*, o uso do poder oculto com fins maléficos, mas às vezes apenas como uma brincadeira; e *tfu*, uma força mágica inata executada sob as trevas e que poderia ser usada tanto para objetivos bons quanto maus. A feitiçaria no sentido europeu poderia abranger algumas formas de *brii* e *tfu*, mas o povo Wimbum também acreditava numa força especial desta última, o *tfu yibi*, que consistia em matar outros humanos magicamente para comer sua carne, e aqueles que o faziam correspondiam com precisão à figura da bruxa europeia do início da era moderna.[37] O povo Nalumin das montanhas do sudeste da Nova Guiné distinguia os *biis* dos *yakop*. Os primeiros eram pessoas, sobretudo mulheres, que matavam outras pessoas de maneiras misteriosas, usando armas invisíveis enquanto perambulavam em corpo espiritual com o intuito de ingerir a carne de suas vítimas em banquetes populares. E o último era uma técnica, adotada principalmente por mulheres, que consistia

CAPITULUM .I .47

em matar por meio do enterro de resíduos da pretensa vítima — restos de comida, aparas de unhas e cabelos — junto a feitiços. Entretanto, acreditava-se que às vezes os dois métodos podiam ser combinados pelo mesmo indivíduo, e qualquer pessoa que recorresse a qualquer um deles corresponderia à figura europeia da bruxa; que é, de fato, como o antropólogo que fez o estudo interpretou.[38] Um exemplo conclusivo de tal equivalência é fornecido pela província de Tlaxcala, na região central do México, onde os nativos rurais temiam: os *tetlachiwike*, pessoas de ambos os gêneros que podiam causar danos com um toque ou com o olhar (o equivalente local ao mau-olhado ou ao toque maligno); os *tlawelpochime*, pessoas, principalmente mulheres, que sugavam o sangue de bebês, matando-os, e que causavam danos a humanos e suas plantações ou rebanhos; os *tetzitazcs*, homens capazes de atrair a chuva ou o granizo; os *tetlachihuics*, magos que, acreditava-se, eram detentores de poderes a serem usados para o bem ou para o mal; e os *nahuatl*, pessoa de qualquer gênero capaz de que assumir uma forma animal para realizar o mal ou pregar peças. Os *tetlachihuics* em geral eram respeitados, e comumente empregados para a realização de cura e outros serviços mágicos, embora às vezes terminassem assassinados caso houvesse suspeita de que recorreram a suas habilidades para matar: aqui, como em outras partes deste livro, o termo "assassinato" é utilizado em seu sentido jurídico estrito de homicídio não oficial e não sancionado. Acreditava-se que os *nahuatl*, que mudavam de forma, podiam empregar seus poderes de transformação para roubar ou estuprar, assim como para pregar peças, porém eles não inspiravam o medo e o ódio concedido ao *tlawelpochime*, um infanticida. Foi a este último que os nativos de língua espanhola reservaram o termo *bruja* ou *brujo*, que significa "bruxo(a)", e era considerado inerentemente mau e associado ao diabo na cultura cristã.[39] Wim van Binsbergen, ao comentar sobre as complexidades da crença na magia entre os africanos em 2001, ainda concluiria que, em relação à bruxaria, "o ponto surpreendente não é tanto a variação no continente africano, mas a convergência".[40] Adam Ashforth, avaliando a postura em relação à magia destrutiva e seus supostos perpetradores no moderno município de Soweto, próximo a Johanesburgo, concluiu que deveria-se usar os termos "bruxaria" e "bruxa" porque "não há como evitá-los".[41]

Ambas as conclusões são reproduzidas aqui, em escala global. Existem muitos casos de sociedades extraeuropeias que manifestaram, pelo menos à época do estudo, um pavor endêmico da bruxaria, mais intenso do que qualquer um registrado na Europa. Os habitantes de Dobu, um grupo de ilhas próximo à costa da Nova Guiné, não tinham um conceito para o azar, atribuindo às bruxas a culpa para todos os infortúnios. Os dobuanos nunca iam a lugar algum sozinhos, por medo de ficarem mais vulneráveis a esses infortúnios.[42] Na década de 1980, numa pequena tribo da Nova Guiné, os Gebusi, cerca de 60% dos homens de meia-idade haviam matado pelo menos uma pessoa — principalmente dentro da própria comunidade — em vingança devido a supostos feitiços.[43] O estudioso mais notável dos Tlingit do Alasca afirmava que a bruxaria dominava suas vidas, fazendo com que as palavras ou atitudes mais simples ficassem vulneráveis a uma interpretação equivocada, como sendo de manifestação da bruxaria.[44] Calculava-se que entre os Kwahu, de Gana, 92% da população já tivesse, em algum momento de suas vidas, feito uma acusação de bruxaria, ou se tornado vítima desta, ou suspeito de realizá-la.[45] "Praticamente todos" na tribo Cochiti, do Novo México, foram vítimas de desconfiança [de praticar bruxaria] cedo ou tarde, e os anciãos eram responsáveis por filtrar as acusações e decidir quais afetavam o bem da comunidade e deveriam ser acompanhadas oficialmente.[46] Na Birmânia, na década de 1970, presumia-se que cada aldeia abrigava ao menos uma mulher praticante de magia com o intuito de causar enfermidades ou morte entre seus vizinhos devido a rancores pessoais.[47] Entre alguns povos encontrados em toda a África e Melanésia, bem como no norte da Austrália, todas as mortes, exceto as causadas por assassinato ou suicídio, e a maioria das doenças, eram atribuídas a bruxaria.[48] <u>Dito isto, no entanto, a maioria das pessoas que acreditava na figura da bruxa parecia considerar o risco parte do cotidiano, do mesmo jeito que um motorista de carro nos dias de hoje encara os riscos de um acidente na estrada.</u>

Parece não haver uma explicação funcional para justificar por que há uma tendência de alguns grupos humanos em acreditar na existência de bruxas e outros, não; aqueles em ambas as categorias geralmente compartilham sociedades, economias e cosmologias semelhantes, e vivem em estreita proximidade.[49] Da mesma forma, também não há explicação aparente para a intensidade variável do medo da bruxaria entre diferentes povos. Na década de 1960, ao estudar os povos da África Oriental, P.T.W. Baxter observou que pastores nômades naquela região raramente acusavam o uso de bruxaria entre eles, mesmo possuindo uma crença consolidada de que as pessoas poderiam fazê-lo.[50] Tal padrão parece valer para nômades em todo o globo, talvez porque seu estilo de vida imigrante e formações sociais relativamente pequenas tendam a reduzir o potencial de conflitos pessoais capazes de gerar suspeitas de bruxaria. Por outro lado, nem todas as sociedades agrárias estáticas e profundamente enraizadas acreditaram nas bruxas, e nem todas as que acreditaram chegaram a temê-las profundamente. Ademais, mesmo aqueles que levavam a bruxaria a sério não o fizeram com a mesma intensidade em todos os momentos. Em vez disso, a caça às bruxas em todo o mundo tem registrado queda desde que o início de sua documentação, florescendo dramaticamente em determinados momentos e sendo erradicada ou incidindo níveis baixíssimos em outros.

Crianças frequentemente eram acusadas de bruxaria, e até mesmo bebês podiam ser considerados culpáveis [...] outras sociedades associam a feitiçaria aos jovens.

Esse fenômeno foi confrontado em 2013 pelo antropólogo holandês Niek Koning, que desenvolveu uma teoria geral sobre a crença na bruxaria que abrangia todas as épocas e lugares, unindo história e antropologia de uma forma recomendada por outros em sua disciplina desde os anos 1990. Ele sugeria que pequenas comunidades caçadoras-coletoras tendem a lidar bem com as consequências sociais do logro e da inveja, mas que a adoção da agricultura as exacerba consideravelmente, levando ao desenvolvimento da caça às bruxas. A formação do Estado, da civilização e do desenvolvimento econômico, por sua vez, leva a uma redução dela, substituindo-a por formas mais coletivistas de paranoia social; muito embora as crises demográfica e econômica ainda sejam capazes de reacender o medo da bruxaria, como no início da era moderna na Europa.[51]

Essa abordagem ampla é corajosa e louvável, e incorpora o fato de que o estresse econômico e social muitas vezes resulta no medo intensificado da bruxaria nas sociedades que já o possuem, como foi o caso em algumas ocasiões no início da Modernidade na Europa. Seu determinismo, entretanto, falha ao levar em conta muitas das exceções a suas regras: que pequenos bandos caçadores-coletores como aqueles da Austrália nativa podem deter uma crença pronunciada na bruxaria; que algumas sociedades agrárias carecem dela; que civilizações urbanas altamente desenvolvidas, como aquelas da Roma antiga e do início da era moderna na Europa, realizavam maciças caças às bruxas; e que os julgamentos europeus no início da era moderna não mapeiam simples e diretamente as regiões de pressão demográfica e econômica mais pronunciada, que de fato elas tiveram seu início numa época de baixa populacional e rendas relativamente altas. Todos os grupos que acreditam em bruxaria suspeitam que determinados tipos de pessoas são mais propensos a praticá-la em relação a outros, no entanto, as características atribuídas aos suspeitos naturais se diferem enormemente.

Uma variável importante é a idade. Em muitas sociedades no mundo todo, as acusações são dirigidas principalmente aos idosos, mas em outras elas se concentram nos jovens e, em muitas outras, a idade não é fator determinante. É normal que os suspeitos tenham passado da puberdade porque as crianças são muito mais raramente envolvidas nas tensões sociais entre os adultos que geram as acusações, e menos ainda creditadas a qualquer tipo de poder. No entanto, entre os Bangwa dos Camarões, crianças frequentemente eram acusadas de bruxaria, e até mesmo bebês podiam ser considerados culpáveis; e, conforme se verá, existiam e existem outras sociedades que associam a feitiçaria aos jovens.[52]

O gênero é outra variável no mundo todo, com as bruxas, em diferentes localidades em cada continente, sendo vistas como essencialmente femininas, ou essencialmente masculinas, ou de ambos os gêneros em diferentes proporções e de acordo com os diferentes papéis que possuem. É bastante comum também que as sociedades manifestem discrepância entre o gênero de sua bruxa estereotipada e o da pessoa propriamente acusada de bruxaria. Aqueles que fazem as acusações são, da mesma forma, normalmente mulheres ou homens ou ambos, de acordo com as convenções da cultura a qual pertencem. A mesma variedade é vista no status social e em relação à riqueza dos acusadores e acusados, com a bruxaria sendo vista como uma arma empregada pelos pobres contra ricos, e vice-versa, ou entre iguais ou concorrentes, ou por qualquer membro de uma comunidade, de acordo com a sociedade em questão. Tem havido uma tendência mundial de as desconfianças delinearem as tensões econômicas e sociais, de modo que indivíduos encrenqueiros ou arrogantes, ou os novos-ricos — dentro de sociedades nas quais a afabilidade e a modéstia são consideradas virtudes primordiais e a mobilidade econômica é limitada — frequentemente têm sido considerados alvos óbvios ou praticantes óbvios da bruxaria; mas diversas outras categorias de comportamento ou perfil se enquadram em ambos os papéis.

Embora sejam muito variados em tais detalhes, os conceitos locais a respeito da figura da bruxa também são fortemente enraizados e, muitas vezes, aparentemente impermeáveis ao fato de que povos vizinhos podem carregar ideias muito diferentes. Há três grupos de ilhas na costa nordeste da Nova Guiné, próximos entre si e que mantêm comunicação regularmente: Dobu, Trobriand e Fergusson. Seus habitantes são semelhantes o bastante em aspectos físicos, sociais e culturais a ponto de serem praticamente considerados um só povo. Todos temem a bruxaria, mas para os dobuanos, as bruxas podem ser de qualquer gênero, embora as mulheres sejam consideradas mais perigosas; para os trobriandros, bruxas são principalmente do gênero masculino; e para os fergussonianos, são essencialmente mulheres, e particularmente perigosas. Uma pergunta óbvia a ser feita é se as pessoas em alguma dessas sociedades veem estranheza na discrepância entre suas crenças e nas das outras duas comunidades. A resposta parece ser inteiramente negativa, de modo que quando os dobuanos visitam os trobriandros, eles não temem as mulheres locais como bruxas, mas começam a temer mais os homens, enquanto as mulheres de Fergusson os assustam ainda mais do que as de casa.[53]

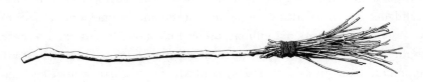

2 } CARACTERÍSTICA DOIS:
Bruxa: uma ameaça interna a uma comunidade

Conforme já sugerido anteriormente, os europeus do início da era moderna acreditavam que as bruxas atacavam vizinhos ou parentes ou, excepcionalmente, símbolos da elite dentro da própria unidade política, como um aristocrata ou um rei. Sendo assim, não se imagina que as bruxas tenham interesse em fazer mal a desconhecidos. Isto distingue a bruxaria do uso da magia nociva como arma em conflitos entre comunidades. Muitas rixas entre sociedades humanas tradicionais, sejam estas organizadas em tribos, clãs ou aldeias, são creditadas como portadoras de um elemento mágico por seus membros, e tais sociedades estão dispostas a culpar os infortúnios nas atividades dos mágicos entre seus inimigos coletivos. Essa crença é encontrada em muitas partes do mundo, mas especialmente em três delas: na bacia amazônica, na Sibéria, e na Austrália e Melanésia. É especialmente predominante nas três últimas, embora mesmo ali seja flagrada entremeada por sociedades nas quais a ameaça pela magia destrutiva seja percebida total ou majoritariamente interna, tal como já mencionado acima.[54]

Apesar dessa ampla dispersão de comunidades que nutrem a expectativa de que os perigos mágicos costumam vir de fora, elas têm sido superadas numericamente em relação às comunidades que veem a magia como ameaça interna. Ralph Austen comentou que praticamente todos os estudos de sociedades rurais africanas apontam existir a crença de que a eficácia da bruxaria é diretamente proporcional à intimidade entre a bruxa e a vítima.[55] Peter Geschiere acrescentou que "em muitos aspectos, a bruxaria é o lado sombrio do parentesco", e Wim van Binsbergen, que "é tudo o que desafia a estrutura do parentesco".[56] Isso certamente parece válido para grande parte da África, embora mesmo aí os graus de parentesco dentro dos quais ela age variem bastante. Em sociedades polígamas, as acusações muitas vezes eram fruto do ciúme e de animosidades entre diferentes esposas de um mesmo homem.[57] Por outro lado, tais consequências em hipótese alguma eram certeiras, e não havia um relacionamento mais inevitável e previsível na poligamia e os alvos de suspeita de bruxaria do que havia entre as crenças em bruxaria e qualquer outro tipo de organização social. Entre os Konkomba, no norte do Togo, que acreditavam em bruxaria, existia muita tensão entre as esposas, mas ainda assim as acusações nunca emergiam.[58] Os Wambugwe, do vale do Rift, na Tanzânia, pensavam que bruxas não eram capazes de atacar a própria linhagem.[59] Mais ao norte, no Quênia, os Nandi acreditavam que a bruxaria agia entre os parentes por afinidade (sogros, cunhados), enquanto outra tribo da Tanzânia, os Safwa, sustentava que ela só poderia ser usada contra membros da linhagem paterna do próprio autor.[60] Na Zâmbia, os Ndembu pensavam que apenas os parentes maternos próximos estavam sob risco, enquanto em Serra Leoa, os Kuranko enxergavam a bruxaria como um ataque às relações conjugais, conjurada apenas por mulheres casadas contra um marido ou seus respectivos parentes.[61] Os Ngoni, do Malaui, pensavam que as bruxas só atacavam parentes do lado materno.[62]

Na África, ou mesmo em outras partes do mundo, nem os parentes são necessariamente suspeitos de bruxaria, o espectro de alvos favoritos para tal desconfiança se estende de amigos e vizinhos a desconhecidos que tiveram permissão para se estabelecer numa comunidade. Entre os Gusii, do Quênia, os alvos óbvios eram simplesmente aqueles que falharam em conceder provas claras de sua lealdade ao grupo social como um todo; do mesmo modo, os Nyakyusa, da Tanzânia, desconfiavam daqueles de comportamento geralmente antissocial em sua sociedade.[63] Os Tangu, povo da Nova Guiné, tinha uma palavra equivalente para bruxa para descrever todas as pessoas socialmente marginalizadas que não

> **Embora as consequências das alegações de bruxaria geralmente envolvessem grupos sociais, em essência, elas eram geradas por relacionamentos íntimos e pessoais [...] A crença na bruxaria é um aspecto dos encontros cara a cara entre seres humanos.**

mais retribuíam nas relações sociais da comunidade, tivessem elas começado a fazer uso de bruxaria ou não.[64] Os Lugbara, de Uganda, associavam a bruxaria aos esquisitos, solitários, pessoas com olhos avermelhados ou estrábicos, e também aos gananciosos e aos mal-humorados.[65] O Quiché, da Guatemala, a enxergavam tanto no preguiçoso quanto no antissocial.[66] Os apaches ocidentais, por outro lado, desconfiavam ecleticamente dos abonados, dos idosos e dos forasteiros que se mudavam para a comunidade repentinamente.[67] Às vezes, o estereótipo não correspondia à realidade, sendo assim, os Mandari, do Sudão, normalmente associavam a bruxaria à falta de higiene corporal, ao roubo e ao comportamento geralmente antissocial e rebelde, mas admitiam que a maioria dos suspeitos eram pessoas indistinguíveis do padrão.[68] Os Wambugwe pensavam que as bruxas não tinham traços que as distinguissem de qualquer outro indivíduo, enquanto em outro grupo tanzaniano, os Hehe, as acusações não

CAPITULUM .I } .55

tinham nenhuma relação com gênero, idade ou grau de parentesco.[69] Os Gisu, de Uganda, achavam que as bruxas só atacavam pessoas do gênero equivalente, enquanto em Papua, os Kaluli acreditavam que suas vítimas normalmente eram pessoas com quem não tivessem um relacionamento por consanguinidade ou casamento.[70] Para os Mohave, cujo território tradicional abrangia partes da Califórnia, Nevada e Arizona, nos Estados Unidos, a bruxaria era especialmente traiçoeira porque aqueles dotados de poderes faziam uso deles apenas para matar pessoas das quais gostavam, como uma consequência compulsiva e espantosa do afeto genuíno.[71]

Em geral, o comentário feito por Philip Mayer há meio século sobre os africanos é válido para as sociedades humanas em geral: as supostas bruxas e seus acusadores são pessoas que deveriam gostar umas das outras, mas que não se davam.[72] Colocando de outra forma, como dito por Eytan Bercovitch após trabalhar na Nova Guiné: "A bruxa é tudo o que as pessoas realmente *são* como comunidades e indivíduos, mas que prefeririam não ser".[73] A suspeita de bruxaria geralmente tem sido uma consequência do descumprimento das obrigações sociais. As circunstâncias sob as quais tais desconfianças surgem tendem, em todos os lugares, a serem aquelas mesmas dos relacionamentos regulares, íntimos e informais, principalmente em ambientes confinados e intensos onde é difícil expressar animosidades em contendas e discussões abertas: é por isso que ao sul da Índia, por exemplo, as acusações jamais eram feitas entre diferentes castas sociais, uma vez que nunca havia relações íntimas entre elas.[74] Embora as consequências das alegações de bruxaria geralmente envolvessem grupos sociais, em essência, elas eram geradas por relacionamentos íntimos e pessoais. Nas palavras de Godfrey Lienhardt, "a bruxaria é um conceito na avaliação das relações entre duas pessoas".[75] A crença na bruxaria é um aspecto dos encontros cara a cara entre seres humanos.

3 } CARACTERÍSTICA TRÊS:
A bruxa trabalha sob uma tradição

Ao redor do mundo, tem sido comum acreditar que as bruxas obtêm seus poderes malignos por meio de treinamento ou herança, mas jamais houve consenso geral sobre como isso é feito. Duas respostas muito comuns são que a capacidade de fazer o mal é algo inato à pessoa da bruxa, ou então que a bruxa trabalha por meio do emprego de ingredientes mágicos. Ambas frequentemente se sobrepõem, no sentido de que uma pessoa capacitada por uma força inata e interna é capaz de depositar forças misteriosas em objetos a fim de colocar seus poderes em ação. Essas sociedades que acreditam na bruxaria como um poder inato frequentemente diferem no que diz respeito a sua manifestação, ou seja, se seria devido à vontade da pessoa em questão, ou se exerceria controle sobre a vontade e as ações dessa pessoa, às vezes indo diretamente de encontro à sua inclinação. É bastante comum que num mesmo grupo social existam ambos os tipos de figura de bruxa, ou seja, aquela que opera sob um poder inato e aquela que precisa operar via manipulação das ferramentas e substâncias certas.

Um desses grupos era o Azande, do Sudão do Sul, que se tornou objeto de um estudo muito famoso na década de 1930 pelas mãos de Sir Edward Evans-Pritchard, o qual ajudou a inspirar o interesse ulterior pela bruxaria demonstrado por membros de sua disciplina, e que criou alguns dos modelos e metodologias para tal. Como exemplo, ele limitou o termo "bruxaria" para descrever as atividades de pessoas que realizavam o mal por meio de habilidades natas e intrínsecas, e empregava o termo "artes mágicas" para aqueles que necessitavam de meios externos.[76] Durante um tempo, sua distinção foi largamente aplicada ao estudo da magia extraeuropeia, e na África em especial.[77] Por volta da década de 1960, entretanto, a teoria começou a ser criticada como incompatível a muitos povos tradicionais, tanto na África como em outros lugares.[78] Agora era abandonada em larga escala, embora alguns antropólogos ainda a considerassem relevante para as sociedades específicas de seus objetos de estudo.[79] O que emerge de uma análise global é que os povos tradicionais distinguem entre as formas de magia de diferentes modos, algumas são traçadas pela divisão realizada por Evans-Pritchard, e outras não. A classificação de magia nociva como bruxaria e artes mágicas, de acordo com seus critérios, não será, portanto, adotada aqui. No entanto, deve-se reconhecer que sociedades em todo o mundo dividiram os agentes da magia nociva em categorias, nas quais alguns operam mais por instinto e poder nato, e outros mais por desígnio. Em Dobu, por exemplo, acreditava-se que as mulheres podiam causar o mal quando dormiam, com seus espíritos vagando para atacar os dos vizinhos e assim lhes prejudicar, enquanto a crença era que os homens agiam acordados, depositando maldições nos pertences das vítimas.[80]

Igualmente variáveis no mundo inteiro são as respostas fornecidas pelos nativos quando perguntados se a bruxaria é voluntária ou involuntária; e, caso seja involuntária, quais implicações isto geraria na abordagem do suspeito de bruxaria. Alguns povos da África e da Melanésia a julgaram como a consequência de uma doença física literal. Os Hewa, das Terras Altas da Nova Guiné, achavam que as bruxas tinham um serzinho vivendo dentro de si, como um pequeno feto humano, o qual ansiava por carne humana e as incitavam a matar para saciar seus desejos.[81] Já os Tiv, da Nigéria, pensavam que a bruxaria era uma substância que crescia nos corações de determinadas pessoas, lhes conferindo poderes mágicos.[82] Ao sul da África, os Swazis abordavam a bruxaria como um vírus, transmitido pelas mães aos filhos, ou adquirido por uma infecção tardia, que levava os enfermos a aderirem a uma sociedade secreta de bruxas dedicada ao assassinato.[83] No nordeste de Gana, os Mamprusi também achavam que a bruxaria era uma substância no corpo herdada da mãe, embora se acreditasse que pessoas virtuosas fossem capazes de resistir a ela e de neutralizá-la.[84] Os Bamileke, dos Camarões, acreditavam ser um órgão extra, capaz de produzir um desejo literal por sangue, o qual era satisfeito por meio de ataques mágicos.[85] Em outra localidade no mesmo país, os Bangwa pensavam ser gerado por uma substância situada na goela, a qual seria congênita: pais que percebiam um comportamento estranho em seus bebês presumiam que estes tivessem nascido sob tal calamidade, e assim permitiam que a criança morresse.[86] Os habitantes de Seram, no arquipélago das Molucas, ao leste da Indonésia, eram da opinião de que o poder de realizar magia maligna era gerado por um caroço duro no estômago ou nos intestinos.[87]

Outras sociedades consideravam que a bruxaria involuntária estava mais para uma aflição espiritual do que propriamente física, embora a divisão entre ambas fosse um tanto nebulosa. Entre os Azande, aqueles que Evans-Pritchard relatara pensarem que bruxas herdavam um espírito maligno de um dos pais, havia a crença de que os pais transmitiam o caroço aos filhos, e as mães, às filhas. O caroço se assentava em seus intestinos, tomava posse de seus corpos e gerava uma necessidade de ataque vampiresco às forças vitais dos não bruxos. Também acreditava-se ser uma manifestação congênita, mas que, assim como algumas doenças hereditárias genuínas, ficava mais forte com a idade.[88] Os Nyakyusa pensavam que a bruxaria era alimentada por uma entidade maligna que assumia a forma de uma cobra píton alojada no abdome da bruxa, enquanto na Nova Guiné, os Kaluli pensavam que tal criatura se alojava no coração da bruxa.[89] Em partes da região indiana de Mysore, acreditava-se que as bruxas eram mulheres afligidas por um espírito maligno que as levava a fazer o mal.[90] Entre o povo Gǎ, ao sul de Gana, imaginava-se que os espíritos que possuíssem as bruxas poderiam atormentar ou matar seus hospedeiros humanos, a menos que fossem aplacados por meio de assassinatos; aqueles que temiam o risco de sofrer possessão semelhante buscavam curas mágicas para o problema.[91] Nas Filipinas, a taxa exigida pelo espírito possessor era de ao menos um assassinato por ano, e se não ocorresse, a bruxa morreria.[92] A maioria das culturas a creditar a existência de bruxaria, no entanto, a considerava tão controlável e censurável quanto qualquer outro tipo de perversidade humana (embora normalmente mais assustadora e perigosa). Mesmo aqueles que consideravam que as bruxas eram apenas pessoas possuídas por espíritos malignos, e portanto não mais responsáveis por suas ações, geralmente achavam que, para permitir tal grau de possessão, os indivíduos envolvidos provavelmente eram fracos e talvez até mesmo malévolos. Ao estudar os Shan, uma tribo budista que ocupa a fronteira

CAPITULUM .I } .59

entre a Tailândia e a China, Nicola Tannenbaum observou que o tratamento dado por eles às supostas bruxas era o mesmo reservado aos bêbados antissociais: um perigo genuíno para os outros, e sujeitos ainda responsáveis por sua condição, embora não fossem de fato responsáveis por atitudes específicas. [93]

Outra variação nas percepções globais da figura da bruxa foi aquela entre os indivíduos que consideram as bruxas como essencialmente solitárias, ou como criaturas que atuavam em parceria com um amigo ou aliado ocasional, e aqueles que acreditavam que as bruxas são membros de sociedades secretas organizadas. A crença em tais associações foi registrada em grande parte da África Subsaariana e também no sudoeste dos Estados Unidos, na Índia, no Nepal e na Nova Guiné. Em geral, imaginava-se que os participantes dos cultos banqueteavam juntos, incentivavam e fortaleciam uns aos outros em sua vocação, planejavam a execução de magia maligna e muitas vezes chegavam a levar a efeito. Já os métodos que se imaginava serem empregados pelas bruxas na realização de tal magia, fosse de forma coletiva ou solitária, inevitavelmente assumiram diferentes formas em diferentes localidades, no entanto, alguns padrões eram comumente identificados no mundo todo. O primeiro era a crença de que a bruxaria é executada com especial facilidade se o bruxo conseguir obter resíduos corporais da pessoa-alvo. Entre os Maori da Nova Zelândia, dizia-se que as bruxas levavam suas vítimas à morte ao destruir suas roupas, cabelos, unhas ou secreções corporais enquanto entoavam feitiços.[94] Os Zuñi queimavam todas as aparas de cabelo, e seus vizinhos, os Navaho escondiam todas as excreções humanas para que não fossem utilizadas como ingrediente de magia contra seus proprietários.[95] No Alasca, os Tlingit pensavam que as bruxas pegavam restos de comida ou retalhos de roupas das pretensas vítimas e os transformavam em bonecas, que por sua vez se tornavam veículos de maldições.[96] Tais temores e reações são registrados também na maior parte da Polinésia, Melanésia, África, sul da Ásia e América do Norte. Outro sistema de crenças, que não é mutuamente exclusivo em relação ao primeiro, é a ênfase no uso que as bruxas davam às propriedades mágicas de objetos retirados da natureza, tais como pedras peculiares, plantas e partes de animais. Os Nyoro, de Uganda, pensavam que boa parte do encantamento era conseguida com o uso de matéria vegetal misturada a pedaços de répteis.[97] Outra tradição muito difundida, identificada na América do Norte e na África, é que as bruxas atacavam introduzindo objetos mágicos nos corpos de suas vítimas, tais como pedras, ossos, penas ou cinzas, sendo que bastava removê-lo para curar o

CAPITULUM .I } .61

indivíduo dos efeitos adversos. Ainda, outro padrão de crença particularmente comum em regiões da África Central e Ocidental e na Melanésia era que as bruxas atuavam por meio de seus poderes maléficos inatos, não havendo necessidade de auxílio físico. Outra tradição muito propagada era a da bruxa auxiliada ou capacitada por um ajudante espiritual pessoal, ou mesmo um conjunto deles, geralmente na forma de um animal. Nas Ilhas Salomão, na Melanésia, pensava-se, extraordinariamente, que os espíritos malignos serventes das bruxas vivas eram os fantasmas de seus predecessores mortos.[98] Nas Américas, na África e na Melanésia, a tradição também variava quanto à questão dos aspectos físicos da ação, ou seja, se as bruxas agiam em sua forma normal, física ou se assumiam algum tipo de forma espiritual para fazê-lo enquanto seus corpos dormiam em casa. Em partes da África Subsaariana, ao Sul da Ásia, na Melanésia e na América do Norte, acreditava-se que elas podiam voar, o que permitia sua capacidade de cobrir longas distâncias na perseguição de seus alvos, embora, novamente, ainda houvesse divergências de opinião se isto era feito em corpos físicos ou espectrais.

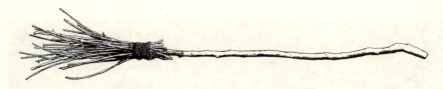

4 } CARACTERÍSTICA QUATRO:
} *A bruxa é maligna*

Em todo o mundo, as bruxas sempre foram tratadas com aversão e horror, e associadas a posturas normalmente antissociais e a forças malignas no mundo sobrenatural. Tal característica exclui da categoria da bruxaria o uso sancionado ou informalmente aprovado de magia em rixas de vizinhanças. Eis o que às vezes é encontrado: por exemplo, nas Ilhas Trobriand, os artífices da magia empregavam suas habilidades para prejudicar indivíduos que haviam ficado sujeitos à inveja de chefes ou vizinhos ao prosperar e perturbar a ordem social usual. Nesse caso suas atividades geralmente eram consideradas justificáveis.[99] Entre a maioria dos povos, todavia, o uso da magia nunca foi considerado um meio legítimo de travar disputas e brigas nas comunidades, e sim uma atividade caracterizada pela discrição, malevolência e perversidade intrínseca. O sigilo era essencial para privar a pretensa vítima de qualquer alerta do ataque vindouro ou de lhe dar noção do que estava acontecendo até que o dano já tivesse sido feito. Algo projetado para evitar quaisquer oportunidades de acordo, negociação e reconciliação, e também de formas de defesa, e para salvaguardar a bruxa, tanto quanto possível, de ser convocada a prestar contas pelo crime. Tal postura, ligada à figura da bruxa, viola as noções humanas usuais de coragem, sociabilidade e justiça. Em alguns aspectos, a bruxaria era usada para representar o mal inerente ao universo, manifestando-se por meio de humanos cuja natureza seria ideal para atuar como receptáculos ou canais para tal. Em outros, incorporava tudo o que era egoísta, vingativo e antissocial na natureza humana, uma epítome da traição e da desarmonia em sociedades que buscam a unidade e a hospitalidade. Godfrey Lienhardt resumiu numa regra geral ao relatar sobre os Dinka, um povo africano: que a bruxa "incorpora aqueles apetites e paixões em todo homem que, desgovernado, destruiria qualquer lei moral".[100] Consequentemente, na maior parte do mundo, muitas vezes houve a crença de que as sociedades de bruxas revertem tais

normas de maneiras mais dramáticas, se envolvendo durante seus encontros ou atos malignos em atividades como incesto, nudez ou canibalismo. Os exemplos dessa crença são abundantes. Os Zuñi do sudoeste americano pensavam que as associações de bruxas fossem dedicadas à destruição da raça humana, e que a adesão era permitida somente a indivíduos que já tivessem feito ao menos uma vítima por uso da magia.[101] Seus vizinhos, os Hopi, achavam que suas bruxas locais eram líderes de uma rede mundial que contava com representantes de todas as nações, e cujos iniciados precisavam continuar a sacrificar a vida de seus parentes a fim de prolongar as próprias.[102] Os Iorubás, da Nigéria, e os Gonja, do Gana, afirmavam que para se tornar membro da sociedade secreta das bruxas as pessoas eram impelidas a matar até mesmo os próprios filhos como rito de iniciação.[103] Na Nova Guiné, os Abelam acreditava que o poder das bruxas era ativado numa menina caso ela participasse de um rito no qual um grupo de bruxas desenterrasse e comesse um bebê recém-falecido.[104] Em toda a Polinésia, não havia nenhuma crença evidente nas sociedades de bruxaria, com a prática na bruxaria sendo concebida como uma atividade individual passada por um praticante experiente a um novato. No entanto, ainda se acreditava que tais praticantes nutriam um rancor generalizado contra a humanidade, e o teste de proficiência era matar um parente próximo.[105] Os Iroquois pensavam que o preço para se ingressar na organização de bruxas local era usar de magia para matar o ente mais próximo e querido de alguém.[106] Em quase todo o mundo, nutria-se a ideia de que bruxas se reuniam à noite, quando os humanos normais se encontravam fora de atividade, e também em seu estado mais vulnerável, ou seja, durante o sono. Os Tswana acreditavam que as bruxas se reuniam nas horas de escuridão para exumar cadáveres e utilizar partes deles em suas magias destrutivas.[107] Mais frequentemente, em boa parte da África e da Melanésia, incluindo a Nova Guiné, esperava-se que as bruxas exumassem corpos recém-enterrados a fim de se banquetearem

A figura da bruxa representava uma tentativa de imaginar como os seres humanos eram capazes de continuar a viver em comunidades ao mesmo tempo que secretamente rejeitavam e atacavam todas as suas restrições morais.

com eles coletivamente, sendo esta a principal motivação para assassinar as pessoas envolvidas. Os Bemba, da Zâmbia, pensavam que a bruxaria era obra de pessoas que já tivessem cometido incesto, assim como assassinatos de bebês.[108] A nudez era uma atribuição comum às bruxas, não só porque transgredia as normas sociais, mas porque as despia de suas identidades cotidianas. Nas Ilhas Salomão, a bruxaria era atribuída a mulheres que se reuniam à noite para se despir e dançar.[109] Os Agariyars de Bengala pensavam que as mulheres se tornavam bruxas se comparecessem às áreas dos crematórios à meia-noite, tirassem suas roupas, se sentassem no chão e recitassem encantamentos sobre as cinzas cremadas.[110] As crianças entre os Lala, da Zâmbia, eram instruídas a não circularem nuas pelo povoado para não serem confundidas com bruxas, enquanto na região de Lowveld, província de Transvaal, o mesmo ocorria, e isto ainda acontece em alguns lugares com qualquer mulher vista sem roupas ao ar livre, mesmo que esteja em seu próprio quintal.[111] Em Flores, na cadeia de ilhas do sul da Indonésia, dizia-se que se uma pessoa corresse nua ao ar livre, era capaz de atrair um espírito possessor, o qual lhe conferia o poder da bruxaria.[112] Já entre os Kaguru, da Tanzânia, não se pensava meramente que as bruxas agiam nuas, mas também que caminhavam sobre as mãos e que esfregavam cinzas em seus corpos geralmente negros a fim de torná-los brancos, em outros ritos de anulação.[113] Os Amba, ao oeste de Uganda, achavam que elas descansavam ficando penduradas de ponta cabeça nas árvores, e que comiam sal quando tinham sede (além de adotar a nudez e o canibalismo usuais).[114] Nas Filipinas, também imaginava-se que elas ficavam de cabeça para baixo como morcegos, e também que eram desprovidas de qualquer senso de pudor com seus corpos.[115] Já as bruxas Zulu tinham fama de cavalgarem nuas em babuínos à noite, montadas de costas para o bicho.[116] Aquelas imaginadas pelos Apaches ocidentais tiravam suas roupas para danças noturnas ao redor de fogueiras, segurando pedaços de cadáveres exumados, e como parte dos ritos os homens copulavam deliberadamente com as mulheres menstruadas.[117] Nessas interpretações, a figura da bruxa representava uma tentativa de imaginar como os seres humanos eram capazes de continuar a viver em comunidades ao mesmo tempo que secretamente rejeitavam e atacavam todas as suas restrições morais num investimento contra todas as autoridades que delimitam suas sociedades e as tornam funcionais. Em sociedades onde as expressões de agressão e ressentimento são costumeiramente reprimidas em nome da solidariedade e da harmonia comunais — e isto é muito comum entre os povos tradicionais —, a figura da bruxa apresentava um tipo de ser humano que não só era ideal, como necessário para se odiar intensa e abertamente.

5 } CARACTERÍSTICA CINCO:
A bruxa pode ser combatida

A crença de que as bruxas podem ser combatidas por seus semelhantes humanos também é encontrada no mundo todo, nas três formas principais originadas na Europa. Uma delas seria protegendo a si ou a seus dependentes e propriedades usando de magia benevolente, a qual seria capaz de repelir feitiços e maldições; se esta parecesse surtir efeito, daí poderia ser empregado um tipo de magia mais forte para quebrar e eliminar os efeitos do encantamento; e talvez até mesmo para fazer a bruxa sofrer em contrapartida. Os Dowayo, dos Camarões, colocavam cardos ou espinhos de porco-espinho nos telhados de suas casas, e espinhos e ferrões ao redor de seus campos e eiras, para repelir os feitiços malignos.[118] Os Navaho tinham uma boa gama de objetos e técnicas ditos eficazes para proteger o proprietário contra bruxaria, incluindo canções, orações, histórias, artefatos consagrados, pinturas e plantas.[119] No norte da Índia, a realização de sacrifícios de sangue ou plantações de pés de tamarindo ou de mamona eram consideradas eficazes.[120]

CAPITULUM .I } .69

Em toda a Polinésia eram organizados rituais de proteção para salvaguardar as pessoas contra a bruxaria e, se aparentemente falhassem, outros eram utilizados para reverter a maldição para a bruxa.[121] Os Vugusu e os Logoli, do oeste do Quênia, geralmente reagiam à ameaça de bruxaria evitando as supostas bruxas e fazendo contramágica voltada a elas.[122] Na ilha melanésia de Gawa, as supostas bruxas nunca eram acusadas publicamente e não havia mecanismo para julgá-las, então a população dependia da magia defensiva.[123] Os Gaya, do norte de Sumatra, tratavam bruxaria com exorcismo, com o objetivo de devolver o espírito maligno que vinha causando o transtorno à bruxa que o enviara originalmente.[124] A maioria das sociedades que acreditavam em bruxas tinham seus artífices da magia , os quais eram considerados especialistas em tais curas e poderiam fornecê-las a terceiros como uma obrigação ou pagamento. Na verdade, essa atividade está incorporada no termo em inglês comum para esse tipo de mágico (geralmente em um contexto não europeu e tribal) de "curandeiro", que foi popularizado pela primeira vez em um livro best-seller da famosa exploradora britânica vitoriana Mary Kingsley. Algumas vezes confundido com a bruxa que atua como médico, quando na verdade significava um médico que se especializou, pelo menos em determinada época, em curar os danos causados pelas bruxas: a própria definição cunhada por Kingsley era "combatente dos males causados por bruxas e demônios nas almas e propriedades humanas".[125] Seja qual for o termo, no mundo inteiro, quebrar um feitiço tem sido uma das funções mais comumente encontradas e mais importantes atribuídas aos artífices da magia.

O segundo antídoto um tanto difundido para a bruxaria era harmonizar as relações sociais que fomentaram a desconfiança no meio. E isto poderia se dar persuadindo ou obrigando o(a) bruxo(a) a remover o feitiço que ele/ela colocara, e consequentemente seus efeitos destrutivos. Entre os Azande, quando um artífice da magia ou chefe tribal concluía que alguma doença era resultante de um encantamento, o passo seguinte era pedir ao suposto culpado para remover o feitiço. O mesmo padrão era encontrado em Botswana, com os Tswana.[126] Entre os Gusii, a primeira reação a uma suspeita de bruxaria era empregar magia secreta para quebrar o feitiço hostil, e a segunda era cortar todas as relações com a suposta bruxa, para assim privá-la do contato com a vítima, que era o que possibilitava o encantamento.[127] Nas ilhas Tonga, da Polinésia, acreditava-se que a única maneira de curar o encantamento era persuadindo ou obrigando a bruxa a removê-lo.[128] Os Yakö do leste da Nigéria consideravam mais adequado abordar as suspeitas de forma discreta, solicitando ao suspeito de bruxaria que desistisse do feitiço.[129] Em Gana, os Ashanti culpavam o ato de bruxaria em si, em vez de culpar a pessoa que o perpetrou, então a suposta bruxa era perdoada depois de fazer uma confissão pública (a qual presumidamente quebrava o feitiço) e de pagar uma multa ou passar por uma penitência.[130] Os Tangu, da Nova Guiné, esperavam que uma bruxa desmascarada pagasse uma indenização à vítima, e depois disso o assunto se dava por encerrado.[131] Em Dobu, um artífice da magia era contratado para identificar a fonte do encantamento, normalmente fazendo clarividência ao olhar para a água ou um cristal. Como resultado, um suspeito era acusado e obrigado a revogar a maldição colocada sobre a vítima; e quando isso aparentemente era feito, tanto o adivinho quanto a suposta bruxa seriam remunerados pela vítima. Tanta fé era depositada neste processo que, se a vítima ainda não conseguisse se recuperar, seriam cogitadas uma nova maldição e uma nova bruxa como a causa.[132] Nos Camarões, os Bamileke, que encaravam a bruxaria como uma consequência involuntária de um órgão extra no corpo, acreditavam igualmente que a exposição pública de uma bruxa destruía automaticamente o poder de desenvolvimento do tal órgão, e assim o acusado era tanto desarmado quanto reintegrado à sociedade.[133] Os Lisu, das terras altas do norte da Tailândia, temiam intensamente a bruxaria, mas dependiam de artífices da magia ou de contramágica discreta para mantê-la afastada. Se falhasse, aí então uma pessoa suspeita de bruxaria era acusada e obrigada a pagar uma indenização e a retirar o feitiço; <u>as pessoas muito raramente matavam aqueles a quem acusavam de bruxaria, partindo do senso de que os assassinos das bruxas automaticamente se tornavam bruxas por contágio.</u>[134]

O terceiro antídoto era quebrar o poder da bruxa com um contra-ataque físico, o qual poderia vir na forma de ação direta, como espancamento ou assassinato, ou intimidação suficiente para expulsar a pessoa da vizinhança. Na maioria das sociedades, no entanto, optava-se por providências legais ou

formais em vez de providências particulares, com o suspeito sendo processado perante ou por toda a comunidade e, caso considerado culpado, ficando sujeito à punição devidamente designada. Em muitos casos, a identificação do culpado era auxiliada ou realizada pelo mesmo tipo de mágico que fornecia a contramágica para a bruxaria. Na África Central e na África do Sul, em diversas regiões, acreditava-se que a capacidade de detectar bruxas era inerente aos chefes das comunidades, já que aquela concentração de qualidades semimísticas era o que lhes dava o direito de liderar. Na Índia central, o mesmo poder era atribuído a homens considerados sacros. Em grande parte do mundo, empregava-se oráculos e ritos especiais para encontrar o culpado quando havia suspeita de bruxaria. Os Dangs, do oeste da Índia, jogavam lentilhas com os nomes de todos os aldeães adultos num vaso com água: aquela que flutuasse, indicaria o marido da bruxa.[135] Os artífices da magia dos Lala, da Zâmbia, descobriam quem eram as bruxas olhando para uma tigela de água consagrada, jogando um cabo de machado nas cinzas de uma fogueira ou por meio de clarividência ao observar chifres cravados no chão.[136] Os Nyoro, de Uganda, jogavam búzios numa esteira e interpretavam o desenho formado por elas, enquanto no mesmo país, os Gisu faziam perguntas jogando seixos num prato de vidro soprado.[137]

Uma vez que a pessoa estivesse sob suspeita de bruxaria, em geral ela era obrigada a passar por uma <u>provação para demonstrar inocência ou culpa.</u> A sociedade tradicional de descobridores de bruxas dos Nupe, do norte da Nigéria, forçava os suspeitos a cavar o solo usando apenas as mãos: se estas sangrassem, então eram considerados culpados.[138] Já os Dowayo os fazia beber cerveja misturada a uma seiva venenosa. Aquele que morresse ou vomitasse na cor vermelha, era considerado culpado, enquanto aquele cujo vômito saísse branco, ou sobrevivesse, era inocentado.[139] Diferentes formas dessa provação usando veneno foram identificadas na África Central, desde a Nigéria, passando pela Zâmbia até Madagascar, e as consequências basicamente dependiam dos níveis de toxicidade da poção. Os Lele conduziam os suspeitos aos currais para o teste, e a bebida administrada acabava matando muitos deles.[140] O mesmo teste era adotado no noroeste da Nova Guiné, sendo que aqueles que vomitavam o veneno eram declarados culpados e condenados à morte: como era muito difícil sobreviver ao veneno sem regurgitá-lo, era uma provação um tanto pesada para a pessoa submetida à avaliação.[141] Na África, do Gana às ilhas da costa da Tanzânia, utilizava-se uma galinha, a qual tinha sua garganta cortada ou era obrigada a ingerir veneno na frente da suposta bruxa, cuja culpa ou inocência era determinada pela pose final da ave moribunda. As chances do acusado basicamente podiam ser manipuladas pela decisão de quantas dessas poses contavam como prova de inocência: em grande parte da Nigéria, durante as décadas de 1940 e 1950, havia grande peso contra a absolvição, pois determinava-se que apenas uma pose era o suficiente. Um teste padrão para a bruxaria em Flores, na cadeia de ilhas do sul da Indonésia, era tirar uma pedra da água fervente usando apenas a mão: aquele que acabasse com bolhas era culpado.[143]

Uma vez que uma pessoa fosse identificada como provável bruxa, muitas vezes recorria-se à tortura para extrair uma confissão: na Índia, os Dangs normalmente penduravam o acusado de cabeça para baixo acima de uma fogueira.[144] Na Birmânia e em boa parte do restante da Índia, os suspeitos eram açoitados com galhos de uma árvore sagrada.[145] Os Navaho, do sudoeste dos Estados Unidos, optavam por amarrá-los e privá-los de comida e abrigo.[146] A severidade da pena imposta aos condenados por bruxaria dependia tanto das crenças locais quanto da extensão do dano causado pela dita bruxa. Para sociedades que prescreviam a pena de morte para casos de homicídio ou outros crimes graves contra a pessoa, a decisão lógica era fazer o mesmo no caso de pessoas condenadas por infligirem a morte ou grandes danos por meio de magia. A maioria dos povos que tradicionalmente acreditava na bruxaria executou pelo menos boa parte dos que foram formalmente condenados.

Em comunidades que temiam imensamente a bruxaria, a contagem de corpos era considerável. Dizia-se que na era pré-colonial, todas as aldeias dos Bakweri, dos Camarões, tinham uma árvore para enforcar bruxas.[147] Entre os Pondo da África do Sul, a taxa de execução às vésperas da colonização britânica chegava a uma por dia, e este número não incluía aqueles que fugiam quando acusados, ou os que eram apenas multados.[148] Um oficial britânico que serviu na Índia durante o início do século XIX estimou que cerca de mil mulheres foram executadas por suposta bruxaria nas planícies do norte ao longo dos trinta anos anteriores: uma taxa de mortalidade muito mais grave do que aquela causada pela prática local mais notória, o *sati*, ou queima de viúvas.[149] A ruptura do domínio britânico sobre a Índia na rebelião de 1857 permitiu uma enorme caça às bruxas entre as tribos do norte da Índia, com efeitos mortais.[150] Antes da chegada do colonialismo britânico, os Nyoro supostamente queimavam muitas pessoas vivas sob acusação de bruxaria, e os Kaguru, antes de sofrerem a colonização alemã, linchavam seus condenados por bruxaria, deixando seus corpos apodrecerem no mato; e os Pogoro os queimavam vivos.[151] Os Inuit, da Groenlândia, fatiavam os corpos dos executados em pequenos pedaços a fim de evitar que seus espíritos assombrassem os vivos.[152] Da mesma forma, os Paiute do Norte, daquela região que viria a se tornar os estados de Nevada e Oregon, costumavam apedrejar os suspeitos condenados até a morte, e então incineravam os cadáveres.[153] Um missionário jesuíta que pregou entre os Huron, do Canadá, em 1635 observou que eles frequentemente matavam ou queimavam vivos uns aos outros sob o testemunho de homens moribundos que acusassem um indivíduo de ter causado sua doença fatal por meio de magia.[154] Em Flores, a pena por bruxaria antes da colonização holandesa era ser enterrado vivo, e aparentemente isso ocorria com regularidade. Em outra ilha da Indonésia, Sulawesi, o povo de Toraja submetia as ditas bruxas a provações que praticamente não permitiam prova de inocência, e a seguir promoviam seus linchamentos. Os meninos eram incentivados a participar do processo a fim de provar sua coragem.[155] Antes de serem governadas pelos britânicos, as tribos da região que hoje é o Botswana vingavam as mortes por suposta bruxaria permitindo que os parentes enlutados matassem a família da dita bruxa, ou realizando um julgamento, o qual era feito pelo chefe da tribo, e que resultava na execução dos condenados: entre 1910 e 1916, houve 26 julgamentos desse tipo só entre os BaNgwatetse. Na década de 1940, os antigos locais de execução de bruxas ainda eram mostrados aos

CAPITULUM .I } .75

visitantes britânicos que iam à região.¹⁵⁶ Os Kaska, que viviam na fronteira entre o Canadá e o Alasca, não tinham nenhum conceito de curas mágicas para combater a bruxaria, portanto, a solução conhecida era lidar com a bruxa, que naquela sociedade geralmente eram as crianças. Tal crença levou a matanças persistentes nas primeiras duas décadas do século XX, muitas vezes por parte das próprias famílias dos jovens acusados.¹⁵⁷

Em todo o mundo, os povos tradicionais muitas vezes manifestaram o padrão de surtos repentinos de caça às bruxas entre populações até então, ou por muito tempo se caracterizaram por fazê-lo pouco. Em geral, as pessoas que tradicionalmente costumavam temer a feitiçaria tendiam a acusar seus vizinhos de realizá-la com muito mais frequência em épocas de pressão e/ou de instabilidade político-econômica e de mudanças culturais; mas também é verdade que tais períodos não produzem automática e necessariamente um aumento nas acusações. Quando tal crescimento ocorria, tendia a repercutir na ordem social de três maneiras diferentes: confirmando a autoridade dos líderes tradicionais e da sociedade; fortalecendo o poder de um membro individual da elite tradicional; ou permitindo que um novo grupo social assumisse a autoridade. Na África, Lobengula, o rei dos Matabele, Ranavalona, a rainha dos Malgaxe, e Shaka, o rei dos Zulu, são exemplos de líderes do século XIX que reforçaram suas autoridades hereditárias travando guerras contra as ditas bruxas. Certa vez, Shaka convocou quase quatrocentos suspeitos à sua corte numa única ocasião, e matou todos eles, ao passo que Ranavalona obrigou cerca de um décimo de seus súditos a passar pela provação do veneno que testava bruxas, e um quinto deles acabou falecendo. Lobengula comandava uma média de nove a dez execuções por mês, principalmente de homens relativamente poderosos. Na América do Norte do século XIX, Manuelito, o chefe Navaho, executou mais de quarenta de seus oponentes políticos sob a acusação de bruxaria, e uma geração antes, o Handsome Lake, o chefe Seneca, se estabeleceu como um líder religioso liderando uma perseguição à bruxaria.¹⁵⁸ Tais figuras às vezes recorriam à caça às bruxas para defender os modelos tradicionais e impedir a inovação: no vale do Ohio do século XVIII, Tenskwatawa, o profeta Shawnee, instigou a caça contra os cristãos convertidos em sua confederação tribal.¹⁵⁹ O uso político desse mecanismo podia ser implantado coletivamente, bem como individualmente, por governantes e profetas: assim, no século XVII, as tribos algonquianas do nordeste da América do Norte transformaram as acusações de feitiçaria em seu principal meio de estabelecer novas fronteiras territoriais para atender ao comércio de peles que se desenvolvia com os colonizadores europeus.¹⁶⁰ Por outro lado, alguns regimes há muito estabelecidos e com bases sólidas optaram por desestimular a caça às bruxas como parte da demonstração de sua autoridade. Quando o pânico varreu doze províncias da China em 1768, sendo dito que mágicos itinerantes estavam amaldiçoando pessoas (especialmente meninos) à morte para poder escravizar suas almas, os juízes imperiais anularam as condenações impostas pelos tribunais locais, muito embora turbas tivessem assassinado alguns suspeitos antes que estes pudessem ser levados à prisão.¹⁶¹

ELIZABETH SAWYER
Executed in the Year 1621 for Witchcraft
from a Rare Print in the Collection of W. Beckford Esq.ʳ

Pub.ᵈ Feb.ʸ 6 1794 by I. Caulfield.

Na África, os movimentos de descoberta das bruxas foram comuns no período colonial, afetando bastante as regiões central e ocidental do continente, e funcionando parcialmente como uma reação à proibição ou modificação extrema dos julgamentos tradicionais por bruxaria pelas administrações europeias. Também é possível que o domínio colonial, ao destruir instituições tribais e códigos morais, tenha aumentado a instabilidade na qual o medo da bruxaria costuma florescer.[162] Os Lele se envolveram em nada menos do que cinco caças às bruxas entre 1910 e 1952.[163] Normalmente, estas eram conduzidas por jovens que viajavam pelas regiões, cruzando fronteiras tribais e

Em geral, as pessoas que tradicionalmente costumavam temer a feitiçaria tendiam a acusar seus vizinhos de realizá-la com muito mais frequência em épocas de pressão e/ou de instabilidade político-econômica e de mudanças culturais.

alegando deterem o poder de detectar bruxas e torná-las permanentemente inofensivas. Este último processo em geral era feito obrigando suspeitos acusados pelas comunidades a entregar os artefatos com os quais supostamente faziam sua magia, para que fossem destruídos, e depois administrar a eles uma bebida ou unguento, ou então um rito especial, que supostamente anularia sua capacidade de enfeitiçar. Da mesma forma, no oeste da Índia, o revival religioso do "Devi" na década de 1920 incluiu a detecção e banimento de bruxas das aldeias como parte de seu perdão.[164] Todos esses movimentos se originaram de estruturas tradicionais externas de autoridade e costume, mas geralmente também funcionavam dentro delas. Mesmo sob o domínio colonial, no entanto, caçadores de bruxas às vezes faziam emergir aqueles que provocavam uma rejeição e punição das elites ou religiões nativas familiares. O culto de descoberta das bruxas de Atinga, na África Ocidental, foi transmitido por devotos de um único santuário no norte de Gana, os quais destruíram outros centros de culto tradicionais durante suas viagens.[165] Os Nyambua, seu equivalente na Nigéria, denunciavam supremacias estabelecidas, bem como bruxas.[166] Às vezes, também, tais movimentos se misturavam a um sentimento anticolonial, ou até mesmo a rebeliões abertas: o levante Maji Maji contra o domínio alemão em Tanganica em 1905-6 foi liderado por um profeta que se autodenominava "matador e odiador" de bruxas, e de fato exigia a morte de qualquer pessoa que recusasse a "água medicinal" que ele administrava para destruir a magia do mal.[167]

Tal padrão se tornou muito mais comum desde o fim do domínio europeu, à medida que a África foi passando por programas de modernização autoconsciente que renderam grandes mudanças sociais.[168] A caça às bruxas tem sido proeminente tanto nos movimentos revolucionários que se opuseram diretamente e ajudaram a findar o colonialismo ou a supremacia branca, quanto nos estados sucessores, sob regimes nativos, que emergiram das ex-colônias. Os grupos de jovens que atacavam suspeitos de bruxaria em partes do Transvaal nos anos 1980 foram os mesmos que lideraram a resistência ao sistema de apartheid, retratando o governo branco, que tanto sustentava o apartheid quanto proibia a caça às bruxas, como um protetor da bruxaria. Após o estabelecimento de um governo de maioria negra, eles ainda se flagraram marginalizados pelo novo regime, e assim mantiveram seu papel como defensores locais de seu povo, em face de um governo central amplamente estrangeiro, com a perseguição às bruxas ainda tomando parte naquele cenário.[169] Mais próximo aos principais centros populacionais na nova África do Sul, no município de Soweto, no início da década de 1990, o medo diário da bruxaria era relatado como "imenso", e era dito que "todas as mulheres mais velhas, principalmente se excêntricas e impopulares, convivem com o risco de serem acusadas de bruxaria".[170] Entre os Mijikenda da costa do Quênia, a independência foi acompanhada de uma explosão de acusações e de violência contra os suspeitos de bruxaria, com líderes tribais e nacionais se unindo para promover determinado curandeiro como detector de bruxas.[171] A partir da década de 1970, as acusações públicas e diretas de bruxaria aumentaram na Zâmbia e, com elas, a contratação de especialistas em identificar bruxas, os quais se tornaram onipresentes nas áreas rurais na década de 1980.[172]

CAPITULUM .I } .79

Na guerra pela independência, que estabeleceu o domínio nativo no Zimbábue, os guerrilheiros assumiram o papel tradicional dos líderes de clãs na detecção de bruxas, geralmente com o apoio das comunidades locais, e caso fosse o desejo destas, os suspeitos acabavam executados. Não é de se surpreender que as vítimas muitas vezes fossem aliadas do governo branco.[173] Depois que a independência foi alcançada no país, no início da década de 1990, uma caçada local foi conduzida por um médium espírita membro da Associação Nacional de Curandeiros Tradicionais sancionada pelo governo, o qual identificava bruxas fazendo com que suspeitos caminhassem sobre sua bengala.[174] Ambos os lados da guerra civil angolana no início da década de 1990, que se seguiu ao colapso da administração portuguesa, condenavam as supostas bruxas à morte como um recurso para tentar aumentar sua popularidade e reivindicações de legitimidade; um dos lados tendia a queimá-las vivas, e o outro, a matá-las após obrigá-las a cavar a própria sepultura. Os refugiados expressaram indignação ante o abuso da atividade, acusando adversários políticos (e seus filhos) de bruxaria, mas não chegando ao ponto da execução.[175] Nas partes do mundo em que os nativos foram governados por potências europeias durante algum tempo, uma característica da perseguição das ditas bruxas mostra como governantes coloniais emprestaram alguns aspectos do cristianismo, que foram integrados aos conceitos tradicionais da bruxa. Esse foi um processo bastante natural na América Latina, onde durante mais de dois séculos os próprios europeus no governo temeram a bruxaria e baniram todos os tipos de magia. Desse modo, dois sistemas paralelos de caça às bruxas se encontraram e se misturaram, com o estereótipo europeu moderno de bruxaria na forma de adoração ao diabo se infiltrando às ideias indígenas e fixando residência permanente entre eles.[176]

O processo continuou na África no século xx, porém sob um sistema colonial muito diferente, no qual a postura oficial em relação à bruxaria era de descrença. Aqui, a Bíblia, em suas primeiras traduções modernas, que afirmavam uma reprovação da bruxaria e exigiam sua supressão, frequentemente se fazia valer para confirmar as crenças nativas: ironicamente, por esse motivo o cristianismo causou a redução da credibilidade dos espíritos ancestrais e espíritos terrenos, indo de encontro ao que os missionários pregavam, e dando origem assim a uma tendência de se culpar apenas as bruxas por infortúnios misteriosos. A relação natural que poderia ser feita entre os povos tradicionais, o cristianismo e a caça às bruxas está repleta de

CAPITULUM .I } .81

exemplos. Quando a rainha malgaxe Ranavalona criou uma religião intolerante para unir sua nação na década de 1830, a qual perseguia supostas bruxas e cristãos, ela o fez usando o modelo dos cristãos europeus do início da era moderna.[177] Uma geração antes, a religião híbrida de Handsome Lake, líder dos Iroquois, a qual ele introduziu à sua ramificação dos Seneca no interior do estado de Nova York, acrescentou anjos e demônios cristãos à espiritualidade nativa, reforçando um medo existente da bruxaria.[178] Na década de 1920, os membros nativos do movimento das Testemunhas de Jeová na África Central tiveram a ideia de que o batismo pela imersão completa na água seria capaz de detectar bruxas. Um de seus proponentes, que passou a se autointitular "Filho de Deus", foi executado pelos britânicos após ser responsabilizado pela matança de mais de uma vintena de pessoas em seu território na então Rodésia do Norte, e pelo indiciamento de quase duzentos mais no Congo Belga.[179] Na década seguinte, ele foi seguido por um homem educado por adventistas do sétimo dia e que decidiu fundar a própria igreja na Rodésia do Norte, a qual incluía a exposição de bruxas em seu escopo.[180] Os caçadores de bruxas Bamucapi, ao longo da África

Central, que ocuparam a área desde o lago Nyasa à bacia do Congo na década de 1930, usavam roupas europeias e pregavam "a palavra de Deus" assim como missionários brancos.[181] Também, no período entre as guerras mundiais, uma mulher fundou o movimento Déima na Costa do Marfim depois que o contato com o cristianismo protestante a convenceu de que ela era uma expressão da vontade e da palavra da divindade cristã: ela se afirmava capaz de detectar bruxas só de olhá-las. Na década de 1950, foram as atividades missionárias do Exército da Salvação que desencadearam o movimento Munkukusa ou Mukunguna na bacia do Congo, cujos símbolos importantes eram a Bíblia e a cruz. Mais tarde, na mesma década, uma missão protestante unida na Rodésia do Norte batizou e instruiu uma mulher depois de esta reivindicar uma comissão divina para pregar contra a bruxaria. Ela fundou a própria organização religiosa, que passou a incluir 85% da população em seu distrito natal.[182] O estabelecimento de igrejas sionistas na Província do Norte da África do Sul fez crescer o medo das bruxas naquela região, enquanto entre os Zulu, alguns líderes da mesma denominação se tornaram notáveis caçadores de bruxas. Essas igrejas também incitaram uma caça na Zâmbia em 1988-9, guiada por um profeta chamado Moses.[183] Quando parte dos Tangu, da Nova Guiné, se converteu ao cristianismo, as bruxas imediatamente foram identificadas como associadas ao Diabo, e a mesma coisa aconteceu entre os Ewe, de Gana.[184] Por volta de 1960, ocorreu uma notável caça às bruxas no Malaui, cujas ideias tinham origem em uma igreja presbiteriana, enquanto na Zâmbia, na década de 1960, os profetas das igrejas pentecostais se revelaram muito proeminentes entre os mágicos capazes de detectar as fontes de magia vil.[185] A liderança da Ação Católica em Lusaka, capital da Zâmbia, na década de 1970, estava nas mãos de uma mulher que afirmava possuir espíritos serviçais e deter o poder de detectar bruxas reagindo fisicamente à presença delas.[186] Quando muitos dos Lele se converteram ao catolicismo romano, ao final do século XX, prontamente declararam que a religião nativa era oriunda de Satanás e seus sacerdotes bruxos. Os jovens, em especial, foram um tanto receptivos à conversão, vendo-a como uma oportunidade de se voltar contra os mais velhos, e alguns dos novos eclesiásticos católicos entre eles se tornaram ávidos caçadores de bruxas, recorrendo à tortura para obter confissões.[187] No início do século XX, centenas de igrejas comunitárias na capital congolesa de Kinshasa se comprometeram a lutar contra a bruxaria, considerada

CAPITULUM .I } .83

uma força satânica.[188] Em 2005, estimava-se que a África tinha centenas de milhares de "profetas" ligados às denominações nativas do cristianismo, os quais afirmavam estar sob a inspiração do Espírito Santo e de outros espíritos para detectar as causas ocultas do infortúnio, especialmente a bruxaria.[189] Os movimentos para erradicar a bruxaria sob o domínio colonial geralmente não contavam com derramamento de sangue, pois usar de violência grave teria estimulado uma reação hostil dos administradores europeus que desacreditavam oficialmente na ameaça das bruxas. Foi o que aconteceu com o culto Atinga em Gana e na Nigéria nas décadas de 1940 e 1950, que torturou e algumas vezes matou suspeitos que se recusaram a confessar.[190] O fim do domínio estrangeiro, no entanto, abriu caminho para o retorno de ataques físicos generalizados contra suspeitos de bruxaria, os quais muitas vezes resultavam em óbito. Quando o domínio belga entrou em colapso no Congo durante a década de 1960, os Lele imediatamente voltaram a reintroduzir sua tradicional provação ao veneno, e com isto centenas morreram.[191] No norte de Uganda, o fim do domínio britânico foi seguido por uma retomada da caça às bruxas pelos chefes tribais, e com considerável apoio popular. Os suspeitos eram submetidos a torturas diversas, como espancamentos, se sentar ou caminhar nus sobre arame farpado, eram expostos a picadas de cupins, obrigados a beber a própria urina, ou tinha os olhos salpicados com pimenta.[192]

Na Província do Norte (agora Província de Limpopo) da África do Sul, a bruxaria parece ter sido relativamente pouco temida nos primeiros dois terços do século xx, e as acusações tiveram ocorrência a uma taxa proporcionalmente baixa: o nível mais alto foi registrado entre os Lobedu, com cinquenta deles punidos com o exílio no decorrer dos anos 1930. A instabilidade social, política e econômica que acompanhou o colapso do apartheid, no entanto, levou a uma escalada das tensões entre vizinhos, resultando em 389 assassinatos por bruxaria naquela província só entre 1985 e 1989.[193] Na década de 1990, foram registrados 587 assassinatos, porém o número é considerado um tanto subestimado devido ao medo de relatar tais incidentes às autoridades: o que se sabe é que 43 pessoas foram queimadas vivas em uma ação somente no distrito de Lebowa.[194] Já em Soweto, os assassinatos relacionados a bruxaria eram mais raros, mas ainda houve alguns na década de 1990, com as vítimas sendo queimadas até a morte por uma multidão de jovens que classificou o processo como "democrático".[195]

> **Em Soweto, os assassinatos relacionados a bruxaria eram mais raros, mas ainda houve alguns na década de 1990, com as vítimas sendo queimadas até a morte por uma multidão de jovens que classificou o processo como "democrático".**

Tanto o Malawi quanto os Camarões reintroduziram leis para permitir o julgamento e condenação de pessoas sob alegação de bruxaria. Nos Camarões, os artífices da magia eram aceitos pelos juízes como testemunhas especializadas, e seus depoimentos eram valorizados para além dos protestos de inocência por parte dos acusados. Estes últimos eram comumente tratados como desprovidos de direitos humanos, e às vezes eram espancados até a morte pela polícia numa tentativa de arrancar uma confissão. Não havia necessidade de apresentação de prova concreta ou confissão para a condenação, e as penas de prisão impostas eram pesadas — até dez anos —, mas pelo menos aqueles considerados culpados não eram condenados à morte. A Tanzânia se recusou a permitir o renascimento das acusações legais contra bruxas, e o resultado foi uma epidemia de vigilantismo letal. Foram registrados pelo menos 3.333 assassinatos de supostas bruxas no país entre 1970 e 1984, dois terços entre um mesmo povo, os Sukuma.[196] Por volta de 1991, foi criado um gueto na antiga capital de Mamprusi, Gana, no qual 140 mulheres foram permanentemente confinadas por suspeita de prática de bruxaria e condenadas a viver na pobreza: a região funcionava tanto como

CAPITULUM .I } .85

A Candle in the Dark;
OR,
A TREATISE
Concerning the Nature of
Witches & Witchcraft:
BEING
Advice to Judges, Sheriffes, Justices of the Peace, and Grand-Jury-men, what to do, before they passe Sentence on such as are Arraigned for their Lives, as WITCHES.

Scriptum est

By THOMAS ADY M. A.

LONDON,
Printed for R.I. to be sold by The Newberry at the thr[ee]
Cornhill by the Exchange. 1656.

prisão como um santuário no qual ao menos elas ficavam a salvo de seus acusadores.[197] Em 2007, Yahya Jammeh, o presidente da Gâmbia, enviou uma divisão de seus guarda-costas pessoais para se juntar à polícia local na captura de mais de 1.300 supostas bruxas em um distrito do país. Todas as pessoas capturadas foram levadas para centros de detenção e receberam uma poção com o intuito de remover seus poderes, o que deixou todos muitos doentes. Três anos depois, uma grande caçada conduzida por ministros de igrejas cristãs nativas varreu o sul da Nigéria; era direcionada às crianças e tinha o objetivo de exorcizar os pequenos acusados e torná-los inofensivos. As jovens vítimas eram frequentemente detidas e torturadas para que fossem induzidas a confessar, e após o exorcismo terminavam abandonadas por suas famílias. E tudo isso ocorreu sob a existência de uma nova lei nacional que proibia que crianças sofressem tais acusações. Em 2012, o pânico em relação às crianças-bruxas se espalhara para o Congo, e estimava-se que 20 mil crianças estariam vivendo nas ruas da capital, Kinshasa, depois de terem sido expulsas de suas casas.[198] Em 2005, só na África do Sul, pelo menos meio milhão de pessoas se autoproclamava especialistas no manuseio de problemas com bruxaria. E se o cristianismo foi facilmente assimilado às crenças tradicionais no que dizia respeito a bruxas e serviu para reforçá-las, o mesmo aconteceu à tecnologia moderna. Na verdade, conforme enfatizado pelo antropólogo Adam Ashforth, a ciência se tornou a "estrutura de referência principal" para interpretar a bruxaria em alguns municípios sul-africanos, já que a física quântica, telefones celulares, imagens digitais, clonagem e vida artificial são todos mais compatíveis com uma visão mágica do universo do que aquela da era anterior às máquinas.[199]

Em outras regiões do mundo, a violência informal e ilegal contra supostas bruxas também atingiu altos níveis ou foi intensamente mantida até recentemente. Durante a década de 1960, uma pequena cidade mexicana habitada pelos Maias apresentou uma taxa de homicídios cinquenta vezes maior do que a dos Estados Unidos e oito vezes a média mexicana, e a bruxaria foi a motivação em cerca de metade dos casos.[200] No nordeste da Índia, foram relatados 12 assassinatos ligados à bruxaria no distrito de Maldo só em 1982, e mais de sessenta no distrito de Singhbhum em quatro anos da década de 1990.[201] Um morador boliviano foi torturado e exilado em 1978 por um tribunal público informal por supostamente ter usado de magia para sugar a vida de vizinhos durante o sono; cinco anos depois, outro grupo

CAPITULUM .I } .87

semelhante queimou um homem até a morte pelo mesmo crime.[202] Entre os habitantes das ilhas Ambrym da Melanésia Central, o medo da bruxaria, e os homicídios gerados como consequência, atingiram o que foi descrito como "níveis críticos" no final dos anos 1990.[203] Em torno de 2010, outras partes da Melanésia se viam severamente afetadas, resultado do colapso dos sistema socioculturais tradicionais, do declínio dos serviços de saúde, do agravamento da pobreza e do aumento das doenças relacionadas ao estilo de vida e de mortes prematuras. A violência contra suspeitos de bruxaria era (assim como na África Austral recentemente) em boa parte conduzida por jovens pobres ávidos por serem valorizados aos olhos de suas comunidades, e estava se tornando mais pública e também mais extrema. Na Nova Guiné, uma jovem foi queimada viva em 2013 diante de centenas de curiosos, inclusive policiais, e duas outras mulheres foram torturadas e decapitadas publicamente na Ilha Bougainville, no arquipélago do norte de Salomão. Em Vanuatu, em 2014, dois homens foram enforcados publicamente em um edifício comunitário.[204] E nem tampouco faltava ação legal contra a bruxaria para além da África, principalmente nos estados islâmicos. Entre 2008 e 2012, leis contra práticas mágicas de todos os tipos foram instituídas com mais rigor no Afeganistão, na Faixa de Gaza, em Bahrein e na Arábia Saudita. Naquele período, a Arábia Saudita executou várias pessoas por tais crimes, a maioria estrangeira, principalmente por decapitação. Em Gaza, em 2010, uma mulher foi assassinada por suspeita de bruxaria. O governo saudita treina funcionários não apenas para atuar como caçadores de bruxas, mas também em rituais para destruir os efeitos da bruxaria, ao passo que Asif Ali Zardari, presidente do Paquistão entre 2008 e 2013, sacrificava uma cabra preta quase todos os dias para se proteger dos efeitos da bruxaria.[205] Na Indonésia, os tribunais se tornaram cada vez mais dispostos a julgar criminalmente os atos de magia, ou pelo menos classificá-los como comportamento antissocial, com os juízes frequentemente propensos a acreditar na bruxaria, com suas medidas sendo consideradas um tanto populares.[206]

É possível argumentar teoricamente que a caça às bruxas pode, pelo menos em alguns momentos, cumprir uma função social positiva. Em alguns contextos, é capaz de reforçar as normas culturais e, portanto, a solidariedade comunitária, desestimulando o comportamento anômalo ou antissocial. A associação da bruxaria com o ciúme, a ganância e a malícia pode servir para fortalecer o apego às virtudes compensatórias e desencorajar a expressão de animosidade. Também pode ser usada para fazer cumprir obrigações econômicas e reduzir a competição em prol da cooperação. Em outros contextos, pode ser um estímulo para a mudança, já que os movimentos anti-bruxaria muitas vezes legitimaram ou reforçaram o poder de novos grupos. Muitas vezes, as acusações proporcionaram um meio pelo qual indivíduos desprovidos de poder, como crianças ou mulheres, pudessem atrair a atenção e o respeito, e intimidar aqueles que normalmente ocupavam as posições superiores. Elas poderiam articular fantasias de outra forma inconfessáveis, revelar e representar impulsos destrutivos e identificar e expressar tensões nas famílias e em grupos sociais mais amplos, rompendo assim relacionamentos insustentáveis. As medidas contra a suposta bruxaria permitiram aos humanos agir com determinação em face às adversida-des. E foi por essas razões que uma escola de pensamento influente entre antropólogos sustentou que as acusações de bruxaria funcionavam como instrumentos da saúde social, e não como sintomas de seus desajustes.[207]

Outras, no entanto, detêm uma opinião diferente,[208] a qual também é a minha preferida. Ela enfatiza que todas essas funções positivas da crença na feitiçaria atuaram apenas para fortalecer as sociedades, ou para capaci-tá-las a se ajustarem mais eficazmente às circunstâncias mutantes, quando a taxa de acusação foi baixa, esporádica e sujeita a controles rígidos. Em muitos casos, tal situação não se consolidou, e as suspeitas e acusações não cessaram os temores e hostilidades, e sim os agravaram e representaram obstáculos à cooperação pacífica. Na pior das hipóteses, elas dilaceraram comunidades e deixaram traumas e ressentimentos duradouros, ou agra-varam muito o sofrimento resultante do ajuste a novos desenvolvimentos econômicos e sociais. Boa parte das sociedades que acreditavam firmemente na bruxaria a consideravam um flagelo e uma maldição indesejados; mas o único modo pelo qual atingiram o feliz objetivo de se livrar de tais sen-timentos foi destruindo as bruxas. Essas tentativas tenderam a reforçar vividamente a consciência da ameaça da bruxaria e, assim, perpetuar o medo diante dela, tornando futuras caças às bruxas possíveis, ainda que tenham conseguido — muitas vezes a um custo humano um tanto cruel — reduzir aquela existente no momento.

CAPITULUM .I } .89

REFLEXÕES MÁGICAS

A pesquisa antropológica permite mais algumas compreensões sobre a maneira como o estereótipo da bruxa pode ser construído e mantido, aspectos estes não tão facilmente disponíveis para um historiador. Uma dessas compreensões — acessível para estudiosos que atuam em sociedades relativamente pequenas e independentes, onde eles mesmos podem inquirir os habitantes detalhadamente — é que as cosmologias não precisam ser construções mentais coerentes. Com frequência, tem sido demonstrado que os povos tradicionais acreditavam em diferentes tipos de entidades sobrenaturais, incluindo divindades, espíritos terrestres, espíritos animais e espíritos ancestrais, mas sem nenhuma ideia distinta de como eles se inter-relacionavam ou de como poderiam ser distinguidos, ou da precisão da relação entre cada um deles e as bruxas. O que importava para os humanos em questão era o efeito presumido que tais tipos de entidade causavam no mundo humano, e o que poderia ser feito para estimular, deter ou frustrar tais efeitos de acordo com seu grau de utilidade e benevolência. Nas sociedades de subsistência, o problema em foco eram as consequências práticas de se lidar com os mundos espirituais, sendo estas muitas vezes consideradas uma questão de vida ou morte, literalmente. O fato de que a origem teórica e a atividade da bruxaria, assim como a natureza estereotipada da bruxa, em alguns lugares parecesse estar — na percepção do estudioso europeu — em desacordo com pressupostos gerais sobre o funcionamento de divindades e espíritos, não pareceu incomodar os indivíduos cujas crenças estavam sendo registradas.[209]

Outro luxo permitido à pesquisa antropológica é poder observar em primeira mão o modo como crenças em determinada sociedade podem se modificar em ambientes sociais e mentais em mutação. O resumo das crenças extraeuropeias sobre a bruxaria feito acima pode ter dado a impressão de que tais crenças são mais ou menos estáticas, com os estereótipos da bruxa mantidos por povos específicos permanecendo amplamente inalterados ao longo do tempo e pouco afetados pelo contato com outras culturas. Em essência, essa impressão de fato parece refletir a realidade. No entanto, existem algumas ressalvas. Num todo, a imagem da bruxa construída em determinada sociedade humana altera-se em detalhes com a mudança das circunstâncias, ao passo que permanece a mesma em seu conceito básico. Já foi observado que povos extraeuropeus em diversas partes do mundo assimilaram formas de teologia cristã em suas crenças tradicionais sobre bruxas, e outras — e mais especificamente acréscimos locais do mesmo tipo — foram registradas por antropólogos. Não é incomum que povos tradicionais concedam novos poderes e maneiras de agir às bruxas devido às mudanças nas circunstâncias ou ao contato com as ideias de outras culturas. No final do século XX, espalhou-se por regiões da África Ocidental e da África do Sul a ideia de que as bruxas estavam transformando vítimas em zumbis, os quais por sua vez estariam trabalhando para elas e aumentando sua riqueza; em Gana, houve uma variação, na qual elas transformavam humanos em animais ou plantas e então os vendiam como tais.[210] Muito antes, em algumas regiões da África Oriental, algumas tribos copiaram de comerciantes árabes a ideia de que as bruxas controlavam espíritos malignos (às vezes adquirindo-as a partir dos próprios árabes), enquanto os habitantes mestiços do distrito de Transvaal, em Lebowa, adotaram a ideia de seus vizinhos Zulu de que a feitiçaria empregava espíritos na forma animal.[211]

Era mais raro haver mudanças no estereótipo de como uma bruxa deveria ser, mas podia acontecer em algumas regiões. Quando os Giriama do Quênia se mudaram de comunidades fortificadas para propriedades dispersas, ao final do século XIX, as discrepâncias em relação a riquezas ficaram mais evidentes, de modo que os recém-enriquecidos vieram a se tornar alvos específicos de desconfiança.[212] No vale de Gwembe, ao sul da Zâmbia, as bruxas eram tradicionalmente os parentes homens de suas vítimas, embora não se considerasse o pai nessa lista. A partir da década de 1980, no entanto, a economia em declínio fez com que a geração mais jovem ficasse menos rica do que a mais velha, e o impacto se voltou contra os pais das comunidades, sendo as acusações de feitiçaria um produto das tensões que se seguiram.[213] Na foz da bacia do Congo, o estereótipo da bruxa focava nos idosos, mas na capital Kinshasa, durante os anos 2000, conforme já foi dito, crianças e adolescentes foram responsabilizados por todos os infortúnios.[214] Mais raramente, parece que alguns povos que não tinham medo tradicional da bruxaria poderiam adquiri-lo, ou aqueles que a temiam pouco poderiam vir a temê-la imensamente. Entre os Kerebe, da fronteira do lago Vitória, na Tanzânia, parece que antes do início do século XIX, os infortúnios inexplicáveis eram atribuídos aos chefes tribais, a quem creditavam o exercício de um poder mágico legítimo sobre as pessoas com o objetivo de discipliná-las. E então uma nova economia comercial interrompeu o poder tanto dos chefes quanto das comunidades, dando origem a uma nova sociedade competitiva e individualista na qual o medo da bruxaria se tornou abundante.[215] Os Kaska, daquela região que se tornou a fronteira entre o Alasca e o Canadá, parecem ter adquirido a crença nas bruxas ao final do século XIX, quando sua sociedade passou por mudanças drásticas sob a conquista europeia, o que colocou em risco a própria sobrevivência do povo. Sendo assim, eles adotaram a crença de seus vizinhos ocidentais, os Tlingit, entre os quais a caça às bruxas era tradicional.[216]

O trabalho de campo etnográfico também permite algumas respostas ao questionamento: até que ponto e em que sentido a bruxaria sempre foi um fenômeno "real". Antropólogos em todo o mundo têm relatado experiências semelhantes, descobrindo que povos que acreditavam em bruxaria, ao se perceberem confiantes e seguros, começavam a apontar avidamente as bruxas e o que se esperava que estas fizessem. Por outro lado, era praticamente impossível entrevistar alguém que realmente se intitulasse uma bruxa e representasse o papel esperado. É igualmente verdadeiro, no entanto, que as acusações de bruxaria entre os povos tradicionais acabavam por render confissões com regularidade, sobretudo depois que o acusado era considerado culpado por sua comunidade. Possivelmente, tais reações eram produto do medo e do desespero, bem como da esperança de obter clemência e perdão por meio da demonstração de penitência. Por outro lado, também é crível, e talvez lógico, que alguns dos acusados realmente tenham tentado amaldiçoar vizinhos ou parentes quando movidos pela raiva, ciúme ou rancor, fazendo uso de fórmulas e ingredientes associados à bruxaria. Isso é, no entanto, extremamente difícil de se comprovar.²¹⁷ Os antropólogos observaram, em primeira mão, que quando um movimento de caça às bruxas passava por um distrito, as pessoas condenadas e obrigadas a entregar seus ingredientes de bruxaria de fato tinham artefatos para oferecer. Estes, no entanto, eram de um tipo também associado à magia positiva, como aquela

visando proteção e cura.[218] Uma estudiosa que trabalhou na Nova Guiné comentou como a magia destrutiva era abordada lá, com a utilização de cascas de árvore, folhas e pedras para envolver resíduos corporais da pretensa vítima, e então eram recitados feitiços sobre esse pacotinho. Ela acrescentou que tais embrulhos às vezes eram fisicamente feitos, mas que não traziam grandes alterações às circunstâncias.[219] Os Gusii, das montanhas do sudoeste do Quênia, acreditavam que as bruxas geralmente eram mulheres, e que costumavam correr nuas à noite carregando um vasilhame com vegetais em chamas. Um homem relatou ao antropólogo Robert Levine que, quando criança, viu uma vizinha correndo nua para casa ao amanhecer enquanto carregava um recipiente em chamas, e Levine também ouviu histórias sobre mulheres que confessaram a prática da bruxaria e retiraram restos mortais de suas casas durante um ato de caça às bruxas. Esse testemunho, no entanto, permaneceu sem comprovação, assim como o relato feito a um antropólogo por informantes entre os Barotse, onde hoje é o Congo: que ossos humanos eram frequentemente encontrados nas casas dos suspeitos de bruxaria, e que provavelmente eram oriundos de sepulturas.[220] Algumas das evidências mais convincentes e perturbadoras da prática genuína da magia com a intenção de prejudicar terceiros vêm da recente escalada do medo da bruxaria na África. Em Soweto, na década de 1990, os curandeiros mágicos confessaram que os clientes lhes solicitavam com regularidade feitiços para matar terceiros, e aparentemente havia um mercado clandestino de bruxaria, equivalente ao de drogas em outros lugares do mundo.[221] Em outra parte da África do Sul, houve casos comprovados de pessoas sendo mortas para que partes de seus corpos pudessem ser usadas em magia maligna.[222] Entre os Kamba, do Quênia, os mágicos que normalmente comercializam seus poderes para propósitos benevolentes também são conhecidos por vender ingredientes para maldições, especialmente nas questões de brigas entre vizinhos; embora o principal produto em questão se justaponha a um veneno literal, sendo uma poção colocada na comida.[223]

Se é seguro dizer, portanto, que algumas pessoas de fato tentam recorrer a magia destrutiva dentro de suas comunidades nos dias atuais, e que algumas provavelmente o tenham feito entre sociedades tribais no passado pré-colonial, é mais difícil de se encontrar evidências de que algumas delas tenham tentado ativamente fazer jus à imagem mais generalizada do que seria uma bruxa. Certamente, a existência de quaisquer uma das sociedades horrendas de bruxas canibais e amorais nas quais muitos povos tradicionais acreditaram permanece inteiramente não comprovada, assim como os assassinatos em série creditados aos seus membros. Margaret Field, que trabalhou entre os Gã na costa de Gana, entrevistou mais de quatrocentas mulheres acusadas de bruxaria, sendo que uma delas alegou ter matado cinquenta pessoas, incluindo o próprio irmão e sete de seus filhos, enquanto outra confessou ter causado a morte de quatro de seus filhos e de um de seus netos. Field foi incapaz de concluir se tais crimes foram cometidos de fato, ou se tais mulheres apenas tinham sonhado os eventos e que se encontravam com outras bruxas.[224] Um testemunho em primeira mão de bruxaria ativa em um ambiente tradicional, aparentemente inequívoco e confiável, foi fornecido a um visitante americano por uma anciã Tlingit, a qual descreveu as pregações que ouvira de um missionário cristão e concluiu que o Diabo dele era mais forte do que seu Deus. Por consequência, ela se tornou satanista, e assim roubou tufos de cabelo e peças de roupas de determinadas pessoas, inclusive crianças, colocando-os para apodrecer na tumba de um xamã, em conformidade a um conhecido método de magia destrutiva. As pessoas em questão morreram, e ela se sentiu responsável pelo ato, e posteriormente confessou ser uma bruxa.[225] Tudo isso soa muito real, e talvez até fosse, mas é difícil comprovar não ter sido mero resultado de sonhos ou fantasias. Entre 1958 e 1962, várias mulheres da tribo Shona, que confessaram convictamente serem praticantes de bruxaria, compareceram perante magistrados na então colônia britânica da Rodésia. Em particular, elas alegaram terem marcado encontros nas matas à noite, nuas, evocado espíritos malignos, voado pelos céus ou cavalgado hienas até as casas de vizinhos para enfeitiçá-los à morte e depois comer sua carne. Sob interrogatório, descobriu-se que elas sonharam ter feito tudo aquilo, tendo depois comparado suas experiências umas com as outras, de modo que suas histórias individuais foram lapidadas a um modelo comum e mutuamente corroborativo. Como a tradição cultural na tribo dizia que eram os espíritos das bruxas os responsáveis por fazer o mal ao deixar seus corpos no meio da noite, não havia nenhuma discrepância óbvia entre as reais sensações de sono e sonho, e as confissões podiam ser feitas sob pura crença pessoal. No curto prazo, carregar a reputação de bruxa podia aumentar o status de uma mulher na sociedade Shona, na qual as mulheres geralmente eram reprimidas.[226]

Ainda que as crenças de bruxaria fossem pautadas em sonhos ou fantasias, no entanto, ainda poderiam ser letais. Em 1942, um médico norte-americano chamado Walter Cannon se interessou por relatórios oriundos da América do Sul, África, Austrália, Nova Zelândia, Polinésia e Caribe sobre povos tribais que adoeciam e com frequência morriam simplesmente porque se pensavam enfeitiçados. Ele sugeriu que os indivíduos envolvidos estivessem reagindo à crença com um terror continuado, o que acabava por dificultar hábitos rotineiros como comer e dormir, enfraquecendo o corpo mesmo sob a descarga constante de adrenalina. Isso fazia baixar a pressão arterial e estressava todos os órgãos, danificando principalmente o coração e tornando perigosa qualquer fraqueza normalmente sustentável.[227] Estudos médicos subsequentes confirmaram a veracidade do fenômeno da "morte por sugestão", ampliando-o para uma compreensão de que pode ser resultado da estimulação excessiva em qualquer sistema do corpo humano, e que a perda de esperança pode reduzir drasticamente a capacidade desse corpo de lidar com quaisquer processos potencialmente patogênicos.[228] Claude Lévi-Strauss se baseou no primeiro desses estudos para arquitetar um ensaio clássico que enfatizava o papel crítico desempenhado pela crença absoluta na eficácia da magia.[229]

Tal percepção pode representar uma parte no duplo dilema para um racionalista liberal ocidental moderno. Se a crença na bruxaria significa que a bruxaria pode, de fato, matar, então será que as sociedades que adotam tal crença não teriam legitimidade ao aplicar penalidades criminais por ela? Esse desafio é agravado pelo outro aspecto do dilema, a dúvida se as sociedades ocidentais, em um mundo multicultural e multiétnico, deveriam demonstrar respeito pelas diferentes tradições e aceitar que a caça às bruxas é intrínseca à sua identidade e à sua visão de mundo e, portanto, não é da conta de estrangeiros. Na verdade, poder-se-ia argumentar que eles deveriam reconhecer que a caça às bruxas talvez fosse conveniente às suas necessidades. Esse dilema se acentuou no final da década de 1990 devido a um debate na África do Sul desencadeado pelo relatório da Comissão Ralushai,

um painel organizado pelo governo da Província do Norte para pensar em soluções para a crescente violência local relacionada à bruxaria após o fim do colonialismo branco.[230] Os membros, acadêmicos e magistrados, eram quase em sua totalidade oriundos de povos nativos. O relatório, publicado em 1996, defendia uma nova abordagem para julgar os africanos de acordo com o entendimento africano da realidade, incorporando as ideias de que a bruxaria era objetivamente real e de que a crença nela era marca da identidade tradicional africana. Um membro da comissão, o sociólogo Gordon Chavunduka, falou em favor da realidade literal da maioria das características das bruxas conforme retratadas na tradição nativa, incluindo a participação em sociedades iniciatórias dedicadas ao mal; ele apenas expressou ausência de certeza no fato de as bruxas cavalgarem hienas.

O relatório solicitava que os casos fossem julgados doravante em tribunais consuetudinários, por chefes tribais atuando sob o aconselhamento de artífices da magia, os quais poderiam impor sentenças de prisão ou multas aos condenados, e penas menores àqueles que apresentassem acusações falsas ou irracionais. Tais sugestões, e as do relatório em si, naufragaram nas preocupações sobre se os tribunais seriam acusados de estar sob efeito

de bruxaria caso não houvesse condenação, ou sobre como a culpa poderia ser empiricamente estabelecida e se tal ação legal só faria reduzir ou agravar o medo da bruxaria. O maior obstáculo foi chegar a um acordo a respeito de um conjunto de critérios profissionais capazes de regular e avaliar a magia benevolente tradicional, e assim fazer seus praticantes parecerem competentes como testemunhas especializadas. Além disso, parecia não haver maneira fácil de estender essa lei para abranger os sul-africanos brancos, que não acreditam em bruxaria, ou de isentá-los de se submeter a ela sem estabelecer um novo tipo de apartheid. No fim, o governo central da África do Sul optou por ignorar o relatório, incentivando, em vez disso, os procedimentos locais de reconciliação para lidar com suspeitas de bruxaria, procedimentos estes que supostamente reduziram a violência desde a década de 1990. [231] O presente livro é aberta e sinceramente em favor dessa política, e da concomitante e de longo prazo, por mais caro e oneroso que seja, implementação de programas educacionais patrocinados pelo estado ao redor do mundo a fim de persuadir as pessoas a acreditarem que a magia destrutiva seja eficaz, independentemente da credulidade da vítima. [232] Se é verdade, como parece ser, que as pessoas que estejam de todo convencidas de que foram genuinamente amaldiçoadas ou enfeitiçadas podem sofrer fisicamente e até morrer como consequência, então a única forma certeira de fazer com que elas fiquem a salvo da bruxaria é incitando-as a perder tal convicção e assim interromper o efeito do feitiço. Esse mesmo processo de reeducação também forneceria uma solução absoluta de longo prazo para o desejo de amaldiçoar o outro, bem como os assassinatos com o intuito de adquirir partes do corpo humano para uso em magia destrutiva. Por outro lado, isso não necessariamente colocaria em discussão o uso de ações mágicas destinadas a propósitos benevolentes, já que o mesmo efeito, de que a crença na magia muitas vezes a potencializa, ainda poder-se-ia aplicar entre os envolvidos nos processos; mas para o bem, e com o entendimento de que a cumplicidade voluntária do sujeito humano da ação seria necessária para seu sucesso. Por meio de tal processo, por mais difícil, laborioso e demorado que seja, o mundo pode em algum momento acabar sendo libertado de um terror antiquado, o qual causou muita divisão e tormento para os povos que o conceberam e o alimentaram ao longo dos milênios. Tal ambição deveria ser tão importante e digna de louvor quanto a erradicação da varíola e da poliomielite.

CAPITULUM .I } .99

AS EQUAÇÕES DA BRUXARIA

Já deve estar bastante claro que as cinco características básicas do estereótipo da bruxa no início da era moderna da Europa pode ser encontrado no mundo todo, embora não entre todos os seus habitantes. Assim, pode ser que valha a pena enfatizar os dois aspectos nos quais a Europa se destaca como anômala. O primeiro é o fato de ter sido o único continente em que os nativos desenvolveram a equação comum entre bruxaria e mal essencial na ideia de que representavam uma anti-religião herética organizada, dedicada ao culto de um princípio do mal consagrado no cosmos. Isto se deu porque a religião dominante na Europa medieval e no início da era moderna sempre foi o cristianismo, que durante o citado período depositou ênfase incomumente forte em uma oposição polarizada entre poderes totalmente bons e totalmente maus no universo, sendo que o próprio deus representava o poder bom e, no fim das contas, o mais potente. O desenvolvimento europeu das crenças na bruxaria representou, portanto, um concomitante natural dessa teologia singular, embora não um necessário. Isso causou efeitos em cadeia sobre o restante do mundo à medida que a ideia cristã europeia da bruxa satânica era comunicada a povos conquistados pelos europeus ou que os receberam como missionários, conforme descrito.

A outra característica extraordinária da Europa foi que ela se tornou a única região a conter sociedades que tradicionalmente acreditavam de forma convicta na realidade da bruxaria e ao mesmo tempo vieram a rejeitar tal crença espontaneamente, pelo menos na ideologia oficial. Isso, mais uma vez, teve efeito profundo no mundo todo, pois os colonizadores europeus impuseram tal descrença formal aos povos tradicionais, a quem ela veio como um conceito chocante, indesejado e hostil, com consequências já discutidas. Existem, é verdade, qualidades e limitações inerentes a esse ceticismo europeu moderno. Uma delas é que em todo o continente uma campanha muito longa e árdua de educação e fiscalização se fez necessária a fim de persuadir a maioria das pessoas comuns da verdade e da utilidade de uma mudança oficial de postura. Isto se estendeu na maior parte do século XVIII ao século XX, e mesmo agora não está totalmente concluído.[233] Outra ressalva é que o medo ativo da bruxaria foi recentemente reintroduzido no Ocidente entre comunidades de imigrantes de grupos étnicos, sobretudo africanos, os quais sempre o nutriram e retiveram tradicionalmente. Nos primeiros doze anos do século XXI, isso se tornou uma preocupação em meio à polícia britânica, que investigou 83 casos de abuso infantil provocados por suspeita de bruxaria, incluindo quatro assassinatos, e que ainda considerava o problema significativamente subnotificado. A divisão metropolitana chegou a criar uma força-tarefa especial, o chamado Projeto Violet, para lidar com a questão.[234]

A imagem da bruxa satânica construída na Europa no início da era moderna ainda persiste em sua terra natal, de mais a mais, de forma secularizada. O pânico sobre o abuso infantil em rituais satânicos que irrompeu na América do Norte durante aos anos 1980 e cruzou o Atlântico rumo à Grã-Bretanha no final da década foi, conforme demonstrado em detalhes por Jean La Fontaine, baseado firmemente no constructo do início da era moderna de uma seita internacional veneradora do demônios escondida nas sociedades ocidentais. Foi, no entanto, repaginado a uma forma adequada aos racionalistas, a ponto tal que muitos dos assistentes sociais (e nos Estados Unidos, também professores e policiais) foram convencidos de sua verdade. Isso não exigia nenhuma crença literal na existência de Satanás ou de magia, mas somente uma crença continuada em grupos bem organizados de praticantes do satanismo voltados à perpetração de atos antissociais e criminosos, e que portanto mereciam ser expostos, reprimidos e punidos. Tal credibilidade foi suficiente para dar vazão a alguns equívocos terríveis da justiça, em ambos os lados do Atlântico, antes que uma investigação cuidadosa revelasse uma total ausência de provas sobre a tal conspiração satanista.[235] No entanto, alguns dos que propagaram o pânico sobre o suposto abuso em rituais satânicos, e a maioria destes os fez em seu estágio formativo, eram cristãos evangélicos fervorosos, de um tipo tradicional, com uma crença muito literal em um Diabo. A mesma crença é marca registrada de outro desenvolvimento relativamente recente, o "ministério de libertação" cristão no Canadá e nos Estados Unidos, o qual dependia de uma credulidade direta na possessão demoníaca, às vezes

CAPITULUM .I } .101

acompanhada também pela crença nas bruxas satânicas.[236] O fato de os membros deste não terem até o momento estendido suas atividades a apelos para uma caça às bruxas renovada pode ser atribuído à sua habilidade de traçar um limite entre a condenação privada e a política pública; mas também pode depender, em determinado âmbito, da falta de disposição dos governos em abordar o assunto. Além disso, tais alterações na cultura ocidental têm, por sua vez, causado efeitos em outras partes do mundo. Durante a maior parte dos séculos XIX e XX, os missionários europeus sobre os povos extraeuropeus tenderam a desencorajar as crenças tradicionais na bruxaria, vista como um aspecto do atraso e da barbárie; embora, como já foi dito, isso pudesse ser minado pelo fato de que as traduções tradicionais do livro que distribuíam como a palavra de sua divindade incentivassem tais crenças. Nos últimos anos, no entanto, alguns missionários norte-americanos em visita a povos africanos começaram a estimular a aceitação literal da existência de demônios e bruxas, e a reforçar o ressurgimento da caça às bruxas.[237]

Para os propósitos deste livro, o resultado mais expressivo de uma pesquisa nas crenças extraeuropeias na feitiçaria é sua utilidade para a compreensão da mentalidade do início da era moderna e dos julgamentos de bruxaria gerados a partir daí. De acordo com os padrões mundiais revelados, seria de se esperar que a Europa do início da era moderna ao longo do tempo manifestasse flutuações distintas em relação à intensidade da caça às bruxas, sendo estas relacionadas às mudanças econômicas, sociais e políticas. Também seria razoável esperar variações regionais distintas na natureza dos julgamentos, tanto em sua quantidade e intensidade, quanto na natureza dos acusados no que diz respeito a status, idade e gênero. Outra expectativa natural seria que os europeus distinguissem entre diferentes tipos de praticantes de magia, não apenas no que diz respeito à benevolência ou malevolência de suas ações, mas também à natureza delas. Para aqueles cientes dos resultados da pesquisa sobre o assunto, a confirmação imediata de que todas essas expectativas estão de fato corretas dificilmente será novidade. O que pode ser inédito na conclusão, e trata-se de mais um resultado de uma perspectiva global sobre o assunto, é a investigação se tais diferenças nas crenças e práticas europeias podem estar enraizadas em antigas diferenças étnicas e culturais, correspondendo àquelas entre tribos, regimes políticos e grupos linguísticos específicos; e também que tipo de diferença a mudança histórica causou nessas tradições antigas.

E agora iniciaremos a nossa jornada pela história da bruxaria.

CAPITULUM .I } .103

CAPITULUM .II } P.107

ORIGENS:
ANTIGOS PRECEITOS
ORIGINS: ANTIQUUM DOCUMENTUM

E ra óbvio entre muitos europeus do início da era moderna que suas ideias e imagens sobre a bruxaria foram, pelo menos parcialmente, herdadas da Antiguidade. Um dos textos mais relevantes para sua cultura, a Bíblia, já era antigo por si só, e os autores dos textos demonológicos que apoiavam a acusação às bruxas citavam seus trechos abundantemente, bem como trechos dos Grandes Pais da Igreja. Não obstante, eles também incluíram passagens de autores pagãos gregos e romanos: um dos mais famosos entre os guias de caçadores de bruxas, o *Malleus maleficarum* (*O Martelo das Feiticeiras*), citou cinco deles; O *Discours des sorciers*, de Henri Boguet, também fez referências a cinco; e o *Disquisitiones magicae*, de Martin del Rio, contava com um total de 29.[1] Os escritores criativos se mostravam igualmente dispostos a evocar tais fontes. Às vezes, esse processo era implícito: as bruxas mais famosas em toda a literatura do início da era moderna, como aquelas que conversam com Macbeth na peça de William Shakespeare, foram originalmente derivadas das antigas fiandeiras do destino, as Parcas ou Nornas, e em partes o cântico que adotam parece semelhante àquele composto pelo poeta romano pagão Horácio.[2] Em outras ocasiões, o processo é explícito, de modo que quando Ben Jonson, contemporâneo de Shakespeare um pouco menos famoso, acrescentou uma antimasque com bruxas em sua *Masque of Queens*, ele recheou as notas de rodapé de seu texto com referências a autores gregos e romanos.[3] Historiadores recentes que abordam a postura do início da era moderna ante a bruxaria compreensivelmente se mostraram pouco inclinados a seguir tais ligações: afinal, sua preocupação é com o período posterior. Aqueles que o fizeram tendiam a ser autores de pesquisas gerais sobre o assunto e a devotar algumas páginas para sugerir que o antigo mundo mediterrâneo ou detinha um medo de bruxas semelhante àquele demonstrado na Europa no início da era moderna ou um medo diferente deste.[4] Paralelamente à imensa expansão da pesquisa a respeito das crenças sobre bruxaria no início da era moderna e da magia nas últimas décadas, houve desenvolvimento equivalente no estudo do mesmo assunto em épocas antigas; por volta de 1995, um dos mais ilustres envolvidos no assunto, Fritz Graf, já falava de um "boom" nesse campo, e isso tem se intensificado ainda mais desde então.[5] Esses dois desenvolvimentos ocorreram quase desprovidos de diálogo entre eles, e historiadores de civilizações antigas tenderam a se limitar àquelas que eram sua especialidade individual, sem qualquer comparação cruzada mesmo entre eles. Nos últimos anos, esse padrão começou a provocar certa preocupação entre os historiadores, com apelos por maior reconhecimento das diferenças entre os conceitos de magia nas culturas antigas, e o fim das "generalizações universalizadoras e abordagens reducionistas".[6] Este capítulo é uma resposta a tais apelos, e vai tentar realizar uma ampla pesquisa comparativa das posturas em relação à bruxaria e outras formas de magia nos universos do antigo Mediterrâneo e do Oriente Médio, valendo-se da massa de pesquisas recentes e de algumas das fontes primárias nas quais foi baseado. Ele será fundamentado na abordagem empregada aos dados antropológicos em seu antecessor, enfatizando a natureza distinta das posturas adotadas por diferentes culturas, e tentará determinar o que é constante nelas e o que não é. Uma das lições fornecidas por uma pesquisa mundial a respeito das crenças nas bruxaria tem sido a importância crítica das variações locais, e agora é igualmente importante verificar se esses povos antigos apresentavam o mesmo fenômeno.

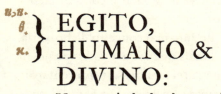

EGITO, HUMANO & DIVINO:
Uma sociedade de magia

A postura do antigo Egito em relação ao sobrenatural e ao divino era centrada no conceito do chamado *heka*, que significa a força que insufla vida e controla o universo.[7] Era empregada pelos seres divinos para manter a ordem natural das coisas. No entanto, eles não detinham monopólio sobre essa força, pois as divindades individuais podiam ensiná-la aos humanos, que por sua vez poderiam aplicá-la não apenas contra seus semelhantes, mas também contra outras divindades com o propósito de conquistar os próprios desejos e aumentar seu poder. Isso fazia parte de uma representação mundial na qual a fronteira entre o humano e o divino era porosa, de modo que deusas e deuses frequentemente necessitavam do auxílio de seres humanos, e os mais formidáveis destes últimos podiam se tornar divindades ao morrer, e às vezes até mesmo antes de seu óbito. Portanto, era inteiramente permissível, e até mesmo admirável, que as pessoas tentassem coagir divindades, e os textos redigidos nas tumbas da realeza dirigidos a elas misturavam elogios e ameaças, e também orações repletas de exigências. A *heka* era especialmente expressa em palavras, recitadas ou escritas, mas também ritualizadas, muitas vezes relacionadas a certos tipos de rochas, plantas e incensos. Também poderia ser desencadeada pela fabricação e trato para com estátuas e estatuetas, de modo que desde os primórdios da história egípcia, no início do terceiro milênio a.C., os reis eram retratados como impressionantes efígies de prisioneiros inimigos para conceder boa sorte na guerra. Em meados do segundo milênio, modelos de humanos eram colocados nas tumbas para auxiliar os falecidos em sua vida seguinte. Esse foi um sistema de pensamento que fundiu completamente em um único todo a religião e a magia, tal como definidas no início deste livro, e com elas os conceitos de sacerdote e mágico, de oração e feitiço. O mesmo feitiço, na verdade, servia para rogar, persuadir, lisonjear, ameaçar e lograr, numa tentativa de ganhar o consentimento de uma divindade ou espírito.

Os antigos egípcios não detinham o conceito de bruxaria, sendo assim, representavam mais um dos exemplos de povos espalhados pelo mundo que careciam dessa representação, conforme descrito anteriormente. Uma razão para tal pode ter sido o fato de eles também serem uma das sociedades a acreditar no "mau olhado" e por temer os estrangeiros como mágicos hostis; traços associados em todo o mundo a um medo reduzido ou ausente das bruxas. Apenas uma vez o uso de magia é mencionado em um julgamento criminal, tendo ocorrido entre um grupo de conspiradores da corte real que tentou assassinar o rei Ramsés III por volta de 1200 a.C. Um deles tentara fazê-lo por meio do uso da magia, construindo imagens de cera e fazendo poções com feitiços supostamente mortais aprendidos em um livro da biblioteca real; mas o caso foi tratado como o mero emprego de mais uma arma, e o culpado foi condenado por traição e não por bruxaria.[8] A *heka* em si era moralmente neutra em sua totalidade e podia ser legitimamente empregada tanto contra inimigos públicos quanto contra particulares, desde que a briga fosse considerada justa em seus aspectos gerais. Pessoas comuns que desejavam recorrer a ela, frequentemente o faziam por meio dos serviços de um tipo especial de sacerdote do templo, o "leitor", especialista em seu uso e que extraía parte desse conhecimento nos livros das bibliotecas do templo. Os Leitores funcionavam como artífices da magia, mais comumente conferindo proteção contra infortúnios ou ataques, ou para curar problemas médicos. Inscrições em tumbas, no entanto, sugerem que eles também podiam recorrer a maldições letais, e era esperado que oficiais do estado e particulares equivalentes se pronunciassem formalmente sobre os inimigos estrangeiros do reino. A literatura e a arte apoiam a ideia de que os leigos, incluindo os plebeus, também tinham conhecimento mágico especializado implementado para propósitos específicos. Parte disso é resumido em referências a especialistas em determinados tipos de feitiço, como o "encantador de escorpiões" e o "fabricante de amuletos"; a magia estava tão bem integrada no sistema social e religioso, que não existia uma palavra para o mágico na língua egípcia.

Os egípcios acreditavam em entidades espirituais assustadoras e perigosas, algumas inerentes ao cosmos, e outras, os fantasmas de humanos mortos ou agentes de divindades furiosas.[9] Elas eram especialmente associadas aos reinos para além dos redutos normais da humanidade: a noite, o deserto e o submundo. Era evocada proteção mágica contra elas, ainda que não fossem consideradas intrinsecamente más, e sim uma mistura de qualidades positivas e negativas, com quaisquer uma das duas predominando de acordo com o contexto. Se pudessem ser voltadas contra os inimigos, então elas se tornavam ajudantes poderosas, e existiam textos específicos para isso. Da mesma forma, pelo menos desde o início do primeiro milênio a.C. em diante, era considerado possível, e até mesmo admirável, que um mago experiente conseguisse transformar um ser sobrenatural em um servo pessoal. Era atribuída particular importância à capacidade de se conhecer os verdadeiros nomes de tais seres, e quem detivesse tal conhecimento, teria domínio sobre eles. Esse sistema de crenças não sofreu nenhuma alteração substancial durante os 3 mil anos entre o surgimento do reino egípcio e sua conquista pelos romanos, havendo apenas um aumento nos objetos e ações associados a ele. Estranhamente, para uma cultura tão duradoura, formalizada e aparentemente tão estática quanto a egípcia, foi demonstrada muito precocemente uma capacidade de absorver ideias de outras culturas, principalmente as orientais: a partir de meados do segundo milênio a.C., espíritos com nomes semitas começam a abundar em textos egípcios. Reciprocamente, no início do último milênio a.C., o mais tardar, os egípcios adquiriram uma reputação entre os povos vizinhos por sua excelência no conhecimento da maioria dos sistemas, incluindo o da magia. Na literatura europeia mais antiga ainda existente, a poesia de Homero (provavelmente do século VIII a.C.), Helena de Troia, já restaurada à sua Grécia natal, coloca uma poção de ervas nas bebidas de seu marido e de seus convidados, a qual tem o poder de remover todas as lembranças dolorosas e banir todo o sofrimento por um dia. A erva lhe foi dada por um egípcio, e Homero comenta que tal povo é o mais hábil de todos no uso das ervas, assim como em todos os tipos de remédios. Gregos como Homero não distinguiam entre as propriedades químicas e misteriosas das ervas (e, na verdade, muitas vezes não eram capazes de fazê-lo), e as propriedades dessas drogas claramente ultrapassavam aquelas da química pura.[10] Oitocentos anos depois, o historiador judeu Josefo declarava que todos consideravam os egípcios representantes do ápice de todo o conhecimento, incluindo as artes do encantamento e do exorcismo.[11] É provável que tal reputação fosse simplesmente consequência natural da época, estabilidade, riqueza e sofisticação da civilização egípcia, mas Sir Wallis Budge, em textos escritos no século XIX, no início do estudo sistemático da magia egípcia, comentou que a antiga reputação desta também derivava de seu notável grau de aceitação e integração em sua sociedade nativa. Ele pode muito bem ter estado certo em suas percepções.[12]

MESOPOTÂMIA:
O berço da cultura ocidental

As civilizações da Suméria, Babilônia e Assíria tinham muito em comum com a egípcia. Elas também se situavam em um grande vale, no caso delas, entre os dois rios Tigre e Eufrates, que formavam a planície que os gregos chamavam Mesopotâmia, atualmente o Iraque. Elas eram igualmente baseadas no sistema de cidades, com grandes templos administrados por uma classe sacerdotal poderosa e reinos centralizados liderados por monarcas que se supunha dotados de um relacionamento especial para com as divindades regionais. Elas também demonstraram uma continuidade notável ao longo de três milênios, mesmo sob os ciclos de constância e desordem com que dinastias específicas surgiam e caíam, às vezes precipitadas ou acompanhadas por invasões

> ## Os povos da Mesopotâmia atribuíam grande importância aos demônios, no sentido de espíritos inerentes ao cosmos que eram hostis aos humanos e uma ameaça permanente, e, portanto, essencialmente maus.

estrangeiras. Elas também possuíam uma elite letrada, que adotava textos compostos em uma escrita padrão como componente crucial do governo e da religião. Como parte desse pacote de semelhanças, também demonstravam interesse considerável pela magia, em parte como um aspecto da religião oficial. Tal interesse assumiu formas que permaneceram praticamente as mesmas durante todo o período histórico da antiga cultura mesopotâmica, muito embora as evidências sejam mais abundantes durante a primeira metade do milênio derradeiro a.C. A postura em relação à magia na Mesopotâmia, no entanto, também exibia diferenças marcantes em relação àquela no Egito, conferindo-lhes assim um caráter regional fortemente marcado.[13]

CAPITULUM .II .113

Uma dessas diferenças era que os mesopotâmicos nutriam mais medo, e respeito, por suas divindades do que os egípcios, e não pareciam achar possível coagi-las ou enganá-las. Acreditava-se que sequer era possível que os seres humanos fossem capazes de comandar espíritos diretamente, sendo assim dependentes da ajuda de divindades para controlar seres sobrenaturais menores.[14] Outra diferença era que eles demonstravam um interesse muito mais agudo pela influência dos corpos celestes nos assuntos humanos, tornando-se assim os criadores da tradição ocidental na astrologia. Por volta do terceiro milênio a.C., eles já acreditavam que as estrelas e os planetas estavam associados às principais divindades e que decidiriam a melhor época para tomar ações importantes. No primeiro milênio, presságios astrológicos eram usados para prever o destino de reis, e astrólogos da corte forneciam relatórios regularmente aos governantes.[15]

Uma terceira grande diferença era que os povos da Mesopotâmia atribuíam grande importância aos demônios, no sentido de espíritos inerentes ao cosmos que eram hostis aos humanos e uma ameaça permanente, e, portanto, essencialmente maus. Acreditava-se que eles atacavam as pessoas constantemente, em especial em seus lares, e que eram imunes a barreiras físicas. Praticamente todos os infortúnios sofridos por um ser humano, principalmente as doenças, eram creditados a eles, e os rituais, tanto os habituais quanto os para esta finalidade, eram considerados necessários para repeli-los e expulsá-los. Lidar com demônios era a função de um funcionário

sacerdotal chamado āshipu, o qual atuava principalmente junto a clientes particulares, com uma mistura de encantamentos e ações endereçadas a divindades, forças naturais e os demônios em si. Os ritos incluíam, assim como no Egito, o uso de estatuetas de madeira e barro, muitas vezes enterradas sob construções com o intuito de protegê-las e aos seus habitantes, ou destruídas para representar os seres considerados a raiz da aflição, ou usadas como receptáculos de espíritos malignos que eram exorcizados dos pacientes. Outra semelhança entre ambos era a propensão a importar ideias estrangeiras, no caso da Mesopotâmia, adotando feitiços em línguas estrangeiras. Também como os egípcios, os habitantes da Mesopotâmia acreditavam que saber o nome de uma entidade sobrenatural significava constituir poder sobre ela; mas, diferentemente dos egípcios, eles sentiam prazer em fazer longas listas de demônios junto a suas características.

O medo da bruxa parece ter aumentado gradualmente [...] às vezes ela deixava de ser considerada um ser humano para ser resumida a um espírito malévolo noturno.

Praticamente todas as evidências que possuímos da prática da magia na Mesopotâmia consistem nos registros acumulados por e para o āshipu,: tais registros vez ou outra apresentam menções a tipos de mágicos de grau inferior, os quais operavam entre as pessoas comuns — o "homem-coruja", o "encantador de serpentes" e a "mulher que faz mágica na rua" —, mas não há mais informações a respeito destes. [16]

Os povos da Suméria, Babilônia e Assíria também acreditavam em bruxas no sentido clássico dos seres humanos, escondidas na própria sociedade e que faziam magia para prejudicar terceiros por serem inerentemente más e se associarem aos demônios, objeto de tanto medo. O repertório do āshipu incluía muitos ritos para desfazer o mau causado por esses agentes do mal, enquanto os códigos legais prescreviam a morte para os condenados por tais danos. A preocupação dos ritos para desviar a feitiçaria, no entanto, estava sempre em remover a aflição, e não detectar a bruxa: na verdade, os rituais em si eram voltados a provocar a morte da bruxa em questão. Em todo o caso, a maioria dos infortúnios era atribuída a divindades furiosas, fantasmas ou (é claro) demônios. Os mesopotâmicos também acreditavam no mau-olhado (e no mal causado por boca, língua e esperma) e consideravam todos nocivos para as pessoas e seus rebanhos; os textos não deixam claro se era algo ativado voluntária ou involuntariamente, mas era algo cuidadosamente distinguido da bruxaria. Os julgamentos de bruxas parecem ter sido muito raros, não há registros de caçadas em massa, e a acusação de bruxaria não parece ter sido um elemento nas lutas políticas. Considerava-se que as bruxas prejudicavam pessoas individualmente, e não comunidades inteiras. O famoso código de leis babilônico do rei Hammurabi, do início do segundo milênio, permitia que alguém acusado de feitiçaria enfrentasse a provação de pular em um rio sagrado. Se a pessoa se afogasse, a acusação era considerada comprovada e o acusador herdava a propriedade do morto; mas, se sobrevivesse, recebia o patrimônio do acusador.[17] É possível, no geral, que as antigas sociedades mesopotâmicas estivessem entre aquelas cuja contramágica usada contra a suposta bruxaria era considerada eficaz o suficiente para anular a necessidade de agir contra as bruxas propriamente ditas.

A bruxa estereotipada mencionada nas fontes é presumidamente mulher, o que parece corresponder ao status geralmente baixo das mulheres na sociedade mesopotâmica, fazendo também da bruxaria uma arma supostamente adotada pelos fracos e marginalizados. Essa sugestão é corroborada por outros tipos de indivíduos associados à sua prática: estrangeiros, atores, mascates e mágicos de baixo escalão. Nos poucos casos onde houve abertura de processo por bruxaria, os quais abrangeram todo o período das várias monarquias babilônicas e assírias, todos os acusados eram mulheres.[18] Pensava-se que a feitiçaria era praticada pelo encantamento da comida ou da bebida consumida pelas vítimas, ou de posses pessoais ou de resíduos corporais retirados delas (a mesma crença do mundo todo), ou pelo uso de representações delas, ou pela confecção ritual de nós reais ou simbólicos. Tal como no Egito, a magia destrutiva era considerada uma arma legítima se a causa fosse justa, e os reis amaldiçoavam formalmente os inimigos do estado. O uso secreto e malicioso de tal magia era, não obstante, claramente temido e odiado de um modo que não era perceptível no Egito. Os textos usados pelos āshipu, faziam da bruxa um inimigo público, capaz de inserir o caos na ordem social e até de fazer mal às divindades. Ela era vista como uma das forças ameaçadoras do universo, juntamente a inimigos estrangeiros, animais selvagens, divindades de outras terras e de território selvagem, e (é claro) demônios. O medo da bruxa parece ter aumentado gradualmente ao longo da história da Mesopotâmia antiga, de modo que em meados do primeiro milênio, às vezes ela deixava de ser considerada um ser humano para ser resumida a um espírito malévolo noturno.[19] Como os egípcios, os povos da Mesopotâmia pareciam não fazer distinção entre religião e magia (conforme definido anteriormente neste livro), embora houvesse uma diferença: os rituais para obter seus desejos eram permitidos e autorizados diretamente pelas divindades cuja ajuda era solicitada. No entanto, havia grande distinção entre ritos bons e maus, entre praticantes de ritos bons e maus, e entre seres sobre-humanos bons e maus.

A postura mesopotâmica em relação à magia parece ter sido típica de uma região muito maior do que a Mesopotâmia propriamente dita, estendendo-se da Ásia Menor e da Palestina, no ocidente, até o vale do Indo, no oriente. Três povos encontrados nas fronteiras dessa região ao mesmo tempo que reproduziam grande parte dessa postura também desenvolviam variações que viriam a ser muito relevantes na história da bruxaria europeia. Os primeiros foram os persas ou iranianos, que ocuparam a região entre a Mesopotâmia e a Índia, e entre os séculos VI a.C. e VII d.C. frequentemente controlavam impérios imensos, os quais incluíram a própria Mesopotâmia, e às vezes todo o restante da Ásia ocidental até o Mediterrâneo. Ao final do primeiro milênio a.C., eles adotaram a religião de Zoroastro, baseada no conceito de um cosmos dividido entre duas poderosas entidades beligerantes representando, respectivamente, o bem essencial e o mal essencial. Divindades menores se tornavam servas desses grandes seres, de acordo com suas disposições, sendo o equivalente aos anjos e demônios. Era esperado que humanos virtuosos escolhessem o ser supremo bom, e os humanos perversos, o ser maligno. Entre aqueles considerados seguidores automáticos do mal

CAPITULUM .II } .117

estavam os adoradores de demônios que obedeciam ao Maligno e que eram recompensados por eles com a habilidade de utilizar magia destrutiva em terceiros. Acreditava-se que seus ritos eram realizados à noite, sob nudez. É muito difícil determinar uma cronologia no desenvolvimento, ou mesmo na expressão, de tais ideias, pois os primeiros registros estão em manuscritos datados dos séculos XIII ou XIV d.C., mas contêm textos escritos nos séculos VI e VII e baseados em originais que, a partir de sua língua, eram compostos em vários pontos por trechos datados do século XIII aC. Além disso, eram obra do sacerdócio da religião oficial, por isso oferecem poucos indicativos de como as pessoas comuns abordavam as mesmas questões, e de como as supostas bruxas eram tratadas na realidade. Pode-se concluir seguramente, no entanto, que o sistema de crenças expresso neles era totalmente formado pelo período antigo tardio, equivalente àquele do Império Romano. Até então, se não muito antes, as bruxas eram consideradas pelos persas como os mais perversos dos humanos, que deveriam ser combatidos (por meio de ritos sacerdotais protetores e retaliatórios do tipo mesopotâmico) e punidos com o intuito de manter a nação saudável.[20]

Na extremidade oposta da bacia mesopotâmica estavam os Hititas, que durante o final do segundo milênio a.C. desenvolveram uma monarquia poderosa e agressiva, baseada na Ásia Menor. Sua cultura também parece ter reproduzido as mesmas posturas da Mesopotâmia em relação às bruxas, porém com uma diferença expressiva: a acusação de ser uma bruxa foi um elemento importante na política central em momentos recorrentes ao longo da história hitita. Isso foi um reflexo da tendência hitita de tentar concentrar o poder mágico nas mãos do governo, de modo que não apenas a bruxaria era ilegal, como qualquer pessoa que se achasse dotada do conhecimento da magia deveria ser levada ao palácio real para interrogatório. Os resíduos físicos de ritos de purificação realizados por sacerdotes ou sacerdotisas tinham de ser queimados em postos oficiais. Antes de 1500 a.C., o rei Khattushili I proibiu sua rainha de manter contato com certas sacerdotisas especializadas em exorcismo, e alguns séculos depois, um monarca acusou a princesa Ziplantawi de enfeitiçá-lo e à sua família. No final do século XIV, Khattushili III julgou um governador por empregar bruxas contra ele, e no final do século XIII, Murshili II levantou a mesma acusação contra a rainha viúva vigente.[21]

A variação final da norma foi encontrada na orla sudeste do mundo mesopotâmico, entre os hebreus, que no decorrer do primeiro milênio a.C. desenvolveram ênfase excepcional em um de seus deuses, Javé, como a única divindade que estavam doravante autorizados a venerar. Por esse motivo, o poder espiritual foi concentrado nas mãos de sacerdotes e de outros homens sacros associados ao culto de Javé, e isso causou um impacto na postura em relação à magia. A Bíblia Hebraica aplaude os profetas milagrosos que servem a Javé, acima de tudo Elias e Eliseu, mesmo quando evocam seus poderes como expressões de vingança pessoal. Ela investe os objetos do culto de Javé, principalmente seu altar e a Arca da Aliança, com poder intrínseco, às vezes letal. O exército de Josué encena um rito elaborado para evocar o poder de Javé para derrubar as muralhas de Jericó, e o deus em pessoa diz a Moisés para fazer uma serpente de bronze para proteger seu povo da picada da serpente. A Lei Mosaica inclui uma cerimônia para determinar a culpa de uma mulher acusada de adultério, fazendo-a beber água misturada a textos sagrados e ao pó do chão do Tabernáculo (Números 5:11-31). Tudo isso poderia ser intitulado como cerimônias de uma natureza geralmente associada à magia, cooptadas em prol do culto oficial.

CAPITULUM .II } .119

Sem qualquer surpresa, em vista disso, a Bíblia Hebraica também proíbe o recurso à magia e aos mágicos fora desse culto. O texto lista os praticantes de serviços mágicos entre os cananeus pagãos, denominando-os abomináveis, e ordena aos hebreus que se voltem a um profeta de Javé (Deuteronômio 18:9-22; cf. Levíticos 19:31, 20:6). Moisés mata um hebreu por este amaldiçoar em nome de Javé (Levítico 24:10-15), mas a mesma maldição é considerada totalmente aceitável quando empregada por um instrumento especial do deus, como Eliseu (2 Reis 2:24). O comportamento de Saul é mostrado como correto quando este se oferece para pagar a um reconhecido santo homem hebreu para lhe revelar o paradeiro de alguns jumentos perdidos (um serviço clássico prestado por mágicos ao decorrer das eras); e ao tentar aprender a vontade de Javé por meio de sonhos e dos profetas de deus (1 Samuel 9:1-10 e 28:15). No entanto, quando ele contrata uma *ba'a lot'ov*, uma maga que vem de fora do culto oficial (conhecida na tradução inglesa moderna como a Bruxa de Endor), ele pratica o mal (1 Samuel 28:4-25). A certa altura, a Lei mosaica ordenou que uma *mekhashepa* não deveria ter permissão para continuar viva, passagem esta oficialmente traduzida na Inglaterra jacobina como "não deixarás viver a feiticeira" (Êxodo 22:18). Uma compreensão adequada desse texto seria possível se soubéssemos exatamente o que é uma *mekhashepa*, e o que ela deveria fazer: a única coisa que sabemos é que ela era uma praticante especificamente feminina de algum tipo de magia (e está igualmente confuso, a partir da linguagem, se é esperado que ela seja levada à pena de morte ou que simplesmente deixe de morar na comunidade, ou seja, termine exilada). Em suma, a Bíblia Hebraica não despende muito tempo com magia, em oposição à execração da adoração a outras divindades, e parece fazer uma incorporação clássica de algumas formas dela na religião, declarando que os mesmos tipos de ação foram sancionados para os hebreus, se realizado por credenciados, e tão divinamente habilitados, representantes do único deus verdadeiro; ou execrados se oferecidos por outrem.[22]

Uma relativa ausência de interesse pela magia também parece ocorrer no período do Segundo Templo, entre o final do século VI a.C. e o final do século I d.C., quando os hebreus retornaram do exílio na Babilônia, para por fim estabelecer um novo estado monárquico em sua terra natal palestina, com um culto único a Javé. Diferentes vertentes de sua literatura continuaram a expressar animosidade geral contra a magia, como algo usado

CAPITULUM .II } .121

por pessoas não reconhecidas como servos santificados do verdadeiro deus, mas isso foi pouco discutido. Nos séculos III e II a.C., no Primeiro Livro de Enoque, os anjos caídos (e portanto corrompidos) ensinam magia às mulheres humanas, principalmente pelo uso de plantas (Livro dos Vigilantes 1–36). Já o Livro dos Jubileus (10:10–14) afirmava que Javé enviara anjos para prender demônios, os quais atormentavam a humanidade, e ensinar às pessoas as artes da cura, principalmente pelo uso de plantas. Os Manuscritos do Mar Morto atribuem a apostasia da verdadeira fé à magia, e ordenam que ambos sejam punidos. O exorcismo de demônios que tomam posse de pessoas e lugares por meio de ritos do tipo da antiga Mesopotâmia continua a ser a atividade mais comumente atestada que pode ser categorizada como mágica.[23]

Existe mais material remanescente do período seguinte, após a destruição romana do Templo de Jerusalém e a dispersão do povo hebreu, para completar sua evolução para os judeus mesmo enquanto o culto a Javé completava seu desenvolvimento na religião do judaísmo. A coleção crucial do material de origem é a literatura rabínica composta entre os séculos II e VII, sobretudo o Talmude, a coletânea de proclamações e anedotas para interpretar a fé, originalmente compilada em dois documentos separados na Babilônia e na Palestina. A postura em relação à magia expressa nele não é totalmente coerente, mas tende, como antes, a dar crédito a homens sacros da religião, agora membros do sacerdócio oficial chamados rabinos, com a capacidade de operar milagres legítimos. Tais atos são sempre aplaudidos, presumivelmente como permitidos e autorizados pelo Deus verdadeiro, embora essa sanção só seja explicitada às vezes. Em contraste, as mulheres anônimas ou hereges são tratadas como praticantes naturais da bruxaria, *keshaphim*, e geralmente são retratadas como sendo derrotadas pelos rabinos. As bruxas não são retratadas como dotadas de aparência peculiar ou pertencentes a uma raça especial: são simplesmente parte dos judeus comuns, geralmente do sexo feminino, que optaram por aderir à magia prejudicial. Às vezes, elas parecem operar em grupos, com líderes. O código Mishná de cerca de 200 d.C. prescrevia a pena de morte para qualquer um que fosse julgado por ter enfeitiçado um terceiro com aparente efeito genuíno. Até que ponto ela foi realmente aplicada, é difícil dizer, já que não há referências a julgamentos de bruxas na mesma literatura, ou a rabinos condenando suspeitos à morte, exceto pela história de como o rabino Simeon ben Shetah e seus seguidores mataram oitenta bruxas em Askelon, na Palestina. Essa narrativa, no entanto, carrega fortes elementos folclóricos, os quais contrariam os dados como acontecimento histórico: por exemplo, é descrito como tendo sido necessário erguer todas as mulheres do chão simultaneamente a fim de privá-las de seus poderes mágicos. O episódio teria ocorrido setecentos anos antes de a história ser registrada. Em todo o corpo da literatura, não há relatos de reparação financeira por bruxaria ou referências a ela em casos de divórcio, então é difícil saber se as histórias talmúdicas que descrevem a derrota das mágicas do sexo feminino refletem de fato a realidade social. Uma possível introspecção nessa realidade é fornecida pelas tigelas de metal encontradas enterradas em casas e cemitérios na Mesopotâmia e no oeste do Irã, aparentemente datando dos séculos v a VIII d.C., e feitas principalmente, mas não exclusivamente, para os judeus. Elas carregavam inscrições com feitiços para proteger o proprietário contra bruxaria e demônios, e mulheres em vez de homens, principalmente aquelas que atuavam em grupo, eram identificadas como bruxas. No entanto, também descobriu-se que as mulheres encomendavam ou fabricavam as tigelas, e 90% dos feitiços são direcionados somente contra espíritos malignos, e não contra humanos malignos. Em geral, a literatura judaica do final da Antiguidade raramente recorria à magia como um rótulo polêmico para as práticas religiosas dos oponentes, e atribuía o infortúnio muito mais à raiva da divindade ou à malícia dos demônios do que à bruxaria. Todavia, foi mantida a crença tradicional da Mesopotâmia na existência de bruxas, que geralmente presumia-se serem mulheres.[24]

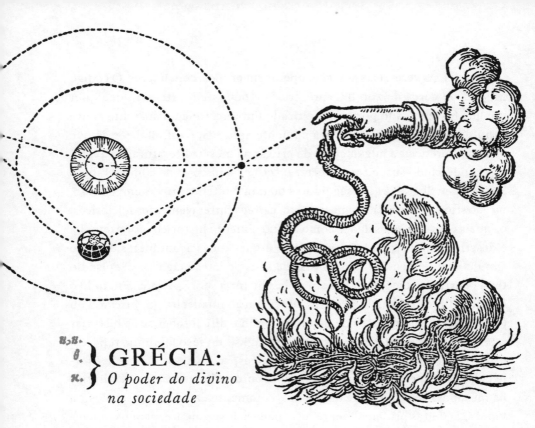

GRÉCIA:
O poder do divino na sociedade

A sociedade europeia mais antiga na qual há evidências comportamentais em relação à magia, incluindo bruxaria, é a Grécia antiga, cuja história registrada é muito mais curta do que aquelas do Egito e da Mesopotâmia, que remonta aos séculos VII ou VIII a.C. Por volta do século IV, o mais tardar, os gregos desenvolveram o próprio conjunto distinto de crenças, diferente, mais uma vez, de qualquer um daqueles sustentados nas grandes civilizações do Oriente Próximo. Um aspecto disso era uma distinção entre religião e magia, muitas vezes em detrimento desta última, o que foi fundamentalmente articulado na abertura do presente livro, e de fato posteriormente mantido pela maioria dos europeus até épocas recentes.[25] Ela aparece pela primeira vez em um tratado médico relacionado à epilepsia, *Da doença sagrada*, datado por volta de 400 a.C. e, portanto, pode muito bem atrasar a distinção em questão para o século V. Isso se contrapõe ao uso desonroso de feitiços e medicamentos que visam compelir os seres divinos, "como se o poder do divino fosse derrotado e escravizado pela inteligência humana", às ações legítimas de pessoas que apenas suplicam por auxílio divino.[26] Pouco depois, o grande filósofo ateniense

.124

Platão repetiu o conceito, atacando aqueles que prometiam "persuadir as divindades ao enfeitiçá-las, por assim dizer, com sacrifícios, preces e encantamentos".[27] Parece, portanto, que por volta do período central da era clássica da civilização grega, os intelectuais, ao menos, estavam articulando confiantemente um par de definições que viria a se tornar parte duradoura da cultura europeia. A oposição entre eles realizada pelos gregos era diferente daquela adotada nos tempos modernos — a deles era entre magia e prática religiosa normativa, em vez de magia e religião como tal —, mas ainda é notável.[28] Foi acompanhada de hostilidade para com a maioria das categorias de mágicos. A lista deles permaneceu mais ou menos padrão na Atenas dos séculos v e iv, tanto em peças teatrais como em obras da filosofia, e também em outros tipos de texto ocasionais: o *agurtēs*, uma espécie de padre-pedinte errante; o *goēs*, que pelas relações linguísticas da palavra hoje presume-se ter sido especializado em lidar com espectros, fosse exorcizando-os ou lançando-os sobre pessoas, e talvez outras formas de espíritos; o *epoidos*, ou cantor de encantamentos; o *mantis*, especialista na revelação de coisas ocultas, especialmente o futuro; e, o mais expressivo para desenvolvimentos futuros, o *magos*, que parece ter oferecido uma gama de serviços que incorporavam a maioria daqueles que acabamos de descrever, e cujo ofício, *mageia*, se tornou a raiz da palavra "magia". Além disso, havia uma gama de praticantes menores, geralmente celebrados (e rejeitados) no plural: "negociantes-do-oráculo" ou "intér-pretes-do-oráculo"; especialistas que interpretavam sinais e presságios; e aqueles que "realizavam maravilhas". Eles também incluíam *pharmakeis* (masculino) ou *pharmakides* (feminino), que parecem ter se especializado, acima de tudo, em poções; e *rhizotomoi*, "cortadores de raízes", que pelo nome parecem ter atuado na magia e, em termos modernos, também em medicamentos baseados principalmente nas ervas. Os escritores gregos não usavam tais termos consistentemente, e as categorias deviam ser muito porosas, com cada praticante oferecendo um portfólio pessoal de serviços que frequentemente se sobrepunham. Nem todas as referências eram pejo-rativas, o *mantis*, em especial, às vezes era enaltecido em inscrições por suas previsões ou conselhos úteis, no entanto, adivinhos e intérpretes de presságios que recebiam aprovação oficial também tendiam a ganhar um status oficial. Os gregos careciam do poderoso sistema de templos, com seu sacerdócio especializado, como no Egito e na Mesopotâmia, e suas

CAPITULUM .II } .125

fontes nos fornecem em vez disso uma visão de um mundo próspero de magia popular que mal aparece nos textos do Oriente Próximo. A própria desaprovação expressa pelas fontes renascentes daquele mundo atesta a influência que ela exercia sobre a imaginação de muitos gregos. Por outro lado, seria pouco sábio não levar em conta tais expressões de reprovação como a choradeira dos intelectuais elitistas, tentando reformar as crenças populares. Os dramaturgos, que também condenavam os mágicos, tinham de agradar as multidões, afinal de contas, pois o teatro de Atenas era uma forma de arte com público massivo.[29]

Tornou-se algo próximo a um consenso entre especialistas que essa hostilidade à magia surgiu na Grécia no século v a.C., como reação a uma série de desenvolvimentos.[30] Um deles foi a guerra contra os persas, que fez com que os gregos se posicionassem mais claramente contra estrangeiros, sobretudo estrangeiros orientais. Certamente, o termo *magos*, que deu origem à palavra "magia", foi em sua origem o nome de um dos sacerdócios persas oficiais, servindo à religião de Zoroastro. As cidades-estado gregas também estavam comprometidas a uma definição mais elevada de suas próprias identidades, com um novo conceito de cidadania e (para alguns) novos empreendimentos no imperialismo. É certamente verdade, além disso, que durante o final dos séculos vi e v, a imaginação grega ficou mais interessada nas divindades do submundo e nos espíritos dos mortos, como entidades junto às quais os humanos vivos poderiam atuar em benefício próprio. É provável também que algumas das formas de prática de magia condenadas nas fontes só tenham aparecido nessa época. O trabalho do *magos* ou do *goēs* no exorcismo de espíritos indesejados faz com que essas figuras se assemelhem notavelmente aos sacerdotes-exorcistas da Mesopotâmia, transplantados para a Grécia e transformados em executantes errantes e autônomos.[31] Além do mais, é verdade que não há condenação inequívoca e seguramente datada na magia na Grécia que possa ser situada antes de 450 a.C.[32] Entretanto, um leve pedido de

cautela pode ser inserido perante essa aparente ausência de evidências, já que as fontes para o assunto são muito mais escassas antes do século v, e aquelas mais relevantes no período anterior, tais como peças teatrais e obras de filosofia, estão desaparecidas. A argumentação para um novo comportamento por volta de 450 a.C. às vezes tem chamado a atenção para a aparente ausência de qualquer condenação da magia na poesia de Homero, e isso pode ser, de fato, muito importante. Por outro lado, talvez não se deva inferir demais de um poeta, e os tipos de magia aparentemente aprovados por ele (espalhados por toda a Odisseia) são aqueles usados por personagens — uma deusa ou um vidente oficial — ou para fins — cura ou consolo —, o que os gregos posteriores provavelmente também teriam considerado aceitável. É possível que a hostilidade grega clássica à magia, quando definida como uma tentativa de obter controle sobre divindades, tenha raízes mais profundas do que o século v.

O que parece estar faltando nesse quadro é a bruxaria. Em nenhum texto grego arcaico ou clássico há a acepção de inimigos ocultos dentro da sociedade que realizam a magia destrutiva sob a inspiração do mal. Platão exigia a pena de morte para qualquer tipo de mágico que se oferecesse para ferir pessoas em troca de recompensa financeira, enquanto aqueles que tentassem coagir as divindades, por qualquer motivo que fosse, deveriam ser encarcerados. Seus alvos, no entanto, eram artífices da magia que ofereciam serviços moral e religiosamente duvidosos, além daquele tipo já corriqueiro, teoricamente benevolente.[33] Além disso, o fato de ele ter precisado fazer essa prescrição talvez indique que tais leis já não existiam em sua cidade natal, Atenas. Em toda a história ateniense antiga, não há nenhum registro claro de qualquer julgamento de um indivíduo por praticar magia destrutiva. No século IV, houve relatos de algumas mulheres funestas que deram aos homens venenos letais sob a ideia de que seriam poções do amor. No mesmo século também houve o caso de uma mulher estrangeira que se estabelecera em Atenas, Theoris de Lemnos, a quem os registros se referem como uma *pharmakis*, *mantis* ou uma *hiereia* (sacerdotisa) e que foi condenada à morte junto a toda sua família por *asebeia*, profanidade. Infelizmente, os mesmos registros não permitem conclusões firmes sobre a exata natureza de seu crime. Um dizia que foi por fornecer "poções e encantamentos", e outro dizia que ela era uma *mantis* ímpia, o que juntos fariam dela uma vítima convincente da animosidade grega contra muitas formas de magia. Outro, porém, a acusa de ensinar escravos a enganar seus senhores.[34]

O cenário mais amplo é igualmente enigmático. Matthew Dickie reuniu indícios de que mágicos eram presos e punidos em cidades gregas a partir da história de Heródoto, do drama de Eurípides e de um diálogo de Platão. Ele também aponta, no entanto, que tais pessoas quase nunca eram praticantes de magia pura e simples, mas que se disfarçavam em outras funções, como sacerdotes, oráculos ou curandeiros, de modo que se criasse dificuldade para associar seus delitos à magia.[35] Uma das fábulas creditadas a Esopo relata com aprovatição como uma mulher mágica (*gune magos*) foi condenada à morte por vender feitiços, os quais, afirmava ela, evitavam a ira das divindades, assim interferindo em seus desejos. Essa seria uma ilustração perfeita do horror dos gregos em tentar coagir os seres divinos; mas não sabemos se correspondeu à realidade.[36] A cidade-estado de Teos aprovou uma lei que decretava a pena de morte para qualquer pessoa que realizasse *pharmaka* destrutivo contra seus cidadãos, fosse coletiva ou individualmente. Pode-se presumir que esse termo abrangia tanto a magia quanto os venenos químicos, mas não fica claro se a medida se fazia cumprir, e se era destinada tanto a concidadãos quanto a estrangeiros. As regras para um culto particular na cidade grega de Filadélfia, na Ásia Menor, faziam os membros jurarem não cometer uma lista de atitudes antissociais, as quais elencavam uma série de práticas mágicas; mas a vingança era deixada aos deuses.[37]

Especialmente interessantes e intrigantes nesse contexto são as tabuletas de maldição, folhas de chumbo contendo inscrições com feitiços ou invocações para sujeitar outros humanos à vontade do autor, geralmente restringindo-os, punindo-os ou obstruindo-os. Seus alvos abrangiam todas as idades, estratos e funções sociais. Muitas delas evocavam o poder do submundo ou de divindades ou de espíritos noturnos, ou de humanos mortos, e eram encontradas em fossas, sepulturas ou tumbas. Elas aparecem a partir do século v, especialmente nos arredores de Atenas, e o conjunto de fórmulas utilizado em muitas delas sugerem ou uma convenção generalizada que a maioria das pessoas entendia ou a contratação de mágicos profissionais ou semiprofissionais para fazê-las. A própria necessidade de alfabetização indica que havia especialistas envolvidos. Nenhuma lei conhecida as proibia, embora Platão tivesse protestado contra a prática (e a atribuído explicitamente a mágicos contratados),[38] e os estudiosos se dividam ao decidir se as tabuletas eram consideradas socialmente aceitáveis ou se estariam sujeitas às penalidades também adotadas contra assassinato, agressão e profanidade. Nenhum dos autores parece preocupado com a censura da sociedade, ainda que se preocupem com as reações das formas espirituais evocadas. Por outro lado, elas certamente violavam as normas culturais, não apenas por apelar a divindades sombrias e espectros, mas por usar nomes exóticos, escrita inversa e o cálculo da descendência por meio da linhagem feminina. É difícil acreditar que as tabuletas um dia tenham sido um meio respeitável de mobilizar o poder espiritual, mas não fica claro o quanto o recurso era visto como desonroso, ilícito ou ilegal. Em uma sociedade diferente, teriam sido atos estereotipados de bruxaria, mas não parecem ter sido classificados como aqueles na Grécia.[39]

É coerente com tais padrões parecer não haver representações claras das bruxas na literatura grega arcaica ou clássica. Dois personagens da mitologia carregam certa semelhança para com eles, como poderosas figuras femininas que realizam magia destrutiva: Circe e Medeia. Circe utiliza a

Platão exigia a pena de morte para qualquer tipo de mágico que se oferecesse para ferir pessoas em troca de recompensa financeira, enquanto aqueles que tentassem coagir as divindades, por qualquer motivo que fosse, deveriam ser encarcerados.

CAPITULUM .II } .129

AESON DECREPITVS FI

Vt tibi primam Aeson reuocet Medea iuuentam
Nocte Hecaten atrâ per sua sacra vocat.

VNIOR OPERA MEDEAE

Medea durch ihr zauber kunst,
Ernewrt eins alten Lebens dunst.

combinação de uma poção e uma varinha para transformar homens em animais, e Medeia recorre à *pharmaka* para vários fins mágicos, incluindo assassinato. Nenhuma das duas, no entanto, é humana, com Circe sendo explicitamente uma deusa, filha do sol e ninfa do mar, enquanto Medeia é sua sobrinha, fruto da união entre o irmão de Circe e ou outra ninfa do oceano ou a deusa da magia, a própria Hécate. Também não são inequivocamente más, com Circe se tornando a amante e ajudante do herói Odisseu, uma vez que ele a domina com a ajuda do deus Hermes, e Medeia auxiliando o herói Jasão e casando-se com ele. Medeia certamente comete assassinatos para ajudar seu amado, e então, uma vez mais, em uma orgia de vingança, quando ele a rejeita; mas a postura dos textos gregos em relação a ela permanece ambivalente, e (assim como Circe) ela escapa da desforra por suas ações. Ambas viriam a ser personagens imensamente influentes na literatura europeia mais tarde, como ancestrais definitivos de muitas das mulheres praticantes de magia; mas é difícil enxergar qualquer uma das duas, em seu contexto original, como uma bruxa da forma que definimos neste livro.[40]

Certamente, na literatura grega antiga os mágicos eram estereotipicamente femininos, e também presumia-se virem de classes sociais mais baixas: acreditava-se que mulheres respeitáveis não possuíam o conhecimento necessário. No entanto, fontes que se referem aos diferentes tipos de artífices da magia atuando na vida real geralmente se referem a eles como homens: considerava-se que as mulheres agiam principalmente em benefício pessoal. Indubitavelmente, a maioria de todas as tabuletas de maldição designadas foi composta por homens.[41] Há uma possibilidade de que as mulheres fossem mais vulneráveis a processos legais por tentar realizar ou manipular magia, a julgar pelas evidências atenienses, mas é arriscado generalizar a partir de um número tão pequeno de julgamentos. Quando fontes literárias retratam mulheres utilizando magia, geralmente não é de um tipo agressivo, motivado por pura maldade e voltado para subverter a sociedade em geral, e sim uma variedade defensiva, com a intenção de conquistar ou reter o afeto de um homem, ou puni-lo por rejeição afetiva.[42] Houve uma tradição, estabelecida no século v a.C. e que perdurou até o final da Antiguidade, de que a Tessália, a região nordeste da Grécia, era especialmente conhecida por ter uma *pharmakides* poderosa o suficiente para trazer a lua do céu sob seus comandos.[43] Nunca foi explicado por que as mulheres da Tessália adquiriram tal reputação temível, embora isso sinalizasse que a região não era parte da Grécia propriamente dita. Muita coisa não parece ter mudado à medida que a era clássica da civilização grega antiga, que se estendeu pelos séculos v e iv, foi dando lugar à era helenística depois que as conquistas de Alexandre, o Grande, ampliaram a cultura grega por todo o Mediterrâneo oriental. O poeta siciliano Teócrito, que provavelmente atuou no Egito, realizou uma obra duradouramente famosa sobre uma mulher alexandrina que realizou um rito para reconquistar ou punir um namorado infiel com a ajuda de sua criada. Chamava-se *Pharmakeutria*, mas mostra o quanto o conceito de *pharmaka* se estendia para além das ervas e substâncias, pois seus métodos consistem inteiramente de uma mistura de encantamentos, substâncias físicas de diferentes tipos e ferramentas especiais.

CAPITULUM .II } .133

O único desenvolvimento distintamente novo da época foi o colecionador letrado de conhecimentos mágicos, que publicava livros sobre as propriedades misteriosas das substâncias animais, vegetais e minerais. Como a própria cultura helenística, esse aspecto percorreu regiões para muito além da Grécia, e de fato foi fortemente baseado nas tradições acumuladas do Egito, da Mesopotâmia e da Síria: o primeiro e mais famoso autor do gênero, Bolus de Mendes, veio do Egito.[44] Por consequência, salvo o fato de que eles são escritos em língua grega, há algumas dúvidas sobre até que ponto esses textos podem ser considerados como gregos. De outro modo, no próprio mundo grego mais antigo, as coisas soam clássicas como sempre, e é igualmente difícil encontrar a figura da bruxa nele. Um oráculo de Claros, na Ásia Menor acudiu uma cidade da região que culpava um surto de peste a um *magos* maligno e queria uma solução: a resposta foi destruir as estatuetas de cera usadas pelo mágico pela evocação do poder da deusa Ártemis. Não há indicação se houve alguma ação intencionada contra algum indivíduo identificado como culpado. Da mesma forma, uma tabuleta de chumbo oferecida ao oráculo em Dodona, no noroeste da Grécia, levantou a questão: "Timo feriu Aristóbola magicamente?", mas não sabemos dizer quem era Timo e o que teria sido feito se a resposta fosse afirmativa.[45]

A MAGIA NO MUNDO ROMANO
Uma epidemia incompreendida

Os pagãos romanos, tanto em seus períodos republicanos quanto imperiais, foram intensamente influenciados pela cultura grega, por isso não é surpresa flagrá-los adotando a mesma distinção entre religião e magia; embora possa ser igualmente discutido que a distinção em questão deve ter apelado às próprias posturas deles para se enraizar. No primeiro século do período imperial, e da era cristã, tanto o dramaturgo e filósofo Sêneca quanto o estudioso Plínio condenavam a magia como um desejo de comandar divindades.[46] No século III, o biógrafo do homem santo Apolônio de Tiana, retratou seu herói sendo absolvido da acusação de ser um mágico, ao alegar que meramente orava ao deus Héracles, que atendeu ao seu apelo.[47] Apuleio de Madaura, que sofreu acusação semelhante, se defendeu a comparar a própria figura, que obedecia às divindades, a um mágico genuíno que popularmente se acreditava "ter o poder de fazer tudo o que quisesse pela força misteriosa de certos encantamentos".[48] No mesmo século, o filósofo neoplatonista Plotino acusou alguns rivais de realizar encantamentos com a intenção de atrair os poderes divinos superiores para servi-los.[49]

Parece haver um consenso entre historiadores de que o comportamento romano em relação à magia se cristalizou entre o último século a.C. e o primeiro século d.C., e se consolidou na convenção legal e social por volta de 250 d.C.[50] Alguns atribuíram esse desenvolvimento a um novo desejo de categorizar variedades da experiência religiosa e excluir atividades que parecessem entrar em conflito com suas expressões normativas. Isso tem sido relacionado, por sua vez, a uma definição mais precisa de estrangeiros e ameaças à sociedade, fruto da incorporação de cada vez mais pessoas, e classes de pessoas, à cidadania romana. Outros depositaram mais ênfase à aparência de uma elite individualizada embebida nas ideias gregas. A definição do mágico como um forasteiro e uma ameaça geralmente é considerada oriunda da época de escritores como o poeta Cátulo e o político e estudioso Cícero, em meados do século I a.C., e de Plínio no final do século I d.C. O primeiro ainda adotava o termo *magus*, do grego, em seu sentido original de

sacerdote persa, mas, não obstante, Cícero falava da invocação de espíritos do submundo como uma prática religiosa nova e perversa. Plínio criticava a *"magia"*, a práticas dos *magi*, como sendo "o mais fraudulento dos ofícios", com seu propósito de "dar ordens aos deuses" explorando e manipulando os poderes ocultos do mundo natural, e traçou seu progresso desde a Pérsia e dos Hebreus, passando da Grécia ao mundo romano, enfatizando assim sua origem estrangeira, bem como seu cunho pernicioso.[51]

À primeira vista, o desenvolvimento do direito romano parece seguir a mesma trajetória.[52] A Lei das Doze Tábuas, do início da república — até onde pode ser reconstruída a partir de evidências posteriores — proibia o ato específico de roubar o lucro de colheitas de outrem para si, sendo uma violação dos direitos de propriedade; mas não especificava que o meio era por mágica. Também proibia "uma canção maligna", que poderia significar um encantamento mágico ou simplesmente um insulto. Da mesma forma, a Lex Cornelia de 81 a.C. proibia vários meios de se assassinar furtivamente, sendo que um deles era o *veneficium*, termo que aos olhos modernos tem a mesma imprecisão frustrante do grego *pharmaka*, pois poderia significar tanto veneno quanto magia: mais uma vez, na prática, os povos antigos muitas vezes achavam impossível a distinção entre um e outro. As coisas se tornaram mais nítidas apenas no século II d.C., quando o trabalho do *magus* em geral passou a ser equiparado ao *veneficium* e ao *maleficium*, significando causar dano intencional a outrem. Por volta do século III, os códigos do direito romano estavam se adaptando a essa mudança, estendendo a Lex Cornelia para coibir a preparação de poções do amor, a realização de ritos para encantar, amarrar ou restringir, a posse de livros contendo receitas mágicas e as "artes da magia" em geral. Estar em posse desse tipo de livro agora significava morte para os pobres e o exílio para os ricos (com perda de propriedade), enquanto a prática de ritos mágicos incorria em pena de morte, e aqueles que os realizavam em troca de dinheiro terminavam queimados vivos. Como a posse de livros e a prestação de serviços comerciais eram atividades que podiam ser facilmente comprovadas objetivamente, tais leis eram relativamente fáceis de se colocar em prática.

Dois problemas principais acompanham qualquer tentativa de compreender o status da magia no mundo romano. O primeiro é que existe muito pouca informação remanescente sobre como se faziam cumprir essas leis; o outro, é que era perfeitamente possível conduzir uma caças às bruxas sem

CAPITULUM .II } .137

a existência de qualquer lei contra a magia propriamente dita se as vítimas simplesmente fossem acusadas de cometer assassinato usando de meios mágicos. Foi registrado, séculos depois, que em 331 a.C. Roma foi acometida por uma epidemia com altos índices de mortalidade, e mais de 170 mulheres, duas delas da nobreza, foram condenadas à morte por causar a enfermidade com *veneficium*. Isso pode significar o uso de poções simples, já que as primeiras suspeitas, alegando serem curandeiras, foram obrigadas a beber o suposto remédio e morreram, desencadeando as prisões em massa. Os anos de 184 a 180 a.C. também foram uma época de epidemia na Itália, o que resultou em julgamentos muito maiores realizados em cidades do interior, ocasionando em mais de 2 mil vítimas na primeira onda e mais de 3 mil na

> **[...] tais representações — de magia potente operada por mulheres malignas — não teriam sido escolhidas se não ecoassem, em certa medida, os preconceitos e preconcepções do público-alvo.**

segunda onda. Mais uma vez, a acusação foi o *veneficium*, mas é impossível dizer se significava envenenamento no sentido direto, ou o assassinato por meio de ritos mágicos, ou uma mistura de ambos.[53] Se o segundo ou terceiro sentido da palavra for o relevante, e os relatórios estiverem precisos, então os romanos republicanos caçaram bruxas a uma extensão desconhecida em qualquer outro lugar do mundo antigo, e em qualquer outra época da história europeia, já que a contagem de corpos registrada — embora imprecisa — supera qualquer registro em uma única onda de julgamentos no início da era moderna.[54] Não existem registros semelhantes conhecidos durante o Império Romano pagão, mas os indivíduos certamente eram processados legalmente naquele período por realizar magia, independentemente de esta resultar ou não em dano físico a qualquer outra pessoa. O (suposto) caso de Apolônio e o (registro histórico) de Apuleio já foram citados: o primeiro foi acusado de recorrer a ritos divinatórios para prever uma praga, e o último de fazer amarração amorosa a uma mulher lançando um feitiço. Adriano de Tiro, um especialista jurídico do século II, foi citado como tendo proclamado que aqueles que oferecessem os serviços de *pharmaka* (ele escreveu em grego) deveriam ser punidos "simplesmente porque odiamos seu poder, porque cada um deles possui um veneno natural", e eles são voltados ao "ofício de ferir."[55] O Calendário de 354 alegava que Tibério, o segundo imperador de Roma no início do século I d.C., executou 45 homens e 85 mulheres *veneficiarii* e *malefici* durante seu reinado.[56] Mais uma vez, a terminologia é nebulosa, e os termos poderiam se referir, respectivamente, apenas a vendedores de veneno e criminosos em geral; mas se assim for, os números totais são baixos demais, por isso é mais provável que tenham sido considerados mágicos mesmo. Além disso, quer os romanos estivessem ou não caçando bruxas no início do período imperial, eles certamente as imaginavam de maneira diferente daquela feita pelos egípcios e gregos, e sim da forma como faziam os mesopotâmicos, persas, hititas e hebreus. De fato, as imagens literárias por eles produzidas foram a principal fonte antiga citada pelos primeiros autores modernos para comprovar a longínqua existência da ameaça da bruxaria. Algumas delas ecoam, e de fato copiam, o modelo grego e helenístico da mulher apaixonada que recorre à magia para segurar ou reconquistar um parceiro.[57]

Além disso, no entanto, há personagens sem paralelos na literatura grega: mulheres que comumente recorrem a magia poderosa e maligna, usando materiais e ritos repugnantes, e evocando o submundo, divindades e espíritos noturnos, e espectros de humanos. Elas aparecem ao final do século I a.C., e permanecem nos séculos derradeiros do império. Um exemplo é Canídia, de Horácio, uma bruxa anciã que envenena comida com seu próprio hálito e sangue de víbora, que possui "livros de encantamentos" e realiza rituais com seus cúmplices para fabricar poções do amor ou destruir aqueles que a afrontaram. Elas queimam objetos como galhos cultivados em tumbas, penas e ovos de coruja, sangue de sapo e ervas venenosas e estripam um cordeiro negro como oferendas aos poderes da noite. Também fazem estátuas de pessoas e assassinam uma criança para usar partes de seu corpo em suas misturas. Prevê-se que serão apedrejadas até a morte por uma turba, e seus corpos largados para os animais comerem.[58] Outra é Erictho de Lucan, outra velha repulsiva que entende "os mistérios dos mágicos abominados pelos

CAPITULUM .II } .139

deuses", porque eles são capazes de "prender a divindade relutante". Mesmo os praticantes comuns, garante Lucan ao seu séquito, são capazes de induzir ao amor incondicional, de parar o curso do sol, de trazer chuva, de parar as marés e rios, de domar feras predadoras e de trazer a lua. Além disso, Erictho detém a habilidade de enxergar o futuro ao reanimar cadáveres com uma poção de saliva de cachorro, entranhas de lince, corcunda de hiena, tutano de veado, nacos de monstros marinhos, olhos de dragão, rochas de ninhos de águia, cobras e ervas mortais: assim como Canídia, suas misturas são a exaltação do *veneficium*. E como ela também, Erictho pratica sacrifícios humanos, porém em escala maior, até mesmo extraindo crianças do ventre da mãe para queimá-las em altares como oferendas.[59] Os rituais de ambas as mulheres revertem todas as normas da prática religiosa convencional. Personagens semelhantes aparecem na obra de outros poetas, embora esboçadas com menos detalhes. Virgílio escreveu sobre uma sacerdotisa estrangeira com o poder de infligir júbilo ou agonia a outros humanos pelo uso de feitiços, de reverter o curso dos rios e das estrelas, de fazer as árvores marcharem e a terra, urrar, e de evocar os espíritos das trevas.[60] Ovídio criou uma velha bêbada chamada Dipsas, entendida do poder das ervas e ferramentas mágicas, e também capaz de controlar o clima, de ressuscitar os mortos, de fazer as estrelas gotejarem sangue e de tornar a lua vermelha, bem como realizar o truque habitual com os rios.[61] Propércio criou uma equivalente, Acanthis, cujas poções poderiam anular as propriedades atrativas de um ímã, fazer a ave-mãe abandonar seus filhotes e até a mulher mais fiel trair seu marido. Ela também detinha o poder de movimentar a lua à sua vontade e de se transformar em um lobo.[62] O equivalente criado por Tibulo, a chamada *saga*, era capaz de realizar as mesmas façanhas com a lua, rios, o clima e os mortos, e (com um encantamento) enganar os olhos: as bruxas romanas inverteram a ordem natural, bem como a religiosa.[63] Apuleio, ele mesmo familiar às acusações de magia, inseriu num romance uma variedade de mulheres praticantes de magia, de diferentes idades e graus de perversidade e poder. Todas são sanguinárias, lascivas ou sacrílegas, e recorrem à magia para conseguir o que desejam: Apuleio observa que as mulheres, como gênero, são contumazes nisso. Sua invenção mais aterrorizante do tipo, Meroe, é capaz de baixar o céu, de impedir que o planeta gire, de derreter montanhas, de apagar as estrelas e de evocar as divindades. Rotineiramente, suas bruxas são capazes de modificar a própria forma, e as de outrem, vertendo em animais.[64] No mesmo período, um personagem mais antigo ocasionalmente sofria a mesma transformação:

acima de tudo Medeia, que poetas e dramaturgos romanos transformaram em um personagem mais sombrio, executando os tipos de ritos noturnos elaborados, voltados aos poderes das trevas, creditados a essas representações da bruxa.[65] O satirista Petrônio atestou a familiaridade do estereótipo da bruxa terrível e poderosa em meados do século I d.C., inserindo-o em seu próprio romance. O anti-herói, necessitado de uma cura para a impotência sexual, a qual ele atribuía à bruxaria, solicita ajuda a uma velha sacerdotisa que se gaba de possuir todos os poderes sobre a natureza atribuídos a Canídia, Erictho, Meroe e semelhantes, mas que mesmo assim vive sob a pobreza e a miséria e se comprova ridiculamente uma charlatã.[66]

É razoável questionar se alguma dessas narrativas se pretendia ser levada a sério à época tal como os primeiros demonologistas modernos levariam mais tarde. Afinal de contas, trata-se de invenções literárias presentes em gêneros equivalentes à fantasia romântica, à ficção gótica, à sátira e à comédia. A grande presença do exagero absurdo se fazia claramente presente. Por outro lado, tais representações — de magia potente operada por mulheres malignas — não teriam sido escolhidas se não ecoassem, em certa medida, os preconceitos e preconcepções do público-alvo. Kimberley Stratton relacionava plausivelmente a aparência delas a uma preocupação com a percepção da licença sexual e da luxúria das mulheres romanas no mesmo período, combinadas a um ideal de castidade feminina como um indicador de estabilidade e ordem social. A imagem da bruxa, a seu ver, surgia como a antítese dessa versão idealizada e politizada do comportamento feminino.[67] Por mais convincente que esse argumento seja, ele ainda precisa levar em consideração a probabilidade de a imagem fluir tão rápida e exuberantemente porque foi plantada em solo fértil para seu desenvolvimento. Afinal, os romanos que a produziam e consumiam tinham a memória histórica de terem executado quase duzentas mulheres em sua cidade, séculos antes, por estas terem desenvolvido deliberadamente uma grande epidemia que ceifou grande quantidade de vidas devido ao uso do *veneficium*. De acordo com a objetividade médica, todas elas seriam inocentadas, portanto, sua sociedade já precisaria estar propensa a crer na capacidade de as mulheres cometerem o delito. Um número desconhecido de mulheres, talvez a maioria, teria estado entre as milhares de vítimas dos julgamentos em massa pelo mesmo crime na década de 180 a.C. Roma, portanto, já carregava o acepção de que mulheres perversas eram agentes de assassinato e da desorganização social que aderiam a meios ocultos. Da mesma forma, embora com consequências muito mais discretas tanto na realidade social quanto na literatura, deve ser digno de nota que, quando os gregos conceberam as personagens divinas ou semidivinas que recorriam a magia perigosa, como Circe e Medeia, elas eram representadas como mulheres. Aparentemente as culturas que definiam a magia como uma atividade ilícita, desonrosa e ímpia, e nas quais as mulheres eram excluídas de boa parte do poder político e social, tais como a grega e a romana (e a hebraica e a mesopotâmica), estavam inclinadas a unir as duas definições em um único estereótipo do Outro ameaçador. No caso de Roma, entretanto, os resultados, tanto práticos quanto literários, foram os mais drásticos.

Não está claro o quanto a crença no "mau-olhado" moderou ou se enredou ao medo da bruxaria em Roma. Os romanos certamente tinham medo. Virgílio descreveu um pastor que culpou "o olho" pelo adoecimento de seu rebanho, enquanto Plínio e Varro escreveram sobre o uso de amuletos para evitar que o mau-olhado atingisse crianças, e Plínio sobre a eficácia de cuspir três vezes para quebrantar seu poder. Plínio e Plutarco discutiram os detalhes dessa crença, e atestavam que se acreditava ser algo exercido tanto deliberada quanto inadvertidamente, e que a disposição para reconhecer este último efeito deveria, teoricamente, reprimir aqueles que culpavam as bruxas pelos prejuízos. Eles também registraram, no entanto, que era considerada uma propriedade especial de estrangeiros, padres e mulheres portadoras de policoria (uma condição rara). Isso não teria afetado a maioria das pessoas suspeitas de bruxaria, então na prática essa crença provavelmente não deve ter causado muitos danos.[68] Mais uma indicação de que os romanos levavam a bruxaria a sério foi que eles se tornaram os primeiros na Europa e no Oriente Próximo, desde os hititas, mais de mil anos antes, a fazer acusações de forma recorrente como arma política. Estas ocorreram nos dois primeiros reinados da primeira dinastia imperial, como característica de suas tentativas de estabelecer sua autoridade e a estabilidade do estado. O primeiro imperador, Augusto, relacionava essa estabilidade à suspeita de realização de magia declarando guerra a todas as tentativas extraoficiais de se prever o futuro, fato este que poderia incentivar as pessoas a se embrenharem em ambições políticas disruptivas. Um decreto emitido no início de seu reinado ordenou a expulsão de todos os *goētes* e *magoi* da cidade, conservando apenas os modelos nativos e tradicionais de consulta aos oráculos das divindades e do mundo natural. Tal medida foi repetida nove vezes nos cem anos subsequentes (confirmando tanto sua importância continuada quanto sua falha de efeito), e conta-se que Augusto ordenou a queima de mais de 2 mil livros de escritos proféticos por pessoas não autorizadas.[69] O imperador seguinte, Tibério, levou um senador proeminente ao suicídio quando este foi investigado por consultar *magi* e astrólogos babilônios, e por tentar convocar espíritos do submundo com "encantamentos". Outro senador importante naquela época também recorreu ao suicídio ao ser acusado de envolvimento na morte do possível herdeiro ao trono, Germânico, por terem sido encontrados escondidos nos arredores da

CAPITULUM .II } .143

moradia do príncipe restos de corpos humanos, de tabuletas de maldição, de cinzas carbonizadas manchadas de sangue e outros instrumentos de magia maligna. Foi alegado que a imperatriz e viúva, Lívia, mãe de Tibério, acusara uma amiga de sua odiada neta-enteada, Agripina, de *veneficia*, enquanto a própria filha de Agripina, que levava seu nome, acusara três rivais de recorrer a magia, uma delas também terminando induzida ao suicídio. Uma mulher da nobreza foi acusada de levar o marido à loucura com "encantamentos e poções". Depois disso, tais acusações desapareceram da alta política, só para reaparecer espetacularmente no século IV, quando mais duas dinastias lutavam para se estabelecer, a Flaviana e a de Valentiniano. Essas acusações parecem ter sido uma característica apenas daquele fenômeno eventual na história romana, a estabilização prolongada de uma nova família imperial.[70]

Resta-nos levar em conta as provas do uso real da magia destrutiva, e o temor diante dela, entre os habitantes do Império Romano. Por sua própria natureza, é algo relativamente esparso, mas existe; e isso mesmo quando excluímos por ora os textos de magia cerimonial complexa, os quais serão abordados em um capítulo posterior. As tabuletas de maldição perduraram na Grécia, sua terra natal original, e se espalharam por boa parte do império.[71] Uma tábua de chumbo com inscrições colocada na tumba de uma mulher em Larzac, no sul da França, alegava a existência de dois grupos rivais de "mulheres dotadas de magia". Uma havia lançado feitiços maliciosos contra a outra ao "furar" ou "espetar" por acaso estatuetas de suas pretensas vítimas, e foi frustrada por contramágica, auxiliada por uma outra "sábia": a pessoa no túmulo pode ter sido uma das supostas vítimas do conflito, ou alguém que triunfou nele, ou a tabuleta pode simplesmente ter sido posicionada na sepultura como parte de um rito aos mortos ou suas divindades.[72] Andrew Wilburn conduziu um estudo das evidências físicas na execução da magia, em especial de maldições, em três locais: nas províncias romanas do Egito, do Chipre e da Espanha respectivamente. Sua conclusão é que a maldição de oponentes ou opressores, muitas vezes recorrendo aos serviços de especialistas, era um aspecto habitual e importante da vida sob o governo imperial, embora não propriamente respeitável.[73] Isso parece substanciar a famosa declaração do erudito e administrador romano Plínio, no século I, de que "ninguém está livre do medo de sucumbir aos efeitos de um feitiço maligno".[74]

Também está evidente que as pessoas identificavam seus entes queridos como vítimas de tais feitiços. Nos anos 20 d.C., a princesa Livia Julia, nora do imperador Tibério, deixou uma inscrição para lamentar a perda de seu filho, o qual ela acreditava ter sido morto ou sequestrado por uma *saga*, uma das palavras romanas para a mulher praticante de magia.[75] Esse é um testemunho vívido de que as acusações de feitiçaria feitas pela família imperial durante aquele reinado não eram meramente produto de um oportunismo político inescrupuloso. Fritz Graf, um dos principais estudiosos da magia grega e romana nas últimas décadas, realizou um estudo sistemático de epitáfios semelhantes àquele encomendado por Livia Julia feitos para a plebe, geralmente jovens que acreditava-se terem sido mortos por magia. Ele encontrou 35 deles, a maioria da metade greco-oriental do império, datados dos séculos II e III. Eles não eram comumente utilizados nas inscrições de tumbas de jovens, o que sugere que a morte prematura geralmente não era atribuída à bruxaria, e que era clamada a vingança divina sobre os agressores, que às vezes eram desconhecidos e às vezes constavam como suspeitos e eram devidamente identificados (as mulheres eram apenas ligeiramente mais comuns do que os homens entre esses suspeitos). Graf sugeriu que essa tática de apelar às divindades evitava a necessidade de acusações oficiais.[76]

Até que ponto isso é verdade, é difícil dizer, dada a ausência de arquivos jurídicos remanescentes do período pagão do império. Mas podemos afirmar com razoabilidade que não houve caçadas e julgamentos em massa, caso contrário, certamente existiriam vestígios nos registros históricos. E é mais difícil ainda julgar se as acusações individuais chegavam aos tribunais e, em caso afirmativo, o nível de seriedade com que eram tratadas. Vez ou outra, alguma é revelada por uma relíquia fortuita remanescente, como o papiro egípcio contendo os registros de uma denúncia de um fazendeiro em Fayum, que denunciou vizinhos ao governo local por uso de magia para roubar suas plantações. O resultado do caso é desconhecido.[77] A explosão apaixonada de Livia Julia pela morte de seu filho incluía um apelo às mães romanas para protegerem seus filhos contra tais feitiços malignos. Só nos resta imaginar se elas precisavam de tal alerta, e se compartilhavam a mesma reação quando seus filhos morriam ou desapareciam, e quais medidas, se é que houve alguma, eram tomadas contra os supostos assassinos.

A DEMÔNIA-NOTURNA

Algumas sociedades em diferentes partes do mundo têm sustentado dois conceitos concorrentes sobre a bruxa, um deles assumindo a forma de um ser teórico, que age à noite e realiza efetivamente proezas sobrenaturais, e outro representando seres humanos genuínos que são suspeitos e acusados de realizar bruxaria no cotidiano. Os Tswana, de Botswana, por exemplo, distinguiam as "bruxas noturnas" dos "feiticeiros diurnos". As primeiras eram supostamente velhas malvadas que se reuniam à noite em pequenos grupos e seguiam pelas propriedades para prejudicar seus habitantes, sempre nuas e com o corpo marcado com cinzas brancas ou sangue humano. Dizia-se que elas eram capazes de atravessar portas trancadas, colocando os ocupantes das casas num sono profundo. Na prática, essas criaturas eram consideradas mais ou menos fictícias, com poucos alegando tê-las visto e muitos se recusando abertamente a acreditar na existência delas. Já os "feiticeiros diurnos" eram membros comuns da tribo que supostamente tentavam prejudicar seus inimigos pessoais com combinações de feitiços e uso de ingredientes físicos. Todos acreditavam na existência deles.[78] No lado oposto do Velho Mundo, nas Ilhas Trobriand, os habitantes falavam sobre mulheres que voavam nuas à noite, mas que eram invisíveis para as vítimas, e que se encontravam nos arrecifes para tramar o mal, e que também removiam órgãos de seres humanos vivos para banquetes canibais, fazendo assim com que suas vítimas fossem tomadas por doenças e fraqueza. Acreditava-se também que determinados membros do sexo masculino da comunidade aprendiam a usar uma combinação de magia, ingredientes naturais e ajudantes do reino animal para infligir doenças e morte às vítimas selecionadas. Estes últimos eram temidos na vida cotidiana, enquanto os primeiros eram considerados responsáveis por grandes catástrofes pontuais, tais como epidemias.[79] Tal sistema dúbio de crenças tem sido bastante comum, embora não onipresente, entre as sociedades que acreditaram na bruxaria.

Os antigos romanos eram um povo atrelado a tal sistema de pensamento e, ao fazê-lo, acabavam por explorar outro aspecto bem difundido da crença humana, a tendência de se associar bruxas a corujas. Afinal de contas, essa família de aves possui cinco características que as pessoas costumam considerar sinistras: hábitos noturnos, movimentos silenciosos, predação, olhar direto e capacidade de girar a cabeça completamente. Nas línguas nativas americanas dos Cherokee e dos Menominee, utiliza-se a mesma palavra para coruja e bruxa, e a crença de que as bruxas poderiam assumir a forma de corujas foi encontrada do Peru até o Alasca. Ainda mais difundida é a ideia de que as corujas, ou humanos em sua forma, eram responsáveis pela onipresente tragédia humana súbita, inesperada e misteriosa do adoecimento e morte de bebês e crianças pequenas. Tal ideia foi identificada entre muitos povos da América do Norte, mas também na África Central e Ocidental e na Malásia.[80] Essa também era uma característica da cultura romana, mas como mero ângulo de um complexo de ideias que abrangia o Oriente Próximo e o Mediterrâneo, o que também nos permite a oportunidade de penetrar no universo do pensamento da Alemanha pagã.

Esse complexo é revelado inicialmente na Mesopotâmia, onde, no início do segundo milênio a.C., as listas de demônios ou espectros compilados nos ritos de purificação e exorcismo incluíam um grupo intimamente relacionado a sete nomes diferentes que partilhavam do componente *lil*. Os quatro primeiros eram mulheres, e os outros três, homens. Aparentemente eram espíritos eróticos que se acoplavam aos humanos em seus sonhos, extenuando-os e atormentando-os. Por volta do primeiro milênio, eles também parecem ter sido considerados perigosos para as parturientes, embora na Mesopotâmia houvesse uma demônia inimiga dos bebês,

CAPITULUM .II } .147

grávidas e recém-mães, com cabeça de leoa e chamada Lamashtu.[81] Um texto fenício sobre exorcismo do século VII a.C. fala de uma *lili* "voadora numa câmara escura", que se encaixaria nesses papéis, e a retrata como uma esfinge alada.[82] Na Bíblia Hebraica, há uma famosa referência a uma *lilith* (em Isaías 34:14), numa lista de seres que assombram uma terra devastada pela ira divina; mas tem sido sugerido que, do mesmo modo que as outras criaturas na lista são animais selvagens genuínos, a *lilith* aqui pode significar uma ave noturna, muito provavelmente, a "coruja estridente" da tradução do Rei Jaime.[83] Se assim for, a conexão linguística entre demônios noturnos ou fantasmas malévolos e um pássaro noturno é um tanto sugestiva do que está por vir.

Uma coisa distintamente romana sobre a *strix* era sua relação com a bruxaria [...] elas eram metamorfos, capazes de se transformar em animais para viajar ao exterior.

Tais demônios ou fantasmas representam a continuidade mais intensa e convincente entre o sistema de crenças da antiga Mesopotâmia e o das bacias de encantamento moldadas na mesma região entre (provavelmente) 400 e 800 d.C. Foi mencionado que 90% dos feitiços de proteção registrados nelas eram voltados para demônios, em vez de humanos, e cerca de metade deles constavam "liliths" e *lilin*. As primeiras eram do sexo feminino e preservavam o caráter dúbio dos espíritos *lil-* mais antigos, como o hábito de visitar os homens em sonhos eróticos e de colocar as mulheres em perigo, por exemplo, as virgens, durante a menstruação e a concepção, gravidez e parto, juntamente a seus filhos: isto se dava porque uma "lilith" se considerava a verdadeira amante do homem, o qual ela via como sua presa sexual. Sendo assim, tratava a esposa humana e os filhos dele com um ciúme mortífero. O *lilin* masculino trazia sonhos eróticos para as mulheres. Um desenho e algumas inscrições dão pistas sobre a aparência de uma *lilith*, como uma jovem nua com longos cabelos despenteados e seios e genitais salientes: em sua sexualidade agressiva e obscena, e seu estado selvagem e desleixado, era a antítese das comportadas esposas ou filhas judias da época. Às vezes, a mesma figura é mencionada nas bacias como um ser único, Lilith, que também aparece em textos do Talmude, os quais concordam quanto aos seus cabelos compridos, sendo que um deles também lhe atribui asas. Em um texto judaico do século VIII, o Alfabeto de Ben Sirá, Lilith repentinamente deu um salto quântico em sua persona mitológica, ganhando uma história pregressa como a primeira esposa de Adão e sendo integrada à Bíblia Hebraica. Ela estava prestes a se tornar o demônio mais temido do judaísmo e uma das grandes representações do mundo ocidental.[84]

Os gregos falavam de vários demônios infanticidas que circulavam à noite, chamados (no singular) *mormō*, *mormoluke*, *gellō* e *lamia*, que eram, assim como na Mesopotâmia, também perigosos para mulheres jovens, às vésperas do casamento, parturientes ou recém-paridas. Além disso, os *lamiai* eram considerados predadores de homens jovens, a quem provocavam sexualmente antes de devorá-los. A maioria — ao estilo grego — foi transformada em personalidades com seus próprios mitos, nos quais geralmente se apresentavam como mulheres humanas mortas prematuramente ou que tinham perdido seus filhos de maneira trágica.[85] Sua semelhança com os espíritos da Mesopotâmia pode ser resultado de transferência direta, já que o Lamashtu pode ser o original do *lamia*, e um tipo de demônio mesopotâmico chamado *galla* pode estar por trás do *gellō*, embora isso não tenha sido comprovado conclusivamente.[86] São os romanos, no entanto, os mais importantes para a presente investigação, pois a criatura mais comumente mencionada em seus horrores de infanticídio era a *strix* (forma plural *striges* ou *strigae*), figura que eles repassaram aos gregos nos últimos séculos a.C. O que era distinto sobre a *strix* era que, enquanto os monstros gregos tinham a aparência de humanos feios ou serpentes, ela se assemelhava muito a uma coruja, ou (em menor extensão) a um morcego, sendo uma criatura alada e com garras que fazia seus voos à noite e grasnava de maneira medonha e estridente. A semelhança era tamanha que os romanos às vezes pareciam usar o mesmo termo para uma espécie de coruja estridente.[87] As ações e o papel da *strix* variavam de narrador para narrador, mas todos concordavam que era um mau presságio. Para alguns, era uma criatura de mau agouro, um prenúncio de guerra civil e internacional, que pendia de cabeça para baixo. Sua principal função, no entanto, era atacar criancinhas à noite, enfraquecendo-as ou matando-as ao se alimentar de seu sangue, de sua força vital ou de seus órgãos internos. Quando uma vítima falecia, a criatura podia comer o cadáver. Ao contrário dos monstros infanticidas do leste, a *strix* parece não ter nenhuma relação inerente com a sexualidade. O aspirante a cientista Plínio não tinha certeza se as *striges* eram criaturas genuínas ou fictícias, enquanto o poeta Horácio zombava da crença nelas; e, de fato, elas aparecem em praticamente todas as obras da literatura imaginativa, mas não em códigos de leis ou histórias. Por outro lado, no século VII d.C., João Damasceno ainda observava que as pessoas comuns de sua época, apesar dos ensinamentos do cristianismo, ainda acreditavam em fantasmas e *striges*, os quais adentravam furtivamente em casas trancadas e estrangulavam as crianças durante o sono.

Uma coisa distintamente romana sobre a *strix* era sua relação com a bruxaria, a qual era baseada em um predicado das bruxas romanas, mencionado anteriormente, que não era compartilhada por suas contrapartes do Oriente Próximo e do Oriente Médio: elas eram metamorfos, capazes de se transformar em animais para viajar ao exterior. Isso abria a possibilidade de que *striges* fossem, na verdade, bruxas temporariamente transformadas. As Dipsas de Ovídio possuíam, além de todos os seus poderes, o poder de voar à noite, revestidas de penas. Em outra obra, Ovídio deixava em aberto se as *striges* eram aves de fato ou idosas transformadas em pássaros por feitiços.[88] Por volta do século I d.C., o gramático Sexto Pompeu Festo definia o termo *strigae* simplesmente como "a denominação conferida a mulheres praticantes de magia, as quais também são chamadas mulheres voadoras".[89] Consequentemente, os romancistas se aproveitaram da ideia, já que tanto Lucian (ou alguém que escrevia como ele) quanto Apuleio têm relatos sobre uma mulher que se despe, esfrega todo o corpo com unguento enquanto cumpre ritos particulares, e então se transforma em uma coruja e voa por uma janela rumo à noite.[90] Como em todas as situações, ela sai em busca de um amante, e é uma mulher altamente sexuada em seu auge, que gosta de homens jovens e é inclinada a destruir aqueles que a rejeitarem. Tal imagem fornece o elo entre as *striges* e a sexualidade predatória antes ausente, e assim as encaixa mais nitidamente no padrão mais amplo de crença em tais figuras que se estende até a Mesopotâmia. Apuleio, de fato, reduziu ainda mais as distinções ao se referir duas vezes a uma de suas bruxas humanas como uma *lamia*.[91]

Esse complexo de crenças em evolução também pode fornecer uma chave para desvendar a postura perante a bruxaria das tribos germânicas pagãs que viveram ao norte do Império Romano, invadindo-o a partir do final do século IV em diante para conquistar sua metade ocidental e estabelecer seus reinos sucessores.[92] Para fazê-lo, é preciso ir muito além da fronteira convencional entre o antigo e o medieval, e analisar alguns textos mais tardios que lançam luz sobre as crenças anteriores. Um dos passos dados durante a formação desses reinos sucessores germânicos geralmente era a proclamação de um código de lei em latim, ou seja, à maneira romana e na língua romana. O texto mais antigo remanescente, e possivelmente o primeiro a ser emitido, é aquele do rei Clóvis dos Francos, para a parte norte de seu reino, que mais tarde viria a ser a França, em 507-11. É, portanto, o menos romanizado e, como foi criado apenas algumas décadas depois de os francos aceitarem o cristianismo, retém muitos ecos da cultura pagã. Duas de suas cláusulas aparentemente abordam a magia ruim. Uma delas prescreve uma multa altíssima a qualquer um que cometesse *maleficia* contra outra pessoa, ou que matasse usando uma poção: ambos os atos provavelmente eram considerados mágicos nesse caso, pois estão nos códigos romanos copiados. O outro impõe a mesma penalidade pesada a uma *stria* que "come" uma pessoa. Esta é uma versão da palavra *strix* e sugere uma crença nativa em uma mulher errante noturna que consome a vida de uma pessoa magicamente. Duas outras cláusulas fornecem mais informações. Uma multa que deve ser aplicada a qualquer pessoa que acusar outrem falsamente de ser um *herburgius*, e glosa o termo como "aquele que carrega um caldeirão no qual as *striae* cozinham". Isso sugere que se acreditava que as mulheres noturnas em questão se reuniam para cozinhar e comer a gordura ou os órgãos extraídos de suas vítimas, uma tradição também identificada em partes da África. Uma multa ainda mais vultosa era aplicada a qualquer um que chamasse falsamente uma mulher livre de *stria*, nitidamente um insulto muito sério.[93] Outras tribos germânicas temiam a mesma figura. O código de leis dos Alamanos, do início

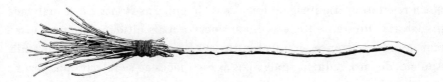

do século VII, determinavam multas para uma mulher que chamasse outra de *stria*.[94] No mesmo período, o rei lombardo Rotário multava qualquer pessoa que insultasse de *striga* ou *masca* uma jovem que estivesse sob sua tutoria, presumivelmente às vezes para botar as mãos na herança da moça; o segundo termo, "mascarado", poderia ser outra palavra para o mesmo ser, ou para um mágico que fizesse o mal furtivamente. Outra multa era imposta a qualquer um que matasse a lacaia ou escrava de outrem por essa ser uma *striga* ou *masca*, "pois de forma alguma as mentes cristãs devem acreditar que uma mulher é capaz de devorar um ser humano vivo por dentro".[95] Em 789, Carlos Magno, o primeiro soberano do Império Sacro Romano a emergir dos povos germânicos, informou aos saxões recentemente conquistados, que estavam passando por uma conversão forçada ao cristianismo, que "Se alguém, enganado pelo Diabo, acredita, como é costume entre os pagãos, que qualquer homem ou mulher seja uma *striga*, e que devore homens e, que em função disso, queime essa pessoa até a morte ou coma sua carne, a pena será a execução".[96]

Pode-se observar que os reinos sucessores adotaram a postura dos eruditos romanos: que seres como a *strix* provavelmente não existiam. Os próprios códigos, entretanto, são um testemunho de que na época pagã todas as classes da sociedade germânica acreditavam nelas. Essa era uma diferença expressiva em relação à posição romana e, além disso, enquanto a *strix* romana era principalmente um perigo para as crianças, a equivalente germânica supostamente atacava pessoas de todas as idades. Tal crença continuou como uma tradição popular persistente até boa parte da Idade Média.[97] Por volta do ano 1000, o monge suíço Notker Labeo comentou que, enquanto se dizia que tribos estrangeiras selvagens praticavam o canibalismo, "aqui em casa" dizem que bruxas fazem a mesma coisa.[98] Logo depois, Burcardo de Worms prescreveu um castigo pela crença entre as mulheres de que enquanto seus corpos estavam em suas camas à noite, elas poderiam sair como espíritos e atravessar portas fechadas para se unir a outras mulheres com as mesmas habilidades. Elas então juntar-se-iam para matar pessoas e cozinhar e comer seus órgãos, restaurando-os a uma vida breve e débil ao substituir as partes removidas por palha ou réplicas de madeira. Ele considerava tal crença uma ilusão maliciosa.[99] No início do século XIII, Gervase de Tilbury rejeitou, considerando mero produto de alucinações, uma tradição encontrada na Alemanha e na França, de que as mulheres conhecidas como *lamiae*, *mascae* ou *striae* voavam por grandes distâncias durante a noite para entrar nas casas de suas vítimas, dissolvendo seus ossos dentro de seus corpos, sugando seu sangue e roubando seus bebês.[100]

Fontes mais antigas podem ajudar a reconstruir mais do contexto cultural no qual tais ideias desempenharam um papel. Uma sucessão de autores romanos relatou que os germânicos atribuíam poderes especiais às mulheres, como adivinhas e profetisas. Júlio César soube que um exército germânico deixou de atacá-lo como era esperado, porque as "matronas" daquela organização declararam que a batalha seria desventurada caso travada antes da chegada da lua cheia seguinte: César acrescentou que era costume tais mulheres tomarem tais decisões por meio de "poções e adivinhação".[101] No século seguinte, o historiador romano Tácito relatou que os germânicos consideravam as mulheres "dotadas de algo celestial", o que lhes conferia o poder de ver o futuro, e que várias de suas profetisas mais famosas eram veneradas quase como deusas.[102] Uma sucessão de tais figuras é registrada dentre as tribos e reinos germânicos por outros historiadores da Antiguidade e do início da Idade Média, fazendo com que o folclorista do século XIX, Jacob Grimm, sugerisse que a antiga cultura germânica investira nas mulheres com poderes inerentes mais do que nos homens, tanto para a adivinhação quanto para a magia em geral — fato que certamente se encaixaria no temor das mulheres noturnas comedoras de carne.

Mas esse cenário carece da noção de como a magia boa e má, em geral, era concebida e classificada entre os povos germânicos pagãos. Da mesma forma, há pouquíssima informação sobre como a magia e seus praticantes eram classificados, combatidos e evitados entre as pessoas comuns no Império Romano pagão. Temos alguns imagens notáveis a respeito de determinados tipos, os quais são muito importantes e permitem algumas conclusões, no entanto, grandes áreas de conhecimento relevantes ainda estão ausentes.

CAPITULUM .II } .153

BRUXAS EM TODOS OS CANTOS:
A epitome dos estudos

A partir de todos os dados acima, pode-se argumentar que, quando a magia é o assunto sob escrutínio, o antigo mundo europeu pode de fato ser dividido em diferentes regiões, com posturas e tradições contrastantes. Os egípcios não faziam distinção entre religião e magia, não distinguiam os demônios como uma classe de seres sobrenaturais e não tinham o conceito da figura da bruxa. Os mesopotâmicos temiam tanto demônios quanto bruxas, e os persas combinaram esse temor com uma divisão do cosmos em poderes do bem e do mal. Os hititas inseriram o conceito na alta vida política, e os hebreus o combinaram com a crença em uma única divindade bondosa com um único culto admissível. Os gregos (ou pelo menos alguns deles) faziam distinção entre religião e magia, em detrimento desta e de alguns de seus praticantes, mas não pareciam ter uma ideia da bruxaria. Os romanos faziam a mesma distinção e a acompanhavam com um conceito vívido, tanto de bruxaria quanto das bruxas, o qual se estendia à criminalização das muitas formas de magia. Já os germânicos temiam uma seita mítica de bruxas noturnas voadoras e canibais, que se projetavam na vida real, e nos processos criminais, uma mitologia muito mais difundida — encontrada até a Mesopotâmia — sobre demônias noturnas.

É possível tirar uma conclusão simples e crua de tudo isso: que os julgamentos das bruxas no início da era moderna derivaram, em última análise, do fato de que o cristianismo ocidental conseguia misturar a crença mesopotâmica em demônios e bruxas, a persa em um dualismo cósmico absoluto, a hebraica um em uma única divindade verdadeira, zelosa e, em última instância, todo-poderosa, a grega, em disputa entre religião e magia, a romana, com sua crença em bruxas e (talvez) a necessidade de caça às bruxas em épocas de necessidade especial, e a germânica, com seus canibais humanos assassinos noturnos e voadores, em sua maioria ou totalidade mulheres. Haveria alguma verdade em tal ideia, mas seria ignorar toda uma gama de complicações e sutilezas necessárias para se explicar por que os julgamentos do início da era moderna demoraram tanto para ocorrer após o triunfo do cristianismo em boa parte da Europa, por que foram relativamente de curta duração e por que ocorreram naquela época e naqueles locais. Em vez disso, as tradições antigas desempenharam um papel importante na formação das crenças europeias na bruxaria de formas mais complexas e sutis, e por um longo período de tempo: e esse processo será o assunto da maior parte do restante deste livro.

CAPITULUM .II } .155

CAPITULUM .III   } p.159

SAGRADO:
TRANSE XAMÂNICO
SACRIS: STUPORE MENTIS SPIRITUALIS

O termo "xamanismo" é totalmente criado pelo academicismo ocidental, e dependente, em todas as suas utilizações públicas atuais, das definições que tal modelo acadêmico fez dele. Sua utilidade na linguagem cotidiana, acadêmica e popular deve-se, em grande, parte ao fato de tais definições serem tão diversas ao ponto de não mais representarem uma classificação: nas palavras de um especialista, Graham Harvey, elas são mais um "campo semântico".[1] O termo em si foi cunhado por autores alemães no século XVIII e desde então continuou a se desenvolver e a expandir seus significados. Muito embora os antropólogos tenham fornecido boa parte do material para o estudo, eles muitas vezes foram cautelosos para com ele desde meados do século xx, devido à sua imprecisão, e o termo foi adotado com mais liberdade nas disciplinas de religião comparada, de história da religião e de estudos religiosos, e por alguns historiadores, arqueólogos, especialistas em literatura e psicólogos, além de ter grande aceitação não acadêmica. Em sua utilização mais ampla, o termo é adotado para descrever qualquer indivíduo ao qual se credita, ou que propriamente afirma, se comunicar regularmente com os espíritos, conforme definido no início deste livro. Mais frequentemente, a terminologia é aplicada às técnicas de um indivíduo que se comunica com regularidade com espíritos em uma sociedade não ocidental tradicional, e que o faz para o benefício de outros membros da comunidade. E há o acordo comum ainda mais frequente de que tal indivíduo que aparentemente se comunica com espíritos o faz em um estado alterado de consciência, mais comumente descrito como um transe. Muitas vezes, requer-se refinamento ulterior para atender à definição do xamanismo, tal como a habilidade de sempre controlar os espíritos ao invés de ser controlado por eles; ou de enviar o próprio espírito da pessoa para outros mundos, abandonando o corpo temporariamente; ou o uso de uma performance dramática para fazer o contato necessário com os espíritos. No extremo mais restrito do campo semântico, estão aqueles que limitariam o termo às técnicas específicas de tais figuras na Sibéria nativa e partes vizinhas da Eurásia, uma vez que é derivado da palavra "xamã", usada para tais povos em um dos grupos linguísticos da Sibéria, os Tungus. Alguns autores de fato a empregam para significar todo o sistema religioso dos habitantes desta região.[3] Não há chance de qualquer um desses usos da expressão ser objetivamente considerado mais legítimo do que os outros: na prática, os autores acadêmicos e não acadêmicos escolhem um ou outro de acordo com a conveniência para sua argumentação. Nesse caso, a torre de marfim do academicismo se transformou numa Torre de Babel.

O xamanismo, e o problema de suas definições, se tornou uma questão no estudo da bruxaria moderna devido ao trabalho de um dos historiadores mais famosos da Itália, Carlo Ginzburg. Entre as décadas de 1960 e 1980, ele desenvolveu uma abordagem baseada originalmente na descoberta de uma tradição moderna no distrito de Friuli, no nordeste de seu país, envolvendo um povo chamado *benandanti*, os "andantes do bem". Eles afirmavam que à noite, quando seus corpos adormeciam ou entravam em algum tipo de transe, seus espíritos saíam para a batalha contra os espíritos das bruxas, pelo bem-estar da comunidade. Ele notou imediatamente que tal ideia correspondia a algumas das atividades associadas aos xamãs, e detectou outras tradições de figuras semelhantes em locais que abrangem toda a extensão da Europa Oriental. Então sugeriu que ambos derivavam de um corpo comum de ideias antigas, que em algum momento abrangeram a Eurásia, e que as reminiscências dessas ideias ajudaram a criar o estereótipo moderno do sabbath das bruxas. Ele estava ciente da dificuldade em caracterizar o xamanismo, por isso o fez falando de "elementos de origem xamanística que já estavam enraizados na cultura popular, como o voo mágico e a metamorfose animal": em outras palavras, o povo como os *benandanti* não necessariamente praticava o xamanismo, mas se baseava em velhas práticas derivadas dele ou semelhantes a ele.[4] A compreensão de Carlo Ginzburg sobre o que o xamanismo deveria ser nutria semelhança impressionante com a percepção dominante no período em que suas ideias estavam se desenvolvendo. Houve uma muito particular, articulada por Mircea Eliade,

um refugiado romeno que se estabeleceu nos Estados Unidos e se tornou uma das principais autoridades em história da religião: na década de 1970, metade de todos os professores catedráticos norte-americanos nessa disciplina eram seus alunos.[5] Ele também foi o estudioso ocidental do xamanismo mais influente em meados do século XX, definindo-o como uma tradição universal e muito antiga por meio da qual uma elite de mágicos guerreiros enviava suas almas e o pelotão de espíritos que eles controlavam para lutar contra o forças do mal a fim de garantir o bem de suas comunidades.[6] A aparente relevância desse modelo para os *benandanti* de Ginzburg deveria ser óbvia, e o próprio Eliade a percebeu e comentou, propondo que fosse estendido a outros personagens encontrados nas culturas folclóricas do sudeste europeu.[7]

> **Acreditava-se [que os Taltos eram] dotados de poderes mágicos voltados a ajudar os outros, às vezes durante um transe ou sonho, e também atuando em batalhas espirituais com poderes malignos.**

Ele recebeu apoio de estudiosos húngaros para uma associação entre tipos específicos de mágicos populares europeus e xamãs. O povo húngaro, os Magiares, havia migrado para oeste em sua pátria atual, partindo das estepes da Eurásia no início da Idade Média, e falava uma língua da mesma família (urálica), como algumas das línguas adotadas pelos povos siberianos ocidentais que praticavam o xamanismo clássico. Em meados do século XX, alguns húngaros perceberam uma similaridade entre os xamãs e uma figura da própria sociedade, os *táltos*, que acreditava-se serem dotados de poderes mágicos voltados a ajudar os outros, às vezes durante um transe ou sonho, e também atuando em batalhas espirituais com poderes malignos.[8] Nas décadas de 1980 e 1990, dois desses estudiosos se tornaram especialmente ativos e influentes na busca de tais paralelos e seguindo as sugestões de Ginzburg: o historiador Gábor Klaniczay e a folclorista Éva Pócs. Juntos, eles ampliaram

o fato de que os diferentes povos do sudeste da Europa possuíam uma gama de fornecedores da magia boa, sob diferentes alcunhas, e que supostamente possuíam o dom de enviar seus espíritos pela noite para fazer o bem a terceiros, muitas vezes lutando contra forças destrutivas.[9] Ambos foram tão cautelosos na equação destas com os xamãs quanto Ginzburg. Para Klaniczay, as semelhanças consistiam somente em "elementos xamanísticos", enquanto Pócs afirmava categoricamente que os mágicos e profetas europeus em questão "não podem ser vistos como xamãs no sentido mais estrito da palavra". Eles só podiam de fato ser descritos como "xamanísticos", embora ela ainda acreditasse que fossem "vestígios de um xamanismo agrário europeu" praticado em um passado pré-histórico, conforme proposto por Ginzburg.[10] Na década de 2000, ela também reconheceu que os próprios livros de Carlo Ginzburg deram "grandes saltos espaciais e temporais sem evidências suficientes", embora continuassem a representar uma influência importante para ela. Ela viera a crer na época que a definição de xamanismo era supergeneralizada e também que personagens como os *benandanti* deveriam ser mais relacionadas aos cultos europeus e ao Oriente Médio do que aos xamãs siberianos. No entanto, ela persistiu em aceitar a ideia de um "substrato xamanístico europeu", embora reconhecesse ter se tornado controverso. Klaniczay fora ainda mais cauteloso, alertando contra a reunião de temas remotos e talvez incompatíveis para construir um "substrato" tão hipotético, e enfatizando que as imagens do sabbath das bruxas continuavam a ser reinventadas conforme o início da era moderna progredia. O próprio Ginzburg reconheceu, por volta da década de 2000, que possivelmente tenha subestimado as complexidades do relacionamento entre os diferentes componentes de seu complexo "xamanístico", e que o xamanismo pode ser nada mais que análogo às tradições mágicas da Europa.[11]

Até então, no entanto, a associação entre a magia europeia e o xamanismo tinha sido entusiasticamente adotada por um dos principais historiadores dos julgamentos de bruxas alemães, Wolfgang Behringer, em seu preciso estudo de caso sobre a acusação de um mágico popular dos Alpes bávaros em 1586. O sujeito afirmava ter adquirido seus poderes de curandeiro e descobridor de bruxas durante longas viagens noturnas, nas quais sua alma abandonava seu corpo para acompanhar um séquito de espíritos noturnos ou um anjo. Behringer não hesitou em apelidá-lo de "Xamã de Oberstdorf".[12] Ao mesmo tempo, a associação foi submetida a consistentes rejeições críticas por parte de um estudioso dos julgamentos de bruxas igualmente notável, o dinamarquês Gustav Henningsen, especialista na Europa escandinava e mediterrânea. Ele propunha que os *benandanti* e figuras semelhantes no sudeste da Europa se diferiam dos xamãs "clássicos" siberianos em quatro aspectos essenciais: eles não controlavam seus transes; geralmente ficavam a sós ao entrar no transe e só encontravam outros humanos no decorrer de suas viagens da alma; eles não ocupavam posição pública; e normalmente, na verdade, sequer entravam em transe, pois em vez disso eles sonhavam com suas viagens durante o sono. Ele sugeria que esse grupo fosse colocado em uma categoria separada do xamanismo, ou mesmo de qualquer outro tipo de atividade, sob qualquer denominação, que dependia aparentemente da separação da alma ou espírito do corpo em uma proeza pública. Ele defendia que tal categoria consistia em experiências particulares e passivas de aparente viagem da alma, sustentadas principalmente durante o sono e os sonhos.¹³ Enquanto isso, especialistas em julgamentos de bruxas na Europa ocidental, principalmente aqueles do mundo anglófono, até recentemente tendiam a considerar todo esse debate irrelevante para suas preocupações, muito em parte devido à aparente ausência em suas nações de figuras equivalentes aos *benandanti* e a seus paralelos húngaros e balcânicos.¹⁴

Está razoavelmente claro que a total carência de uma definição consensual sobre o xamanismo torna impossível decidir objetivamente até que ponto o termo é aplicável aos mágicos europeus que se acreditava serem capazes de viajar com suas almas durante o transe ou sonho: alguns usos da terminologia certamente os compreendem, e outros, evidentemente, não. E é igualmente óbvio que existem semelhanças entre eles e os xamãs "clássicos" da Sibéria, e também algumas diferenças, e até que ponto elas determinam se o primeiro é análogo ao último deve outrossim ser uma questão para a opinião subjetiva. No entanto, um estudo como o presente não pode se esquivar da questão. Se a preocupação é com as variações regionais entre as crenças sobre a figura da bruxa e sua relevância para os primeiros julgamentos modernos, então deve-se haver um esforço como parte do processo para concluir se houve ou não um xamanismo antigo generalizado na Europa, ou uma província xamânica durante os tempos históricos. Para tornar isso possível, a dúvida sobre definição deve ser enfrentada de pronto.¹⁵ Ao fazê-lo, o trabalho de fornecer uma contextualização global sobre crenças da bruxaria europeia, largamente conduzida no primeiro capítulo deste livro, pode dar-se como concluído.

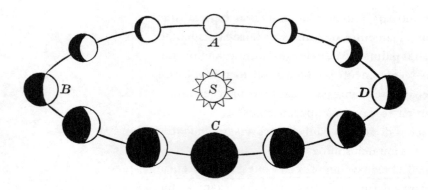

ESTABELECENDO A TERMINOLOGIA

Éva Pócs, ao se intrigar com o problema sobre a terminologia, observou perceptivelmente que a experiência visionária extática é "difundida, lugar-comum e não específica à cultura", e como tal, foi flagrada em toda a Europa medieval e no início da Modernidade, entre a elite e o plebe, e em contextos religiosos e leigos.[16] Alguns exemplos de culturas muito diferentes no mundo europeu e mediterrâneo podem servir para esclarecer a questão. No final do século VIII, um historiador do reino lombardo, recordando um monarca que reinou duzentos anos antes, disse que se acreditava que este tinha o poder de liberar seu espírito pela boca enquanto dormia, na forma de uma pequenina serpente. Assumindo tal forma, seu espírito realizava proezas como detectar tesouros enterrados.[17] Na década de 1180, o clérigo Gerald de Gales observou em seu país de origem a existência de indivíduos conhecidos coletivamente como *awenyddion* ou pessoas inspiradas. Quando consultados por clientes ávidos por saber se deveriam ou não empreender uma aventura, os *awenyddion* aparentemente eram possuídos por espíritos, e aí rugiam violentamente e balbuciavam de forma aparentemente despropositada, mas dali geralmente era possível concluir uma resposta à pergunta de seu consulente. Ao final, era preciso sacudi-los com força para interromper o transe e não preservar nenhuma lembrança do que fora dito. Eles alegavam ter adquirido sua habilidade em sonhos e como resultado de profunda piedade cristã, pois invocavam a Santíssima Trindade e os santos antes de realizarem suas profecias. Gerald encontrou analogias em relação a eles nos oráculos pagãos do mundo antigo e nos profetas hebreus bíblicos.[18] Pouco mais de quatro séculos depois, em 1591, um escocês chamado John Fian alegou ser capaz de "deitar por duas ou três horas, morto, e assim se permitir ser carregado e transportado... por todo o mundo". Ele estava confessando (sob tortura) ter lidado com o Diabo, e pode ser que estivesse revogando a tentação de Cristo, conforme registrado na Bíblia, mas também poderia estar descrevendo uma experiência de êxtase.[19] Em 1665, o sábio judeu Nathan de Gaza entrou num estado alterado induzido pelo cântico de hinos de seus pupilos, no qual ele dançava antes de cair subitamente e deitar como se estivesse morto, com poucos resquícios de respiração. Nesse estado, ele falava, com uma voz diferente da sua original, entoando as palavras de uma entidade divina. Ele aprendera a técnica em

O xamanismo fornece um termo genérico conveniente para se referir a contatos diretos com mundos espirituais por especialistas em outras áreas que não a consciência normal.

manuais de instrução em hebraico redigidos no século XVI.[20] Também em meados do século XVII, um frade, Marco Bandini, descreveu uma classe específica de mágicos populares na província balcânica da Moldávia, então regido pelos turcos otomanos. Eles professavam, assim como os artífices da magia em toda a Europa, serem capazes de curar, de adivinhar o futuro e de encontrar bens roubados, mas o faziam tendo ataques e aí caindo no chão para então ficarem imóveis por até quatro horas. Ao recuperar a consciência, eles entrariam em novo paroxismo, e então emergiriam para revelar as visões recebidas, as quais forneceriam o que seus clientes necessitavam. Não se sabe se eles realizavam tais performances em particular ou diante de outras pessoas.[21]

CAPITULUM .III } .167

Todas essas pessoas, ao entrarem em estados alterados de consciência nos quais contatavam espíritos, enviavam seus próprios espíritos para fora do corpo ou obtinham visões, se encaixam facilmente na definição de xamanismo em algumas de suas formulações mais comumente adotadas. Há valor, portanto, em comparações transculturais e de vários períodos que revelam padrões comuns na experiência e no comportamento humanos. O reconhecimento e a compreensão desses padrões podem, por sua vez, auxiliar na análise de fenômenos específicos, como o comportamento em relação à bruxaria e à magia em determinados lugares e épocas. Definições sem preocupações com detalhes e inclusivas de xamanismo poderiam, portanto, servir genuinamente a um historiador, só que também apresentam problemas. Um deles é que a categoria de estados alterados de consciência pode abranger tipos de experiência marcadamente diferentes, tais como transe, sonho, alucinação, ilusão, demência e devaneio (sendo cada um deles uma categoria destacada), e as fontes pré-modernas podem tornar essa distinção muito difícil, mesmo porque os pré-modernos só faziam tal distinção às vezes. Agrupar todos como xamanismo, ou comportamento "xamanístico", não ajuda em nada para amenizar tal dificuldade. Certamente é importante discutir o que as sociedades humanas tradicionais têm em comum, e o xamanismo fornece um termo genérico conveniente para se referir a contatos diretos com mundos espirituais por especialistas em outras áreas que não a consciência normal. O perigo é que essa generalização acabe banalizada. Todas as sociedades humanas até o século XVIII acreditavam que precisavam lidar com espíritos; o que é importante nisso é a variedade de maneiras com que se reagia a tal crença. Uma linguagem niveladora e universalizante pode nos privar de nossas melhores hipóteses de explicar padrões variados no registro histórico e — como o maior objetivo de um historiador — de elucidar por que determinadas mudanças aconteceram em determinados locais e em determinadas épocas. Outro problema é que de modo algum fica óbvio que estudos de caso esparsos, tais como aqueles mencionados acima, representem a sobrevivência de um "substrato" arcaico generalizado do xamanismo, em oposição a experiências e técnicas possíveis na maioria das sociedades na maioria das épocas e que são aspectos da atividade visionária não específica da cultura observada por Éva Pócs. Se os xamãs são definidos como especialistas em se comunicar com um mundo espiritual em nome de outrem, então não

há dúvida de que eles tenham existido na Europa antiga, pois toda sociedade tradicional teve tais especialistas; por esse motivo, tal definição não pode, por si só, oferecer potencial para revelar algo muito interessante sobre os europeus antigos especificamente. A definição um pouco mais rígida, dos especialistas que realizam essa comunicação em um estado alterado de consciência, não é muito mais útil, porque parece que a maioria dos seres humanos que afirmam ou são apontados por terem feito contato direto com espíritos (incluindo divindades), parecem fazê-lo em tal estado, e na história europeia foi feito sob os nomes de sibilas, oráculos, videntes, profetas, visionários, santos e místicos. A pesquisa por xamãs é, como consequência, essencialmente uma busca por indivíduos que realizaram tal contato de maneiras perceptivelmente diferentes de todos esses personagens, e o problema fundamental da busca por um "substrato" deles na Europa pré-histórica é que tal fenômeno só pode ser demonstrado a partir de evidências históricas. Em outras palavras, só pode ser demonstrado se as práticas que sobreviveram ao longo da história puderem ser comprovadas como resquícios de uma tradição mais antiga e universal, porque a evidência material por si só (que é tudo o que a pré-história nos deixa) não pode testemunhar em prol da natureza da crença ou ação ritual. Como a única prova de que tais práticas históricas foram remanescentes de uma tradição pré-histórica seria o conhecimento direto sobre as crenças e práticas na pré-história (o que é impossível), a investigação começa a andar em círculos.

Certamente é possível tentar discernir dos vestígios pré--históricos europeus traços legítimos de atividades ou crenças associadas ao que os antropólogos intitulavam xamanismo entre os povos tradicionais do mundo não europeu. Isso inclui posturas funerárias incomuns, ou artigos mortuários ou ornamentos pessoais; temas particulares na arte ou arquitetura; instrumentos musicais; representações da figura humana dançando ou na companhia de animais; possíveis vestígios do consumo de substâncias que alteram o estado mental; e vários outros fenômenos.²² A lista de possíveis evidências é, no entanto, tão longa, e as evidências em si são tão ambivalentes, que a busca acaba se revelando infrutífera. Cada trecho dos dados pode ser interpretado de maneiras completamente desconectadas do xamanismo, qualquer que seja sua definição, e, embora muitos desses dados ambivalentes possam ser localizados em todos os períodos da pré-história europeia, empilhá--los não ajuda em nada na solução dessa dificuldade ubíqua. Até agora pelo menos, a arqueologia só tem oferecido um testemunho seguro da natureza do comportamento ritual ao lidar com sociedades nas quais a evidência material é compatível com os textos.²³ A saída desse complexo de dificuldades escolhido aqui é retornar ao básico e questionar o que foi que incitou os europeus a adotarem a palavra "xamã", e a partir dela inventarem "xamanismo", e a achar qualquer uma delas tão interessante. Os europeus dos séculos XVIII e XIX estavam familiarizados com um mundo de espiritualidade tradicional, no qual a maioria das pessoas habitava pequenas comunidades rurais, era intimidada pelas forças da natureza, temia e negociava com as entidades que delegavam de tais forças, e tinha especialistas locais para essa negociata. Eles também estavam familiarizados com estados de transe e visões extáticas. O que encontraram na Sibéria lhes pareceu tão novo e singular que tiveram de adotar uma palavra nativa para seus praticantes, a fim de distingui-los de sacerdotes, bruxas, curandeiros, oráculos, druidas, profetas, videntes, visionários ou quaisquer outros praticantes espirituais já familiares à cultura europeia. Ao estabelecer o que era aquela propriedade alienígena, é possível definir com precisão o que foi a essência do xamanismo para as pessoas que o identificaram pela primeira vez, e a partir daí determinar se essa essência estava de fato presente em qualquer lugar da Europa histórica.

CAPITULUM .III } .171

} XAMANISMO
} CLÁSSICO

O que impressionou (e por via de regra chocou e horrorizou) os europeus que entraram na Sibéria entre o século XVI e o início do século XX foi a conduta com a qual os especialistas entre seus nativos contatavam os mundos espirituais para salvaguardar o bem-estar de suas sociedades: por meio da dramática performance pública, a qual comumente incluía música, poesia lírica, cânticos ou dança, ou qualquer combinação destes. Era uma peça dramática impressionante que prendia a atenção e envolvia os sentidos e a imaginação do público. Em essência, isto posto, o xamanismo foi originalmente definido como uma "técnica de rito" especial, e considerada totalmente estranha aos olhos europeus, que por sua vez também estavam cientes da não existência de nenhum outro paralelo legítimo — seja ele contemporâneo ou histórico — dentro de suas próprias sociedades.[24] A natureza dessa técnica e de seus praticantes pode ser resumida como veremos a seguir.

Os xamãs da Sibéria raramente estavam no centro da vida social ou religiosa, visto que geralmente não eram os líderes políticos dos grupos ou os indivíduos responsáveis por realizar os ritos regulares em louvor das divindades. O xamanismo também não era uma instituição social solitária, já que os praticantes podiam servir apenas à própria família, ou a seus vizinhos ou parentes também, ou a um clã ou tribo, ou aceitar qualquer cliente. Sua função mais comum e difundida consistia na cura, expulsando ou apaziguando os espíritos que se acreditava serem os causadores de doenças; e, de fato, o tratamento dos enfermos é uma função importante dos artífices da magia em todo o mundo. A função seguinte mais importante realizada pelo xamã siberiano era a adivinhação, mais um aspecto globalmente importante da magia; e na Sibéria, poderia vir na forma de clarividência, para rastrear bens perdidos ou roubados, ou como profecia, para aconselhar as pessoas sobre a melhor forma de se preparar para atividades como caça, pesca ou migração. Além desses dois grandes papéis, havia outros considerados importantes apenas em algumas regiões, como conduzir as almas dos recém-falecidos à terra dos mortos; ou restaurar as defesas psíquicas da comunidade e lançar contra-ataques mágicos aos inimigos; ou negociar com espíritos ou divindades que eles acreditavam serem responsáveis por controlar o suprimento local de animais de caça; ou conduzir ritos especiais de sacrifício.

Para realizar qualquer uma dessas tarefas, geralmente os xamãs trabalhavam junto a espíritos, como parte de uma visão de mundo que dividia o universo misterioso em entidades naturalmente hostis aos humanos e aquelas que ou eram benevolentes ou podiam ser compelidas a servir às necessidades humanas. Tal atuação ocorria no contexto de cosmologias locais, as quais tendiam a possuir três crenças em comum: que mesmo objetos aparentemente inanimados eram habitados por formas espirituais; que o cosmos era dividido em diferentes níveis ou mundos empilhados entre os quais era possível viajar (em espírito, em vez de forma física); e que os seres vivos tinham mais de uma alma ou força insufladora da vida. Em toda a Sibéria, acreditava-se que, para realizar boa parte de seu trabalho, os xamãs dependiam dos poderes excepcionais de seus ajudantes espirituais, que geralmente se dizia tomarem a forma de animais. Isso provavelmente tinha uma razão prática: dotava os espíritos-subordinados de formas móveis que os capacitava para atravessar diferentes ambientes e enfrentar diferentes desafios com a maior velocidade possível. A natureza dos animais em questão era altamente individual e pessoal, variando de xamã para xamã, e a maioria deles criava suas combinações de diferentes

O xamanismo foi originalmente definido como uma "técnica de rito" especial, e considerada totalmente estranha aos olhos europeus, que por sua vez também estavam cientes da não existência de nenhum outro paralelo legítimo — seja ele contemporâneo ou histórico — dentro de suas próprias sociedades.

espécies, escolhendo-as ou recebendo-as de uma gama muito ampla. Alguns povos acreditavam que cada xamã era auxiliado por um ou dois espíritos em especial, os quais faziam o papel de dublês espirituais. A capacidade de evocar tais entidades livremente geralmente fazia com que um xamã siberiano não necessitasse se transformar em um animal fisicamente, ou de enviar a própria alma em tal forma; embora o assunto pudesse ser confundido pela já mencionada acima crença central da Sibéria nos animais dublês-espirituais, aos quais o espírito de um xamã poderia se fundir. Entretanto, parece não haver vestígio em toda a Sibéria de um xamã que tenha transformado seu próprio corpo no de um animal no mundo físico, como se pensava que faziam as bruxas romanas (por exemplo). É por isso que parece incorreta a hipótese sobre a capacidade de os humanos se transformarem em animais como um sinal do xamanismo. A relação entre o xamã e os ajudantes espirituais variava muito na Sibéria, abrangendo amplos espectros de medo e afeição, e de associação voluntária e coerção. Alguns xamãs estavam muito nitidamente no controle absoluto de seus assistentes invisíveis, enquanto outros estavam com igual clareza servindo aos desejos deles.

A aprendizagem de um xamã siberiano geralmente era dividida em três fases. A primeira consistia na descoberta de uma vocação para o xamanismo. Normalmente era algo hereditário, mas tal princípio era fortemente condicionado ao fato de que, teoricamente, os espíritos envolvidos tinham de consentir com a transferência para um novo possuidor, e eles muitas vezes escolhiam indivíduos sem antepassados xamãs, especialmente se aqueles que tivessem tais antepassados não lhe soassem tão talentosos. Em algumas regiões, pensava-se que eles chegavam espontaneamente a um novo xamã no ato da morte do antigo, e a chegada era marcada pelo acometimento de uma doença física ou mental na nova pessoa a recebê-lo. Uma vez feita a conexão com os espíritos, o aprendiz de xamã tinha de ser treinado, por um veterano e pelos espíritos em si, por meio de uma série de visões e sonhos frequentemente aterrorizantes. A fase final de

maturação consistia na aceitação como um praticante qualificado realizada pelos xamãs existentes e pelos clientes. Todos esses três estágios de desenvolvimento variaram enormemente em sua forma na Sibéria, e nenhum modelo pode ser considerado normativo; e pode-se fazer ainda menos generalização no que diz respeito às relações entre os xamãs e as comunidades humanas que eles serviam, ou mesmo entre diferentes xamãs.

Universalmente, os xamãs siberianos se apresentavam com algum traje ou equipamento ritual, o que os distinguia visualmente de outros da comunidade. Na maior parte da região, eles utilizavam um tipo especial de vestimenta, e nas áreas centrais, a peça geralmente era ornamentada, consistindo em uma toga pesadamente decorada e um enfeite de cabeça elaborado. Na maioria das regiões periféricas, entretanto, o traje cerimonial era vestigial ou ausente, embora o xamanismo fosse igualmente importante. O emprego de instrumentos ou objetos particulares era menos especializado, e destes, de longe, o mais difundido era o tambor, cuja batida geralmente desempenhava um papel importante na performance. Não obstante, em alguns lugares a percussão era substituída por instrumentos de corda e, entre as regiões do sul, o principal acessório xamânico era um cajado ou, às vezes, um chocalho. A principal característica dos xamãs para os observadores europeus, sua técnica de rito, naturalmente também variava em seu estilo, embora geralmente fosse dramática e exigisse consideráveis habilidades performáticas. Consistia basicamente na convocação de espíritos e na guiagem ou persuasão deles para realizar tarefas específicas, por meio de um processo composto possivelmente por canto, dança, cânticos, execução de música (geralmente percussão) e declamação. Alguns dos ritos xamânicos eram para o benefício geral das comunidades, e outros, para auxílio individual. Os xamãs frequentemente recorriam a assistentes, e quase com a mesma frequência era esperado que o público nas apresentações contribuísse entoando cânticos ou cantando refrãos: assim, a técnica do rito xamânico era muitas vezes grupal e liderada pelo xamã. Os xamãs siberianos eram em sua maioria homens, mas as mulheres constituíam uma minoria considerável na maioria das regiões e provavelmente predominavam em uma delas (na foz do vale do rio Amur), e serviam como xamãs em toda a Sibéria: na verdade, o papel lhes dava uma oportunidade única de exercer influência e poder públicos em suas sociedades nativas. Dois xamãs, no entanto, não necessariamente atuavam exatamente da mesma forma, ainda que na mesma comunidade ou família. Alguns induziam a uma atmosfera de brandura, melancolia e reflexão, enquanto outros eram observadores, ameaçadores, maníacos e amedrontadores. Alguns aparentemente enviavam as próprias almas a viagens para concluir a tarefa necessária, enquanto outros recebiam espíritos em seus corpos e eram possuídos, e aí se tornavam porta-vozes para eles à maneira clássica do médium espírita, e ainda outros mantinham diálogo externo com as entidades convocadas, extraindo informações delas. Alguns permaneciam conscientes e ativos durante toda a performance, enquanto outros caíam e ficavam imóveis e aparentemente inconscientes durante o auge do evento.

Pode ser por isso que Mircea Eliade tenha escolhido equivocadamente a jornada espiritual pessoal como a façanha definitiva do verdadeiro xamã, e sua preocupação em distinguir o xamanismo da mediunidade espiritual passiva foi desnecessária. O xamanismo desse tipo foi encontrado em toda a vasta região da Sibéria e nas regiões vizinhas da Ásia Central e em partes do sul da Ásia. Também foi encontrado nas regiões árticas e subárticas do

Alasca e Canadá, nos arredores da Groenlândia, com o estreito de Bering, entre a Ásia e a América do Norte, não representando nenhuma barreira à comunicação entre os povos de ambos os lados. Quanto à sua extensão a outras partes do mundo, como o Leste Asiático, o Oriente Médio, o restante das Américas, a África e a Austrália, é uma questão de prolongada controvérsia entre os especialistas, uma resolução que sempre tropeça na ausência de definições aceitas do xamanismo. Felizmente, não é uma preocupação aqui, onde o foco está firmemente na Europa. O que pode ser enfatizado é que ao passo que a crença na figura da bruxa, embora disseminada globalmente, formava uma colcha de retalhos na maioria das regiões — com os povos que temiam as bruxas fervorosamente entremeados por aqueles que não as consideravam um problema relevante ou que não acreditavam nelas de modo algum — a província xamânica do norte da Ásia e da América do Norte forma uma massa compacta que cobre a Sibéria e o ártico e subártico canadenses. Mas por mais nebulosos que seus limites possam ser ao sul dessa região de concentração, devido ao problema de definição, dentro dessa área, todos os povos nativos tinham o xamanismo do tipo clássico descrito acima.

O relacionamento entre os dois sistemas de crenças, no xamã e na bruxa, assumiu forma surpreendentemente diferente em ambos os lados do estreito de Bering. Na maior parte da Sibéria, conforme já foi observado, a figura da bruxa era completamente ausente, já que todo infortúnio misterioso era atribuído a espíritos hostis no mundo natural, ou a alguns espíritos normalmente benevolentes ou inofensivos que porventura os humanos tivessem ofendido, ou vez ou outra ainda a xamãs trabalhando para clãs inimigos, que por sua vez enviavam seus espíritos para infligir danos, como numa guerra invisível. Em alguns povos do nordeste da região, foram encontradas algumas ligeiras qualificações para tal regra. Os Koryak acreditavam que alguns indivíduos tinham o poder de sugar a vida e a boa sorte de seus vizinhos, mas isso era considerado algo inato e involuntário, sendo assim, eles não eram considerados possuídos por espíritos malignos. Eles eram, portanto, evitados, em vez de persegui-dos.[25] Já entre os Sakha, um povo turco que migrara do sudoeste para a Sibéria, era aceito que alguns xamãs podiam se tornar indivíduos maus e atacar secretamente as pessoas e propriedades vizinhas. Nesses casos, os

A principal característica dos xamãs para os observadores europeus, sua técnica de rito, naturalmente também variava em seu estilo, embora geralmente fosse dramática e exigisse consideráveis habilidades performáticas.

culpados podiam ser punidos, mas aparentemente eram tratados como delinquentes em vez de personificações genuínas do mal, e a penalidade padrão era uma multa.[26] Em contraste, muitos dos povos da América do Norte ártica e subártica que possuíam xamãs do tipo siberiano também temiam e caçavam bruxas; e lá, os xamãs usavam seus poderes para detectar e desmascarar supostos praticantes de bruxaria à maneira dos artífices da magia em todo o mundo, incluindo os da Europa. Isso é válido em todo o norte do Novo Mundo, desde o povo Tlingit do Alasca aos Esquimós da Groenlândia.[27]

É preciso apontar mais um aspecto nesse retrato do xamanismo "clássico" da Sibéria: que ele foi montado a partir da seleção de determinadas características dos membros de frequentemente complexos grupos de especialistas mágico-religiosos locais. Assim, por exemplo, um estudo sobre o povo Sakha dividiu os especialistas entre eles em *oyun*, ou homem que atuava com espíritos em um transe por meio de uma performance pública, e a *udaghan*, seu equivalente feminino; o *körbüöchhü*, ou adivinho; o *otohut*, ou curandeiro; o *iicheen*, ou "pessoa sábia"; e o *tüülleekh kihi*, ou intérprete de sonhos.[28] O trabalho deles manifestamente se justapunha, de modo que não é possível distingui-los de forma absoluta. Para o estudioso interessado no xamanismo, o *oyun* e o *udaghan* são as personas correspondentes a essa categoria, mas para o antropólogo interessado no mundo espiritual dos Sakha, todos são importantes; e em toda a Sibéria, os indivíduos identificados como xamãs frequentemente se envolviam em outros tipos de magia também, como o uso de substâncias simbólicas naturais e encantamentos. Ao fazer comparações entre a Europa e a Sibéria, essa complexidade se revela um fator importante entre as próprias sociedades europeias. Os artífices da magia que apareceram nos primeiros julgamentos das bruxas húngaras modernas incluíam não apenas os *táltos*, o guerreiro espiritual já mencionado, mas a "mulher curandeira", a "mulher médica", a "mulher das ervas", a "mulher erudita", a "parteira", a "vidente", a "fabricante de leitos", a "difamadora" e a "mulher sábia". Nem nos parece que muitos destes termos poderiam ser usados como opção para o mesmo tipo de função: a "mulher erudita" e a "mulher médica" tinham maior status social do que as outras, e a maioria delas geralmente podia ser distinguida por seus métodos.[29] Equivalentes encontrados em registros finlandeses entre os séculos XVII e XIX eram liderados pelo *tietäjä*, que era o de mais alto grau e geralmente do gênero masculino, e o *noita*, que era menos respeitado, menos confiavelmente benevolente e principalmente do gênero feminino, mas havia também outros cinco tipos de mágicos de status inferior, cada um com sua própria nomenclatura.[30]

É fácil ver por que os estudiosos preocupados com a compreensão de como os conceitos de magia e feitiçaria funcionavam em grupos humanos específicos podem soar apreensivos em relação a comparações culturais cruzadas feitas a partir da concentração em personagens e características específicos sem referência aos contextos locais nos quais estão

CAPITULUM .III } .179

incorporados. No entanto, sem tal exercício, tais comparações dificilmente podem ser realizadas, e parecem ter algum grau de validade. No caso do debate histórico citado no início deste capítulo, agora deveria estar imediatamente nítido por que alguns dos participantes deveriam ter visto similaridades entre os xamãs siberianos e tipos específicos de mágicos populares no início da era moderna e no sudeste da Europa moderna. Também deveria estar visível, não obstante, por que Gustav Henningsen depositou mais ênfase nas diferenças, e sua visão pode ser comprovada mais adiante pelos meios os quais algumas das comparações positivas foram feitas. Por exemplo, considerava-se que os *táltos* húngaros tinham as seguintes características em comum com o xamã siberiano: nascidos com uma característica física distinta (como dentes ou um osso a mais); uma experiência iniciatória na infância (uma doença convulsiva, um período misterioso de desaparecimento ou um sonho visionário); a aquisição de poderes incomuns (como o desaparecimento ao bel-prazer, a mudança de forma para um animal ou o duelo contra inimigos durante um voo espiritual); e o uso de artefatos especiais (como ornamento de cabeça, tambor ou peneira). O primeiro deles, entretanto, raramente é encontrado na Sibéria, e isso também é válido para os dois primeiros dos três poderes incomuns mencionados. O que falta na Hungria é a performance xamânica distinta e muitas referências à atuação com espíritos. Além disso, as características dos *táltos* acima listadas como expressivas não aparecem juntas nas descrições de indivíduos reais: ao contrário, elas foram construídas a partir de diferentes fragmentos do folclore (principalmente o moderno) para criar um tipo ideal. Nos relatos anteriores, características siberianas, tais como os artefatos especiais, parecem mais raras ou ausentes.[31] Por esta razão, os *táltos*, os *benandanti* e outros servidores semelhantes do sudeste da Europa não podem ser facilmente aceitos aqui como parte de uma província xamânica eurasiana histórica, e a dúvida distinta, se eles afinal eram sobreviventes de uma província antiga, não pode ser solucionada. O que pode ser empreendido mais prontamente é uma solução para a dúvida se quaisquer figuras inequivocamente semelhantes aos xamãs siberianos podem ser identificadas na Europa durante um período em que os registros sobrevivem, e o lugar lógico para buscá-las é nas regiões mais próximas da Sibéria propriamente dita: na Rússia e no norte ártico e subártico.

UMA PROVÍNCIA XAMÂNICA EUROPEIA

Um ponto óbvio para dar início a tal investigação é entre os povos do norte pertencentes ao grupo linguístico e étnico dos urálicos, que se estende pelos montes Urais que separam a Sibéria da Rússia, e também inclui os Magiares como um componente isolado. Os membros desse grupo que vivem na Sibéria ocidental têm praticado o xamanismo clássico do tipo siberiano universal, sendo assim, o que se passa com àqueles do lado oposto das montanhas, na Rússia propriamente dita: os Mordovianos, os Cheremis, os Chuvaches e os Votyaks? Aqui, a informação disponível parece derivar principalmente das coletâneas de folclore do século XIX. Os Mordovianos tinham pessoal especializado em se comunicar com os mortos, e anciães que vestiam túnicas brancas em festivais para abençoar a comida. Os Cheremis tinham adivinhos que lançavam grãos de feijão e faziam clarividência na água, e os Chuvaches, povo que realizava cura com ervas, faziam adivinhações e recitava feitiços para banir doenças. Nada disso se assemelha muito a um xamã siberiano, e a maioria não é diferente dos modelos de magia popular encontradas em todo o restante da Europa. Os Votyaks, no entanto (um povo também conhecido como Udmurtes ou Chuds), tinham um personagem chamado *tuno*, que fazia adivinhações, curava doenças e descobria bens roubados ou perdidos, fosse por oração ou por rituais em transe. Às vezes, o estado de transe era alcançado por meio de uma dança com uma espada e um chicote ao som de um saltério, até que ele chegasse ao ponto de berrar as respostas às perguntas durante o delírio. A vocação era majoritariamente hereditária, embora indivíduos talentosos pudessem segui-la sem tal qualificação, e os novatos eram instruídos à noite pelos espíritos. Isso soa próximo o suficiente do xamanismo siberiano para sugerirmos que trata-se de uma ramificação.[32] Há também uma referência medieval isolada a uma prática semelhante entre os mesmos povos no ano de 1071 na Crônica Primária Russa (Crônica de Nestor), escrita em 1377, baseada em uma obra original do início do século XII, que por sua vez é oriundo de material ainda mais antigo. As crônicas contam como um homem da cidade de Novgorod (a principal da Rússia) viveu entre os Votyaks. Ele pagou para conhecer seu futuro com um mágico tribal, que incorporou espíritos para fornecer as respostas, que vieram a ele enquanto deitado em transe dentro de seu domicílio.[33]

O grande paralelo europeu para o xamanismo siberiano foi, no entanto, localizado precisamente onde, talvez, seria mais lógico procurá-lo, ou seja, no ártico e subártico, onde mais ou menos se completa a província xamânica circumpolar que se estende pela Sibéria, América do Norte e Groenlândia. Foi detectado entre o povo Sámi ou Lapão, um povo urálico adepto da caça, pesca e pastoreio que ocupa as regiões do norte da Finlândia, Escandinávia e Rússia e, anteriormente, estendia seu alcance até a parte central da península escandinava e mais além, no topo da Rússia. O primeiro registro de xamanismo entre eles ocorre no século XII, no manuscrito *História da Noruega*, que descreveu os Sámi como um povo com indivíduos que afirmavam serem capazes de adivinhar o futuro, atrair coisas desejadas de grandes distâncias geográficas, curar e encontrar tesouros escondidos, com o auxílio de espíritos. O texto incluía um relatório de comerciantes nórdicos relatando como seus anfitriões Sámi atribuíram a morte natural repentina de uma mulher ao roubo de sua alma por espíritos enviados por inimigos. Então um mágico se enfiou sob uma tenda e pegou um tambor ou pandeiro pintado com figuras de feras, sapatos e um navio, os quais representavam formas de locomoção para o espírito que o auxiliava. Ele então se pôs a tocar, a entoar cânticos e dançar, até que ele mesmo morreu repentinamente, supostamente porque seu espírito-dublê havia sido morto em uma batalha contra os espíritos dos inimigos. Outro mágico então foi consultado, e realizou o mesmo rito, desta vez com sucesso, pois sobreviveu e ressuscitou a mulher.[34] Em todos os detalhes, esta poderia ser a descrição da atuação de um xamã siberiano, e não é de se admirar, se eles usaram a técnica clássica e dramática do

Os encantamentos, assim como as canções de muitos xamãs siberianos, descreviam a topografia dos mundos espirituais.

rito xamânico, que os mágicos Sámi tenham se tornado famosos por suas proezas entre os nórdicos medievais. Isso contribuiu para sua reputação de detentores de poderes misteriosos, pois enquanto os outros povos escandinavos tinham se convertido ao cristianismo por volta do ano 1000, os Sámi permaneceram pagãos por mais de meio milênio. Na literatura nórdica antiga, exemplos específicos de magia executada por eles mais uma vez atestam a importância do transe extático em seu modus operandi. A obra do século XIII, *The Vatnsdalers' Saga*, apresenta um grupo de três deles sendo contratados por chefes nórdicos para rastrear um amuleto desaparecido, com eles se fechando em uma moradia por três dias e três noites enquanto seus espíritos vagam pela região, sendo bem-sucedidos na empreitada.[35] A magia dos Sámi também aparece como um fenômeno distinto, exótico e potente em outras sagas, embora nenhuma dessas fontes literárias retrate

CAPITULUM .III } .183

as performances do rito siberiano na relação com elas.[36] O que continuou a fascinar outros europeus foi a afamada capacidade que eles tinham de liberar o espírito do mágico para vagar livremente pelo mundo. Quando o alemão Cornelius Agrippa escreveu seu principal estudo de magia cerimonial no início do século XVI, ele discutiu essa habilidade fazendo referência aos sábios gregos e comentou que, em sua época, ela ainda era flagrada entre muitos na "Noruega e na Lapônia".[37] A expressão "bruxas da Lapônia" se tornou comum na literatura inglesa do início da era moderna para se referir a mágicos especialmente poderosos, sendo encontrada em Shakespeare, Milton, Defoe e Swift, além de autores menos conhecidos.[38]

Entre os próprios Sámi, foi gerado um novo conjunto de informações sobre suas práticas mágicas no século XVII e no início do século XVIII, quando as monarquias da Dinamarca e da Suécia, que tinham dividido o norte da Escandinávia e a Finlândia entre si, colocaram a população nativa sob governo direto. Como parte do processo, os mágicos dos Sámi às vezes eram acusados de bruxaria, e também apanhados no processo mais generalizado de conversão forçada do povo ao cristianismo. Isso gerou descrições mais detalhadas de suas práticas, mesmo quando as práticas em si foram varridas do mapa. Os principais praticantes de magia eram chamados *noaidis* ou *noaidies*, e tentavam fazer adivinhações, influenciar o clima e curar. A maioria era do gênero masculino, e normalmente o ritual envolvia transe profundo, nos quais eles ficavam imóveis enquanto seus espíritos abandonavam seus corpos para atuar junto aos espíritos auxiliares, e estes frequentemente assumiam a forma animal. Às vezes, os espíritos duelavam entre si pela supremacia, e o perdedor adoecia ou morria. Seu principal equipamento era um tambor, geralmente pintado com símbolos, e pelo menos em algumas ocasiões seus rituais assumiam a forma de performances públicas teatrais. Em algumas, eles chegavam a ter assistentes vestidos com trajes especiais.[39]

Tudo isso soa como um xamanismo siberiano absolutamente clássico. É verdade que os dados não são tão bons quanto o desejado. Todas essas fontes do início da era moderna parecem ser de segunda mão, e aparentemente não há nenhum relato de testemunha ocular da atuação de um *noaidi* entre eles. Os tambores sobrevivem em grande número, mas não há provas de que fossem usados para induzir o transe, como na Sibéria, embora a magia certamente se desse pelo entoar de cânticos ou de canções durante a percussão. Ainda assim, os detalhes das descrições têm sido suficientes para a maioria dos estudiosos do assunto, desde o século XIX até o presente, para descrever os *noaidi* como xamãs.[40] Recentemente, no entanto, um importante especialista em julgamentos de bruxas no norte da Noruega, Rune Blix Hagen, tem contestado a tradição, observando que nenhum dos testemunhos dos próprios *noaidi* fala sobre a liberação de suas almas de seus corpos; fato que ele considera (na tradição de Eliade) como a habilidade crucial de um xamã.[41] Sendo assim, ele sugeriu que o rótulo de xamanismo fosse retirado dos Sámi, ou que a categoria de xamanismo fosse ampliada para além da questão do voo dos espíritos. Pode ser sugerido aqui que esta última conduta é de longe a mais adequada, já que a ênfase em liberar um espírito de um corpo humano como a marca do xamanismo é majoritariamente o legado do trabalho de Eliade que não corresponde, conforme afirmado acima, aos registros da prática siberiana efetiva. O *noaidi* é claramente retratado pelos registros de julgamentos utilizados pelo próprio Hagen como a adoção do toque do tambor para contatar espíritos com o intuito de ajudar outros humanos, numa performance pública teatral, e isso é suficiente para se adequar ao modelo siberiano.[42] Além do mais, não obstante, a cadeia de relatos detalhados por forasteiros sobre as atuações

dos mágicos Sámi do século XII ao século XVIII são tão surpreendentemente semelhantes às dos xamãs siberianos que, se não representam a realidade, isto em si já é uma anomalia notável o suficiente para exigir explicação.[43]

Uma forma de xamanismo do tipo siberiano também foi encontrada entre os vizinhos dos Sámi, ao sudeste de sua região: os finlandeses, outro povo urálico. Era centralizado na figura mencionada acima, o *tietäjä*, que aparece tanto nos registros de julgamentos do início da era moderna quanto no folclore moderno. Tais povos lidavam com as mesmas necessidades humanas que os *noaidi*, que eram de fato as preocupações dos artífices da magia em toda a Europa, e o faziam entrando em estados alterados nos quais enviavam auxiliares espirituais em formas de humanos ou animais para lutar contra espíritos malignos. Esse estado às vezes consistia de sonho ou embriaguez, mas principalmente de exaltação ou raiva frenética, acompanhado por cânticos ou cantigas, e alcançado na frente de clientes e às vezes até mesmo de um público maior. Seus encantamentos, assim como as canções de muitos xamãs siberianos, descreviam a topografia dos mundos espirituais.[44] Anna-Leena Siikala, uma das especialistas nesses personagens da era recente, afirmava que era "universalmente aceito" que eles fossem descendentes de xamãs; na verdade, aqueles que tinham todas as características delineadas acima poderiam ser descritos muito precisamente como os que continuavam a praticá-la, já que na comparação com o modelo siberiano ocorre apenas a ausência de artefatos especiais.[45] O nórdico medieval se referia aos Sámi e aos finlandeses indistintamente como "Finnar", e se ambos tivessem a técnica do rito xamânico, é fácil ver por que mantinham tal reputação de autoridade mágica entre outros europeus do norte. Os marujos britânicos e americanos modernos ainda acreditavam que os "finlandeses" eram magos de um poder assustador, especialmente no que dizia respeito ao clima.[46]

UMA PROVÍNCIA SUB-XAMÂNICA EUROPEIA

Por consequência, agora pode ser proposto que a província xamânica "clássica" da Sibéria possuía uma extensão na Europa que cruzava partes do norte da Rússia até a Finlândia e o norte da Escandinávia. O que pode ser perguntado a seguir é se isso produziu algum tipo de condição indefinida na qual características xamânicas da prática mágica foram combinadas àquelas mais familiares na maior parte do continente europeu. Aqui, uma resposta tem sido oferecida repetidamente desde o século XIX: que elementos do xamanismo foram encontrados entre os nórdicos medievais, vizinhos dos Sámi e finlandeses, principalmente na prática específica conhecida entre os nórdicos como *seiðr*. Isto, no entanto, tem sido controverso na maior parte do tempo em que tem sido afirmado, portanto o debate continua até o presente. Em 2002, como parte de um trabalho extenso e um tanto admirado sobre a espiritualidade Viking, o qual uniu evidências textuais e arqueológicas, Neil Price argumentou que muitos aspectos de seu ritual eram de natureza "fundamentalmente xamanística". Ele também concluiu que as videntes da literatura nórdica medieval se assemelhavam exatamente aos xamãs da região circumpolar, e que o *seiðr* era um sistema de crenças "xamânico".[47] Em outro estudo importante publicado sete anos depois, Clive Tolley replicou que praticamente todas as fontes nas quais tais ideias se apoiam são obras de ficção imaginativa produzidas muito depois do fim da era pagã Viking e, portanto, tão completamente duvidosas como evidência para suas crenças e práticas. Ele também estava preocupado que os elementos aparentes do xamanismo em representações do *seiðr* e de outra magia nórdica pudessem ter derivado de outros sistemas de crenças e contextos culturais. Entretanto, ele consentiu que os retratos literários deviam refletir conceitos do que provavelmente existia, e que tais conceitos teriam, em parte, derivado da tradição; e ele concluiu que a "evidência, todavia, apoia a probabilidade de haver *alguns* rituais e crenças de natureza amplamente xamânica".[48]

O presente estudo tem a vantagem de poder evitar toda a questão da confiabilidade das fontes e das práticas dos escandinavos da Era Viking, pois se concentra nas representações e crenças relativas à magia e à feitiçaria. Em outras palavras, se os nórdicos medievais concebiam as práticas mágicas de determinada maneira, então não é muito relevante para as necessidades deste livro o fato de aparentemente não podermos dizer se elas eram mesmo praticadas. O fato de os retratos terem assumido uma forma em vez de outra já tem sua devida importância. É claro que os autores de sagas e romances nórdicos medievais frequentemente adotavam o termo *seiðr* para designar magia, porém sem entrar em detalhes quanto à sua natureza, mas também tinham uma tradição particular a respeito: como forma de adivinhação, praticada principalmente por mulheres que entravam em transe sobre um trono elevado em uma plataforma. Tais pessoas muitas vezes perambulavam pelos distritos, sendo acolhidas pelos proprietários rurais locais, os quais buscavam seus serviços para encontrar respostas para problemas ou para saber sobre seu futuro ou o de seus familiares. A descrição mais elaborada e famosa de um deles, na *Saga de Erik, o Ruivo*, diz

.188

respeito a Thorbjorg, uma vidente da Groenlândia que usava trajes elaborados e decorativos constituídos de manto, capuz, cinto, sapatos, cajado e bolsa (para amuletos). Um séquito de mulheres sentava-se à volta dela na plataforma cerimonial, e uma delas entoava encantamentos para chamar seus espíritos, para que assim ela pudesse oferecer respostas às perguntas que lhe eram feitas. Ela foi a mais famosa e longeva de nove irmãs com o mesmo dom.[49] Tudo isso — a vocação hereditária, a visita ao lar, os trajes, os assistentes, o praticante sereno e o chamado aos espíritos — guarda um paralelo na Sibéria: é a clássica performance xamânica. O único elemento faltante na Sibéria é a plataforma, e às vezes um assento ou estrutura especial é encontrado lá. A *Saga de Arrow Odd* mostra fazendeiros convidando a suas casas uma mulher de aspecto análogo para fazer previsões do futuro e do tempo; ela viaja com um séquito de trinta jovens, homens e mulheres, para realizar um grande encantamento em torno dela durante a performace.[50] A *Saga de Frithiof* conta sobre duas *seiðkonur* (mulheres que conhecem *seiðr*) contratadas para afogar no mar alguns inimigos de seu tesoureiro. Elas "se postaram na plataforma com seus encantos e feitiços" e enviaram seus espíritos para cavalgar uma baleia e criar uma tempestade. A pretensa vítima, no entanto, viu as silhuetas sobre a baleia e navegou até elas, atingindo-as. A baleia mergulhou e desapareceu, e seus corpos caíram mortos da plataforma, com suas espinhas quebradas.[51] Isso associa *seiðr* a outro truque xamânico, o qual envia o espírito do xamã, em colaboração a um animal, a fim de conquistar um objetivo. Na *Saga de Gongu-Hrolf*, doze homens são pagos para usar o *seiðr* para matar um par de vítimas, e instalam um estrado alto em uma casa em uma floresta para fazê-lo, gerando um grande estrondo com seus feitiços.[52] A *Saga de Hrolf Kraki* fala de um rei que contrata uma profetisa para localizar dois rivais escondidos; ela sobe em uma plataforma alta, boceja profundamente (talvez para receber espíritos) e recita versos para revelar as informações necessárias. Mais tarde na história, uma rainha se acomoda em uma plataforma *seiðr*, e, talvez incorporada por um espírito subordinado, envia um enorme javali para se juntar a uma batalha contra guerreiros inimigos, e também parece fazer os mortos entre seus seguidores reviverem para renovar a batalha.[53]

Às vezes, tais características xamânicas são encontradas em histórias sem qualquer conexão explícita com o *seiðr*. Um caso famoso na *Saga de Hrolf Kraki* diz respeito a um guerreiro que fica sentado, imóvel, ao lado de uma

CAPITULUM .III } .189

batalha enquanto um enorme urso (ou contendo seu espírito ou um que foi evocado por ele) ataca o inimigo com grande eficácia; o urso desaparece quando seu corpo sofre intervenção externa.[54] Acredita-se que o deus Oðinn costumava enviar seu espírito para percorrer o mundo em uma variedade de formas animais enquanto seu corpo jazia adormecido ou morto.[55] Um mago da *Saga de Howard, o Manco* enviou seu espírito na forma de uma raposa para espiar um salão cheio de inimigos. Sua forma animal foi colocada à prova num combate contra espadas, mas pereceu ao ter a garganta mordida.[56] Um homem na *Saga Vatnsdalers* era capaz de tornar seus amigos invulneráveis em uma batalha caso ficasse imóvel perto deles (provavelmente enviando seu espírito para auxiliá-los).[57] Outra forma de magia nórdica muito citada, a ùtiseta, "sentar-se ao ar livre", aparentemente consistia em sentar-se em um lugar especial ao ar livre à noite e ficar à espera, talvez em estado de transe, para ver o futuro ou atrair alguma outra sabedoria: como isso também é encontrado (proibido) nas leis nórdicas medievais, certamente acreditava--se que fosse praticado.[58] O cajado, que se apresenta como um importante acessório de Thorbjorg, aparece como uma ferramenta mágica importante na tradição da saga em geral. Na *Saga Laxdaela*, os ossos de uma mulher são encontrados enterrados no terreno de uma igreja, com um grande "cajado de *seiðr*". O local é identificado como o túmulo de um mago pagão do mal.[59] A *Saga dos Irmãos Juramentados* tem duas mulheres que eram capazes de enviar seus espíritos para espiar a região à noite, cada uma montando um cajado mágico, enquanto seus corpos dormiam.[60]

Em uma bela discussão sobre a posição do cajado nessa literatura, Neil Price observa que ele era usado para adivinhação pelo povo Chukchi, da Sibéria; mas o paralelo é ainda mais próximo do que isso, pois depois do tambor, era a peça mais comum dos artefatos xamânicos entre os siberianos.[61] No entanto, nenhum dos exemplos citados acima, exceto pelos quatro primeiros, que ilustram o *seiðr*, equivale à técnica completa do rito siberiano (e Sámi e finlandês). Em vez disso, eles representam aspectos dessa técnica flagrados sem constar todo o conjunto, assim como elementos do *seiðr* às vezes aparecem nas histórias sem todo o pacote dessa tradição, tais como as mulheres que vagavam pela terra para predizer o futuro ou a mulher que se acomodava num trono durante um banquete para fazer suas previsões.[62] A plataforma de ritual é às vezes usada por um mágico ou por

.190

grupos de mágicos simplesmente para enviar feitiços ou maldições.[63] Em determinado conto, uma rainha "libera seu espírito" para trazer animais ferozes para lutar por ela.[64]

A ideia de que as pessoas podem liberar o espírito de seus corpos em uma performance xamânica para vagar pelos mundos espirituais vai se combinando pouco a pouco ao mencionado acima, em que seu espírito circula na forma de um animal fisicamente sólido pelo mundo humano, enquanto o corpo permanece em casa. É um pequeno passo daí para a mudança de forma totalmente direta, na qual um corpo humano se transforma no de um animal enquanto mantém a mente humana, que por sua vez não é um dos traços do xamanismo siberiano. Na *Saga de Kormák*, uma mulher mágica se transforma em uma morsa para atacar um navio, mas seu oponente identifica que o animal tem os olhos da mulher e lhe crava uma lança, matando-a.[65] A *Saga dos Volsungs* afirmava que as *seikonur* tinham o poder de se transformar em lobas ou de assumir a forma de outros humanos; e dois personagens na obra se transformam em lobos temporariamente ao vestir peles de lobo encantadas.[66] Na *Saga Eyrbyggja*, há a história da mãe que tenta esconder seu filho dos inimigos que vêm para matá-lo, transformando-o sucessivamente em uma roca de fiar, uma cabra e um javali; seu poder vinha dos olhos e era frustrado se um saco fosse colocado em sua cabeça.[67] Além disso, há muita magia nas sagas que não é nem minimamente xamânica e é reconhecível em quase toda a Europa, tal como passar as mãos ao longo do corpo de uma pessoa e entoar cânticos, ou recitar feitiços, ou fazer recortes com letras e declamar em cima delas, ou caminhar no sentido anti-horário em determinado espaço enquanto declama ou funga, ou oferecer sacrifícios aos espíritos com invocações.[68] A língua nórdica medieval estava repleta de uma gama proporcionalmente vasta de termos para diferentes tipos de magia.[69]

Parece, portanto, que essa literatura, praticamente toda redigida na Islândia entre os séculos XIII e XV, representa uma cultura híbrida que mesclava elementos do xamanismo genuíno a características da magia mais familiares em outras partes da Europa. Neil Price e Clive Tolley, portanto, parecem estar corretos: Price ao dizer que os elementos xamânicos são importantes e expressivos, e Tolley, que eles podem não ser fundamentais para os conceitos nórdicos medievais de magia. É possível que sejam sobreviventes de um passado pré-histórico, e dessa forma, nórdicos, mas também pode ser

CAPITULUM .III } .191

resultado do contato com os Sámi e com os finlandeses, que eram vizinhos muito próximos e impactaram na mesma literatura.[70] Isso explicaria por que traços xamânicos tão fortes como aqueles manifestados por Thorbjorg não aparecem na literatura do continente europeu medieval, ao sul do Báltico. Se tal influência ocorreu, então os nórdicos remodelaram o xamanismo à própria maneira, ignorando o tambor, por exemplo, e substituindo-o pelo cajado. A natureza híbrida do resultado também nos ajuda a elucidar os componentes da magia nórdica medieval que *não* são xamânicos e que parecem derivar de uma tradição diferente. Uma delas é a notoriedade conferida às mulheres como profetisas e adivinhas: conforme já foi dito, elas formavam uma minoria de xamãs siberianos e uma minoria ainda menos significativa de *noaidi* dos Sámi. Seguindo uma tradição que remonta a Jacob Grimm no início do século XIX, Clive Tolley relacionou o padrão nórdico à antiga reverência germânica que mostra mulheres como detentoras de sabedoria profética, discutida no capítulo anterior deste livro.[71] Ele certamente está correto em fazê-lo, e sua distinção entre ambos — que as *seiðrkonur* estavam à margem da sociedade e que as antigas profetisas germânicas estavam no centro dela — de fato não se sustenta. Nas sagas, as *seiðrkonur* eram convidadas ao núcleo das comunidades, mesmo que seu estilo de vida peripatético as impedisse de pertencer a alguma de fato, enquanto o único equivalente germânico antigo sobre o qual possuímos detalhes, Veleda, no século I d.C., morava isolada em uma torre, e se comunicava com as tribos locais via mensageiro.[72] O semi-desprendimento de ambas parece equivalente. Uma comparação das culturas nórdica e germânica, no entanto, também revela distinções entre ambas. As sagas e romances islandeses e os códigos de leis nórdicos não mostram nenhum temor da bruxa canibal, que ataca seus semelhantes à noite, narrativa esta que aparece nas fontes germânicas do início da era medieval. Na verdade, parece não haver a presença da figura da bruxa nos primeiros textos escandinavos medievais: nenhum pavor de uma criatura malévola atuante na magia escondida na sociedade local e que causa infortúnio a outrem por pura maldade. Mulheres e homens aparecem como mágicos destrutivos, mas sempre como elemento de uma contenda que foi atividade-chave da sociedade escandinava medieval e tema principal em suas histórias. A magia é mais uma arma no combate à violência faccionária e pessoal, embora seja considerado um meio covarde e desonroso, exceto quando usada em defesa contra outra magia ou contra o sobrenatural.

> **Outra forma de magia nórdica muito citada, a *ùtiseta*, "sentar-se ao ar livre", aparentemente consistia em sentar-se em um lugar especial ao ar livre à noite e ficar à espera, talvez em estado de transe, para ver o futuro ou atrair alguma outra sabedoria.**

Existem, entretanto, figuras na literatura nórdica que em alguns aspectos podem ser equiparadas a bruxas: mulheres que cavalgam à noite sobre objetos ou animais encantados. Em *A Saga de Gunnlaug*, um lobo é chamado de *svaru skaer*, que pode ser traduzido como "corcel da bruxa".[73] Às vezes, fica nítido que são seus espíritos os presentes na cavalgada enquanto seus corpos dormem em casa, tal como na *Saga dos Irmãos Juramentados*. O cajado, meio de transporte desses personagens, não é o único objeto utilizado: na literatura há menção aos *tunriður*, aqueles que cavalgam uma haste de vime, cerca ou telhado. No famoso poema *Hávamál*, o deus Oðinn se gaba de sua capacidade de enxergar tais pessoas "brincando freneticamente no ar" e de lhe pregar peças ao torná-las incapazes de encontrar suas "formas originais" e seus "verdadeiros lares" ou "suas próprias peles" novamente, sugerindo mais uma vez que elas precisam voltar aos seus corpos cotidianos pela manhã.[74] Uma lei do oeste de Gotland do início do século XIII proíbe diversos termos caluniosos contra a mulher, sendo um deles "Vi você cavalgando uma haste de vime, com cabelos desgrenhados, na forma de um troll, entre a noite e o dia".[75] O "troll" aqui seria um dos seres semelhantes humanos, muitas vezes maléficos, famosos na mitologia escandinava por assombrar as regiões naturais, muitas vezes com lares subterrâneos. As mulheres que enviam seus espíritos para cavalgar uma baleia na *Saga de Frithiof* essencialmente fazem o mesmo truque na forma animal. A referência a tais ginetes noturnos, conforme sugerido pela expressão "brincando no ar", sugere que se imaginava que eles se reuniam para festejos, e isso é corroborado por outras fontes; mas pelos locais onde se diz que tais encontros se dão, imagina-se que nem sempre são compostos por humanos. Na *Saga de Ketil*, o herói conhece uma troll feminina, que se apressa para se juntar a uma reunião de seus iguais. O encontro se dá em uma ilha, onde, de acordo com a história, "não faltaram cavalgadas em *gandr*" naquela noite: o termo *gandr* pode se referir a um espírito, ou talvez a um objeto encantado, como um cajado ou uma haste de vime.[76] No *Conto de Thorstein*, o herói segue um garoto Sámi em num "passeio num *gand*r" sobre um cajado rumo a um submundo, para se juntar a um festival de suas criaturas.[77] Considerava-se que os trolls e outros seres subterrâneos eram capazes de possuir e conceder poderes mágicos, e os códigos de leis nórdicos dos séculos XII e XIII proibiam a "criação" de trolls para obter tais poderes: mais tarde, o termo padrão para bruxaria em todas as línguas escandinavas tornou-se *trolldromr*, e para bruxas, *trollfolk*.[78] Os ginetes noturnos poderiam ser perigosos para os humanos, mas também úteis: na *Saga Eyrbyggja*, um menino é atacado ao caminhar sozinho para casa depois de escurecer e acaba ferido na cabeça e nas costas. Uma mulher local, suspeita de ser uma "amazona de objetos", é acusada de tê-lo usado como seu corcel, embora consiga sua absolvição depois que doze vizinhos atestam sua inocência.[79] A literatura, entretanto, não confirma a existência de nenhum temor significativo da parte deles, ou a crença de que afetavam outras pessoas, desde que estas ficassem em casa à noite. Parece, portanto, que em alguns relatos sobre o *seidr*, a projeção espiritual dos tipos xamânico siberiano e Sámi eram combinadas a um modelo nativo de festejos noturnos, geralmente de criaturas sobre-humanas ou não humanas, para os quais os humanos podiam cavalgar ou voar enquanto espírito utilizando objetos, animais ou outras pessoas como corcéis. Portanto, pode-se concluir que há boas evidências de uma província extensa e compacta do xamanismo "clássico" no hemisfério norte, abrangendo não apenas a Sibéria e regiões adjacentes da Ásia Central, mas as zonas árticas e subárticas da América do Norte, e estendendo-se pela Rússia e Escandinávia. Além do mais, a influência desse xamanismo pode ser detectada em uma zona "sub-xamânica" que abrange outras partes do mundo nórdico, tais como a Noruega e a Islândia. É totalmente legítimo propor a existência de elementos xamânicos nas práticas mágicas em outras partes da Europa, mesmo que pela ausência de qualquer definição geralmente aceita do xamanismo; mas tal proposta não pode ser feita de forma conclusiva, e as evidências disso podem ser interpretadas de maneiras alternativas.

CAPITULUM .IV } p.199

MAGICAE:
MAGIA CERIMONIAL
MAGICAE: CAEREMONIALIUM

Deve ser lembrado (desde o primeiro capítulo) que, quando Sir Edward Evans-Pritchard escreveu seu famoso e influente estudo de crenças a respeito da magia entre o povo Azande, da África Central, ele fez uma distinção entre "bruxaria" e "feitiçaria" como meios de se causar dano mágico. O primeiro estava mais para um poder inato, exercido espontaneamente por aqueles nascidos para possuí-lo, enquanto o último era algo que qualquer um poderia aprender e que exigia a manipulação de determinados ingredientes juntamente ao lançamento de feitiços. Observou-se também que muitas outras sociedades tradicionais mantinham uma divisão de crenças semelhante, porém não todas, ou nem mesmo a maioria, razão pela qual tal distinção foi abandonada pelos antropólogos como conceito comum. O que vale a pena enfatizar agora é que Sir Edward considerou fácil empregar tais termos porque eles estavam sendo usados tradicionalmente em sua própria língua para caracterizar formas de magia, embora não correspondessem exatamente àquelas nas quais os Azande acreditavam. "Feitiçaria", um termo cujas origens serão analisadas posteriormente, possui um significado severamente justaposto a "bruxaria", mas tem sido usado de forma ainda mais ampla para abranger a maioria das formas de magia. Diferentemente da feitiçaria, o termo muitas vezes foi estendido para incluir a variedade mais elaborada e sofisticada de atividades mágicas como um todo. Aqui, vou me referir a ele — tal como os historiadores frequentemente fazem — como "magia cerimonial", significando o emprego de ritos elaborados e ingredientes especiais para alcançar fins mágicos, normalmente aprendidos em textos escritos. A diferença entre esse tipo de magia e a feitiçaria (conforme definido anteriormente) foi discutida na Europa do início da era moderna. Robert Turner, um dos principais defensores da magia cerimonial na Inglaterra do século XVII, declarou que "magia e bruxaria são ciências muito diferentes". Ele explicou que a bruxaria era obra do Diabo, produto de um pacto que este fazia com uma bruxa, enquanto um mago cerimonial, ou "magus", era um sacerdote ou filósofo que se dedicava à adoração do único Deus verdadeiro: "um observador estudioso e expositor das coisas divinas".[1] Duas gerações antes, outro inglês, o clérigo George Gifford, um dos primeiros demonologistas de seu país, articulara distinção semelhante. Ele citava uma afirmação de que a bruxa era uma pessoa que aderira ao serviço de Satanás, enquanto o mágico cerimonial "o ata [Satanás] aos nomes de Deus e pela virtude da paixão e ressurreição de Cristo".[2] No início do século XVI, o mais conhecido de todos os teóricos da magia do início da era moderna, o alemão Cornelius Agrippa, fez o mesmo tipo de alegação extensamente.[3] Da mesma forma, Johann Weyer, o autor do século XVI que argumentou mais notoriamente contra as acusações legais de bruxaria, distinguia a bruxa (*lamia* ou *venefica*) como detentora da fama de fazer pactos com um demônio a fim de atingir seus desejos malévolos, enquanto o mágico (*magus*), tinha reputação de poder convocar e amarrar um demônio para que atuasse aos seu serviços.[4]

A distinção tem se tornado parte do linguajar comum dos historiadores, de modo que Norman Cohn, um dos principais especialistas em crenças medievais sobre bruxaria e magia do século XX, diria que por volta da década de 1970 era "geralmente acreditado" que a magia cerimonial não tinha nada a ver com a bruxaria, pois a primeira era principalmente a salvaguarda dos homens, que procuravam controlar os demônios, enquanto a última era principalmente das mulheres, que eram suas servas e aliadas.[5] A autoimagem de tais mágicos, nos períodos medieval e moderno, inspirou-se nos ideais estabelecidos das profissões clericais, monásticas e acadêmicas, representando-os como parte da elite de homens religiosos e eruditos.[6]

A teologia cristã dominante rejeitava totalmente a distinção entre bruxaria e magia cerimonial, sustentando que todas as operações mágicas eram realizadas por demônios.

À época, aqueles que se envolviam em magia cerimonial estariam cientes de dois problemas consideráveis com sua reputação pública. Um era que, na prática, tratava-se de uma arte que se justapunha à bruxaria, já que alguns de seus textos continham ritos destinados a exercer poder sobre terceiros e feri-los ou matá-los. Também se misturava perfeitamente ao mundo oficialmente desacreditado dos mágicos comuns, que em troca de uma taxa ofereciam serviços tais como clarividência, cura, contramagia e detecção de bruxas. O segundo problema, e ainda maior, era que a teologia cristã dominante rejeitava totalmente a distinção entre bruxaria e magia cerimonial, sustentando que todas as operações mágicas eram realizadas (ou aparentemente realizadas) por demônios, e que, portanto, os mágicos firmavam um pacto com estes estando cientes disso ou não. Este foi precisamente o ponto que o próprio Gifford apresentou para refutar o contraste entre o mágico e a bruxa que ele mesmo acabara de fazer; e ao fazê-lo, ele aderiu a uma visão alardeada por líderes religiosos por mais de mil anos.[7] Não obstante, durante o período de julgamento das bruxas do início da era moderna, as pessoas que ofereciam a magia para propósitos benevolentes eram, na prática, punidas menos severamente do que aquelas acusadas de bruxaria, enquanto os mágicos cerimoniais eruditos raramente eram julgados como bruxas.

O final da Idade Média foi uma época muito mais perigosa para esses mágicos, em grande parte porque a consulta a um deles era uma acusação política frequente como parte das lutas faccionárias dentro dos regimes; mas a taxa de execução deles ainda era baixa comparada àquela dos julgamentos de bruxas subsequentes.[8] Mesmo Jean Bodin, um dos mais famosos e competentes patrocinadores desses julgamentos, concedia o benefício da dúvida aos magos cerimoniais, dizendo que aqueles que tentavam invocar bons espíritos, ou os espíritos dos planetas ou elementos, não eram bruxas, embora pudessem ser idólatras.[9] Como era amplamente dependente da transmissão de textos, a magia cerimonial deixou um rastro documental para os historiadores seguirem, apesar de sua reputação como tradição oficialmente perseguida e proibida. Uma quantidade um tanto adequada de manuscritos da Antiguidade, da Idade Média e do início da era moderna sobreviveu para permitir a identificação de obras e gêneros fundamentais, bem como o rastreamento de sua passagem entre diferentes culturas e línguas, principalmente do grego ao árabe e latim, do árabe para o latim e o grego, do hebraico para o latim e vice-versa, e de todos estes para o vernáculo de diferentes povos.[10] Se toda essa pesquisa — agora de substância considerável — fosse sintetizada, seria alcançado um pleno senso do desenvolvimento das formas escritas sobre o conhecimento mágico ao longo dos últimos dois milênios. Tal empreendimento, no entanto, ainda aguarda seu realizador. Em 1997, o historiador norte-americano Richard Kieckhefer, que à época emergira como o principal estudioso da magia medieval, diria que "Alguém pode facilmente ser persuadido de que existe uma história dos usos da magia e das reações à magia, mas não uma história da magia em si: virtualmente, todas as técnicas mágicas parecem atemporais e perenes". Ele, por consequência, se recusava a ceder à tentação de "vagar indefinidamente pelos matagais da história da magia, desde os papiros mágicos gregos da Antiguidade, passando por fontes árabes e bizantinas aos grimórios do início da era moderna".[11] Michael Bailey, o compatriota de Kieckhefer, argumentava, em contrapartida, que havia de fato uma história de magia cerimonial na Europa, a qual se estendera do século IV ao XVIII, sendo emoldurada pelas duas grandes rupturas do triunfo do cristianismo e do Iluminismo. Ele pensava, no entanto, ser apenas uma tradição unificada do século XII em diante, e a (excelente) pesquisa histórica por ele proporcionada se preocupava principalmente com os usos da magia e as reações a ela, no mesmo curso de Kieckhefer, em vez de focar em seus componentes.[12] O que se propõe aqui é tentar cortar caminho pelos "matagais" de Richard Kieckhefer, seguindo a rota que ele mapeou, e verificar se é possível identificar alguma tradição contínua, e se isso pode ser traçado a partir das culturas regionais de comportamentos em relação ao sobrenatural mapeadas anteriormente no mundo antigo.[13]

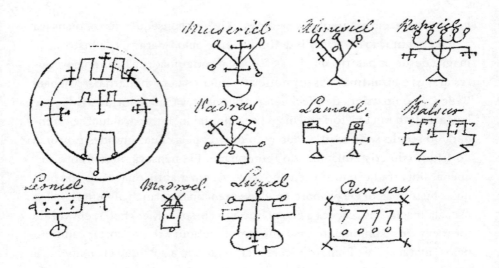

} PAPIROS MÁGICOS
& conexões macabras

Foi sugerido anteriormente que os antigos egípcios não faziam distinção entre religião e magia, não tinham o conceito da figura da bruxa e não nutriam hostilidade pela magia, enquanto os antigos romanos faziam distinção entre religião e magia, tinham um conceito bem desenvolvido da figura de bruxa e seguiam aprovando leis cada vez mais rigorosas contra a prática da magia. Uma pergunta óbvia a se fazer é o que aconteceu quando o Egito se tornou parte do Império Romano e houve o encontro de tais conjuntos de posturas culturais totalmente contrastantes. A resposta parece ter sido uma reação extremamente criativa da parte dos egípcios. O domínio romano corroeu tanto o apoio financeiro para o sistema de templos quanto os privilégios de seus sacerdotes.[14] Isso acabou obrigando os Leitores a se embrenharem na sociedade geral para oferecer seus serviços mágicos, e o processo parece ter sido associado ao desenvolvimento dos textos dos papiros mágicos gregos já mencionados acima.[15] Estes foram redigidos principalmente, como o nome já sugere, em grego, a língua dominante desde a conquista de Alexandre, embora alguns estejam em demótico, uma escrita que incorpora a língua nativa. É difícil datá-los, e geralmente têm sido remetidos vagamente a um período que abrange os primeiros quatrocentos anos d.C., embora alguns possam ser atribuídos a um período de tempo mais estreito, ao final dos séculos iii e iv. Embora as posturas, técnicas e conteúdos das operações prescritas neles representassem uma continuação da tradição egípcia anterior, o escopo de tais trabalhos se tornou mais extenso.

Um aspecto dessa mudança foi que eles se tornaram mais elaborados e ambiciosos. A natureza básica de seus ritos era convidar ou convocar uma divindade para um espaço consagrado, e então lhe fazer um pedido. Às vezes, o ser em questão estava sob coação, e era dispensado com a mesma facilidade com que se manifestava, igualmente pelos procedimentos estabelecidos.[16] Em muitos textos, a expectativa era que a divindade fosse evocada pelo mágico no corpo vivo de outra pessoa, geralmente um menino, cuja boca serviria de canal para a divindade responder a perguntas e informar direções.[17] O conceito anterior de correspondências misteriosas entre vários componentes do mundo natural foi desenvolvido em combinações rituais muito complexas de discurso, ação, sincronismo, cores, ferramentas, ingredientes vegetais, incensos, fluidos, partes de animais e sacrifícios animais. Um trabalho relativamente típico exigia tijolos crus, uma "cabeça de trigo da Anúbia", a fibra de uma tamareira macho, olíbano, uma seleção de libações (vinho, cerveja, mel ou leite de vaca preta), madeira de parreira, carvão, absinto, sementes de gergelim e cominho preto.[18] Objetos sólidos, notavelmente anéis, eram investidos com poder divino permanente (o antigo *heka* egípcio,) por divindades em ritos especiais. Foi mantida a crença de que seres sobrenaturais poderiam ser responsivos ou obedientes a quem detivesse o conhecimento de seus nomes secretos ou "verdadeiros", de modo que um feitiço poderia alegar que o nome oculto de Afrodite era Nepherieri, egípcio para "lindo olho", e a repetição do nome levaria à conquista do amor de uma mulher.[19] Outra dizia ao deus sol Hélios que ele deveria atender aos desejos do locutor, "porque conheço seus sinais e formas, quem você é em todas as horas e qual é o seu nome".[20] Tal tradição também foi desenvolvida na declamação de fórmulas (em geral longas) de palavras aparentemente sem sentido, supostamente carregadas de poder. Em determinadas ocasiões, o mágico assumia, ou fingia assumir, a identidade de uma divindade.[21] A segunda característica singular desses textos era sua natureza cosmopolita, que era, mais uma vez, uma extensão da prática nativa que há muito consistia no acréscimo de divindades e espíritos de outras culturas ao repertório

CAPITULUM .IV } .205

existente. De acordo com a cultura helenística que dominava todo o Oriente Próximo desde a época de Alexandre, eram incorporados divindades, heróis e sábios greco-romanos às invocações. As divindades envolvidas tendiam ou a serem associadas ao poder e à sabedoria supremos, como Hélios, Zeus e Mitras, ou à magia em si, como Hermes e Hécate, ou mesmo a feitiços de amor, como Afrodite e Eros. Da cultura judaica, vieram Jeová (normalmente conhecido como Iao), Moisés e Salomão, e anjos. Muitas vezes o resultado era um ecletismo prolífico, de modo que um rito incluía uma invocação ao deus grego Apolo, identificando-o com Hélios, o arcanjo hebreu Rafael, o demônio hebraico Abrasax e os títulos divinos hebraicos Adonai e Sabaoth, e chamando-o de "flamejante mensageiro de Zeus, divino Iao". Outro fez de Hélio um arcanjo, enquanto um terceiro se dirigiu a uma única divindade masculina pelos nomes Zeus, Hélio, Mitra e Serápis, fundindo quatro deuses pagãos importantes.[22] Uma terceira nova característica era o interesse em permitir que praticantes e clientes conquistassem poder, conhecimento e desejos mundanos. Os antigos Leitores estavam mais preocupados em ajudar as pessoas que iam a seus templos buscando proteção contra os infortúnios ou os inimigos. Os autores desses textos precisavam ser capazes de fornecer o que quer que os clientes solicitassem. Alguns expressaram uma suposição de que suas habilidades seriam passadas via tutoria e pela transmissão de escritos.[23]

Uma característica final das receitas encontradas nesses papiros era que eles se apropriavam, pelos propósitos práticos da magia, da linguagem e da atmosfera dos cultos de mistério romanos tardios. Essas eram sociedades iniciatórias fechadas, devotadas a divindades próprias, nas quais, por meio de ritual, os membros ganhavam a sensação de desenvolver um relacionamento individual e especialmente intenso com os seres louvados por esses cultos. Um papiro definia como maior objetivo de magia o poder de "persuadir todos os deuses e deusas". E então denominava o praticante como "bem-aventurado iniciado da magia sagrada" destinado a "ser adorado como um deus, já que você tem a deus como um amigo".[24] Um "feitiço de Hécate Ereschigal contra o medo da punição" (que assim uniu uma deusa greco-anatólia a uma deusa mesopotâmica) proclama: "Fui iniciado e desci à câmara subterrânea... e eu vi as outras coisas abaixo, donzela, prostituta e todo o restante". Um "feitiço para estabelecer um relacionamento com Hélio" pede para que seu agente seja "mantido sob seu conhecimento" (do deus) para realizar todos os desejos mundanos.[25] Um rito para Tifão, "o deus dos deuses", promete o poder de "alcançar tanto o governante do universo quanto o que quer que você comande", como consequência da "natureza divina que é conquistada por meio desse encontro divino".[26] O mais famoso desses textos, a chamada Liturgia de Mitras, prescreve um meio de ascender aos reinos das divindades celestiais, obter uma visão da maior delas e chegar à beira da imortalidade. Refere-se a seus praticantes como "iniciados". O objetivo desse poderoso empreendimento, no entanto, é obter resposta divina para qualquer dúvida relativa a assuntos terrenos, bem como celestiais.[27] Os papiros mágicos, portanto, testemunham uma tentativa do mundo de língua grega do final da Antiguidade de empregar formas religiosas para fins mágicos.

Simultaneamente, havia uma tentativa paralela, ou talvez relacionada, de empregar técnicas mágicas a propósitos religiosos incorporados no conceito da teurgia. Isso escapou a qualquer consenso acadêmico moderno sobre o significado literal do termo ou das práticas que ele significava, mas há um aparente consenso de que consistia no aproveitamento de formas mágicas para auxiliar a ascensão da alma humana ao divino, e encontros presenciais ou associações entre humanos e divindades.[28] Tal processo era semelhante a alguns daqueles que acabamos de descrever nos papiros mágicos, mas havia uma diferença essencial: na teurgia, tais encontros eram considerados como fins em si mesmos e não como meios de o praticante atingir maior conhecimento prático e poder. O primeiro texto conhecido a articular tal argumento foi a obra perdida conhecido como *Os Oráculos Caldeus*, cuja sobrevivência se resume a apenas fragmentos citados por autores posteriores. Seu nome se beneficiou do respeito (e temor) greco-romano em relação aos mágicos mesopotâmicos, comumente chamados Caldeus no mundo romano, embora pareça que o texto propriamente dito tenha surgido na Síria no século II d.C.[29] Ele contém breves referências aos ritos cuja intenção é alcançar a associação ou a aceitação pelas divindades mais importantes, incluindo nomes mágicos em línguas "bárbaras" e o uso de um tipo especial

CAPITULUM .IV } .207

de pedra.[30] Existem também passagens incertamente atribuídas aos *Oráculos Caldeus* que falam de convencer divindades a se manifestarem, de usarem um ser humano como um médium por meio do qual elas possam se comunicar, e construírem uma estátua mágica de uma deusa a partir de ingredientes vegetais e animais especiais; todas as práticas reconhecidas dos papiros.[31]

O conceito de teurgia conforme expresso nos *Oráculos* se encaixava potencialmente bem em uma das principais escolas contemporâneas da filosofia pagã, o neoplatonismo, que enfatizava igualmente a necessidade de os humanos se reunirem com o divino essencial. No entanto, o primeiro neoplatonista a abordar o assunto, Porfírio, traçou uma distinção muito clara entre a tradição filosófica grega e os métodos dos papiros mágicos, condenando o conceito de que divindades poderiam ser compelidas pela vontade humana, ridicularizando o uso de nomes "secretos" em evocações e advertindo que aqueles que buscassem chamar as divindades poderiam evocar espíritos malignos. Essa era uma afirmação muito evidente da distinção greco-romana entre religião e magia, e indício desta última, e ademais ele o fazia numa oposição explícita às visões egípcias, as quais considerava uma contaminação das crenças europeias. Escrito por volta do ano 300, seu argumento constava em sua *Carta a Anebo*, um protesto dirigido a um sacerdote egípcio provavelmente fictício.[32] Isso foi respondido por outro filósofo da tradição de Porfírio, Jâmblico, que recomendava as práticas mágicas do Egito e da Mesopotâmia, e em especial do primeiro, como meio de revitalizar o paganismo greco-romano. Ele as defendia como tendo sido reveladas aos humanos pelas próprias divindades, como canais pelos quais esses humanos podiam se comunicar com o divino, e com as quais as divindades cooperavam voluntariamente. Sendo este o caso, as pessoas virtuosas e devotas nada tinham a temer em relação aos espíritos malignos. Ele definiu a teurgia como o poder de manipular símbolos que permitiam o contato direto com deusas e deuses, tais como pedras especiais, ervas, partes de animais e incensos. De acordo com ele, tais substâncias tinham esse poder porque o mundo natural, sendo afinal o produto de uma única divindade suprema responsável por emanar todas as coisas, estava essencialmente interconectado. O teurgo entendia a identidade exata das substâncias materiais, números e palavras que poderiam ser combinados para incentivar as divindades a reagir às ofertas. Por outro lado, Jâmblico aconselhava a maioria de seus leitores a trabalhar

CAPITULUM .IV } .209

com espíritos inferiores em vez de divindades, e advertia que era perigoso para todos, exceto para os praticantes mais experientes, tentar uma conexão com os poderes celestiais. Ele também condenava os mágicos comuns, classificando-os como tolos ímpios e imprudentes que tentavam controlar o sistema de correspondências místicas sob interesses egoístas, e que por isso provavelmente seriam presa fácil para entidades malignas.[33]

Os neoplatônicos posteriores também parecem ter se embrenhado nessa tradição. Máximo, que viveu na Ásia Menor em meados do século IV, mais tarde ficou conhecido por ter animado uma estátua (de Hécate) nas tradições egípcia e mesopotâmica clássicas.[34] Proclo, o principal filósofo da Atenas no século V, parece ter reconhecido o habilidade de sacerdotes em misturar pedras, plantas e incensos que correspondiam a divindades específicas, para então evocá-las e repelir espíritos indesejados.[35] É possível que ele também tenha se referido a ritos para animar estátuas, e a outros para fazer uma divindade incorporar em um ser humano (depois que o mágico e o médium eram purificados ritualmente), e então falar por meio dessa pessoa, ao mesmo estilo de alguns registros nos papiros mágicos.[36] Ele parecia acreditar que encantamentos especiais eram capazes de convocar seres divinos.[37] Damáscio, um sucessor de Proclo em Atenas, parece ter afirmado igualmente que ao girar um tampo ou esfera, era possível convocar ou dispensar seres sobrenaturais.[38]

No mesmo período ao final da Antiguidade no qual surgiram os papiros mágicos e a teurgia, a magia judaica aparentemente se tornou uma tradição textual com um aparato especializado, expresso em manuais, amuletos e em vasos de encantamentos. Há dois manuais remanescentes que incorporam essa tradição, e pode ser que remontem ao mundo antigo. O mais provável de ser de um período remoto é o *Sepher ha-Razim*, o "Livro dos Mistérios", que foi presumidamente reconstruído em 1966 a partir de fragmentos de diferentes datas em diferentes línguas. Foi escrito em algum momento entre o final do século

IV e o século IX, provavelmente no Egito ou na Palestina. A obra descreve sete categorias diferentes de anjos, com ritos para colocar seus poderes a serviço do mágico — numa imensa gama de propósitos construtivos e destrutivos — recorrendo a sacrifícios de animais, conjurações elaboradas e posições favoráveis dos planetas. O autor foi um judeu erudito, familiarizado com a magia greco-egípcia do tipo encontrada nos papiros e que recorria a receitas semelhantes e longas citações gregas e termos técnicos: além disso, Hélios, Hermes e Afrodite faziam participações especiais.[39] O outro manual é o *Harbe de-Moshe*, a "Espada de Moisés", que existiu por volta do século XI, mas sobreviveu apenas em três versões diferentes do final do período medieval e início da Modernidade. A temática principal dele consiste de uma sucessão de evocações de anjos para fins práticos, principalmente para a cura, mas também voltados a uma série de outros desejos, desde conquistar amor, destruir inimigos e até controlar demônios. Estas adotam palavras aparentemente sem sentido, as *voces magicae*, combinadas a ingredientes como cacos de cerâmica, ingredientes vegetais, animais e minerais, óleo e água.[40]

Gideon Bohak realizou um estudo das influências culturais na magia judaica do final da Antiguidade, incluindo suas manifestações menores, mas muito mais numerosas, como os amuletos, e concluiu que seu surgimento como uma tradição escriba no período foi consequência direta do desenvolvimento da magia greco-egípcia. Em seus textos, aparecem muitas palavras gregas e um empréstimo em especial daquelas desenvolvidas especificamente pelos mágicos greco-egípcios para conjuração e evocação, seja individualmente ou em frases longas. Autores judeus assumiram principalmente as *voces magicae* em grande escala, e com elas a tradição de desenhar formas geométricas com palavras para combinar o poder dos textos e da matemática. As fórmulas greco-egípcias foram preservadas pelos judeus até um bom período da Idade Média, aparecendo regularmente nas centenas de amuletos e feitiços encontrados no Genizah (depósito de uma sinagoga no Cairo), datando do século IX em diante. Elas prometiam o controle dos demônios, a descoberta de tesouros, o aumento da popularidade, a conquista amorosa, a ruína para os inimigos e a cura de doenças. Bohak também enfatizou, no entanto, que os judeus incorporaram a enorme quantidade de tecnologia mágica pagã, a qual foi devidamente incorporada em ritos e textos inteiramente próprios. Muito raramente incluíam divindades pagãs, embora transformassem algumas em anjos, ou desenhassem figuras e símbolos, e depositassem ênfase muito maior nos versículos e heróis bíblicos. Eles também evitavam a ameaça de seres sobre-humanos e referências positivas à magia em si.[41]

Juntamente à magia cerimonial judaica, desenvolveu-se um equivalente cristão, e seu primeiro texto estendido a sobreviver parece ser o Testamento de Salomão, que parece ter existido em torno dos séculos VI ou VII. Redigido em grego, e muito provavelmente no Egito ou na Palestina, a obra fornece ao leitor nomes, palavras ou fórmulas e o uso de plantas, pedras e partes de animais para controlar e banir uma longa lista de demônios, sobretudo aqueles causadores de enfermidades. Isso é feito pelo bem da humanidade e com anjos protetores, e o livro mistura ideias judaicas a algumas dos papiros mágicos e da astrologia greco-egípcia.[42] No próprio Egito, a adoção do cristianismo por toda a população entre os séculos IV e VI finalmente generalizou a desconfiança greco-romana em relação à magia e com ela extinguiu esse consolo tão antigo. No entanto, os textos mágicos cristãos continuaram a ser produzidos na língua copta, para a qual o idioma nativo evoluiu no mesmo período. Isso forneceu um meio pelo qual características da magia nos papiros pagãos, em especial os ritos de proteção e execração, chegaram às obras árabes medievais. Os textos coptas substituíram principalmente (embora nem sempre) as divindades pagãs por anjos e figuras bíblicas, porém mantiveram a tradição nativa de exercer poder sobre os seres evocados por meio da alegação do conhecimento de seus nomes verdadeiros e do uso de *voces magicae*.[43]

Desta forma, pode ser demonstrado que, assim como a postura oficial em todo o Império Romano se endureceu ainda mais contra a magia, vendo-a como um meio de manipulação do poder divino para fins egoístas, também surgiu uma forma de magia inauditamente sofisticada e dedicada a alcançar exatamente esse tipo de manipulação. Ela é mais obviamente registrada entre os pagãos greco-egípcios, mas aspectos dela também vazaram para a filosofia grega e para a cultura judaica e cristã. Uma pergunta óbvia é se o Egito teria sido responsável por produzir esse novo tipo de magia e depois exportá-la para o restante do mundo mediterrâneo oriental e além, ou se o Egito representava apenas um recanto de um desenvolvimento que ocorria em toda aquela região, e possivelmente em todo o mundo romano. Em outras partes do mundo, de Roma à Síria, há referências a livros mágicos que geralmente eram confiscados e queimados pelas autoridades.[44] Nenhum deles, no entanto, sobreviveu para mostrar se continham magia ritual complexa e se, em caso afirmativo, havia influências daquele tipo registrado no Egito. Se pudéssemos ter certeza de que o *Sepher ha-Razim* e o Testamento de Salomão foram produzidos dentro ou fora do Egito, aí então estaríamos mais próximos de chegar a uma resposta, mas não temos como saber. Pode ser que, além disso, a sobrevivência do trabalho egípcio seja em si um acidente criado pelo clima seco do país, o qual foi capaz de preservar excepcionalmente bem materiais como o papiro, o que pode ter feito com que registros de magia cerimonial da Antiguidade tardia tenham sobrevivido lá, mas não em outro lugar. De fato, mesmo essa sobrevivência pode ter sido em grande medida um tanto fortuita, já que a maioria dos papiros mágicos pode ter se originado de um único depósito, provavelmente uma tumba.

Os dois lados dessa análise podem ser resumidos do modo a seguir. Em favor do raciocínio de que a magia sofisticada encontrada nos textos greco-egípcios foi cultivada lá mesmo e então difundida por todo o império, pode-se arrazoar que o país possuía uma ideologia excepcionalmente favorável ao uso da magia e que todas as características fundamentais dos papiros mágicos já estavam presentes naquela cultura há longa data. Isso incluía: grande ênfase na necessidade de os mágicos se purificarem física e moralmente antes de comandar um rito (um antigo requisito para os sacerdotes egípcios); a boa vontade de comandar, e às vezes personificar, divindades; um ecletismo que permitia a importação de divindades estrangeiras e de espíritos inferiores à lista daqueles evocados ou repelidos; o emprego de ingredientes minerais, animais e vegetais, e de incenso, no ritual; o uso de imagens, especialmente estátuas e estatuetas animadas; uma crença no poder divino das palavras recitadas em voz alta; a ênfase no conhecimento do nome verdadeiro de um ser; *voces magicae*; a importância de se escolher o dia e a hora corretos para realizar o rito, e de purificar o espaço ritual; ênfase nos objetos e cores adequados para se usar nos rituais; uma disposição para lidar com a escrita, e o ato de escrever, como algo mágico por sua existência propriamente dita; o uso de um meio humano para declamar as mensagens das divindades; e a reunião de compilações de ritos em livros.[45] Acima de tudo, os egípcios há muito se acostumaram ao conceito de cerimônias complexas destinadas a manipular humanos e sobre-humanos para fazer as coisas acontecerem, consideradas aceitáveis para a moralidade e a religião. Além disso, as divindades e espíritos não egípcios que aparecem nos papiros mágicos são originados predominantemente daqueles grupos étnicos fortemente estabelecidos no Egito e, acima de tudo, em sua capital helenística, Alexandria: os gregos e os judeus. Apenas três divindades mesopotâmicas ou sírias estão na lista, enquanto os possíveis elementos persas são poucos e esparsos, e não há conteúdo especificamente romano.[46] A criação de longas listas de espíritos inferiores parece ter sido originalmente um costume mesopotâmico, tal como já observado, mas na época dos papiros mágicos era completamente naturalizado no Egito. A astrologia nos fornece um caso famoso de tradição oculta comprovada, para além de qualquer dúvida, de que chegou ao Egito oriunda de fora, mas ali foi transformada no modelo duradouro que viria a se estabelecer na civilização ocidental. Foi algo que definitivamente se desenvolveu na Mesopotâmia, onde um interesse prematuro único pelos

CAPITULUM .IV } .215

corpos celestes evoluiu durante o segundo milênio a.C. para uma literatura de presságio baseada em seus movimentos e posições, os quais passaram a exigir uma observação cada vez mais exata durante o primeiro milênio. Os gregos adotaram tal tradição assim que Alexandre conquistou a Mesopotâmia, e foram eles que a estenderam para a ideia do horóscopo. As comunidades de língua grega no Egito criaram então o zodíaco e os primeiros textos astrológicos autênticos, e deste modo colocaram a astrologia preditiva em sua forma duradoura, com alguns acréscimos aqui e ali, até o presente.[47] Indo de encontro a tudo isto há o argumento eficaz de que a maioria — senão todas — das características dos papiros mágicos observados como sendo encontrados em posturas e práticas egípcias anteriores pode ser encontrada em outras culturas antigas, acima de tudo na Mesopotâmia. Afinal de contas, as evidências egípcias poderiam representar, um tanto credivelmente, somente um ângulo de um fenômeno que na verdade aconteceu em todo o Crescente Fértil e na bacia do Mediterrâneo ao final da Antiguidade, simulando uma proeminência singular devido a condições incomumente favoráveis para a sobrevivência. Pode ser válido acrescentar aqui, todavia, que ainda são muito boas as chances de o Egito ter sido crucial para o desenvolvimento da magia ritual complexa. Somente pode ser demonstrado que ele possuía todos os contextos culturais, políticos e sociais para tal desenvolvimento, no momento ideal, bem como as melhores evidências sobreviventes para sua existência. Outro fator também pode ser acrescentado: exatamente no período em que a complexa magia dos papiros estava aparecendo, os mágicos egípcios estavam adquirindo uma reputação ainda maior como mágicos no mundo romano. Conforme já foi dito, eles gozavam de tal reputação há um bom tempo, mas as obras literárias do Império Romano fizeram do hábil operário egípcio da magia — e geralmente uma magia culta e sofisticada incorporada nos livros — uma figura-chave. De acordo com a postura greco-romanas mais ampla em relação à magia, ele é geralmente um homem de má reputação, variando do obscuro ao franco vilão.[48]

Há uma réplica imediata a ser feita a qualquer tentativa de relacionar tal desenvolvimento à realidade: que gregos e romanos habitualmente consideravam a prática da magia como uma tradição erudita coerente associada a estrangeiros, com persas e mesopotâmios sendo alvos específicos dessa cadeia, assim como os egípcios. Os mesopotâmicos, e até mesmo os ocasionais hiperbóreos (que significa literalmente "de trás do bóreas", o vento que sopra do norte, neste contexto efetivamente a Terra-pra-lá-do-Nunca) continuaram a aparecer na literatura como mágicos, embora não tão frequentemente quanto os egípcios. Portanto, todos eles podem ser razoavelmente considerados manifestações da propensão das sociedades humanas a criar retratos estereotipados do Outro, cuja oposição lhes serve para definir os próprios valores.[49] O problema aqui, no entanto, é que — como já visto — mesopotâmios e egípcios, na verdade, poderiam ser considerados como tendo desenvolvido sistemas sofisticados de magia, os quais impressionaram os europeus, e que durante o final do período antigo os egípcios estavam realmente fazendo o que os autores gregos e romanos vinham representando, ao desenvolver tais sistemas para formas complexas e sofisticadas sem precedentes, para contratação particular. Além disso, retratos de poderosos mágicos egípcios do tipo representado nas fontes greco-romanas (embora mais admiráveis) são encontrados em textos *egípcios* tão remotos que datam desde o Império Médio do início do segundo milênio a.C.[50] De fato, há uma referência que parece ir além da caricatura e generalização para mostrar como a magia egípcia de fato pode deixado seu impacto no mundo romano. É de um ataque ao cristianismo, por um pagão chamado Celsus, preservado porque foi citado por um oponente cristão, que retrata autointitulados magos (*goētes*) vagando naquele mundo por algumas moedas

> faça com que seu conhecimento sagrado se torne conhecido no meio da feira e expulse os espíritos malignos das pessoas, faça doenças serem expelidas, evoque os fantasmas de heróis, exiba ilusões de banquetes e jantares com comida e bebida, e faça objetos se mexerem como se estivessem vivos, embora não seja o caso, mas apenas que assim pareçam tal como na imaginação.[51]

Celsus acrescenta que tais truques foram aprendidos com os egípcios. Mais uma vez, isso pode ter sido uma indulgência a um estereótipo, mas prova que de fato havia pessoas naquela época que dizia-se, ou que alegavam, terem aprendido o tipo de magia contida nos papiros oriundos dos povos que redigiam aqueles textos. Finalmente, um dos poucos tipos de material remanescente de origem de práticas mágicas nas terras europeias do império consiste em amuletos de metal gravados com textos de proteção em grego. Estes apoiam a percepção de uma forma de magia que se difunde a partir do Oriente Próximo, e talvez do Egito em particular. Dois exemplos do extremo oposto do império, a província da Grã-Bretanha, podem esclarecer esse pormenor. Um deles, do forte romano em Caernarfon, continha figuras mágicas e *voces magicae* do tipo encontrado nos papiros, com textos em hebraico e menção ao deus egípcio Thoth.[52] O outro, do complexo de templos em Woodeaton, em Oxfordshire, usa um nome divino hebraico em sua evocação.[53] Ao longo de todo o império em geral, esses amuletos não oferecem apelo às principais divindades gregas ou romanas, ou de outras províncias europeias: em vez disso, eles usam as formas de divindade e espírito, as *voces magicae* e as figuras desenhadas dos papiros mágicos.[54] Nada disso prova que foi o Egito o responsável por desenvolver e exportar a tradição da magia cerimonial complexa; mas, talvez, torne muito provável.

A TRADIÇÃO MÁGICA EUROPEIA

Agora que o ponto de partida foi estabelecido no final da Antiguidade, é possível buscar um caminho em meio aos "matagais" de Richard Kieckhefer. Às vezes, é possível rastrear obras completas diretamente ao longo dos milênios subsequentes, e o melhor exemplo aqui talvez seja o *Kyranides*, uma exposição das propriedades médicas de ingredientes animais, vegetais e minerais, e o modo pelo qual estes podem ser transfundidos em amuletos. Isso aparece no Egito do século IV, na obra de um estudioso alexandrino chamado Harpocration, embora ele pareça ter se inspirado em um texto anterior. A seguir, passou pelo uso na Europa ocidental medieval por meio de uma tradução latina de um documento grego bizantino do século XII redigido a partir do que se dizia ser uma versão árabe oriunda da obra original da Grécia antiga.[55] Às vezes, também, o equivalente literário dos fósseis vivos pode ser encontrado em obras de magia cerimonial, que sinalizam uma transmissão do antigo Mediterrâneo, e na verdade especificamente do Egito. Talvez o mais notável seja o encantamento "ter visões e incitar sonhos", evocando o poder do deus Bes e da deusa Ísis, que é encontrado em um dos papiros mágicos gregos e aparentemente também sobreviveu em um manuscrito inglês do século XVI.[56] Um estudo de nomes divinos em dois manuscritos latinos dos séculos XIII e XV flagrou neles uma substancial continuidade da coletânea hebraica encontrada nos papiros mágicos gregos, e sobreviveram até mesmo aqueles das divindades pagãs greco-egípcias Hélio, Mitras, Selene, Hórus, Apolo, Ísis, Osíris e Thoth — muito mais estranhos à tradição cristã.[57] O Tratado Mágico de Salomão, um manual cuja existência se dá devido a cópias feitas entre os séculos xv e xix, incluía formas distorcidas dos nomes dos deuses egípcios Osíris, Serápis, Ápis e Kephri entre os espíritos listados para evocação. Também continha instruções para a confecção de canetas de junco para a redação de feitiços, as quais não eram adequadas para pergaminhos e papel velino, os mais comuns nos livros medievais, que são mais receptivos às canetas de pena normalmente usadas naquele período.[58] No entanto, é uma combinação que cai extremamente bem com o papiro, o papel antigo para a literatura, mais intimamente associado ao Egito.

Podemos recorrer ao mesmo esquema para falar de outras relíquias do antigo Mediterrâneo em textos do norte, como o uso de uma lamparina a óleo em um feitiço copiado na Inglaterra em 1622.[59] Um estudo de caso desse efeito é aquele que diz respeito à reputação mágica da poupa, uma das aves mais marcantes da região mediterrânea, com sua crista proeminente e plumagem colorida. Na Antiguidade, partes de seu corpo, e especialmente seu coração, já eram consideradas eficazes em ritos mágicos, e aparecem como tal nos papiros mágicos gregos e demóticos.[60] Esta crença foi transferida à magia copta e aos árabes que conquistaram o Egito no século vii, lugar onde a poupa se tornou a ave mais proeminente em feitiços.[61] Posteriormente, tal associação migrou para a magia europeia, um manual germânico do século xv poderia recomendá-la como "dotada de grande virtude para necromantes evocadores de demônios".[62] A poupa de fato se reproduz na Alemanha, mas é um visitante raro no verão da Inglaterra e provavelmente ainda mais rara no clima mais frio do final da Idade Média e do início da era moderna. Manuscritos copiados dos séculos xiv ao xvi na Inglaterra também recomendam o uso do coração de uma poupa em encantamentos, portanto, estamos olhando para outro fóssil vivo da antiga tradição levantina.[63] Outro estudioso observou que uma fórmula usada nos feitiços de amor (ou luxúria) dos papiros mágicos — "não permite que a mulher coma ou beba" (até ela sucumbir) — é então encontrado em tabuletas romanas tardias, nos livros de magia holandeses e alemães da Idade Média tardia, nas receitas mágicas italianas e espanholas do século XVII, e aqueles em textos eslavos eclesiásticos dos séculos XVII a XIX.[64]

Esses detalhes estabelecem uma transmissão contínua de conhecimento do antigo Mediterrâneo da Antiguidade, e às vezes especificamente do antigo Egito, para a Europa do início da era moderna. Também é digno de nota que as mesmas técnicas básicas sejam recorrentes na magia cerimonial desde os papiros mágicos em que aparecem pela primeira vez até o período moderno: ritos complexos que unificam ações, ingredientes e palavras; uma ênfase no poder de nomes especiais e de *voces magicae*; uma ênfase na purificação do mágico e no espaço de trabalho antes do rito; o uso de um artefato específico, geralmente construído especialmente para tal; o cuidado para encontrar um horário especial para realizar o trabalho; medidas para proteger o mágico contra as forças erigidas; a busca por um espírito servidor para realizar a vontade do mágico; e uma variedade eclética e multicultural de material para pesquisa. Devemos ressaltar que todas essas características não estavam de forma alguma presentes em todas as obras de magia cerimonial compiladas entre os séculos IV e XIX; em vez disso, eram uma lista de condutas e artefatos dentre os quais os mágicos poderiam escolher de acordo com a vontade e a tradição para fazer as próprias construções. Nem tampouco há uma sucessão constante de material relevante durante esse período, pois a sobrevivência dos textos só veio a se tornar muito maior ao final da Idade Média. Nem há qualquer sugestão de progressão constante rumo a uma sofisticação mais intensa ao longo do tempo. Pelo contrário, por exemplo, os trabalhos nos papiros mágicos coptas geralmente são menos elaborados e cosmopolitas do que aqueles de seus predecessores pagãos, e os manuais dos mágicos na Europa renascentista eram tão paramentados e ambiciosos quanto os do Egito antigo. Não obstante, tais manuais do Renascimento foram compilados usando a coleção de técnicas listadas acima, a qual descendera a eles do mundo antigo e que agora aparece lá apenas nos textos egípcios.

CAPITULUM .IV } .221

É surpreendente também que, assim como a magia complexa nos papiros ao final da Antiguidade foi desenvolvida em clara oposição aos valores (e à lei) articulados pelos governantes imperiais romanos, ela também sobreviveu como uma contracultura muitas vezes explícita e autoconsciente. Um dos manuais mais famosos, ou mal-afamados, do final da Idade Média, O *Livro das Juras de Honório*, tinha a intenção de ser uma resposta direta a uma campanha papal contra a magia cerimonial tida como demoníaca, provavelmente a de João XXII nas décadas de 1310 e 1320. Seu prefácio afirmava audaciosamente que o papa e seus cardeais estavam possuídos por demônios, e que eram os mágicos quem serviam à causa da verdade, sob a inspiração do Deus cristão, e que eram modelos de devoção sincera e ofereciam um meio seguro de salvação.[65] O prefácio de um grimório igualmente famoso do início do período moderno, a *Chave de Salomão*, reivindicava que seu conteúdo havia sido passado ao autor por um anjo enviado deliberadamente pelo verdadeiro Deus para a instrução da humanidade.[66] Um tratado *Sobre as virtudes de ervas, pedras e animais*, conhecido desde o início do século XIV e popular até o século XVII, afirmava que, embora a magia pudesse ser utilizada para fins malignos, ela não era inerentemente ruim, "já que por meio do conhecimento dela o mal pode ser desviado, e o bem, alcançado".[67] Em época tão antiga quanto o século XIII, seu maior teólogo cristão, Tomás de Aquino, observava (com desgosto) o raciocínio adotado pelos praticantes de magia cerimonial de que não era pecado alcançar bons objetivos pelo uso de demônios (cativos), pois o Deus verdadeiro tornara as verdades científicas sujeitas ao conhecimento humano, e os demônios tinham melhor compreensão dessas verdades do que os humanos.[68]

Geralmente, conforme foi dito, os mágicos europeus do final da Idade Média e do início da era moderna se baseavam nos ideais estabelecidos das profissões clericais, monásticas e acadêmicas, e se apresentavam como exemplos de masculinidade devota e erudita.[69] Como um aspecto dessa postura, os mágicos católicos romanos rapidamente passaram a registrar os formulários religiosos a serviço de objetivos mágicos de um modo que teria sido totalmente inteligível para os autores de alguns dos papiros mágicos. Por volta do início do século XIII, logo depois que a magia cerimonial se estabeleceu no mundo do cristianismo romano, alguns deles tinham desenvolvido a *ars notoria*, ou "arte notarial", cujo termo é uma homenagem aos símbolos e diagramas — uma forma de auxílio à magia, mais uma vez, encontrada nos papiros egípcios —, uma característica dela. Seu objetivo era alcançar habilidades intelectuais e conhecimento abrangente por meio de orações ao Deus cristão e à companhia dos céus, normalmente seguida por purificações e ritos que incluíam *voces magicae* e tinham de ser realizados em momentos propícios. Isso enfatizava sua descendência na antiga tradição mágica levantina, incluindo passagens em hebraico, grego e aramaico, uma língua da antiga Mesopotâmia.[70] Os textos continuaram a ser copiados até o século XVII e, por volta do século XIV, vieram duas tradições derivadas. Um monge francês chamado John de Morigny compôs uma versão sem os diagramas e as *voces magicae* e, assim, a expurgou dos aspectos mais facilmente associados à magia, enfatizando, por sua vez, o apelo aos poderes celestiais.[71] O *Livro das Juras de Honório* empregou algumas de suas técnicas na ambição de se alcançar um dos maiores desejos dos cristãos devotos, a visão beatífica de seu Deus em toda sua glória. Isso duplicou a ambição dos neoplatônicos de utilizar ritos mágicos para atingir objetivos religiosos, e os ritos prescritos não apenas exigiam um cristianismo fervoroso e uma vida de austeridade monástica, como incorporavam algumas das liturgias estabelecidas da Igreja romana. Algumas versões, pelo menos do livro, no entanto, acompanhavam esse objetivo devoto com promessas de que o executante bem-sucedido também aprenderia a comandar anjos e demônios para, assim, adquirir poderes sobre-humanos capazes de realizar todos os desejos mundanos.[72]

CAPITULUM .IV } .223

Até agora, as características gerais e duradouras da tradição europeia de magia cerimonial têm sido enfatizadas como derivadas de raízes antigas mais evidentes nos papiros egípcios. Agora vale a pena perguntar se determinados grupos étnicos e culturais podem ter contribuído com características especiais desde o final da Antiguidade; e a resposta parece ser que tem havido três contribuições do gênero, associadas a cada uma das três grandes religiões do livro. Embora se sobreponham em época, cada uma delas também foi amplamente consecutiva. O elemento judeu foi identificado a partir da obra de Joshua Trachtenberg na década de 1930 em diante, na forma da ênfase ao emprego de anjos como ajudantes mágicos e na eficácia do nome oculto ou dos nomes do único Deus verdadeiro.[73] Ambos estavam enraizados na magia antiga, com os papiros mágicos já tendo incorporado completamente um senso de importância de se recrutar aliados e assistentes espirituais, e também de conhecer seus verdadeiros nomes para efetuar este processo. Ambos também foram associados às principais características do judaísmo, seu interesse por seres angelicais, sua preocupação com a santidade da linguagem em vez de focar nas esculturas visuais e seu intenso monoteísmo. Nenhum deles se harmonizava bem com o cristianismo ortodoxo. Os Santos Padres e os concílios eclesiásticos condenavam a evocação de anjos e reconheciam apenas os arcanjos mencionados na Bíblia como detentores de nomes individuais, enquanto a ideia de que recitar nomes especiais estimulava ou mesmo controlava poderes celestiais não estava em acordo ao conceito da majestade divina.[74] Todavia, a magia cristã em algum momento acabou por assimilar a ambos, principalmente a comunhão com os anjos, como temas principais.[75] A contribuição islâmica evidente para a tradição mágica europeia, provavelmente mais enfatizada entre os estudiosos por David Pingree, foi a magia astral, ritos concebidos para aproveitar os poderes dos corpos celestes a fim de influenciar os assuntos terrenos e, acima de tudo, atraí-los para objetos materiais, conhecidos como talismãs.[76] Essa tradição parece ter se desenvolvido na Mesopotâmia, à época o coração do Império Árabe com sua capital em Bagdá, no século IX, embora tal conclusão talvez se origine de cópias possivelmente mal atribuídas de textos posteriores, e esse tipo de magia fosse conhecido em todo o mundo islâmico, incluindo aparentemente seu principal anexo ocidental na Espanha, por volta do século XI.[77] Se isso se desenvolveu na Mesopotâmia, é tentador sugerir que foi consequência natural da antiga preocupação da região para com os poderes celestiais e os movimentos dos céus, e de fato é exatamente o que pode ter acontecido. Por outro lado, é difícil traçar um desenvolvimento direto para a magia astral a partir dos textos babilônicos e assírios ao longo do milênio intermediário até o período islâmico. O próprio Império Árabe funcionou por alguns séculos como uma supervia de informação que se estendia dos Pireneus à Índia, e seus territórios centrais abrangiam a maior parte da antiga zona cultural helenística, incluindo o Egito, na qual as ideias mesopotâmicas podem ter se transmutado em magia astral fora de sua terra natal, como um caso paralelo àquele da astrologia. Diz-se que os primeiros textos dessa magia foram produzidos em Bagdá, talvez isso simplesmente reflita o fato de que era a capital imperial e cultural na data em questão.

A magia astral dependia enormemente da ideia de correspondências ocultas que ligavam diferentes partes do cosmos e significavam que a combinação correta de palavras, ingredientes animais, vegetais e minerais, e horários poderia render efeitos mágicos. Tais correspondências instruíram o manual de Bolus de Mendes, e constituem a base da maioria das atividades nos papiros mágicos e o conteúdo do *Kyranides* e da teurgia neoplatonista. Os papiros contêm diversas receitas para conferir poder mágico a objetos, principalmente anéis. Eles também incluem um feitiço de amor que consiste na evocação ao planeta Vênus, envolvendo um incenso especial e um amuleto a ser usado pela pessoa; em outro, endereçado a um anjo que acredita-se ser capaz de animar o sol, usava-se folhas de louro inscritas com signos zodiacais para ter um sonho profético.[78] Os textos herméticos, produzidos no Egito mais ou menos à mesma época, atribuem um papel importante aos planetas, como agentes imediatos de um deus criador todo-poderoso.[79] O antigo Egito tardio, portanto, já tinha toda a matéria-prima para o sistema que subsequentemente surgiu no mundo islâmico, tendo ou não se provado diretamente influente em seu desenvolvimento. O que não está em xeque é o meio de sua transmissão à Europa cristã, pela tradução em massa de textos árabes para o latim durante o século XII. Lá ela capturou a imaginação de intelectuais e se tornou parte da tradição cristã medieval de magia cerimonial.[80]

A contribuição evidente da própria Europa cristã para tal tradição parece ter sido geométrica: o uso do círculo consagrado como o ponto usual para a realização de magia, com significado especial muitas vezes concedido às suas quatro direções cardeais (leste, sul, oeste e norte), e a identificação do pentagrama como o símbolo mais poderoso da magia. Todas essas

CAPITULUM .IV } .225

representações, sem dúvida, tinham raízes antigas. Um antigo rito mesopotâmico de exorcismo dizia que o āshipu salpicasse um *usurtu* (geralmente traduzido como um anel) de visco em torno das estátuas das divindades cujo poder se pretendesse evocar.[81] Outro fazia uma defumação do "círculo de sua grande divindade" para dentro do qual dois deuses protetores deveriam ser convidados.[82] Uma prática genuína — embora ocasional — pode, portanto, estar por trás da descrição dos ritos de um *magos* mesopotâmico pelo satírico grego Luciano, para preparar um cliente para uma viagem ao mundo subterrâneo. Em um dos ritos, o mágico "circundava totalmente" o cliente a fim de protegê-lo dos mortos durante a viagem.[83] A circumambulação, o processo ritualístico de circular por um espaço sagrado antes de utilizá-lo, era uma característica da religião egípcia nativa desde os primórdios, embora não tivesse a mesma importância nos papiros mágicos.[84] Em vez disso, eles vez ou outra incluíam um círculo como uma das imagens desenhadas como etapa do rito, para então inscrever símbolos dentro dele, e, apenas uma vez, o mágico se posta dentro dele.[85] Isso aparece na (lendária) magia antiga judaica, em uma história do período romano, de "Onias, o fazedor de círculos", que encerrou uma seca na Palestina ao desenhar a figura no solo e ficar dentro dela para rezar a Javé por chuva.[86] Na magia anglo-saxônica, às vezes o círculo era desenhado em volta de partes feridas ou doentes do corpo para conter uma infecção, ou cavado ao redor de plantas antes da colheita, para concentrar seu poder.[87]

O significado dos pontos cardeais da bússola já é conhecido desde a antiga Mesopotâmia, onde já no terceiro milênio a.C., reis das cidades-estados sumérias se autodenominavam governantes "dos quatro quadrantes".[88] Um escritor muçulmano afirmava (de segunda mão e com precisão desconhecida) que o povo de Harran, no norte da Síria, que no início da Idade Média acreditava-se praticante de uma religião que representava uma continuação ou um desenvolvimento do paganismo helenístico, orava aos pontos cardeais.[89] Tais pontos aparecem em algumas cerimônias nos papiros mágicos, mas — assim como o círculo — isso não ocorre regularmente.[90] Alguns amuletos anglo-saxões eram projetados para serem pendurados nos quatro lados de um estábulo ou chiqueiro para proteger os animais, ou talhados nos quatro lados de uma ferida, ou em um pedaço de pau para que ficasse carregado de poder.[91] Quanto ao pentagrama, as estrelas de cinco pontas são encontradas na antiga arte egípcia, mesopotâmica, grega e romana ou em moedas, e também no início da Idade Média cristã, mas sem qualquer tradição singular com seu significado e uso: em muitos contextos, pareciam

> **Na magia anglo-saxônica, às vezes o círculo era desenhado em volta de partes feridas ou doentes do corpo para conter uma infecção, ou cavado ao redor de plantas antes da colheita, para concentrar seu poder.**

meramente decorativas.[92] O satírico Luciano dizia que os seguidores do filósofo Pitágoras usavam o símbolo como uma espécie de senha, sinalizando o desejo de saúde; o que faria sentido se ele agisse (como ocorreu em parte, mais tarde) como um símbolo do corpo humano, embora uma sátira talvez não seja a melhor fonte para se buscar informações sólidas sobre um sistema de crenças particular.[93] Não há nenhuma evidência real de que o pentagrama tenha tido qualquer associação especial com a magia no mundo antigo. Ele aparece uma vez no escudo de um guerreiro pintado num cálice grego, o que pode ser reflexo de uma crença em suas características protetoras, ou apenas uma estrela decorativa. O estudo mais meticuloso sobre seu significado antigo até agora conclui (relutantemente) que sua ampla distribuição nos tempos antigos pode ter sido "simplesmente uma questão de definir um tema, digamos, um tema decorativo, com ou sem qualquer significado em especial, juntamente a vários outros", e "o significado mágico do pentagrama... ainda não estava evidente" (antes do final da Idade Média).[94]

CAPITULUM .IV } .227

Assim que os europeus ocidentais contraíram o hábito de executar a magia cerimonial complexa, no século XII, aparentemente como resultado de sua tradução de textos gregos, hebraicos e árabes, eles demonstraram preferência pelo círculo em quadrantes e pelo pentagrama. No decorrer da condenação dessa magia, no início do século XIII, Guilherme de Auvergne, arcebispo de Paris, descreveu uma cerimônia chamada "O Círculo Principal", que envolvia a convocação de espíritos dos quatro quadrantes. Ele também proclamava a crença de que o pentagrama tinha um poder mágico ativo e estava especialmente associado a Salomão, o mais sábio dos reis bíblicos, que foi reimaginado ao final da Antiguidade como um poderoso mágico.[95] O *Livro das Juras de Honório*, de seus manuscritos mais antigos a sobreviver, do século XIV, coloca a figura no centro do "Selo de Deus",

> **Não há nenhuma evidência real de que o pentagrama tenha tido qualquer associação especial com a magia no mundo antigo. Ele aparece uma vez no escudo de um guerreiro pintado num cálice grego, o que pode ser reflexo de uma crença em suas características protetoras, ou apenas uma estrela decorativa.**

que foi a obra mais importante no feito da visão beatífica. Nela também aparecem círculos consagrados.[96] No mesmo século, uma das mais famosas peças da literatura medieval inglesa dos romances de cavalaria, escrita por um de seus autores mais devotos, o poema "Sir Gawain e o Cavaleiro Verde", gravou a imagem no escudo de seu herói.[97] Um estudioso italiano daquele século, Antonio de Montolmo, chamava o círculo de a figura mais perfeita para as cerimônias mágicas e dava suas instruções pessoais para consagrá-lo.[98] Contemporâneo do poeta Gawain e de Antonio, o inquisidor Nicolau Eymeric incluiu em seu célebre manual para caçadores de heresia

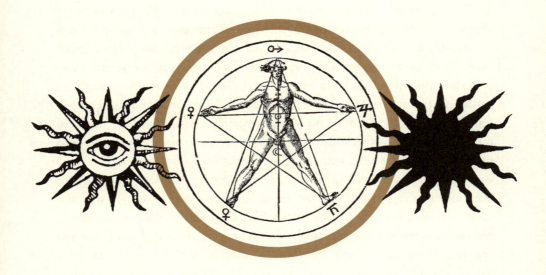

uma descrição de uma cerimônia envolvendo um texto para evocar um espírito em um menino, por meio do qual perguntas seriam respondidas. Essa é uma prática familiar dos papiros mágicos, com a diferença de que agora o menino precisava ficar em um círculo desenhado na terra.[99] Por volta dos séculos XV e XVI, épocas em que os livros de magia ritual sobrevivem em relativa abundância, o círculo, frequentemente com seus pontos cardeais definidos, e o pentagrama, são as figuras padrão das cerimônias mágicas.[100] O pentagrama também penetrou na cultura popular, assim como aparece em muitas partes da Europa ocidental ao final da Idade Média, em casas, berços, estrados de camas e pórticos de igreja, como um símbolo de proteção.[101] As razões para a nova importância do desenho são fáceis de se supor. Uma das principais preocupações da considerável agitação intelectual da Europa ocidental no século XII, muitas vezes chamada de "Renascimento do século XII", era a reconciliação da erudição antiga com a literatura criativa, as crenças cristãs e o conhecimento do mundo natural, para assim alinhar harmonicamente os humanos ao plano divino para o universo. Como parte disso, Honório de Autun e Hildegard de Bingen afirmavam que o corpo humano era construído sobre uma base formada pelo número cinco, tendo cinco sentidos, cinco membros (pois incluía a cabeça) e cinco dedos nas mãos e pés. Isso fez do pentagrama um símbolo óbvio do microcosmo que a forma humana representava da imagem divina sobre a qual fora moldada.[102] O autor do século XIV de "Sir Gawain e o Cavaleiro Verde" repetiu a associação à Salomão e à forma divina, e acrescentou mais uma aludindo às cinco chagas de Cristo, um símbolo cada vez mais importante no cristianismo ocidental à época. Como tal, acrescentou ele, era especialmente eficaz para repelir o mal. Quanto ao círculo, o estudioso italiano Antonio de Montolmo, que atuava na mesma época, declarou que era o símbolo essencial do Deus verdadeiro, assim como o principal motor do universo (presumivelmente se referindo aos ciclos realizados pelo sol, pela lua e pelas estações e as esferas do universo).[103] O interesse especial por tais esferas na cosmologia medieval posterior pode explicar por si só a nova importância arcana do círculo. Nem os moralistas que condenavam a magia cerimonial nos períodos medieval e renascentista, nem os autores de livros a respeito dela, conseguiam concordar sobre sua real função nas cerimônias. Para alguns, era uma fortaleza para o mágico, a qual o protegia dos demônios (e às vezes de anjos irascíveis) conjurados; para outros, era um foco de poder em si, que poderia ser irradiado.[104] Mas é discutível o quanto a importância dessas figuras pode ser considerada marca geral da magia cristã medieval posterior, e o quanto é marca do cristianismo ocidental especificamente. Elas aparecem abundantemente nas diferentes versões do *Tratado Mágico de Salomão*, que, como foi redigido em grego, geralmente é considerado uma obra bizantina e, portanto, as tornaria características da magia em ambas as grandes vertentes do cristianismo europeu medieval. Elas não parecem figurar, no entanto, nos registros vigentes da magia bizantina, e nem há referências ao *Tratado Mágico* lá, enquanto não há provas de que nenhuma de suas cópias tenha vindo do Império Bizantino; a origem dos exemplos medievais pode ser situada, ela é italiana.[105] É possível que eles tenham sido compostos em uma região falante do grego do mundo latino-cristão, tal como a Sicília, e que a importância do círculo, dos quadrantes e dos pentagramas fosse uma característica somente desse mundo.

O que pode emergir dessa sequência de sugestões é o quanto foi diminuta a contribuição europeia para a tradição ocidental de magia cerimonial, muito embora alguns europeus a tenham adotado com entusiasmo do século XII em diante. Qualquer que tenha sido a prioridade do Egito nela, essa mágica foi essencialmente um produto do Oriente Próximo, que pode ser sugerido como responsável por três grandes contribuições para as visões europeias do sobrenatural, em ondas sucessivas. A primeira delas afetou o paganismo europeu, ao estimulá-lo a tratar suas divindades como uma família em disputa, com histórias individuais e coletivas relacionadas a seus membros. A segunda foi a entrega do cristianismo, e a terceira foi a provisão da magia cerimonial como uma ideologia e prática que poderiam ser combinadas à maioria das religiões. Ao mesmo tempo, essa magia representava uma forma de lidar com seres sobre-humanos que estavam em desacordo com o cristianismo, e certamente com a tradição europeia pré-cristã. Cada florescimento sucessivo era parte de um período mais generalizado de intensa criatividade na religiosidade da Europa e do Oriente Próximo. Seu surgimento foi contemporâneo à germinação das religiões de mistério pagãs e do neoplatonismo, do gnosticismo e do hermetismo, do desenvolvimento do judaísmo rabínico e do crescimento e triunfo do cristianismo. Seu período seguinte de desenvolvimento foi aquele de amadurecimento do Islã como uma religião importante, e o seguinte acompanhou o renascimento do cristianismo ocidental no século XII. O período da Renascença propriamente dita e da Reforma testemunhou outro grande florescimento da magia cerimonial, e então mais um se seguiu na agitação espiritual na Europa do final do século XIX, e então (discutivelmente) mais outro no Ocidente do final do século XX. Sua história parece ser indissolúvel daquela da religião europeia e do Oriente Próximo como um todo.

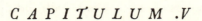

CAPITULUM .V   } p.235

SABBATH:
SABBATH DAS BRUXAS
RITUALIBUS MALEFICIS

Na imaginação popular, as noites da Europa medieval e do início da era moderna eram abundantes de exércitos e procissões espectrais, e tais aparições passaram a desempenhar um papel importante nas explicações feitas por alguns estudiosos pioneiros na construção mental que se tornou o sabbath das bruxas da era moderna. O principal desenvolvimento historiográfico que levou a uma conexão entre eles e aquele construto foi o colapso de um sistema de explicação anterior para os julgamentos das bruxas do início da era moderna: a crença, sustentada por uma sucessão de autores entre o início do século XIX e meados do século XX, de que as pessoas julgadas por bruxaria eram praticantes de uma religião pagã sobrevivente desde a Antiguidade e que agora era aniquilada pela caça às bruxas. Isso foi desenvolvido inicialmente por acadêmicos alemães, e então difundido para os franceses, tornando-se amplamente adotado entre os escritores falantes de inglês no final do século XIX. Nunca foi ortodoxia entre os especialistas nos julgamentos em si, embora estes tenham permanecido poucos até o final do século XX; em vez disso, foi adotado por acadêmicos de outros campos e disciplinas, e também por autores não acadêmicos. E serviu habilmente a uma gama daqueles. Para conservadores e reacionários, foi inicialmente uma forma de defender os julgamentos, argumentando que, embora a bruxaria em si não pudesse mais ser levada a sério, as pessoas acusadas de realizá-la ainda eram adeptas de velhos cultos sanguinários e orgiásticos que mereciam ser punidos e reprimidos. Liberais, radicais e feministas poderiam reverter tais afirmações, ao retratar a religião pagã das bruxas como um movimento alegre e libertador que reafirmava a vida, que venerava o mundo natural e elevava o status da mulher ao de mais forte entre as pessoas comuns e que se opunha a tudo o que igrejas, aristocracias e patriarcados estabelecidos representavam; e é por isso (tal tradição poderia alegar) que este último a subjugou brutalmente. Aqueles que desgostavam de todas as religiões poderiam usar essa teoria da bruxaria para minar a ideia de que os períodos medieval e moderno foram eras de fé cristã universal e fervorosa, pois a Europa aparentemente ancorava uma aliança religiosa rival, a qual exercia maior atração entre o cidadão comum. Isso não necessariamente envolvia qualquer admiração mais intensa pelas bruxas pagãs representadas, que poderiam ser consideradas seguidoras de um tipo diferente de ignorância e superstição daquela presente na elite. Na Inglaterra, uma idealização cada vez mais fervorosa das regiões rurais em retração e o anseio por um senso de continuidade orgânica e atemporal para contrabalançar os processos traumáticos de urbanização e industrialização encontraram consolo na ideia de que isso por muito tempo escondera um paganismo que costumava reverenciar o natural, a natureza e o fértil.[1] No início e em meados do século XX, uma escritora britânica passou a ser especialmente associada à hipótese, uma distinta egiptóloga chamada Margaret Murray, que escreveu sobre bruxaria (entre outros assuntos) como uma via secundária a sua disciplina principal. Sua proeminência como defensora da bruxaria como resquício pagão derivava de uma série de fatores. Um deles foi sua notável longevidade, de modo que continuou a publicar sobre o assunto por quarenta anos; o outro foi a convicção apaixonada com que ela apresentava seus argumentos. Outro ponto importante foi que ela escreveu um tanto mais extensamente sobre o assunto se comparada à maioria de seus predecessores e, diferentemente da maior parte deles, valeu-se de fontes históricas primárias (embora sempre textos oficialmente publicados, sobretudo britânicos) para embasar suas afirmações. Isso reforçou o predomínio da ideia de que a bruxaria fora um culto pagão de fertilidade sobre o qual ela tendia a não creditar a nenhum predecessor, e quando escreveu a respeito em um fórum popular (como o verbete sobre bruxaria na *Enciclopédia*

Britânica, para o qual ela foi convidada a contribuir), o fez como se fosse um fato consagrado. É por isso que em meados do século XX a ideia se tornara comumente conhecida como "a tese de Murray", o que passou uma impressão enganosa tanto em relação a sua longevidade quanto ao número de autores anteriores a abraçá-la. Sua defesa apaixonada significava que, àquela altura, ela não só havia causado uma impressão notável no público em geral no universo dos leitores ingleses, como também era aceita por uma série de historiadores especialistas em outros campos, alguns muito célebres. Por volta da década de 1960, foram levantadas dúvidas a respeito de sua teoria, mas a crença geral nessa vertente só começou a entrar em colapso entre os especialistas em estudos medievais e do início da era moderna por volta de 1970, com a publicação de trabalhos detalhados a respeito de julgamentos de bruxas locais baseados em estudos abrangentes de registros de arquivo (os quais Margaret Murray negligenciara).[2] Isso se manteve até o presente e não deixou dúvidas de que a bruxaria não era uma religião pagã sobrevivente, ou qualquer outro tipo de religião coerente e independente. A ideia de que teria sido assim nunca foi aceita por historiadores cuja especialidade consistia em julgamentos de bruxas, e a única coisa necessária para derrubá-la por terra foi o fato de esses estudiosos terem se tornado mais numerosos e mais conhecidos. Mesmo assim, fora uma hipótese que valera a pena analisar.

Seu legado, de certa forma, atrasou o relógio historiográfico para o início do século XIX, devolvendo à aceitação geral a ideia de que o conceito que inspirara os julgamentos, com a bruxaria como uma religião dedicada a Satanás e à prática sistemática da magia maligna, fora uma tremenda ilusão. Isto, por sua vez, incitou mais veementemente a dúvida de como, nesse caso, tal ilusão poderia ter surgido, e uma das primeiras respostas coerentes foi fornecida por Norman Cohn em 1975. Seu livro inteiro foi efetivamente uma resposta à ideia de que a bruxaria fora de fato uma religião, e ele sugeriu que o estereótipo satânico para a prática derivava de duas fontes diferentes. Uma delas era a tradição, que se originara na Roma pagã e se estendera ao cristianismo medieval, de acusar, dentro de uma sociedade, os grupos que abraçassem uma religião inconforme à norma dominante, de atuar numa porção de atividades antissociais que geralmente incluíam orgias sexuais, rituais de assassinato e canibalismo. A outra vertente consistia em crenças populares a respeito de seres noturnos voadores e errantes, alguns também descendentes da época pagã. Aqui, Cohn chamou a atenção para as figuras da *strix* e da bruxa canibal germânica, mas também para a importância dos muito difundidos relatos medievais sobre as procissões e bandos noturnos, alguns consistindo em mortos e alguns em seguidores de uma figura feminina sobre-humana. Ele sugeriu que essas duas correntes distintas de fantasia se combinaram para criar o mito do final da Idade Média e do início da Modernidade sobre a conspiração satânica das bruxas, e também sobre suas reuniões, o "sabbath", nas quais elas se juntavam e adoravam o Diabo.[3] Basicamente, o modelo de Cohn resistiu ao teste do tempo e permanece sendo a base para a compreensão da perseguição moderna às supostas bruxas.

As imagens e ideias que sustentavam a noção da religião das bruxas do início da era moderna eram fortemente baseadas em tradições folclóricas que, em última análise, derivavam de um antigo culto pagão da fertilidade.

Tais desenvolvimentos apresentaram problemas para Carlo Ginzburg, que era surpreendentemente consciente da importância das crenças populares nos julgamentos de bruxas devido ao seu trabalho sobre os *benandanti* italianos, que representavam um caso extremo dessa importância. Sua primeira publicação desse trabalho foi em italiano, em 1966, época em que a "tese de Murray" estava sendo questionada, porém ainda amplamente aceita. Ele contemporizou adequadamente ao falar da realidade de uma religião das bruxas: afinal de contas, Margaret Murray usara registros derivados do outro lado da Europa ocidental junto aos dele e, portanto, seus relatos não se interconectavam de fato. Ele deixou claro que os *benandanti* conduziam suas supostas habilidades mágicas num estado de transe ou em sonhos, enquanto sustentava a possibilidade de que eles representassem

CAPITULUM .V } .239

uma associação sectária com crenças comuns que poderiam se encontrar na realidade (algo que a evidência não refuta, mas de forma alguma prova). Em 1983, foi lançada a edição em inglês de seu trabalho e, a essa altura, a "tese de Murray" já havia perecido entre os historiadores profissionais. Ele, por conseguinte, deixou claro que seu próprio trabalho não confirmava que as bruxas se reuniam para ritos comunais no início do período moderno, mas sentia que ainda era verdade que as imagens e ideias que sustentavam a noção da religião das bruxas do início da era moderna eram fortemente baseadas em tradições folclóricas que, em última análise, derivavam de um antigo culto pagão da fertilidade. No entanto, ele não sugeria que o culto em questão tivesse sobrevivido ao longo da Idade Média e que as pessoas acusadas de bruxaria ainda o praticassem.[4] Ao final da década de 1980, Ginzburg deu vida a seu próprio estudo geral sobre as origens da imagem do sabbath das bruxas, no qual ele reafirmava essa ideia numa escala maior. Ele atestou completamente a queda da "tese de Murray", declarando que até aquela data "quase todos os historiadores da bruxaria" concordavam que era "amadorística, absurda, desprovida de qualquer mérito científico". Ele anuía que tal polêmica era "justificada", mas temia que tivesse servido para desviar seus colegas do interesse nas origens dos símbolos que compunham o estereótipo do sabbath, muito embora eles "documentassem mitos, e não rituais". Ele estava correto em relação a esse temor, pois a nova onda de estudos locais tendeu a negligenciar a dúvida sobre a origem dos elementos populares nas crenças e acusações. Ao afirmar isso, ele escolheu se distanciar de Norman Cohn, um dos poucos autores a enfrentar tal dúvida diretamente, e o fez de duas maneiras. A primeira foi argumentando que o desenvolvimento a curto prazo da imagem divergente dos padrões religioso e social — no século XIV — era mais importante do que a história de longo prazo da estereotipagem europeia do desvio reconstruído por Cohn. A segunda foi minimizando a importância dos elementos antigos e folclóricos no modelo de Cohn, alegando que este não demonstrara interesse em suas origens, abordando-os, em vez disso, como exemplos de psicologia ou antropologia humana.[5]

Na verdade, esses dois historiadores talentosos tinham muito fundamentalmente em comum, já que ambos enfatizavam as correntes gêmeas da tradição que se fundiram para criar a ideia do sabbath: a do estereótipo do desviante religioso e moral (exceto que Ginzburg enfatizara a etapa final de desenvolvimento, do século XIV) e das fantasias, também enraizadas

CAPITULUM .V } .241

em crenças antigas, com os seres noturnos errantes (exceto que Ginzburg, tomando os *benandanti* como seu grupo normativo, negligenciava a figura do demônio predador e se concentrava nos bandos e procissões). Ginzburg também diferia por estar interessado em rastrear aquela crença antiga para além de suas manifestações históricas em um mundo mental pré-histórico reconstruído, estando disposto a fazer analogias ao longo do processo, notadamente aquelas com o xamanismo, e presumir a existência anterior de uma única religião da fertilidade ou técnica de rito xamânico, ou pelo menos um único complexo de qualquer uma delas, o qual abrangera a Eurásia. Ao fazê-lo, ele na verdade estava aderindo a uma tradição de erudição muito mais antiga, a qual, assim como a ideia de que as bruxas do início da era moderna eram pagãs, se desenvolvera durante o século XIX. Isso dependeu de duas suposições. A primeira era que quanto mais retrocedêssemos no tempo humano, mais unificada e coesa a crença humana tendia a se tornar, de modo que a pluralidade de religiões encontradas na Europa antiga e de temáticas folclóricas encontradas na Europa medieval e moderna eram, na verdade, fragmentos de uma única tradição pré-histórica; tal ideia foi muito estimulada pela Bíblia, isto se não foi inteiramente derivada dela. A outra era que os costumes e as histórias populares do folclore moderno eram frequentemente, senão principalmente, sobrevivências fragmentárias de um passado pré-cristão e, deste modo, poderiam ser abordados como o equivalente histórico dos fósseis. Tal visão originou a crença de que, se coletados e remontados, e às vezes também combinados aos costumes e histórias dos povos "primitivos" no mundo não europeu, eles poderiam ser utilizados para reconstruir um cenário convincente da religião pré-histórica, e assim talvez da evolução mental humana. Ambas as ideias foram desenvolvidas principalmente na Alemanha, mas depois adotadas com entusiasmo pelos britânicos vitorianos e eduardianos, entre os quais o mais célebre foi Sir James Frazer.

Elas foram rejeitadas pela maioria dos historiadores e antropólogos no decorrer do século xx, tanto porque suas conclusões eram inaptas para a comprovação objetiva, quanto porque a técnica de reunir tantos dados heterogêneos, sem levar em conta o contexto (e muitas desprovida de contexto efetivamente) começou a preocupar muita gente.[6] Ambas, no entanto, sustentaram a representação de Mircea Eliade do xamanismo como uma tradição arcaica e outrora universal de combate espiritual; e Eliade foi inspirado por Frazer.[7] Não só a formulação do xamanismo de Eliade é semelhante àquela de Ginzburg, como a influência de Frazer desempenhou um papel na interpretação de Ginzburg dos *benandanti*.[8]

Alguns outros autores realizaram o mesmo trabalho que Cohn e Ginzburg, rejeitando Margaret Murray enquanto mantinham interesse nas raízes folclóricas das crenças na bruxaria. Um deles foi Éva Pócs, que usou principalmente material do sudeste europeu, tanto para enfatizar o elemento da tradição popular nessas crenças quanto sua derivação de sistemas de pensamento antigos, e a diferença entre esse exercício e aquele decretado por Murray e seus predecessores. A distinção, conforme Pócs formulou, foi que este último acreditava na realidade das reuniões de bruxas, ao passo que ela estava identificando reminiscências, preservadas em relatos de bruxaria, as quais combinavam lembranças de sociedades genuínas de mágicos populares (os quais ela em nenhum momento sugere serem pagãos) a crenças fundamentalmente antigas em fadas, demônios e batalhas entre espíritos de humanos especiais. No processo, ela generosa e corretamente chamou a atenção para a importância de Norman Cohn ao ser o pioneiro a apontar a importância dessa tradição popular.[9] Outro foi Gustav Henningsen, que escreveu um livro volumoso para apresentar explicitamente como o tipo de material utilizado por Margaret Murray para demonstrar a existência de uma religião de bruxas na verdade não o fez, ao mesmo tempo que forneceu um dos estudos mais fascinantes de como uma crença popular em espíritos noturnos voadores poderia se misturar a noções de bruxaria.[10] O presente estudo segue os passos dessa dupla tradição, e sua preocupação exata neste momento é com a tradição medieval de anfitriões noturnos de espíritos, que se destaca na obra de todos esses notáveis antecessores de Norman Cohn em diante. É hora de analisar mais atentamente as crenças antigas das quais ela pretensamente se deriva, e também a natureza exata da tradição propriamente dita.

CAPITULUM .V } .243

A CONSTRUÇÃO DA CAÇADA SELVAGEM

Na era moderna, os grupos de espíritos noturnos errantes da imaginação medieval foram frequentemente misturados entre si sob o rótulo "a Caçada Selvagem", uma cúpula que pode disfarçar uma reunião dos mortos humanos, ou de mulheres e homens vivos, fosse em espírito ou forma corpórea, ou de espíritos ou demônios não humanos. Às vezes, essa reunião era chamada Exército Furioso, ou Herlathing, ou Exército de Herlewin, ou Exército de Hellequim. Muitas vezes, possui um líder divino ou semidivino identificável, seja feminino (chamado Diana, Herodíade, Holda, Perchta, outros nomes ou variantes desses nomes) ou masculino (chamado Odin ou Wotan, Herla ou Herne o Caçador, ou às vezes identificado como o rei Herodes ou Pôncio Pilatos); e às vezes ambos, formando uma parceria.[11] Em seu primeiro trabalho sobre os *benandanti*, Carlo Ginzburg chamou a atenção para a importância da Caçada na criação de imagens-chave para os julgamentos das bruxas, intitulando-a de passeio noturno de humanos mortos prematuramente liderados por uma deusa da fertilidade. Para ele, "[a Caçada] expressava um temor antigo, pré-cristão, dos mortos, vistos como meros objetos de terror, como entidades maléficas implacáveis sem a possibilidade de qualquer tipo de expiação", o que se cristianizou no século XII.[12] Éva Pócs acompanhou devidamente o raciocínio, declarando que quando as tradições populares de espíritos noturnos errantes são examinadas,

> desde os celtas ao povo do Báltico, os contornos de uma herança indo-europeia comum parecem emergir. Isso está ligado ao culto aos mortos, aos mortos trazendo fertilidade, à feitiçaria e ao xamanismo em relação aos diferentes deuses dos mortos, que estão ligados ao xamanismo que assegurava a fertilidade por meio dos mortos.[13]

Essa ideia ainda tinha força total em 2011, quando o historiador francês Claude Lecouteux fez um levantamento bastante abrangente das tradições medievais dos grupos de espíritos noturnos. Ele afirmou que

> a Caçada Selvagem é um bando de mortos cuja passagem pela terra em determinadas épocas do ano é acompanhada por diversos fenômenos. Além desses elementos, tudo o mais varia: a composição da tropa; a aparência do bando; a presença ou ausência de animais; algazarra ou silêncio; a existência de um líder masculino ou feminino que, dependendo do país e da região, carrega nomes diferentes.

Ele acrescentou que

> os mortos presidiam à fertilidade do solo e do gado, e precisavam ser apaziguados ou expulsos, caso se revelassem perversos. De uma forma ou de outra, a Caçada Selvagem caiu no vasto complexo da veneração aos ancestrais, do culto aos mortos, que são os intermediários entre o homem e os deuses.[14]

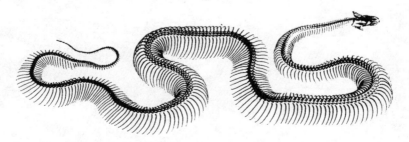

A ênfase na fertilidade em todos os casos deveria servir de alerta àqueles familiarizados com a historiografia moderna e estudos folclóricos para a influência da cultura do século xix, do tipo que culminou com Frazer e que se mostrou amplamente inquieta com a ideia da antiga religião pagã como um conjunto de ritos de fertilidade. Nesse caso, há um único livro por trás de toda a construção da Caçada Selvagem, a obra *Deutsche Mythologie* (mitologia alemã ou "teutônica"), de Jacob Grimm, publicada pela primeira vez em 1835. Foi ela que desenvolveu a imagem do passeio noturno realizado por heróis mortos, liderados por um deus pagão e sua consorte feminina, e popularizou o termo "Caçada Selvagem", *Wilde Jagd*, para tal. Ao fazê-lo, Grimm se baseou fortemente nas duas hipóteses mencionadas acima, tão influentes em seu século e também posteriormente: que as formas variantes de uma crença popular registradas em épocas históricas devem ser fragmentos de um mito original, unificado e arcaico; e que o folclore registrado nos tempos modernos pode presumidamente representar resquícios de rituais e crenças pré-históricos, e usado para reconstruí-los. Devemos enfatizar agora que alguns dos costumes e crenças do folclore moderno podem de fato ser rastreados até suas origens remotas; mas que eles são relativamente poucos, e o declínio tem de ser demonstrado, a partir de evidências documentais nos milênios intermediários.[15] Grimm, como a maioria dos folcloristas do século xix, presumia que as crenças e ritos contemporâneos das pessoas comuns, especialmente nas regiões rurais, representavam uma reencenação ou repetição irrefletida e imutável, século a século, de formas e ideias antigas por comunidades que já não mais as compreendiam (de modo que essas tais formas e ideias deveriam ser estudadas e devidamente interpretadas por intelectuais experientes). Foi uma postura profundamente paternalista, que em muito subestimou os aspectos dinâmicos e criativos da cultura popular.[16] A construção de Grimm sobre a Caçada Selvagem foi, portanto, uma miscelânea do folclore moderno de várias áreas diferentes e fragmentos da literatura medieval e do início da Modernidade, misturados entre si para produzir um original imaginado que eliminava distinções e discrepâncias em seu material componente. Foi muito conveniente à pauta para fomentar um nacionalismo alemão moderno ao apresentar a uma Alemanha politicamente fragmentada uma única mitologia antiga que unia todas as partes do mundo alemão e escandinavo.

CAPITULUM .V } .247

Sua construção da Caçada Selvagem se provou influente em dois diferentes contextos. Um foi inevitavelmente em seu estudo do século xx redigido em alemão, e aqui o debate principal foi iniciado em 1934 por Otto Höfler, que declarou ser uma reminiscência de um antigo culto do guerreiro germânico dedicado ao deus Wotan, conhecido como Odin; uma controvérsia que se esvaiu devido à incapacidade de se provar ou refutar sua hipótese.[17] A outra tem sido a tentativa mais recente de fazer da Caçada uma das fontes para a ideia do sabbath das bruxas, conforme descrito. A ideia mais comumente articulada pelos autores alemães e austríacos — que o fundamento para a crença na Caça está em antigos cultos aos mortos, muitas vezes relacionados à fertilidade — nitidamente influenciou os escritores interessados em bruxaria; e um dos estudos alemães da década de 1930 forneceu um acervo de textos medievais e do início da era moderna a respeito do assunto, sobre os quais escritores ulteriores de ambos os grupos se fiaram majoritariamente.[18] Na maioria das vezes, no entanto, os dois contextos dificilmente se conectaram, e em geral os autores interessados na mitologia alemã enfatizavam os exércitos de mortos, e aqueles interessados em bruxaria, as jornadas lideradas por uma mulher sobrenatural. Desde meados do século xx, tem havido maior disposição para reconhecer que o conceito da Caçada Selvagem é múltiplo, formado por conteúdos de diferentes tipos e de diferentes datas.[19] No entanto, ainda existe uma aceitação geral dos dois pontos principais levantados pela metodologia de Grimm: que, no fim das contas, o conceito deriva do paganismo antigo e, em especial, de um culto aos mortos; e que o folclore moderno pode ser utilizado para preencher as lacunas nos registros medievais e do início da era moderna.

A proposta aqui é examinar relatos da Idade Média e do início da era moderna sobre as procissões noturnas de espíritos sem qualquer suposição prévia de que eles fossem sustentados por um sistema unificado de crenças antigas; e com uma concentração apenas em fontes compiladas antes de 1600, época em que o conceito do sabbath das bruxas estava totalmente formado. Já houve progresso recente na desconstrução da noção moderna da Caçada Selvagem pelo uso da segunda tática. Claude Lecouteux demonstrou que as fontes medievais e do século XVI se referem a três diferentes tipos de caçadores espectrais: um demônio perseguindo pecadores; um caçador humano pecador, condenado a caçar sem descanso como punição; e um homem selvagem que persegue presas sobrenaturais e às vezes rebanhos humanos.[20] O que pode ser extrapolado de seu trabalho é que como nenhuma dessas figuras possui séquito e nenhuma está ligada aos exércitos e procissões noturnas, o termo "Caçada Selvagem" é em si inadequado como um termo genérico para esta última. Jeremy Harte subtraiu o personagem Herne, o Caçador da amálgama, descobrindo que ele apareceu primeiro como um fantasma solitário numa peça de William Shakespeare, e talvez tendo sido uma criação do próprio dramaturgo. Foi Grimm quem o acrescentou à lista de líderes regionais de seu complexo da Caçada, puramente por causa do nome Herne.[21] Finalmente, os fantasmas dos heróis, sobretudo o rei Arthur, às vezes eram vistos por testemunhas medievais durante uma caçada, mas isso parece ter sido encarado como uma atividade aristocrática natural, em vez de carregar significado cosmológico.[22]

Quando esses desenvolvimentos são eliminados, dois tipos diferentes de procissão medieval noturna são encontrados no núcleo da construção de Grimm: aquele dos mortos, e aquele dos seguidores da figura sobrenatural do sexo feminino. Estes, por sua vez, podem agora ser analisados.

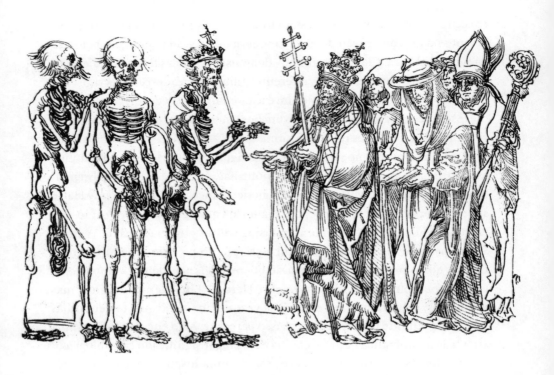

OS MORTOS ERRANTES[23]

As literaturas romana e da Grécia antiga fornecem amplo testemunho de que os povos do antigo Mediterrâneo muitas vezes consideravam a noite um espaço perigoso e assustador no qual havia bruxas, espectros e espíritos malignos à solta. Entre eles, havia exércitos fantasmas, às vezes assombrando os campos de batalha onde pereceram, e às vezes alertando sobre acontecimentos importantes no mundo dos vivos. O que falta aqui é qualquer referência nítida às comitivas dos mortos que vagavam pela terra, e o próprio Ginzburg concluiu, a partir das evidências, que a imagem de uma cavalgada noturna era basicamente alienígena às mitologias grega e romana. No antigo norte da Europa, há grande carência de material contemporâneo de origem no que tal cena pudesse ser registrada: há uma única observação equívoca do historiador romano Tácito, e tirando isso, tentativas de encontrar procissões

.250

de espíritos no antigo norte dependem completamente da retroprojeção de fontes posteriores. Relatos ocasionais sobre exércitos fantasmas em determinados lugares e épocas continuaram até o início da Idade Média, e o cristianismo acrescentou anfitriões de demônios aos outros terrores da noite. A tradição de companhias visíveis de mortos vagando pela terra, no entanto, só começou a se desenvolver no século XI, como elemento do interesse muito maior por parte dos autores cristãos no destino da alma do indivíduo. Relatos de espectros em geral se tornaram mais comuns e mais detalhados e, como parte deles, os mortos passaram a ser mais frequentemente representados em bandos. Em especial, eram contadas histórias sobre multidões de pessoas mortas condenadas a vagar pela terra em penitência por seus pecados.

Esse novo conceito forma o pano de fundo para um conjunto notável de textos franceses e germânicos produzidos nas décadas de 1120 e 1130, entre os quais o mais famoso é o do monge anglo-normando Orderic Vitalis. Todos apresentavam hospedeiros viajantes de pecadores mortos, geralmente cavaleiros e geralmente em busca das orações dos vivos para obter sua libertação da peregrinação. O que no caso de Orderico se distingue por seus detalhes e pelo fato de ele ter dado um nome à procissão que relatava, "a tropa de Herlechin", que nunca é explicada. Ao final do século XII, a existência de corpos de fantasmas sob penitência e tormento, geralmente soldados, conhecidos como o exército ou tropa de Herlewin, Hellequin ou Herla, era um tropo literário estabelecido. É registrado na Inglaterra, França e Renânia, tendo aparentemente se espalhado a partir de um epicentro no norte da França. Diferentes contadores de histórias compreendiam diferentes figuras nessas procissões, em acordo com a própria classe social e preocupações, mas a maioria relatava homens armados. Nenhum deles parecia saber como ou onde a ideia tinha começado, e alguns inventavam as próprias soluções (míticas) para o problema. É apenas uma das descrições, e que a mais anômala delas (um conto de fantasia inglês) representava tais procissões como dotadas de um líder reconhecível, muito embora os nomes de todos fossem aparentemente uma homenagem a um deles. Parece mais provável que "Herlechin" (uma palavra que pode derivar de várias possíveis fontes diferentes) era originalmente o nome da procissão em si, e mais tarde foi confundido com o de um comandante. Em tudo isto parece não haver evidência de uma derivação de um modelo antigo: em vez disso, mostra todos os sinais de ser uma história exemplar criada por religiosos.

CAPITULUM .V } .251

Por volta do século XIII, ela já havia se embrenhado na cultura popular, e alguns clérigos estavam começando a acreditar que se originara ali, e também a julgá-la com desconfiança, sugerindo que os espectros poderiam ser demônios disfarçados. Como consequência, alguns relatos sobre o tema se tornaram mais demoníacos, e, embora fosse uma mudança de grau, sempre fora algo de tom perturbador e proibitivo, e às vezes perigoso; e essa visão mais negativa, por sua vez, afetou as percepções populares. E também se espalhou por terrenos além, na Espanha e na Alemanha, e nesta última os errantes espectrais adquiriram o distinto nome *das wütende Heer*, o "exército furioso". Em algumas regiões, heróis de outras tradições foram inseridos na companhia espectral, acima de tudo o rei Arthur e seus cavaleiros. Pouco desenvolvimento se deu sobre o mito no restante da Idade Média. As figuras em marcha foram identificadas de modo variado como pessoas que sofreram mortes violentas, geralmente em batalha ou na tribuna; ou que morreram sem passar pelo batismo; ou que cometeram pecados repugnantes; ou então como demônios que assumiram a forma humana para levar os vivos ao mau caminho. Referências medievais tardias a tais desfiles noturnos são registradas da Inglaterra aos Alpes austríacos, e variam entre os dois polos do século XIII: ou considerando-os uma procissão divinamente legitimada de mortos penitenciais ou como um hospedeiro maligno e demoníaco. No século XVI, as referências começaram a se tornar levemente mais detalhadas e a oferecer uma noção melhor dos sistemas de crenças locais. Um tema inédito, de sazonalidade, agora se fazia presente, já que em alguns lugares se dizia que as aparições eram especialmente comuns no meio do inverno, ou durante as quatro festividades anuais chamadas Dias do Brasão. A essa altura, porém, a tradição estava se contraindo geograficamente, tendo desaparecido da Inglaterra e sendo raramente relatada na França: estava se tornando cada vez mais característica das terras de língua alemã.

OS SEGUIDORES DA SENHORA

A tradição da comitiva itinerante de uma mulher sobre-humana tem história, ponto de origem e alcance geográfico diferentes daquela dos mortos errantes. Provavelmente foi registrada primeira vez no século IX, no que se tornou um dos mais famosos textos eclesiásticos do início da Idade Média, o assim chamado *canon Episcopi*. Uma passagem denunciava a crença de muitas mulheres de que elas montavam animais em todo o mundo em determinadas noites com a deusa pagã Diana. Elas o fazia junto a uma grande comitiva de outras mulheres, a quem Diana igualmente convocara a seus serviços e que a obedeciam como sua senhora. O cânone solicitava ao clero que debatesse tal afirmação, como uma ilusão de inspiração demoníaca, e então expulsasse o *sortilegam et magicam artem*, a leitura da sorte e a arte mágica de suas paróquias.[24] Isso sugere fortemente que as mulheres que faziam tal alegação eram as provedoras locais de serviços mágicos. O ponto de origem do texto é desconhecido, mas foi incluído em uma compilação de leis canônicas criada por volta do ano 900 pelo abade de Prüm, na Renânia central, e quase certamente derivou de algum ponto do Reino dos Francos. Cerca de um século depois, Burchard, bispo de Worms, as incluiu em sua própria compilação de decretos da Igreja e acrescentou Heridíade como outro nome para o líder super-humano das cavalgadas. Burchard, no entanto, também repetiu mais cinco condenações da tradição e de crenças semelhantes nos espíritos errantes noturnos ou mágicos, de fontes desconhecidas. Uma se referia a mulheres que acreditavam que cavalgavam sobre animais à noite em datas especiais entre um hospedeiro de outras mulheres chamado *holda* ou (em uma versão do texto) com uma *strix* ou *striga* chamada Holda.[25] A segunda era de mulheres que acreditavam voar à noite e atravessar portas fechadas para batalhar contra outras nas nuvens. A terceira era a condenação, citada no segundo capítulo deste livro, de mulheres que pensavam viajar em bandos espirituais à noite para matar e comer outros humanos, e então restaurá-los à vida. A quarta acusava mulheres que afirmavam fazer parte das cavalgadas noturnas de também se gabarem por sua habilidade de realizar magias capazes de induzir tanto o amor quanto o ódio; mais uma indicação de que as cavalgadas eram associadas a mulheres que ofereciam serviços mágicos. A quinta condenava uma crença entre as mulheres de que em determinadas épocas do ano elas deveriam "postar uma mesa com comida, bebida e três facas, de modo que se aquelas três irmãs vierem, aquelas cujas gerações passadas e a ignorância antiga chamavam *parcae* [palavra romana para o Destino], elas possam deliciar-se". A passagem seguinte sugere que havia uma expectativa de que as "irmãs" em questão deveriam proporcionar benefícios à família em troca dessa hospitalidade.[26]

Worms também está na Renânia, mas Burchard reuniu sua pesquisa de uma ampla gama de textos anteriores, abrangendo a Europa ocidental desde a Itália até a Irlanda, e remontando a centenas de anos, e portanto este não situa as ditas tradições. Tais tradições foram mimetizadas por clérigos desaprovadores durante os séculos XII e XIII, com a desaprovação deles se tornando parte da herança comum da ortodoxia. John de Salisbury dizia que um dos nomes da liderança das cavalgadas era Herodíade, e que ela convocava reuniões nas quais seus seguidores banqueteavam e se divertiam; ele também cruzou tal história à das bruxas noturnas canibais, dizendo que os errantes noturnos devoravam bebês e então os devolviam à vida. Ele chamou tudo isso de ilusão diabólica e comentou que apenas "velhas medíocres e o homem simplório" acreditavam nisso. Um bispo francês do século XIII, Angerius de Conserans, nos Pireneus, intitulava o líder sobre-humano intercaladamente de Diana, Herodíade ou Bensozia, e outro, William de Auvergne, chamava-a Satia ou Abundia, e afirmava que ela e seus espíritos auxiliares, chamados de "as senhoras", visitavam casas humanas à noite. Se comida e bebida fossem deixadas para elas, elas desfrutariam e magicamente reabasteceriam o banquete, e então abençoariam a família com prosperidade; se nada fosse oferecido, elas abandonariam a casa ao infortúnio. Ele dizia que principalmente mulheres mais velhas costumavam contar tais histórias.

Aparentemente duas tradições anteriores diferentes, de mulheres que participavam de cavalgadas noturnas com uma figura feminina sobre-humana, e de mulheres sobre-humanas que visitavam as casas para abençoá-las, agora se fundiam. Outra famosa fonte francesa do século XIII, o poema cortês *Roman de la Rose*, cita a mesma tradição, falando dos seguidores de "Lady Habonde". Chamava sua comitiva de "as boas senhoras" e afirmava que elas vagavam três noites por semana, acompanhadas por humanos cujos espíritos voavam até elas enquanto seus corpos permaneciam na cama: dizia-se que todo terceiro filho a nascer tinha esse dom. A "senhora" e seus companheiros eram eles próprios espíritos, capazes de entrar e sair das casas por qualquer fenda e, portanto, jamais obstruídos por trancas ou grades.[27] Por volta da mesma época, o italiano Tiago de Voragine contou como um santo expôs como demônios uma comitiva de "boas mulheres que entram à noite" e para quem era deixado alimento e bebida por uma família.[28] Da mesma forma, um pregador no sudeste da França, Estevão de Bourbon, tinha uma história

CAPITULUM .V } .255

da região sobre um homem que contou ao seu pároco que costumava sair à noite e festejar com mulheres chamadas "as boas coisas", as quais este clérigo também provou serem demônios.[29]

A tradição das cavalgadas noturnas chegou à Islândia antes do final do século XIII, onde aparece previsivelmente em uma saga notável por sua quantidade de influências da Europa continental. Apesar disso, o autor transmutou a passagem de Burchard a uma forma nativa, declarando que os seguidores de Diana ou Herodíade cavalgavam baleias, focas, pássaros e outros animais selvagens do norte.[30] Finalmente, entre esses textos da Idade Média, sermões do alemão Bertold de Regensburg de meados do século XIII advertiam contra a crendice numa série de espíritos noturnos, chamados variadamente de "andarilhos-noturnos", "Benevolentes", "Malévolos", "mulheres noturnas", aqueles que cavalgavam "nisto ou naquilo", e "bem-aventuradas senhoras" ou "damas da noite", para quem as camponesas deixavam as mesas postas antes de se recolher para dormir.[31] Ele não tentou distingui-las, se é que sabia fazê-lo. Os nomes todos eram em alemão, exceto por "bem-aventuradas senhoras", que era em latim, e aqueles para benevolente e malévolo, *hulden* e *unhulden*, fazem lembrar o *holda* mencionado por Burchard.

Onde quer que tenha se originado, portanto — e as evidências sugerem em algum lugar na extensa região franco-germânica —, na alta Idade Média, a ideia das cavalgadas noturnas lideradas por uma ou mais mulheres sobre-humanas se espalhou por extensa região da Europa ocidental, incluindo Inglaterra, França, Itália e Alemanha. É possível que em determinadas localidades, como a Inglaterra, os clérigos estivessem simplesmente ecoando relatos de outros lugares lidos ou ouvidos, mas o material francês e alemão do século XIII parece refletir a crença popular genuína. Durante o final da Idade Média, as referências continuaram, seguindo praticamente o mesmo modelo dos anteriores, mas com alguns idiomas locais. Um texto francês do início do século XIV satirizou a crença com um história de criminosos que pilharam a casa de um camponês rico e crédulo ao se vestirem de mulher e se passarem pelos "seres bons" que visitavam a casa a fim de abençoá-la. A mesma coletânea relatou como uma senhora tentou conseguir uma recompensa de um pároco ao alegar que visitara a casa dele junto às "damas da noite".[32] Em meados do século XIV, a senhora a quem as pessoas deixavam alimento à noite era conhecida em alguns distritos alemães como "Percht" ou "Berchten"; como tal, ela parecia ter um temperamento

CAPITULUM .V } .257

Espírito feminino, invernal, livre e errante.

mais proibitivo ou pouco atraente, pois fora apelidada de "a do nariz de ferro" ou "o nariz comprido".[33] É difícil identificar tais distritos com precisão, embora um dos primeiros autores a se referir a ela tivesse vindo da Baviera.[34] Na Itália, por volta da mesma época, um frade dominicano relatou que se acreditava, especialmente por mulheres, que pessoas vivas dos gêneros masculino e feminino passeavam à noite em um desfile chamado *tregenda*, liderado por Diana ou Herodíade.[35] No século XV, tais descrições se multiplicaram ainda mais, de modo que um professor de Viena, Thomas von Haselbach, denominou diferentes tipos de visitantes noturnos espectrais como "Habundia", "Phinzen", "Sack Semper" e "Sacria". Ele também denominou Perchte um pseudônimo de Habundia e disse que ela era ativa no banquete da Epifania, que encerrava a temporada de Natal. As sucessivas edições de um conjunto de sermões pregados em Nuremberg equipararam Diana a

.258

"Unholde" ou "Frau Berthe" ou "Frau Helt", e um penitencial do mesmo século equiparou Percht às antigas Parcas romanas. Em 1484, um autor austríaco identificou Diana, Herodíade, "Frau Percht" e "Frau Hult" como o mesmo ser. Um dicionário de 1468 afirmava que a senhora para quem as refeições eram deixadas à noite se chamava Abundia ou Satia, ou que era chamada Frau Percht ou Perchtum pelos populares, e que ela vinha com uma comitiva. A essa altura, acreditava-se especialmente que ela costumava visitar durante a época do Natal, e as antigas conotações de que a comida e a bebida ingeridas seriam magicamente repostas, e que em troca ela abençoaria a família generosa, foram preservadas.[36] Mais uma vez, tais referências apontam para uma distribuição do sul da Alemanha, que era de fato a única evidente nas histórias a respeito dela no folclore posterior.[37] Nesse folclore, da mesma forma, Dame Holda, Hulda, Holle ou Hulle se tornara o equivalente a Perchte, como um espírito feminino invernal errante, na região central da Alemanha.[38] Por outro lado, ela às vezes pode ter ido mais longe. A homilia inglesa *Dives and Pauper*, dos anos 1400, condenava a oferta de comida e bebida no Ano-Novo "para alimentar a All-holde".[39] O autor poderia, no entanto, estar citando uma fonte estrangeira, pois logo depois repetira o *canon Episcopi*, muito mais antigo, abordando cavalgadas espirituais noturnas. No norte da Itália, o célebre pregador Bernadino de Siena proferiu sermões ao longo da década de 1420 nos quais condenava "os seguidores de Diana" e idosas que afirmavam viajar com Herodíade na noite da Epifania, ao final da época de Natal. Ele acrescentou que tais mulheres ofereciam aos clientes os serviços de adivinhação, cura e quebra de feitiços.[40]

Não está claro se as histórias e avisos anteriores refletiam as alegações que as pessoas faziam de si mesmas sobre cavalgar com a senhora ou senhoras, ou se eram alegações que terceiros faziam a respeito delas. Por volta do século XIV, no entanto, os autos dos julgamentos aparecem em arquivos nos quais aqueles que diziam se juntar às cavalgadas espirituais eram autorizados a prestar depoimento, embora filtrados pelas percepções e preocupações de inquisidores, magistrados e escriturários. Em um já celebrado conjunto de julgamentos em Milão, em 1384 e 1390, duas mulheres afirmavam ter participado da "sociedade" ou "jogo" de "Lady Oriente", a quem o inquisidor obedientemente chamava Diana ou Herodíade, e prestavam homenagem a ela. Seus seguidores incluíam todo tipo de animal,

CAPITULUM .V } .259

exceto o burro e a raposa. Eles se banqueteavam com os animais, que depois eram restaurados à vida, e visitavam casas bem cuidadas a fim de abençoá-las, e Lady Oriente instruía seus seguidores humanos nas artes da tradição das ervas e adivinhação. Tais recursos eram utilizados para os fins usuais de magia benevolente, para curar, quebrar encantamentos e encontrar bens roubados. Uma delas dissera que Oriente governava seus seguidores assim como Cristo governara o mundo.[41] O famoso clérigo Nicolau de Cusa presidiu um julgamento de duas senhoras quando atuava como bispo de Brixen, nos Alpes do Tirol do Sul, em 1457. Elas confessaram pertencer à sociedade liderada por uma "mulher justa" a quem chamavam "Richella" (e o erudito Nicolau igualava Diana, Fortuna e Hulda). Ela aparecia à noite como uma mulher bem vestida em uma carroça e, uma vez que aqueles que a vissem renunciassem à fé cristã, eram conduzidos a um encontro de pessoas que estariam festejando e banqueteando, e (em parte contradizendo o repúdio ao cristianismo) que homens cabeludos devorariam aqueles que não tivessem sido devidamente batizados. Eles participaram de tais festas durante muitos anos, durante as Quatro Têmporas, eventos famosos ao final da Idade Média e conhecida como a época em que os espíritos ficavam especialmente agitados.[42] Vê-se, portanto, que, ao final da Idade Média, a tradição a respeito de espíritos femininos noturnos errantes e geralmente benevolentes ocupava a metade sul da Alemanha, os Alpes e a Lombardia. Dentro desta zona, entretanto, a história assumiu três formas diferentes. No norte da Itália, como visto, havia muito nitidamente um líder, que às vezes tinha um nome, mas não geralmente, e humanos regularmente afirmavam a adesão ao culto. No lado alemão da bacia hidrográfica alpina, a ideia de uma sociedade benigna de errantes noturnos, à qual pessoas privilegiadas poderiam se juntar, também floresceu, mas há menos ênfase sobre a existência de um líder. O "xamã de Oberstdorf" de Wolfgang Behringer, um curandeiro e caçador de bruxas dos Alpes da Baviera que foi julgado como feiticeiro em 1586, alegava ser capaz de viajar longas distâncias com o *Nachtschar*, o "acompanhante noturno" que poderia ser do gênero masculino ou femino.[43] No oeste da zona alpina de língua alemã, na cidade suíça de Lucerna, um cidadão escreveu uma crônica sobre o tema no início do século XVII, fortemente baseada em sua própria lembrança a respeito dele, a qual remonta ao século XVI. Ele registrou uma crença no "exército justo" ou "povo abençoado", que visitava indivíduos favorecidos e merecedores.

> **Plebeus, em geral pobres e muitas vezes velhos, [testemunhavam que] em tais sonhos, visões ou fantasias, experimentavam prazeres e honras dos quais jamais poderiam desfrutar na vida diária; ao mesmo tempo, as habilidades que eles alegavam deter lhes rendiam dinheiro ou comida de clientes.**

A visita incluía indivíduos que ainda estavam vivos e que afirmavam ter recebido o privilégio especial de às vezes se juntarem ao grupo em suas andanças, ganhando assim a admiração de seus vizinhos. Mais uma vez, não houve menção a nenhuma figura de liderança.[44] Ao norte dos Alpes, ao longo do sul e da parte central da Alemanha, e das terras baixas da Áustria, o anfitrião noturno que concedia bênçãos certamente tinha uma, a Hulda ou Percht; mas aqui as coisas diferiram mais uma vez, no sentido de que ninguém parece ter afirmado viajar com eles. Aparentemente, não há nenhum julgamento por feitiçaria ou magia nessa região.

Ao final da Idade Média, se não antes, a tradição italiana apresentando as benevolentes mulheres fantasmas noturnas se estendia até o sul da península e além. Gustav Henningsen descobriu os relatos em um conjunto de registros inquisitoriais compilados na Sicília entre 1579 e 1651, a respeito das *donas de fuera*, as "damas de fora". Eram descritos como pequenos grupos de belas mulheres semelhantes a fadas, muitas vezes com mãos

CAPITULUM .V } .261

ou pés de animais, que se agrupavam em torno de uma figura chamada "a rainha das fadas", "a senhora", "a professora", "a senhora grega" (aos olhos dos sicilianos, os gregos são exóticos), "a elegante senhora", "Lady Inguanta", "Lady Zabella" ou "a Sábia Sibilia" (de novo): a falta de um nome padrão é em si interessante. Às vezes era acompanhada de um consorte masculino, e às vezes o grupo tinha um acompanhante também masculino. Curandeiros e adivinhos populares alegavam conhecê-las, geralmente mulheres, que se diziam capazes de vagar em espírito à noite para se juntar a elas e aprenderem suas habilidades. Às vezes, uma dessas informantes afirmava ter sido eleita a rainha daquela noite. Às vezes, as "senhoras" visitavam as casas para abençoá-las e, em outras ocasiões, dançavam e banqueteavam, ou ambos. A quantidade de testemunhas que delatavam os acusados perante os inquisidores aponta que se conversava avidamente sobre essas supostas experiências. Todos eram plebeus, em geral pobres e muitas vezes velhos e, em tais sonhos, visões ou fantasias experimentavam prazeres e honras dos quais jamais poderiam desfrutar na vida diária; ao mesmo tempo, as habilidades que eles alegavam deter lhes rendiam dinheiro ou comida de clientes. Embora os registros de julgamento desses sejam encontrados apenas ao final do século XVI, o crime de alegar viajar com as "senhoras" é mencionado em uma penitencial siciliana do final do século XV.[45] A Sicília, portanto, tinha sua versão local da tradição do norte da Itália de grupos noturnos dos espíritos femininos com um líder reconhecido, aos quais humanos privilegiados poderiam se juntar. Nas extensões central e sul da Itália, parece haver uma quantidade bem menor de registros dessa tradição.[46] Há, entretanto, em uma obra de teologia do século XVI, uma referência a uma crença cultivada por algumas mulheres no sul da Itália em espíritos chamados *fatae* (destinos ou fadas), para quem são preparados banquetes e oferecidos seus lares limpos, na esperança de que haja visitas e as crianças sejam abençoadas.[47] Isso soa como uma referência firme a uma versão local da mesma ideia, e outras podem ter existido em mais regiões do lado norte da bacia do Mediterrâneo, como na Catalunha.[48]

Sendo assim, há muitas evidências de uma crença medieval generalizada em uma comitiva de cavalgadas noturnas de mulheres sobre-humanas benevolentes, geralmente com uma liderança e normalmente aberta à adesão de seres humanos privilegiados, principalmente mulheres praticantes de magia popular, que poderiam se juntar ao grupo com o envio de seus espíritos. Esta última habilidade era uma característica compartilhada com os xamãs da Sibéria e da Escandinávia, assim como a reivindicação de habilidades mágicas conferidas por seres sobrenaturais aos quais elas se associavam; mas essas eram as únicas coisas que os xamãs e as mulheres que afirmavam ingressar nesses passeios noturnos tinham em comum. Tomando a evidência puramente por seu valor nominal, a crença nas mulheres errantes aparece pela primeira vez, como já difundido, em algum lugar nas futuras terras francesas ou alemãs em algum momento do século IX. Certamente foi encontrado em grande parte da França e da Alemanha por volta do século XII, talvez se estendendo até a Inglaterra, antes de ser registrado numa variedade ligeiramente diferente ao final da Idade Média e início do período moderno (e de fato depois disso), desde a Alemanha central, ao longo dos Alpes e na Itália e Sicília. Mesmo nesta região, parece ter assumido três ou quatro formas regionais distintas. Como é atestado numa época anterior aos bandos de mortos que vagam pela noite e apresenta uma figura mais semelhante a uma divindade pagã — na verdade, sob o nome de Diana, explicitamente uma divindade desse tipo —, é muito mais fácil considerá-lo um remanescente de uma religião antiga pré-cristã; mas tal suposição pode ser provada?

} QUEM
} ERA ELA?

Como dito, o primeiro nome dado à líder das mulheres sobre-humanas que cavalgavam à noite foi o da deusa Diana. À primeira vista, a identificação se encaixa perfeitamente, pois Diana era de fato uma divindade romana especialmente associada à noite, à natureza selvagem (e sobretudo aos animais selvagens), às mulheres e à bruxaria: as antigas bruxas romanas de Horácio rezam para ela. Ademais, Jacob Grimm, no processo de combinar diferentes tradições medievais e modernas de literatura e folclore para criar sua antiga tradição pagã múltipla, observou que há referências aparentes a um culto contínuo de Diana nas regiões que vieram a se tornar a França e a Alemanha, precisamente a região dos primeiros registros sobre as histórias medievais das cavalgadas noturnas.[49] Uma biografia do bispo do século VI, Cesário de Arles, no sul da França, mencionou "um demônio a quem as pessoas simplórias chamam de Diana". Uma história escrita por outro bispo mais adiante no mesmo século conta como um eremita cristão perto de Trier, região esta que tornar-se-ia o noroeste da Alemanha, destruiu uma estátua de Diana que era venerada pelos locais. Finalmente, a biografia posterior de um missionário cristão na região da Francônia, na Alemanha central, mostrou que ele fora torturado ao tentar converter os habitantes para que deixassem de venerar a mesma deusa.[50] O que parece um ajuste perfeito, no entanto, se desintegra sob uma avaliação mais atenta. Qualquer que seja o nome pelo qual o povo de língua alemã da Francônia chamava sua deusa, supondo que a história tenha algum fundamento, não teria sido pelo nome romano Diana; e de fato, parece que, a julgar pelas evidências epigráficas do Império Romano, não havia um culto local e difundido a Diana ao norte dos Alpes, embora ela certamente seja atestada ali naquela região, até a Grã-Bretanha. Por outro lado, as várias condenações da crença popular por decretos eclesiásticos e códigos legais emitidos ao sul dos Alpes em toda a Antiguidade tardia e no início da Idade Média nunca parecem se referir a mulheres errantes noturnas seguidoras de uma deusa, ainda que aquela fosse a terra natal de Diana. De fato, não há nenhum mito clássico de Diana que a retrate coletando seguidores humanos em cavalgadas de tal forma. Carlo Ginzburg percebeu esse problema e o confrontou, concluindo que "é algo que nos leva a desconfiar da presença de uma *interpretatio romana*", em outras palavras, a imposição de um modelo romano clássico sobre o que na realidade eram tradições locais diferentes.[51] Ele então se pôs a demonstrar como os inquisidores nos julgamentos milaneses trouxeram o nome de Diana aos registros nos quais os próprios acusados utilizavam o nome Oriente para sua dama sobre-humana.[52] Esse efeito pode ter ocorrido desde o *canon Episcopi*. Não apenas as atuais associações clássicas a Diana teriam sido convenientes para os clérigos eruditos ao descrever uma deusa das mulheres que perambulava pela noite, mas mesmo os menos letrados teriam sabido que ela é a única deusa pagã mencionada no Novo Testamento, e assim poderia facilmente cumprir o dever como um símbolo único para todos.

Carlo Ginzburg estava ávido para encontrar uma deusa pagã por trás da outra figura identificada em um estágio inicial das cavalgadas noturnas, Herodíade. Diante disso, parece não haver dúvida de sua origem, que se dá na mais perversa mulher humana do Novo Testamento, aquela que causou a morte de João Batista; ela e Diana seriam, portanto, um encaixe perfeito para os primeiros cristãos medievais ortodoxos como figuras femininas de má reputação. Pode-se supor, portanto, que ela foi encaixada às histórias de uma figura de deusa ginete noturna da mesma forma que Ginzburg demonstrou que os homens da igreja medievais posteriores inseriam Diana (e de fato, no mesmo exemplo, a própria Herodíade) em testemunhos que utilizavam outros nomes. Ginzburg, no entanto, propôs que "Herodíade" era uma leitura equivocada de Hera Diana, mistura construída pela geminação da deusa romana a uma importante deusa grega.

Até pode ser o caso, mas há dois problemas nisso. O primeiro é que nenhuma deusa desse tipo é atestada em nenhum dos registros antigos ou medievais. Ginzburg citou como evidência uma inscrição à grega Hera (ou mais especificamente a uma deusa chamada Haerecura ou Aere-cura) na Suíça e no norte da Itália, embora estas não forneçam prova de um culto generalizado a ela na região. Há também uma peça de telha, encontrada em um túmulo do final do período romano em Dauphiné, sudeste da França, e riscada com uma figura semelhante a um humano cavalgando um animal ou embarcação, e as palavras "Fera Comhera", que podem significar "com Hera, a selvagem". Em seu contexto, parece uma tabuleta de maldição, e Hera poderia se encaixar bem nisso, já que era uma deusa notoriamente vingativa, especialmente no que se refere à infidelidade conjugal: nesse caso, o corcel da figura seria um pavão, seu animal especial. Ginzburg também citou a descoberta de Grimm sobre uma referência do século XV à crença dos camponeses no Renânia-Palatinada da Alemanha, de que um ser chamado Hera vagava à época do Natal e trazia abundância.[53] É claramente a mesma que intitulavam Holda na Alemanha central e Percht mais ao sul e ao leste, e eis que surge a dúvida de como um nome grego para uma deusa fora capaz de persistir durante a Idade Média no que fora uma região de língua latina do Império Romano e agora era de língua alemã. A suspeita de que um clérigo erudito estaria impondo uma deusa clássica a uma peça do folclore local, como o próprio Ginzburg demonstrou ter acontecido em Milão, deve ser óbvia. Nenhuma dessas ressalvas refuta sua hipótese, mas elas apontam que a evidência para sustentar tal argumentação é irregular e ambivalente.

O outro problema é que os medievais que falavam de Herodíade associando-a aos passeios noturnos tinham certeza de que era uma referência ao personagem bíblico. Por volta do século XII, uma lenda apócrifa foi criada para conectar as duas, contando como a nobre Herodíade involuntariamente provocou a morte de São João Batista ao se apaixonar por ele, fazendo com que o rei, Herodes, decapitasse o santo durante um acesso de fúria. Quando ela tentou beijar a cabeça decepada, esta girou aos céus, de modo então que Herodíade se pôs a vagar para buscá-la desde então, descendo à terra à noite.[54] A mesma história acrescentava que ela ainda tinha a lealdade de um terço da humanidade, uma declaração equivalente àquela feita dois séculos antes por Ratherius, bispo de Verona na planície da Lombardia, que se queixava por muitas pessoas reivindicarem Herodíade como sua mestra espiritual, e dizia que um terço do mundo pertencia a ela.[55] Isso, é claro ressoa com a afirmação feita por *Le Roman de la Rose* sobre Lady Habonde, de que um terço da humanidade nasceu com o dom que permite se juntar à comitiva dela. A declaração de Ratherius precisa ser levada a sério, pois atesta um culto genuinamente popular de Herodíade em sua época, o século X. Ele não menciona as cavalgadas

noturnas, o que é lamentável, pois caso contrário isso poderia ter estendido a tradição no início da Idade Média para os Alpes ao norte da Itália, onde aparece tão abundantemente presente mais tarde, embora o próprio Ratherius seja oriundo do sul da Holanda, e tenha colhido a informação em qualquer ponto entre lá e Verona. Ele, no entanto, apresenta uma forte possibilidade de que, quer o personagem de Herodíade tenha sido imposto ou não a um espírito feminino benevolente que perambulava pela noite por clérigos hostis, foi genuinamente adotado por pessoas comuns como uma tradição própria.

Ainda nos resta o problema de encontrar uma deusa ou conjunto de deusas homenageadas numa faixa mais larga da Europa ocidental e Central na Antiguidade, capaz de reter a lealdade entre o povo comum em escala suficiente para ter gerado a tradição medieval da senhora ou damas da noite. Uma possível candidata é a deusa grega Hekate ou Hécate, que certamente era bem conhecida entre os escritores romanos e era associada à noite, à bruxaria e aos fantasmas. Como tal, ela tem sido útil àqueles que desejam uma tradição medieval composta por humanos mortos errantes e uma deusa errante derivada de um antigo culto da fertilidade comum associado aos mortos, até o presente.[56] O problema é que, embora ela fosse considerada um guia das almas para a terra dos mortos, e dos bebês recém-nascidos para este mundo, é difícil encontrar Hécate descrita nitidamente como a líder de uma comitiva de espíritos presos à terra, e isso nunca é retratado em sua iconografia (diferentemente de sua matilha de cães).[57] O *Hino Órfico* composto para ela a descreve como "em frenesi com as almas dos mortos", o que possivelmente é uma referência ao seu papel como escolta para Hades.[58] Pode ser que haja uma referência a uma comitiva permanente para ela em um fragmento da tragédia grega que diz: "se uma visão noturna deveria assustá-lo, ou você recebeu uma visita da tropa ctônica de Hécate".[59] Isso pode fazer referência a uma comitiva, ou apenas uma alusão jocosa aos espectros em geral.

Faria mais sentido procurar pelo original da senhora medieval noturna errante em alguma deusa ancestral amplamente venerada no coração dos Alpes e nas terras ao norte. Foi aqui que Carlo Ginzburg localizou o nascimento da tradição. Ao longo do tempo, ele também fez algumas inter-relações fascinantes, como apontar que as mulheres do século xv interrogadas por Nicolau de Cusa alegavam que o rosto de sua senhora sobrenatural era obscurecido por um adorno que remete aos ornamentos de cabeça encontrados nas estátuas antigas na Grécia e na Espanha: a semelhança pode ou não ser coincidência.[60] O ponto principal é se a Renânia, os Alpes e o sul da Alemanha continham quaisquer divindades nos tempos antigos que possam ser consideradas ancestrais da senhora medieval; e aqui há duas, e à primeira vista excelentes possibilidades, Epona e as Matres.

Epona era uma deusa popular na maior parte do mundo do norte romano, já que há registros a respeito dela desde a Grã-Bretanha à Hungria e em regiões tão longínquas ao sul quanto a África e a própria Roma: sobrevivem mais de duzentas representações, que indiscutivelmente se tratam dela, além de 33 inscrições. No entanto, o epicentro de seu culto era na Gália, e especialmente em suas partes orientais, hoje leste da França e na Renânia, e foi espalhado majoritariamente pelas unidades de cavalaria do exército romano com postos ao longo da fronteira norte, já que ela era particularmente uma divindade dos cavalos e patrona do bem-estar e da reprodução deles. Pode ter havido associações mais amplas à fertilidade ou à prosperidade, pois às vezes ela carrega espigas de milho, ou um prato de milho, mas pode ser que tais simbolismos se tratassem apenas de regalos para suas cargas equinas, as quais ela cavalga ou acompanha ficando de pé ou sentada em suas imagens icônicas.[61] Em vista do ato de cavalgar, e de sua antiga popularidade em uma região em que os passeios noturnos medievais eram registrados, não é de se surpreender que Ginzburg a tenha considerado um dos pontos de origem para a senhora daquelas cavalgadas. Existem, no entanto, pontos de divergência em ambos os lados da equação: Epona nunca é mostrada com um séquito, e as cavalgadas medievais não eram de fato associadas a cavalos, mas a feras selvagens. Seu líder corresponde mais a um tipo de deusa encontrada em diversas mitologias mundiais e conhecida pelos especialistas em religião comparada como "a Senhora dos Animais"; e parece não haver tal elemento nos registros da França romana, da Alemanha e dos Alpes, embora certas deusas ali estivessem associadas a determinados animais.

As Matres ou Matronae, as "Mães" ou "Senhoras", eram ainda mais populares e amplamente veneradas do que Epona, sendo encontradas na maior parte do Império Romano ocidental, embora igualmente o cerne de sua adoração pareça ter sido na Gália Oriental. As representações delas assumiram a forma padrão de três mulheres majestosas, de pé ou (mais comumente) sentadas em uma fileira, e muitas vezes segurando pratos, pão, frutas ou flores: emblemas de prosperidade. Às vezes, uma delas, na mesma forma, era mostrada sozinha. Mais uma vez, elas eram particularmente adoradas pelos soldados, responsáveis por boa parte da extensão do culto a elas. Nem sempre fica evidente que as mesmas três deusas estavam sendo representadas por suas imagens e inscrições, já que estas últimas muitas vezes as honram especificamente como as Mães de províncias ou instituições específicas.[63] Como aparentes donatárias de bênçãos de prosperidade e abundância, elas fariam boas ancestrais das senhoras sobre-humanas que vinham abençoar os lares; mas daí, novamente, há discrepâncias: as Matres ou Matronae nunca foram mostradas junto a um séquito ou em movimento, em vez de em pé ou sentadas, e nunca foram associadas a animais; e as diversas "senhoras" medievais não costumavam viajar em trios. Além do mais, nenhuma outra figura nas abundantes evidências de crença religiosa no norte do Império Romano se encaixa melhor aos cenários medievais das cavalgadas noturnas. Por outro lado, as benevolentes *Matres* encaixar-se-iam bem às "três irmãs" mencionadas por Burchard como visitantes das casas, e podem ter sido a raiz de toda a função de bênção dos lares atribuída posteriormente à "Senhora" e a sua comitiva. Também é verdade que Burchard pode ter registrado uma tradição em separado, italiana, que atribuía tal função às Parcas, como ele de fato as intitulou, ou — dada a tendência europeia de apresentar mulheres sobre-humanas em trios — que uma crença independente tivesse se desenvolvido no início da Idade Média, dando a função a três outras "irmãs".

A leste do Reno, na Alemanha antiga, não há evidências comparáveis, e as tentativas de originar algumas geralmente consistiu em projeções retrospectivas de registros medievais. Os resultados disso são inconclusivos. Das duas principais figuras semelhantes a deusas nos relatos alemães medievais, Holda, Holle ou Hulda podem ter sido geradas na Idade Média, como personificação das viagens noturnas em si. Se seu latim está corretamente interpretado, em todas as versões sobreviventes, exceto uma, Burchard usou o termo *holda* para descrever não a líder das cavalgadas femininas noturnas, mas as cavalgadas em si. Conforme dito acima, uma única revisão de seu texto fala da Holda como líder do grupo, chamando-a *strix* ou *striga*, identificando-a com o demônio ou bruxa da mitologia romana e a bruxa canibal da Alemanha; mas tal uso não parece funcionar gramaticalmente na passagem como acontece com o mais corriqueiro, e o manuscrito no qual aparece não é um dos mais antigos. Um personagem chamado Holda aparece muito antes, em um poema de louvor a Judith, esposa do Sacro Imperador Romano Luís, o Piedoso, composto pelo erudito monástico Walahfrid Strabo, que viveu em uma ilha no lago de Constança no início do século IX.[64] A passagem, no entanto, parelha Holda com Safo, a grande poetisa grega, a quem Judith é comparada.

Um acompanhante natural para uma heroína grega clássica, como uma honra a uma imperatriz cristã, por um clérigo erudito, seria um companheiro bíblico, e a candidata óbvia aqui é a devota profetisa do Antigo Testamento Huldah, chamada Olda na tradução latina da Bíblia, a Vulgata.[65] Além de ser completamente admirável, de fato uma porta-voz de Jeová, Huldah, assim como Safo, falava em versos. É possível que ela tenha sido confundida com as cavalgadas noturnas no imaginário popular devido à semelhança de seu nome com aquele das cavalgadas, mas isso é especulação. Quanto a Percht ou Perchta (e assim por diante), a contraparte de Holda ao sul e ao leste, Jacob Grimm era escrupuloso o bastante para admitir que não há menção a respeito dela antes do século XIV; mas ele concluiu que ela certamente deve ter sido uma deusa antiga, simplesmente porque, para Grimm, representações como ela certamente eram deusas antigas.[66] Recentemente, foi plausivelmente sugerido por evidências linguísticas que o nome de Percht deriva do alemão medieval para a festa cristã da Epifania, da qual ela era uma personificação medieval tardia; isto encaixar-se-ia em um padrão medieval geral de personificação de festejos como representações (geralmente femininas).[67] De modo geral, ao tentar reconstruir a mitologia germânica antiga, escritores, de Grimm a Claude Lecouteux, recorreram aos cenários retratados na literatura nórdica medieval para preencher as muitas lacunas no registro.[68] Tal literatura, conforme foi visto em um capítulo anterior, continha referências a festejos noturnos, aparentemente boa parte deles com trolls e outros seres não humanos que os mágicos humanos poderiam encontrar na forma de espírito ao saírem de seus corpos. Essas não eram, no entanto, mulheres em sua maioria, e (mais importante) não tinham um líder identificável.

Um tipo diferente de ginete sobre-humano, que cruzava grandes extensões de terra e mar, é representado na mesma literatura: as Valquírias, donzelas guerreiras que, em alguns relatos, serviam a Oðinn e reuniam guerreiros mortos de campos de batalha como recrutas para seu mestre. Algumas são descritas na poesia nórdica antiga como aladas, e algumas como ginetes de

CAPITULUM .V } .273

cavalos sobrenaturais capazes cruzar céu e mar. Elas se misturam às Disir, tropas de guerreiras sobre-humanas que montam a cavalo, vestidas de branco ou preto, que buscam o auxílio de combatentes humanos e às vezes os dizimam.[69] Nenhuma dessas figuras nórdicas, entretanto, cavalga em tropas noturnas atrás de um líder e convida humanos vivos selecionados para se juntar a elas. O próprio Oðinn certamente não conduzia tais cavalgadas, embora o folclore moderno tenha passado a associá-lo a elas, assim como fez Grimm: Oðinn era, ao contrário, um viajante solitário, e sua única conexão com os festejos noturnos de espíritos e seus amigos humanos, já citados no início deste livro, tinha o intuito de perturbá-los. Sendo assim, pode valer a pena ouvir mais uma vez os próprios plebeus medievais, e levar em consideração os nomes que eles davam à mulher sobre-humana que alegavam seguir, e que aparece nas descrições dessa crença por clérigos sem derivar manifestamente do mito clássico ou da Bíblia. Eles são um tanto reveladores: Bensozia, "bom parceiro" ou "boa companhia"; Abundia ou Habonde ("abundância"); Satia ("satisfação do apetite"); Oriente (o opulento leste); Sibilla (evocando a profetisa romana onisciente) ou apenas "a dona do jogo". Richella e Percht parecem ser nomes pessoais, mas *Holda* é derivado de termos que significam "benevolente" ou "bem-intencionado".[70] As conotações são todas a uma patrona generosa, caridosa, poderosa e afetuosa, que oferece diversão e banquetes aos pobres, em especial às mulheres pobres, e ao fazê-lo fornece-lhes não apenas a folia e a abundância geralmente faltantes em suas rotinas, mas, muitas vezes, quando se espalha a reputação desse relacionamento, elas ganham maior respeito em suas comunidades como detentoras do poder e do conhecimento arcanos.

Isso certamente deve ser o cerne da questão. É totalmente possível que os relatos populares sobre Diana, Hera, Hécate, Epona, as Matres ou outras deusas antigas menos conhecidas tenham funcionado na construção das imagens medievais das viagens noturnas lideradas por uma mulher sobre-humana. Não parece, no entanto, algo suscetível de prova real, embora pareça que em circunstância alguma fosse um antigo culto simplesmente desenvolvido no mito medieval; em vez disso, este último assumiu uma forma distinta, sem correspondência precisa ou mesmo próxima ao que nos é conhecido sobre as religiões antigas. <u>É até mesmo possível que nenhuma dessas deusas seja de fato relevante para as crenças medievais, e que tenham sido geradas como um novo sistema</u> nos séculos entre a conversão oficial das terras ao cristianismo e a escrita do *canon Episcopi*. O que deve ser enfatizado aqui é a impressionante ausência surpreendente de qualquer referência às cavalgadas noturnas nas abundantes denúncias das crenças populares realizadas pelos religiosos entre os séculos V e IX.[71] Seja qual for a verdade, o sistema de crenças surgido por volta do ano 900 viria a se provar notavelmente difundido e persistente, sobrevivendo até os tempos modernos. Foi algo que manifestamente atendeu a uma necessidade poderosa entre alguns plebeus medievais, especialmente mulheres, e que como tal representa uma tradição genuinamente contracultural, parte de uma "transcrição oculta" imperfeita, que permitiu às pessoas lidar com aspectos das estruturas sociais e religiosas estabelecidas que lhes eram desvantajosos.

Parece agora que provavelmente podemos descartar o conceito do século XIX de uma religião de fertilidade pré-histórica geral centrada nos mortos, e, na ausência de evidências melhores, deixar em aberto a dúvida de quanto a crença medieval em espíritos errantes noturnos bondosos derivava do antigo paganismo. Em vez disso, podemos nos concentrar nos processos por meio dos quais um mundo medieval de sonho e fantasia, focado nesses espíritos, se desenvolveu e se sustentou.

CONECTANDO AS PONTAS

Foi sugerido aqui que existiam dois conceitos diferentes de cortejos espirituais noturnos na Idade Média alta e posterior: um com humanos mortos maus ou penitenciais, e um com espíritos femininos benevolentes, geralmente com uma liderança reconhecida. O primeiro parece ter sido fruto de um desenvolvimento medieval cristão elevado, enquanto o último surgira antes e pode ter sido baseado em antecedentes pagãos. O primeiro era um fenômeno que praticamente todos os seres humanos preferiam evitar e ao qual ninguém gostaria de aderir, enquanto o último era algo do qual muitas pessoas afirmavam ter participado e que lhes conferia prestígio em suas comunidades. O primeiro era majoritariamente uma sociedade masculina, especialmente de soldados, enquanto o último era sobretudo associado às mulheres. Na época de Grimm, os dois estavam se unindo numa mistura gradual, e ele combinou tal mistura para produzir sua construção sobre "a Caçada Selvagem". A mistura, todavia, tivera início muito antes, e é perceptível em algumas das fontes medievais e do início da Modernidade, as quais mencionam um ou ambos os tipos de cortejos em questão. As fontes literárias quase sempre distinguiam entre os dois com bastante distinção, mas, em um nível popular, a indefinição das categorias é evidente em alguns locais por volta do final da Idade Média.[72]

Em épocas tão remotas quanto 1319, nos Pireneus franceses, um mágico local examinado por um inquisidor afirmava ter adquirido seu conhecimento viajando com "as senhoras justas e as almas dos mortos", para visitar casas limpas e organizadas na companhia de ambos. Uma mulher, interrogada pelo mesmo clérigo, afirmou que as "senhoras justas" que viajavam à noite eram mulheres outrora ricas e poderosas que foram punidas por seus pecados, sendo compelidas pelos demônios a ficar vagando. As mulheres julgadas em Milão em 1384 e 1390 alegaram que a comitiva de Lady Oriente trazia consigo alguns mortos, inclusive alguns criminosos executados que demonstraram vergonha por seus atos. O cidadão de Lucerna mencionado anteriormente, evocando as crenças dos cidadãos em meados e ao final do século XVI, incluiu no "exército justo" ou "povo abençoado" que visitavam casas virtuosas as almas de indivíduos benevolentes que tivessem sofrido mortes prematuras e violentas. Porém, ele também citou uma crença em um "exército furioso"

CAPITULUM .V } .277

maligno paralelo, e em aparições noturnas que emitiam ruídos assustadores, ambos claramente diferentes do "exército justo". O que é digno de nota a respeito desses exemplos, no entanto, é sua raridade. Ao passo que os dois tipos de cortejo espectral aparecem juntos em julgamentos por bruxaria e magia (algo que em si é raro), eles geralmente se distinguem nitidamente um do outro. Na verdade, enquanto os seguidores da "senhora" ou das "damas", conforme já mostrado, com frequência precisavam comparecer a um tribunal nas terras alpinas e no norte da Itália, era muito incomum que pessoas acusadas de serem bruxas ou mágicos em qualquer parte mencionassem ter tomado parte nas processões dos mortos. Alguns afirmavam serem capazes de ver os mortos e às vezes conversar com eles, mas isso não é a mesma coisa que participar de seus passeios. Apenas alguns *benandanti* de Carlo Ginzburg e alguns indivíduos em outras localidades, como um mágico local julgado em Lucerna em 1499-1500, disseram ter viajado ou marchado com os mortos, ou terem sido casados com alguém que o fez. Se viajar com espíritos era, portanto, em grande parte algo restrito aos seguidores da(s) mulher(es) sobre-humana(s), vale a pena perguntar o que eles realmente queriam dizer com isso; e frequentemente é bem difícil de se descobrir. No entanto, há testemunhos que fornecem algumas respostas, e elas ocupam diversas categorias. Uma delas consiste em aparentemente uma simples enganação: alegar deter tais poderes, já que isso atraía respeito e clientes, sem que fosse de fato uma verdade. Duas das mulheres levadas a julgamento na Sicília por alegarem estar acompanhando as *donas de fuera* admitiram terem inventado suas histórias; e aqueles que encenavam diante de seus clientes a chegada de uma companhia invisível dos espíritos poderiam, benevolentemente, serem descritos como indivíduos em transe, mas muito provavelmente não passava de mero teatrinho para garantir a impressão desejada.[73] Uma outra categoria pode ser representada pela conclusão atingida por Nicolau de Cusa: que as velhas que ele interrogava no Tirol do Sul eram simplesmente meio loucas e tinham sonhos vívidos, tomando como realidade o que lhes acontecia durante o sono.[74] Alguns relatos podem refletir experiências visionárias, alucinações ou engano, tais como aqueles da menina siciliana de onze anos que insistia ter visto sete mulheres usando lindos vestidos vermelhos e brancos, as quais dançaram ao som de um pandeiro e conversaram com ela, enquanto outra menina que estivera ao seu lado não conseguira ver nada.[75]

Em uma categoria própria, estão as experiências extracorpóreas perceptíveis, do tipo mencionado no capítulo sobre o xamanismo. Um mágico e vaqueiro dos relatos de Wolfgang Behringer, em Vorarlberg, na Áustria, dizia viajar com a "comitiva noturna" e um anjo cristão quando "tombou como se estivesse inconsciente" ou "foi dominado pela letargia ou inconsciência", e deixou seu corpo imóvel enquanto seu espírito vagava. Esses episódios duravam de duas a três horas, ocorriam quatro vezes por ano, a qualquer hora do dia ou da noite, eram involuntários e às vezes dolorosos para ele.[76] Um sono excepcionalmente profundo, com sonhos vívidos, talvez pudesse

Alguns acusados afirmavam serem capazes de ver os mortos e às vezes conversar com eles, mas isso não é a mesma coisa que participar de seus passeios.

explicar isso, mas é provável que houvesse um efeito catatônico totalmente diferente envolvido no processo. Seu guia angelical revelava a ele os nomes das bruxas que haviam afligido a população local, e a quem ele então (ele afirmava) compelia com zelo cristão a retirar seus feitiços. O demonologista Johann Nider, em escritos da década de 1430, contou a história de um frade dominicano que tentou convencer uma camponesa que afirmava voar à noite com "Diana" de que ela estava se iludindo. Uma noite, ela concordou em deixá-lo vigiá-la, juntamente a outra testemunha, enquanto se colocava dentro de uma cesta, se esfregava com unguento, proferia um feitiço e caía em estupor. Quando ela acordou, estava convencida de que havia estado com "Diana". Um autor espanhol da mesma década disse ter ouvido falar de mulheres que ficavam tão profundamente inconscientes que se tornavam insensíveis a golpes ou queimaduras, e alegava que elas entravam num processo de viagem.[77] Uma anedota em um manuscrito do século xv, em Breslau, fala de uma velha que desmaiava e sonhava estar sendo transportada em voo por "Herodiana". Sob o ímpeto do júbilo, ela abriu os braços, derramou um recipiente com água e acordou flagrando-se deitada no chão.[78]

Como Norman Cohn apontou, esses não são relatos em primeira mão; então pode ser que eles reflitam o que as pessoas eruditas desejavam acreditar estar acontecendo, e não o que de fato ocorria.[79] Quando Carlo Ginzburg chama tais relatos de evidência de "um culto extático", ele pode estar certo, mas não sabemos realmente se as experiências em questão foram somadas a isso ou se permanecem no nível de um conjunto de sonhos e fantasias culturalmente determinado.[80] Ele chama a descrição do cocar de "Richella", fornecida pelas mulheres interrogadas por Nicolau de Cusa, de "palavras de precisão visionária", muito embora reconheça que elas já estejam filtradas pelo relato do próprio Nicolau.[81] Até podem ter sido experiências visionárias, mas é difícil distingui-las de um sonho vívido lembrado por uma das mulheres; que por sinal foi a própria conclusão do clérigo. Reveladora, e misericordiosamente, entre o século ix e o início do século xiv, nenhum dos clérigos e outros membros das elites medievais que registraram a tradição dos bandos noturnos errantes seguidores de uma mulher sobre-humana parece ter pensado estar lidando com um culto de fato. Os relatos das viagens noturnas nunca foram abordados como uma heresia, mas como uma ilusão ridícula, de pessoas ignorantes e tolas, cuja pretensão era complementar ao invés de se opor ao cristianismo e, assim, serem punidos com penitências relativamente brandas. É verdade que a ilusão em questão foi atribuída à maldade dos demônios, e por volta do século XIII foi sugerido por alguns comentaristas que os demônios estavam criando os cenários dos cortejos espectrais, em vez de simplesmente estarem plantando a ideia dos cortejos nas mentes das pessoas. No entanto, ainda não havia inclinação para perseguir aqueles que acreditavam ter se juntado a eles como se fosse uma seita herética.

> **É verdade que a ilusão em questão foi atribuída à maldade dos demônios, e por volta do século XIII foi sugerido por alguns comentaristas que os demônios estavam criando os cenários dos cortejos espectrais, em vez de simplesmente estarem plantando a ideia dos cortejos nas mentes das pessoas.**

Somente ao final do século XIV, com um novo temor em relação à magia cerimonial inspirada e assistida por demônios, foi que a mancha da heresia genuína começou a afetar aqueles que acreditavam na "senhora" ou nas "damas", e à época apenas individualmente: as duas mulheres em Milão que acreditavam em Oriente foram queimadas em 1390, seis anos depois de repetirem suas afirmações, apesar de terem sido formalmente advertidas a retirar o depoimento.[82] Uma delas agora confessava (ou era obrigada a confessar) possuir um amante demoníaco, e elas foram condenados à morte por reincidência. Durante os séculos XV e XVI, como Carlo Ginzburg e Wolfgang Behringer demonstraram com maestria, a tradição dos espíritos justos noturnos errantes foi gradualmente sendo assimilada, em lugares nos Alpes e na planície da Lombardia, ao novo estereótipo da bruxa demoníaca e das bruxas do sabbath que escoram os primeiros julgamentos europeus modernos.[83] A construção desse estereótipo é um processo para o qual este livro agora finalmente voltará sua atenção.

CAPITULUM .V } .281

GRIMÓRIO das
BRUXAS
RONALD HUTTON

CAPITULUM .VI } p.285

IV. MEDIA:
IDADE MÉDIA
MEDIUM AEVUM

A té agora, um exame da conexão entre temas específicos na cultura medieval e seus ancestrais antigos revelou alguns contrastes talvez inesperados. No caso da magia cerimonial, dependente da transmissão de textos copiados por uma elite letrada, da continuidade com o mundo antigo e da sobrevivência de nomes e ideias oriundos dele, parece ter sido bem maior do que tem-se considerado tradicionalmente. Por outro lado, no caso de crenças referentes aos cortejos espectrais noturnos, que há muito tempo têm sido considerados pelos estudiosos derivados diretos da tradição pré-cristã, as linhas de transmissão parecem muito mais difíceis de se provar do que tem sido presumido. Resta confrontar diretamente a questão de como a Idade Média lidou com o tema central deste livro, a figura da bruxa. Este capítulo vai abordar esse problema e, ao fazê-lo, proporá respostas a mais três outras questões: que diferença o assentamento do cristianismo como religião dominante na Europa causou ao comportamento em relação à magia e à feitiçaria; o quão seriamente a feitiçaria foi abordada no decorrer da Idade Média; e como o estereótipo da bruxa como praticante de uma religião satânica, e que deu vazão aos primeiros julgamentos da bruxaria moderna, veio a se desenvolver.

O IMPACTO IMEDIATO DO CRISTIANISMO
A composição gradual da caça

Foi observado anteriormente que a religião cristã, que sustentou os primeiros julgamentos das bruxas modernas, combinou toda uma gama de tradições antigas que estabeleceram individualmente partes de um contexto para a caça às bruxas: a demonologia mesopotâmica; o dualismo cósmico persa; um temor greco-romano da magia como intrinsecamente ímpio; as imagens romanas da bruxa má; e o conceito germânico de mulheres canibais perambulando pela noite. Comentários de respeitados estudiosos não têm faltado, de fato, para creditar a fé cristã a uma propensão inerente de se incentivar a perseguição de mágicos. Valerie Flint arrazoou que suas características institucionalizadas e monopolistas a transformaram automaticamente em uma religião estatal que exigia um controle mais rígido das relações humanas com os espíritos, a maioria dos quais se tornaram malignos por definição.[1] Richard Kieckhefer apontou que o cristianismo redefiniu a magia de maneira inteiramente nova, como a veneração de falsos deuses, ou seja, demônios.[2] Michael Bailey concordou, observando que os cristãos sempre postularam uma distinção mais fundamental entre religião e magia do que aquela imaginada por pagãos e judeus.[3] Tudo isso está correto, mas há duas características óbvias da história da magia que provocam reflexões contrabalançadas. Uma delas é que os primeiros julgamentos de bruxas na Europa tiveram início mil anos após o triunfo da nova religião, levantando a questão: por que demorou tanto para acontecerem se sua ideologia era tão adequada para caçar bruxas? A segunda é que, conforme já discutido neste livro, o Império Romano pagão se provou perfeitamente capaz de promulgar um código selvagem de leis contra os mágicos, baseado em comportamentos totalmente tradicionais, precisamente ao mesmo tempo em que perseguia os cristãos com igual brutalidade. É, de fato, esse contexto legal e cultural, de forte hostilidade oficial contra a magia, que fundamenta a perspectiva cristã em torno do assunto. Isso apresentou aos primeiros cristãos um problema crítico: que os milagres por eles creditados a seu Messias e seus apóstolos poderiam ser semelhantes

CAPITULUM .VI } .287

àqueles prometidos por, ou atribuídos a, mágicos cerimoniais. Tal acusação foi feita contra eles por alguns de seus críticos pagãos mais ferrenhos, como Celsus, que escreveu o primeiro ataque abrangente à nova religião no século II. A resposta fornecida pelo principal teólogo cristão, Orígenes, tornou-se o padrão: os mágicos usavam de ritos e encantamentos, mas os verdadeiros cristãos, somente o nome de Jesus e as palavras da Bíblia, e uma confiança no poder de sua divindade: uma fórmula que se conectava diretamente à há muito estabelecida distinção greco-romana entre religião e magia.[4] Quase duzentos anos depois, Agostinho de Hipona a lapidou ao seu formato duradouro, que persistiu durante a Idade Média: que os atos dos mágicos eram realizados com a ajuda de demônios, enquanto os milagres dos santos cristãos eram possibilitados pela intervenção do único Deus verdadeiro.[5]

A posição polêmica que o cristianismo estabelecia em relação à magia, portanto, era defensiva, formulada para enfrentar um grande desafio à própria credibilidade e imagem pública, e inserida firmemente no contexto dos comportamentos greco-romanos existentes. No entanto, também se baseava em traços essenciais próprios, um dos quais era uma manifestação extrema do temor mesopotâmico (e, por conseguinte, do hebraico) de demônios. Mesmo pelos padrões tradicionais do Crescente Fértil, a demonologia cristã inicial era singularmente polarizada, dependente da aceitação de uma força cósmica de puro mal no universo, e onipresente. O exorcismo de demônios de pessoas possuídas e afligidas era a tarefa principal de Cristo em pessoa, de seus apóstolos e dos primeiros santos, e tais espíritos malignos eram seus principais inimigos, conforme revelado por qualquer leitura do Novo Testamento, dos Apócrifos e de hagiografias antigas. No geral, entretanto, esses mesmos textos estavam muito mais focados em confrontos diretos entre heróis cristãos e demônios do que entre esses heróis e servos humanos dos demônios. O problema que os primeiros cristãos tiveram com os mágicos (pagãos ou judeus) se concentrava neles como exorcistas e curandeiros rivais, e também como alvos de suspeita e condenação oficiais, com os quais os cristãos poderiam ser facilmente confundidos, e Celsus de fato os fundiu. Os "mágicos", Simão Magus e Elimas, e exorcistas judeus itinerantes do tipo clássico da antiga Mesopotâmia já apareciam nos *Atos dos Apóstolos* como tolos ou charlatães, e uma das características da Prostituta da Babilônia no Livro

A religião cristã sustentou os primeiros julgamentos das bruxas modernas [e] combinou toda uma gama de tradições antigas que estabeleceram individualmente partes de um contexto para a caça às bruxas.

do Apocalipse é a *pharmakeia*, que continua a ser a palavra grega padrão para magia baseada em poções.[6] Esses temas foram multiplicados e ampliados na literatura cristã inicial subsequente, mas nunca somaram muito para fazer dessa literatura um corpo de documentos de caça às bruxas. Os mágicos retratados são fracos demais e facilmente superados por homens santos cristãos para representar oponentes perigosos, e não há nenhuma associação especial de mulheres à magia ruim encontrada em antigas fontes romanas e judaicas.[7] O próprio Jesus não estava interessado em magia, e quando o apóstolo Paulo a condenou, ele a colocou no patamar de um pecado como a raiva e a luxúria, e não como um crime mortal.[8] Tudo isso forma o pano de fundo para o ocorrido após o ano 312, quando o cristianismo se tornou a religião dominante no império e aquela professada pela maioria de seus imperadores (e por todos depois do ano 363). No século IV, uma série de concílios da igreja

CAPITULUM .VI } .289

Divitię turpes, et quos opulentia iungit,
Falluntur miserè vafro cacodęmonis astu.

aprovou decretos que proibiam os cristãos, e o clero em especial, de fazer qualquer coisa ligada à magia cerimonial, e isso incluía a adivinhação.[9] A lei imperial foi adaptada de acordo no mesmo século e também no seguinte, com a grande mudança sendo a redefinição das práticas antes normativas no paganismo antigo — tais como a adivinhação pelos membros oficiais dos templos e o sacrifício como um ato religioso — para algo supersticioso ou mágico, e portanto proibido. Ao abordar a magia cerimonial, no entanto, e os danos causados por meios mágicos, as leis fizeram pouco mais do que reforçar o que já havia sido estabelecido pelos imperadores pagãos.[10] Essa continuidade, no entanto, ainda iria mascarar mudanças relevantes caso as leis existentes contra a magia cerimonial, e todas as formas de magia nociva, fossem compelidas com mais rigor do que antes.

Uma impressão de que esse era realmente o caso é fornecida em uma série de passagens famosas do historiador do século IV, Amiano Marcelino. Ele registrou que, de acordo com uma lei de Constâncio II, em 358, a qual declarava que os mágicos de todo o império eram inimigos da humanidade, qualquer um que usasse um amuleto para curar uma doença ou que passasse por uma tumba após o anoitecer corria o risco de ser denunciado e executado. Ser visto perto de uma tumba era fatal por levantar a suspeita de que a pessoa em questão estaria caçando partes de corpos humanos para usar em feitiços. Tal onda de julgamentos foi seguida por mais três, em intervalos entre 364 e 371, sob a regência dos irmãos imperadores Valentiniano e Valente. Elas começaram afetando principalmente a classe senatorial romana, mas se expandiram ao longo do tempo para atingir os plebeus. Bibliotecas inteiras foram queimadas por seus proprietários por medo de que pudessem ser consideradas detentoras de textos mágicos. Tais perseguições afetaram a própria Roma e as províncias orientais, e a tortura foi adotada livremente na obtenção de provas. Amiano deixou claro que na maioria dos casos a pressão para julgar vinha do topo, de imperadores que lideravam dinastias recentemente estabelecidas e inseguras e que temiam a conspiração: pela primeira vez em trezentos anos, a acusação de usar magia retornara como uma arma na política central.[11] O cenário de intensas perseguições naquele século é corroborado por um texto da década de 330, um manual de astrologia, uma das principais formas de adivinhação, de Firmicus Maternus. Ele contém nada menos do que sete exemplos de horóscopos lançados para determinar se a pessoa em questão seria acusada de utilizar magia![12] A percepção de uma

CAPITULUM .VI } .291

sociedade do século IV pelo menos ocasionalmente dominada tanto pelo medo da magia em si quando das acusações de fazer uso dela é confirmada pela obra de Libânio, um estudioso pagão que viveu de meados ao final do século IV. Tendo se mudado para as províncias orientais, ele se estabeleceu na Antioquia, uma das quatro cidades mais importantes do império, para se tornar o principal filósofo e orador. Seus escritos contêm muitas reflexões sobre sua carreira, que revelam que a acusação de empregar magia para superar os concorrentes era um padrão nas rivalidades profissionais à época. O próprio Libânio recorreu a ela quatro vezes, tendo sido formalmente julgado e absolvido em uma das ocasiões, e em outra, banido da corte imperial e da cidade na qual morava. Na velhice, ele se flagrou aparentemente sob o efeito de um feitiço, quando ficou prostrado devido a dores de cabeça, as quais cessaram quando o cadáver ressequido de um camaleão foi encontrado em sua sala de aula, com a cabeça entre as pernas e uma pata dianteira lhe fechando a boca. Ele se recuperou assim que o bicho foi retirado de lá, e embora agora convencido de que fora enfeitiçado, ele generosamente não fez nenhuma tentativa de encontrar o culpado.[13] Libânio também compôs um discurso modelo, colocado na boca de um cidadão imaginário em uma cidade romana oriental, que descrevia o modo como os mágicos utilizavam demônios e espíritos dos mortos como agentes para infligir disputas, pobreza, ferimentos e doenças em humanos vivos. Os fantasmas eram servos indefesos, mas os demônios se satisfaziam deliberadamente ao causar danos.[14] Este é um exemplo fictício de retórica, dado a um personagem imaginário, mas não há nada nos outros escritos de Libânio que mostre que ele teria discordado disso, e o orador parece ser um pagão como ele, mostrando como tais crenças abrangiam as diferentes religiões. Um dos alunos de Libânio mais tarde viera a se tornar o líder cristão João Crisóstomo, que relatou uma ocasião em que, quando menino, quase fora capturado em uma caçada conduzida por soldados em busca de mágicos cerimoniais na Antioquia. Ele e um amigo à época tinham pescado um livro do rio, inspirados pela curiosidade, e descobriram, para seu pavor, ser um manual de magia jogado fora por seu dono para evitar ser descoberto. Como agora estavam em posse do livro, eles mesmos corriam o perigo mortal da acusação de serem mágicos, e assim seria até que encontrassem um meio seguro de se livrar do objeto.[15]

Parece então que em determinadas épocas e localidades no século IV, as leis contra a magia eram impostas com grande severidade, e que tanto o medo do encantamento quanto o temor de ser acusado de realizá-lo, e de outras formas de magia, seriam intensos naquele período. O que é menos facilmente dedutível é se o cristianismo teve algum tipo de papel decisivo no desenrolar dessa situação. Certamente, buscou lucrar com isso, demonizando cada vez mais o paganismo e associando a magia a ele,

Bibliotecas inteiras foram queimadas por seus proprietários por medo de que pudessem ser consideradas detentoras de textos mágicos.

mas o impulso do século IV contra os mágicos parece ter sido um desenvolvimento direto de posturas pagãs anteriores, e uniu diversos grupos religiosos. Foi uma projeção natural da hostilidade cada vez mais selvagem em relação à magia encontrada nos códigos do século III, que pode por si só ter sido incitada pela nova e sofisticada magia cerimonial baseada em textos que surgiram no período e podem ter vindo do Egito. Nem Amiano nem Libânio deram aos cristãos qualquer crédito por orquestrar as perseguições do século IV em nome de sua fé; em vez disso, Amiano culpou as novas dinastias imperiais poucos firmes, lideradas por novos homens implacáveis, os quais indicavam outros novos-ricos para conduzir investigações destinadas a erradicar a traição e a criminalidade em seus distritos administrativos. Uma sucessão de historiadores estudou os julgamentos em questão e, embora tenham discordado sobre até que ponto estes eram uma expressão de hostilidade entre diferentes grupos sociais,

CAPITULUM .VI } .293

eles tenderam a minimizar o fator religioso, enxergando o cristianismo como cúmplice em vez de causador da perseguição.[16] A qual, por sua vez, diminuiu durante o século v, embora o domínio do cristianismo estivesse mais forte à época, e as leis contra a magia tivessem sido ampliadas e sistematizadas. Não fora proposta nenhuma explicação convincente para tal, e pode simplesmente ter sido resultado da preocupação das autoridades imperiais com invasões, guerras civis e heresia, já que a parte ocidental do império entrava em colapso, estando, portanto, incapaz de conceder muita atenção aos mágicos.[17]

Estudos recentes examinaram diferentes maneiras pelas quais a nova religião se adaptou, e explorou, as posturas contemporâneas em relação à magia. Um deles rastreou o modo como líderes cristãos ao final do Império Romano, tais como Agostinho, João Crisóstomo e Basílio de Cesareia (mais um aluno de Libânio), recorriam aos antigos tropos literários romanos sobre mulheres que lançavam feitiços para enganar ou enredar os homens para condenar a magia em geral como algo pagão: mais um exemplo de como as ideias e imagens pré-cristãs poderiam ser empregadas pela nova religião para seus propósitos.[18] Outro estudo apontou como os contos registrados por monges entre os séculos iv e vii refletiam e propagavam a hostilidade contra os mágicos. Estes eram retratados como indivíduos que ofereciam seus serviços com o intuito de causar danos aos rivais ou inimigos de seus contratantes, sendo então frustrados pelos bons cristãos, com alguns terminando queimados ou decapitados.[19] Outros historiadores examinaram as maneiras como os cristãos usavam magia propriamente dita, principalmente se baseando nas evidências egípcias. Alguns continuaram com ritos, à maneira dos papiros mágicos pagãos, embora muitas vezes de forma simplificada, combinando expressões cristãs a figuras e nomes esotéricos.[20] Outros tentaram permanecer dentro das regras básicas estabelecidas por Orígenes, oferecendo feitiços para ajudar os clientes a alcançarem seus desejos que dependessem de citações das escrituras, apelos ao Deus verdadeiro e seus anjos, versões da liturgia cristã e óleo ou água consagrados. Os autores parecem frequente ou principalmente terem sido monges, que assim desempenhavam praticamente o mesmo papel que os antigos sacerdotes Leitores egípcios.[21]

BRUXARIA E MAGIA NA PRIMEIRA E NA ALTA IDADE MÉDIA

Há muito existia uma crença acadêmica de que os primeiros mil anos de supremacia cristã na Europa testemunharam pouquíssima caça às bruxas. Na década de 1920, uma historiadora pioneira da magia europeia, a americana Lynn Thorndike, comentou sobre o período até 1300, dizendo que "sobre a ilusão da bruxaria posterior... encontramos relativamente poucos arautos".[22] Na inauguração da recente onda de pesquisas sobre os primeiros julgamentos modernos, no final da década de 1960, Hugh Trevor-Roper, o mais importante estudioso britânico da área, afirmou com veemência que "na Idade das Trevas não havia pelo menos nenhuma mania de bruxas", e que a crença em bruxas do início da era moderna era "uma força nova e explosiva".[23] Em meados da década de 1970, em um conjunto de trabalhos que estabeleceu grande parte da pauta para a subsequente investigação do significado dos primeiros julgamentos modernos, seu compatriota Norman Cohn e o americano Richard Kieckhefer concordaram. O primeiro escreveu que "há poucas evidências positivas de julgamentos de *maleficium* [ou seja, bruxaria] antes de 1300", enquanto o último contribuiu dizendo que antes de 1300 "a incidência de bruxaria era tão rara que é impossível detectar padrões de acusação". Certamente, mesmo no início do século XIV "a taxa de acusação era de fato baixa", e diminuiu ainda mais nas décadas centrais.[24] Em 2004, porém, Wolfgang Behringer desafiou tal ortodoxia, argumentando que a lei medieval inicial ainda prescrevia a pena de morte para bruxaria, e que a ausência de registros legais da época pode ter ocultado muitos julgamentos. Ele apontou que as crônicas do período se referiam a execuções de supostas bruxas em toda a Europa, em alguns locais com mais frequência do que em relação ao início do período moderno.[25] Seu raciocínio não é totalmente polarizado contra a crença anterior, pois Cohn admitia que, embora os julgamentos fossem raros, houve alguns casos dramáticos de linchamento de suspeitos executados por turbas, os quais Behringer contabilizou em seus registros de perseguição. Além disso, o próprio Behringer admitiu que parecia haver relativa calmaria nas providências contra a bruxaria na Europa ocidental entre 1100 e 1300, atribuída por ele a uma atmosfera melhorada, a qual gerava maior segurança. Não obstante, seu desafio em relação ao retrato do século xx sobre a relativa tolerância medieval reabriu a dúvida: o quanto a caça às bruxas realmente ocorria na Europa na Primeira e na Alta Idade Média; e isso agora deve ser objeto de reflexão.

Antes de confrontar a dúvida diretamente, faz-se necessário reconhecer que a postura oficial dos primeiros cristãos medievais em relação à magia, conforme definida pelos clérigos ortodoxos, geralmente era intransigentemente hostil. Seguindo o raciocínio desenvolvido à época de Agostinho, considerava-se como demoníacas todas as tentativas de se exercer o poder espiritual para alcançar fins materiais, a menos que fossem implantadas por seus representantes autorizados, e recorrendo apenas à oração, às Escrituras ou a sua liturgia como instrumentos. Além disso, a categoria dos demônios foi um tanto ampliada, pois foram atribuídas a ela todas as divindades do paganismo e sua definição de magia e, portanto, de usos proibidos de poder ritual, incluindo a maioria das formas, senão todas, de clarividência e de encantamentos e feitiços tradicionais utilizados para curar e proteger. Pode ser apontado mais uma vez que isso foi, em muitos aspectos, um desenvolvimento de comportamentos pagãos. Os imperadores romanos se esforçavam para controlar ou banir as formas de adivinhação que não estivessem associadas à religião tradicional, e (tal como foi dito) foram sendo aprovadas leis cada vez mais ferozes contra os mágicos em geral. No entanto, foi um desenvolvimento, e um engrandecimento, resumido no fato de que todas as formas de magia vieram a ser oficialmente descritas como *maleficium*, um termo anteriormente reservado para ações que causavam danos efetivos.[26] Por meio de um processo oposto de fertilização cruzada linguística, a palavra romana *sortiligium* ou *sortilegium*, que significa adivinhação pela cleromancia, foi transformada ao longo do curso da Idade Média num modelo frequentemente usado para todas as formas de magia, e em particular para os tipos menos respeitáveis, envolvendo a invocação de espíritos (e, portanto, na visão dos ortodoxos, de demônios). Em sintonia a isso, o *sortiarius* romano, o termo para alguém que lia a sorte pela cleromancia, se transformou em *sorcerie* no francês arcaico e, por meio dela, na palavra inglesa "sorcery" [feitiçaria], que tinha o mesmo uso amplo do latim medieval *sortiligium*.

Na prática, as coisas poderiam ser bem diferentes, como é atestado pelas reclamações e invectivas dos clérigos medievais de que os mágicos continuaram a florescer mesmo nas cortes reais, ao mesmo tempo que os plebeus ainda recorriam em grande número a contrapartes de nível inferior para sanar seus males, preocupações e desejos. Entre os séculos IX e XII, o próprio pensamento cristão, pelo menos aquele articulado por certos escritores, adaptou-se para legitimar algumas formas de adivinhação e feitiços de cura de forma completamente nova. No entanto, majoritariamente, a nova religião condenava a magia em geral de forma mais feroz e intransigente do que seus predecessores, e isso persistiu durante todo o período medieval.[27] Além disso, Wolfgang Behringer está correto ao afirmar que os códigos de leis medievais, a começar por aqueles oriundos de reinos germânicos que suplantaram o Império Romano ocidental, continuavam a prescrever penalidades para a execução deliberada de magia nociva. Se o dano causado fosse grave, como assassinato, as penalidades seriam tão severas quanto aquelas especificadas para causar danos equivalentes por meios físicos; e isso que faz sentido em sociedades, como aquelas da Europa medieval, que acreditavam na força literal dos feitiços e maldições.[28]

CAPITULUM .VI } .297

Os resultados de tais leis podem ser divididos em duas categorias. Uma consistia em acusações de uso de magia como uma arma política com o intuito de prejudicar ou coagir, do mesmo tipo flagrado entre os hititas e na Roma imperial. Como tal, era implantado para promover feudos dentro das famílias, atribuir responsabilidade pela morte repentina ou doença misteriosa de um governante, afirmar a autoridade de um indivíduo ou destituir um membro do ministério. Permaneceu uma característica generalizada e persistente, embora ocasional, da Idade Média, com ocorrências no reino franco no século VI e no império franco do século IX (três vezes), na corte real francesa e na do conde de Maine no século X, na Aquitânia e em Aragão no século XI, e em Flandres e Bizâncio no século XII.[29] No entanto, menos de uma dúzia de casos espalhados ao longo de oitocentos anos, sendo a maioria na Europa, não representam um elemento relevante na vida política e na construção do estado medieval; e tais acusações foram espetaculares o suficiente para serem registradas por cronistas.

A segunda categoria de ações contra supostos mágicos malignos consistia em julgamentos locais e na atuação de turbas, e aqui novamente há uma sucessão de episódios, alguns há muito conhecidos.[30] Mulheres foram condenadas à morte por praticar magia em Colônia em 1075, em Ghent em 1175, na França em 1190 e 1282 e na Áustria em 1296. A maioria desses casos envolveu uma ou duas vítimas, mas há uma referência registada em crônica sobre a queima de trinta mulheres em um único dia na província austríaca da Estíria durante o ano de 1115, por um delito não registrado que, dada a pena, provavelmente foi bruxaria. Um padre foi queimado como mágico em uma cidade da Vestefália por volta de 1200. Todas parecem ter sido execuções legais, mas, além disso, houve linchamentos, especialmente um caso famoso em Freising, na Baviera, em 1090, quando três mulheres foram queimadas até a morte por seus vizinhos camponeses, que as culpavam pelo envenenamento de pessoas e por destruir plantações por vias misteriosas. O bispo Agobardo de Lyon publicou um sermão hoje famoso sobre os assassinatos realizados por turbas nos anos 810, que miravam pessoas suspeitas de usar magia para causar tempestades que aniquilaram plantações, além de epidemias entre humanos. Na Dinamarca, em 1080, mulheres também foram acusadas de causar mau tempo e doenças. A Rússia medieval parece ter sido particularmente propensa a tais reações, e uma série de relatos entre 1000 e 1300 narram o assassinato de idosos, com ou sem sanção legal, por multidões que os culpavam por colheitas ruins que levaram à fome: esse foi um tipo de reação que arrefeceu no início do período moderno, quando os julgamentos das bruxas estavam no auge em outras partes da Europa. Por volta de 1080, o rei Wratislaw II da Boêmia supostamente apoiou seu irmão, o bispo de Praga, no ato de punir indivíduos acusados de usar magia para causar loucura e tempestades, e de roubar leite e grãos de outros agricultores. De acordo com tal relato, ele decapitava ou queimava os suspeitos do sexo masculino e afogava as mulheres, castigando um total de mais de cem indivíduos.[31]

Wolfgang Behringer parece estar correto novamente, portanto, ao dizer que, em alguns países, assassinatos ou execuções de pessoas por magia destrutiva eram mais comuns durante os períodos supostamente tolerantes do início e da Alta Idade Média do que durante o período subsequente (e principal) de julgamentos. Porém, o padrão revelado pelos registros remanescentes é de execuções ocasionais ou assassinatos isolados de indivíduos ou de grupos muito pequenos na Europa ocidental, e de surtos de selvageria esporádicos de perseguições mais graves, principalmente nas regiões orientais do continente, em geral desencadeadas por calamidades extraordinárias de fome ou doença. Os casos registrados devem, sem dúvida, representar apenas uma proporção de um número desconhecido que se perdeu na história, porém os registros sugerem que foram acontecimentos dramáticos e raros o suficiente para valer os relatos em crônicas. O que parece especialmente relevante em tais registros é o papel desempenhado pelos clérigos. Conforme já dito, eles condenavam veemente e regularmente todos ou a maioria dos tipos de magia inspirados e assistidos por demônios, e nenhum parece ter feito qualquer manifestação contra a crença na bruxaria: na verdade, o teólogo mais influente da Idade Média central, Tomás de Aquino, concluiu firmemente que a fé cristã proclamava que disputar a existência e eficácia da magia nociva era negar a veracidade dos demônios.[32] Por outro lado, não foi desenvolvida nenhuma teologia que exigisse e incentivasse a caça às bruxas e, na prática, antes de 1300 eles parecem ter agido com mais frequência para encorajar do que para dissuadir esse movimento. É fato que o bispo de Beauvais, no norte da França, liderou os cidadãos na execução de uma mulher por praticar magia em 1190.[33] De encontro a isso, deve ser registrado que sabemos que as mulheres foram responsabilizadas por tempestades e epidemias na Dinamarca em 1080 porque o papa em pessoa, Gregório VII, escreveu ao rei para impedir a pena, classificando-a como um costume bárbaro que impedia a percepção de que tais desastres eram castigos divinos.[34] Quando o bispo Agobardo pregou contra o assassinato de supostos criadores de tormentas e causadores de doenças, também foi para denunciar veementemente a prática devido aos mesmos motivos. Agobardo alegou ter intervindo para salvar a vida de alguns dos acusados, ao mesmo tempo observando que a perseguição era, em determinada medida, provocada por homens que tentavam criar um esquema de extorsão sobre os agricultores, exigindo dinheiro deles para evitar que suas safras fossem magicamente atacadas.[35] Uma das perseguições russas de pessoas acusadas de causar fome, na diocese de Vladimir, na década de 1270, foi registrada porque o bispo a condenou sob a mesma argumentação teológica do papa Gregório.[36] As três mulheres assassinadas em Freising em 1090 só sofreram porque o bispo local havia morrido e não fora nomeado um sucessor, deixando assim uma lacuna na autoridade formal, e por fim monges de uma casa religiosa próxima enterraram os restos queimados no próprio cemitério, como mártires.[37]

Pode ser que tais posturas clericais tivessem interferido tão ativamente para assim dissuadir precisamente aquela tendência popular de culpar a magia pelos desastres naturais, que parecem ter sido o maior desencadeador da caça às bruxas locais na época. Soa coerente com eles que, no século XIII, quando a Igreja Católica vinha desenvolvendo uma formidável máquina inquisitorial a fim de detectar e aniquilar a heresia — a sustentação de falsas opiniões religiosas —, o papa Alexandre IV tenha estabelecido que a magia em si não deveria ser a preocupação dos inquisidores.[38] Os frades dominicanos eram o pessoal mais ativo das novas inquisições, mas, em 1279, alguns deles interromperam a incineração de uma mulher apontada como feiticeira por camponeses na Alsácia.[39] Os clérigos entre 500 e 1300 também eram, em geral, consistentes ao condenar como ilusões e superstições algumas crenças populares amplamente sustentadas que, se interpretadas literalmente, incentivaram a caça às bruxas. Uma delas era a crença nas cavalgadas noturnas empreendidas pelos seguidores de Diana ou Herodíade, ou os outros nomes atribuídos à(s) senhora(s) errante(s) sobre-humana(s,) declaradas ilusórias a partir do *canon Episcopi* em diante. Outra crença era nas mulheres canibais errantes noturnas, que atacavam pessoas adormecidas, crianças ou adultos, e consumiam seus órgãos. No segundo capítulo deste livro, vimos que tal ideia, incorporada no mais antigo código de leis germânico remanescente, foi proibida em códigos subsequentes quando foi sentido o efeito do cristianismo (e talvez da opinião dos eruditos romanos, que questionavam a veracidade do demônio *strix* dos tempos pagãos). Os sermões e penitenciais do início da Idade Média continuaram a condenar a crença em tais figuras, considerando-as ficção.[40] Assim, pode-se sugerir que os clérigos do início e da Alta Idade Média acreditavam na existência de mágicos — e de fato isso era indubitável, pois sempre havia muitas pessoas oferecendo serviços mágicos, e também provavelmente alguns que tentavam usar de magia para prejudicar os inimigos — e na necessidade de detê-los; e ainda assim operavam de muitas maneiras para reduzir a probabilidade de uma caça às bruxas frequente e em grande escala.

O que à primeira vista parece ser uma exceção notável à regra, em uma inspeção mais minuciosa acaba por prová-la: o caso do arcebispo Incmaro de Reims, que em 860 veio em defesa de Theutberga, esposa do imperador Lotário II, de quem seu marido desejava se divorciar. Incmaro de Reims acusou os apoiadores da anulação do casamento, e em especial a amante de Lotário, Walburga, de fazer uso de magia para alcançar seus objetivos. Ele afirmava acreditar que os poderes deles eram genuínos e tinham sido adquiridos em aliança com os demônios. De acordo com o costume da época, ele colocou práticas como a adivinhação na mesma classe daquelas destinadas a

afligir outrem, na mesma categoria geral do ofício maléfico e proibido, a ser combatido com os ritos da Igreja. Além disso, ele acreditava que os atuantes em magia geralmente eram mulheres, e que estavam motivadas pelo desejo de dominar os homens. Em nenhum momento, entretanto, ele convocou algum tipo de julgamento e execução, tão confiante estava de que os efeitos do ritual cristão, em especial do sal e óleo consagrados, eram suficientes para desfazer o trabalho sem a necessidade de mais medidas.[41] Além disso, Norman Cohn chamou a atenção para a importância do sistema jurídico medieval propriamente dito no abrandamento das acusações, confrontando aqueles que acusavam outros de crimes com uma pena substancial em caso de perda nos casos. Como o uso da magia era, em sua natureza, difícil de se comprovar, isso poderia representar um obstáculo considerável.[42] O argumento de Cohn é quase correto no que diz respeito a acusações particulares colocadas entre indivíduos (embora, como se verá, não era impossível fornecer provas capazes de convencer um tribunal, mesmo em tais condições). O que fica nítido, no entanto, é que tais barreiras a acusações e condenações poderiam ser um tanto frágeis se um grande número de pessoas em uma comunidade cercasse os supostos atuantes na magia e acreditasse nas acusações contra eles, ou se um governante desse crédito a tal acusação. Isso era um fato junto aos romanos, que desenvolveram o sistema legal em questão, e assim permaneceu enquanto esse sistema durou; de outro modo, os casos listados acima não teriam ocorrido. Pode-se sugerir, portanto, que faltava a vontade de caçar, ao menos regular e intensamente, e isto permitia a persistência de um processo judicial desfavorável às denúncias de bruxaria. A sugestão de Wolfgang Behringer de que a reviravolta climática da alta Idade Média deixou as pessoas mais prósperas e confiantes, e assim menos propensas a temer a bruxaria, pode ter alguma influência na relativa ausência de julgamentos e assassinatos àquela época. A extensão do declínio foi, contudo, sutil, visto que tais acontecimentos sempre foram parcos; e a ideia é um tanto difícil de se comprovar. Um clima mais quente não é necessariamente menos tempestuoso ou insalubre, e a caça às bruxas na Rússia foi provocada por surtos de fome oriundos das secas, e não por inundações, e continuou mesmo durante o favorecimento climático. Pode ser que, mais uma vez, os fatores ideológicos tenham sido mais relevantes do que os fatores não orgânicos para determinar uma taxa baixa e intermitente de perseguição a supostas bruxas. Afinal de contas, exatamente no mesmo período, nos séculos XII e XIII, assistiu-se ao que se chamou de "a formação de uma sociedade perseguidora" na Europa, quando seus povos se voltaram contra judeus e homossexuais com hostilidade renovada e apresentaram medidas e estruturas cada vez mais rigorosas para lidar com um novo problema de heresia cristã generalizada e vultosa.[43] A figura da bruxa, entretanto, não foi cercada por tais desenvolvimentos. Essas parecem ser as conclusões que podem ser tiradas de um levantamento continental. No entanto, um levantamento mais íntimo e detalhado de um único país pode contribuir ainda mais para o conhecimento do assunto, e a Inglaterra oferece uma escolha óbvia aqui, não apenas por ser conveniente ao autor que vos fala, mas devido à variedade e quantidade de seus registros remanescentes. Aqui, como em outras localidades, os primeiros clérigos

> **Os clérigos entre 500 e 1300 também eram, em geral, consistentes ao condenar como ilusões e superstições algumas crenças populares amplamente sustentadas que, se interpretadas literalmente, incentivaram a caça às bruxas.**

medievais denunciavam a magia em todas as suas formas, e prescreviam penitências por sua prática, embora agora seja difícil distinguir suas formas destrutivas devido à imprecisão da terminologia adotada. Conforme já foi dito, o latim *maleficium* poderia agora ser aplicado a objetivos neutros ou mesmo benéficos caso os trabalhos de magia fossem voltados para protegê-los, e expressões anglo-saxônicas (a serem discutidas abaixo) eram aparentemente usadas de forma igualmente ampla em textos clericais.[44] As coisas só ficam um pouco mais transparentes quando nos voltamos aos códigos de leis seculares escritos na língua nativa. Estes últimos tinham mais de trinta termos para práticas mágicas e seus praticantes, mas alguns recorrem com especial frequência e foram criminalizados com mais assiduidade. Seu significado só pode ser recuperado vagamente e por associação a outras

CAPITULUM .VI } .303

palavras em anglo-saxão que incluem seus componentes. *Gaeldorcraeft* parece ter tido conotações a canção ou encantamento; *libcraeft*, a poções; e *scincraeft*, a ilusão e fantasma. O que faz, então, com que *wiccecraeft* seja o ancestral da palavra "witchcraft" (bruxaria), a qual era praticada por uma *wicce* feminina ou *wicca* masculino, dos quais, é claro, vem o termo "witch" (bruxa): já que o "cc" era pronunciado como "ch", a derivação é ainda mais próxima do que a ortografia sugere. Isso é mais difícil de se combinar a outras expressões e, portanto, é preciso se fiar no contexto para reconstruir um significado.[45] E tal significado parece emergir dos códigos de direito penal. O mais antigo deles, de Alfredo, o Grande, no final do século IX, também é o menos eficiente, pois, na posição de rei cristão conscientemente devoto, ele parafraseou a injunção hebraica no Livro do Êxodo. Assim, os termos *gealdorcraeftigan*, *scinlaecan* e *wiccan*, e aqueles que lançaram mão deles, não foram autorizados a sobreviver; mas Alfred não forneceu mais nenhuma definição destes (e a referência bíblica original é em si, conforme discutido anteriormente, obscura). Sua lei foi ampliada por outra, emitida por seu neto, Athelstan, ao final dos anos 920, cuja morte era a pena por se matar por meio de *wiccecraeftum*, *lyblacum* e *morðdaedum*: em outras palavras, os três meios desonrosos que eram alternativos ao homicídio cometido em uma luta justa — magia, veneno e assassinato furtivo. Esse conjunto de disposições foi ainda ampliado por uma série de códigos de leis emitidos por regimes sucessores entre 1000 e 1022, os quais parecem ter sido redigidos pelo mesmo eclesiástico reformado, o arcebispo Wulfstan II, de York. Era previsto banimento, ou morte se houvesse recusa em ir embora, para *wiccanos* e *wigleras* (este, mais um termo para um mágico). O fator importante aqui é a lista de outros infratores inseridos na mesma cláusula: perjuros, assassinos furtivos e até mesmo prostitutas ou adúlteras flagrantes e recorrentes. Todos esses poderiam ser considerados, mais uma vez, como perpetradores de delito contra a pessoa, e assim *wiccan* e *wigleras* provavelmente eram, no citado contexto, agentes de magia nociva. A cláusula foi repetida, com algumas emendas, como a inclusão de *scincraeft* ou *libcraeft*, nos demais códigos elaborados por Wulfstan.[46]

Na Inglaterra anglo-saxônica não há sinais de ter havido nenhuma figura estereotipada da bruxa: as pessoas pareciam simplesmente ceder à tentação de usar a magia contra seus semelhantes em momentos específicos e por razões particulares. A terminologia conferida aos mágicos também sugere a existência de indivíduos com a reputação de especialistas em determinados tipos de técnicas mágicas, e que podiam fornecer seus serviços para fins maléficos e também benéficos; e os termos mostram que poderiam ser do gênero masculino ou feminino. Para os clérigos, é claro, todos os praticantes de magia provavelmente estavam em conluio com demônios, consciente-mente ou não, e persistindo em modelos oriundos de um passado pagão no qual tais demônios eram venerados abertamente; mas a preocupação dos clérigos era principalmente com a condenação de episódios de cura e adivinhação, que ainda atraíam muita crença e apoio popular, e por isso eles prestavam pouca atenção à magia nociva.[47] Há vestígios de crença em figuras femininas sobrenaturais que poderiam proteger ou prejudicar humanos, mas especialmente prejudicar. Novamente, eram utilizadas terminologias diferentes para esse grupo, a maioria raramente encontrada e agora difícil de se compreender, mas uma delas, *haegtis* ou *haegtesse*, tem ocorrência mais comum nos textos, e era para engendrar *hag,* a palavra em inglês para descrever uma idosa malévola.[48] Os glossários ingleses a equipararam à palavra latina *striga*, que designa o sanguinário demônio feminino noturno errante.[49] Um agora muito famoso encanto de cura, "contra uma dor aguda repentina", traz tais figuras momentaneamente ao foco, como "esposas poderosas", que cavalgam pela terra gritando e causando dores lancinantes nos humanos a quem elas são direcionadas. Elas são comparáveis aos elfos e a divindades pagãs, então obviamente não se espera que sejam mortais. O encanto mira uma lança mágica de volta contra elas.[50]

A figura ausente nos primeiros textos ingleses é a da mulher canibal, que ataca as pessoas à noite, encontrada nos primeiros códigos de lei germânicos. Pode ser que o cristianismo tenha eliminado a crença nessa figura antes de as fontes que mencionavam as bruxas velhas e feias (*hags*) tivessem começado a ser escritas; mas uma série de elementos pagãos, incluindo as *hags* propria-mente ditas, foi inserida aí. As figuras no encanto soam muito mais como as mulheres ginetes noturnas da literatura escandinava medieval — embora no encanto não haja nenhum sinal de que as mulheres causadores de dor sejam consideradas ativas especialmente à noite —, e de fato essa literatura do norte, produzida por povos vizinhos aos anglo-saxões originais, igualmente não contém nenhuma figura da bruxa estereotipada. Pode ser que o conceito da bruxa noturna canibal tenha ficado confinado a certas tribos germânicas. Além disso, há um indício em um texto anglo-saxão de uma crença em pessoas

CAPITULUM .VI } .305

que mantêm relações íntimas com demônios, em detrimento de seus companheiros: o texto prescreve um unguento protetor contra os "apoiadores-de-elfos", "errantes noturnos" e "pessoas com quem o diabo faz sexo".[51] Pode ser sugerido, portanto, que a maioria dos componentes da ideia de bruxaria do início da era moderna já estivessem presentes na Inglaterra anglo-saxônica, mas ainda longe de serem reunidos na construção posterior. Dos indícios genuínos de execução das leis contra a bruxaria, existe apenas um caso, agora célebre. É aquele sobre uma viúva do século x que vivia em Northamptonshire, que cravou um alfinete de ferro na representação de um homem de quem ela e o filho não gostavam. Quando a suspeita recaiu em cima dela, seu quarto foi revistado e a figura foi encontrada, servindo de prova para condená-la à morte por afogamento em um rio: seu filho conseguiu fugir, sendo considerado um fora da lei, e as terras de ambos foram confiscadas.[52]

Tal registro só se mantém preservado, no entanto, porque o terreno em questão rapidamente se tornou parte de nova transação, pois foi preciso explicar a transferência de propriedade ao novo dono. É impossível dizer simplesmente, devido à ausência de outras evidências, se tais casos eram tão raros como sugerido pelas fontes textuais, ou se eram rotineiros, mas, se por falta de manutenção de registros legais, provavelmente acabam emergindo à luz da história por acidente, como aconteceu neste caso específico. É possível, no entanto, sugerir uma resposta para tal questionamento abordando-o de outros ângulos. Famílias da realeza anglo-saxã foram divididas por rivalidades internas muitas vezes violentas, e ainda assim não há menção contemporânea ou quase contemporânea de magia sendo usada como acusação, tal como ocorria ocasionalmente em feudos dinásticos semelhantes no continente. Também é revelador consultar as enormes coletâneas de encantos de cura e proteção e fitoterápicos que sobreviveram da Inglaterra anglo-saxônica. Apenas quatro desses encantos foram projetados, mesmo que parcialmente, como remédios contra a magia humana maliciosa e contra seres não humanos, como elfos,

.306

demônios e *hags,* e ameaças despersonalizadas como a "peçonha voadora", que causava doenças, aparentemente provocavam mais preocupação.[53] Parece que os primeiros ingleses podem ser contabilizados entre os povos que creditavam os infortúnios inexplicáveis a outras fontes além de seus semelhantes; o que por sua vez teria amortecido o impulso de caçar bruxas. No que diz respeito ao comportamento em relação à magia, as coisas também não mudaram muito após a Conquista normanda da Inglaterra, apesar das imensas transformações políticas, sociais e culturais que isso trouxe de modo geral. Autores do século XII, vez ou outra, pintavam retratos de mulheres mágicas inglesas perversas, são elas: uma rainha que usava poções para se transformar em uma égua; uma mulher contratada por uma madrasta para preparar uma poção maligna para ser administrada a um herdeiro legítimo; outra em Berkeley, em Gloucestershire, que conhecia feitiços e era capaz de prever o futuro a partir do canto dos pássaros; e outra contratada pelos normandos para ajudá-los contra rebeldes saxões, e que proferiu uma maldição (ineficaz) do alto de uma plataforma. Todas foram, no entanto, construções literárias destinadas a transmitir mensagens morais, definidas em uma época anterior à do escritor e que envolviam atividades estereotipadas, de modo que a imagem da mulher sobre a plataforma, por exemplo, pode ter sido emprestada de relatos nórdicos sobre a *seiðr.*[54] A própria lei se alterou pouco, com Guilherme, o Conquistador, proibindo o uso de feitiços para matar pessoas ou animais, ao passo que um tratado redigido no reinado de seu filho, Henrique, confirmou que a pena, caso houvesse sucesso na empreitada, deveria ser a morte, e que a mera tentativa já obrigaria os condenados a pagar indenização.[55] Registros legais existem desde o final do século XII em diante, e mostram alguns julgamentos por magia: uma mulher presa em Essex ou Hertfordshire em 1168, e uma mulher de Norfolk julgada e absolvida em 1199 ou 1209; enquanto, em 1280, um abade de Selby, Yorkshire, foi acusado de empregar um mago para encontrar o corpo de seu irmão afogado. Nos dois primeiros casos, não há indicação de que a magia nociva estivesse em questão, e no terceiro não estava mesmo, mas, no século XIII, um homem em King's Lynn foi multado por colher sangue de uma mulher sob falsas alegações; e nos séculos posteriores este era um meio padrão de se impedir um encantamento. Em Northumberland, em 1279, os bens de um homem foram confiscados porque ele golpeou e matou uma mulher. O corpo dela foi queimado, provavelmente uma indicação de que havia a crença de que ela era uma bruxa.[56] Ao final do século XII, Henrique II baniu todos os mágicos de sua corte, e por volta do século XIII, a acusação de usar magia para ganho pessoal finalmente entrou no conjunto de artimanhas da alta rivalidade política: na primeira metade do século, o principal ministro da realeza, e na segunda metade, um alto funcionário financeiro, um tesoureiro, foram acusados de recorrer à magia.[57] Sendo assim, o medo da bruxaria permanecia, havendo leis contra ela, mas na prática não parece ter sido intenso ou se manifestado frequentemente. O caso inglês parece comprovar a norma europeia desde o início à Alta Idade Média.

Tudo isso dito, há um consenso geral entre os historiadores de que a postura oficial em relação à magia passou por mudança significativa na Europa ocidental durante as décadas por volta de 1300 devido ao impacto da variedade elaborada e cerimonial que surgiu pela primeira vez ao final do Egito antigo.[58] Isso foi importado durante os séculos XII e XIII por meio da tradução de textos gregos e árabes, e representou um desafio importante para a ortodoxia cristã. Por um lado, representou uma nova forma de magia para os europeus ocidentais medievais, sem precedentes em sua elaboração e sofisticação, e refutou a expectativa há muito acalentada de que a condenação contínua dos tipos tradicionais e mais simples de soluções mágicas viria a erradicar gradualmente o recurso a elas ou pelo menos confiná-la às camadas mais pobres e menos influentes da sociedade. Ao contrário, os textos recém-chegados sobre magia complexa dependiam fortemente da transmissão de fórmulas e diagramas escritos, e aqueles subsequentemente desenvolvidos a partir delas muitas vezes exigiam conhecimento da liturgia cristã e de convenções clericais de comportamento. Sendo assim, surgiu um apelo aos grupos sociais mais letrados, abonados e sofisticados e, acima de tudo, aos clérigos que deveriam ser os guardiões da ortodoxia religiosa. Ao passo que os textos que requeriam abertamente a evocação de demônios sempre permaneceriam fora dos limites possíveis da prática oficialmente aceitável, aqueles que alegavam manipular as forças naturais do universo e, acima de tudo, a influência dos corpos celestes, eram muito menos fáceis de se condenar como algo além dos limites. Mesmo a subclasse que recomendava o emprego de demônios, às vezes, formulava uma réplica direta e racional ao ensino ortodoxo ao argumentar que o mágico versado poderia compelir e controlar espíritos malignos e assim forçá-los a atuar para fins benevolentes, desferindo um golpe retumbante para o cristianismo. Durante

duzentos anos, autores eruditos na Europa ocidental conduziram um debate, discutindo até que ponto as formas da nova magia complexa poderiam ser assimiladas à ortodoxia e usadas em favor do benefício humano. Por volta do início do século xiv, entretanto, a maioria se voltara firmemente contra tal reaproximação e restabelecera a ortodoxia agostiniana de que toda magia era inerentemente demoníaca, estivessem seus praticantes conscientes ou não de que estariam atuando junto a demônios.

Tal desenvolvimento acompanhou e se sobrepôs a outro, o qual foi inspirado em grande parte no surgimento da heresia generalizada na Europa ocidental entre os séculos xi e xiii, e no cada vez mais intenso, e bem-sucedido, contra-ataque católico, que recorria à cruzada e à inquisição como suas principais armas: foi entre 1224 e 1240 que a fogueira passou a ser adotada como o padrão de execução de hereges, tal como ocorrera por muito tempo com os mágicos. Como parte desse contra-ataque, eles eram rotineiramente retratados como adoradores do diabo, e a estratégia incentivou uma eclosão de julgamentos políticos entre 1300 e 1320, nos quais indivíduos e organizações proeminentes foram acusados de adorar Satanás secretamente, terminando muitas vezes arruinados como consequência do processo. O rei Filipe, o Belo, da França, veio a se tornar o praticante mais ardoroso dessa técnica, recorrendo a ela para atacar um bispo de seu próprio conselho, um papa e depois a ordem cruzada dos Cavaleiros Templários, e o esquema foi continuado sob seu sucessor, Luís x. Na Inglaterra, o bispo de Lichfield foi acusado em 1303, e a suspeita de uso de magia parece ter se intensificado localmente, pois uma mulher foi banida de Exeter em 1302 por acolher mágicos de reputação duvidosa de South Devon, e em 1311, o bispo de Londres solicitou medidas para conter o crescimento dos adivinhos.[59] Ambos os desenvolvimentos, a condenação da magia e a escalada dos julgamentos políticos por adoração ao diabo, foram acompanhados por um medo crescente do poder de Satanás no mundo; o qual pode ter sido gerado, e certamente foi reforçado, pelas novas ameaças gêmeas representadas pela heresia e pela magia cerimonial em grande escala.[60]

Desta forma, estava montado o cenário para um ataque direto e abrangente à magia cerimonial, tratando-a como demoníaca, lançado pelo papa João xxii entre 1318 e 1326. Ele já vinha se mostrando inclinado a utilizar a acusação do uso de magia maléfica contra oponentes pessoais, tendo mandado queimar um bispo em 1317 e mantendo o desdobramento posteriormente. Em 1318, ele nomeou uma comissão para erradicar a magia cerimonial de sua corte em Avignon, e, na década de 1320, foram realizados mais quatro julgamentos de supostos mágicos em diferentes partes da França, alguns diretamente incentivados pelo papa: clérigos foram acusados em todos eles, embora às vezes auxiliados por praticantes leigos. Em 1326, João decretou que a magia cerimonial tomara as proporções de uma praga e excomungou todos os envolvidos.[61] Assim, a magia passou enfim a ser associada diretamente à heresia. Tais ações parecem ter surtido efeito, já que o uso da magia como carga política retornou às cortes reais nos arredores, uma vez na Inglaterra e duas vezes na França, entre 1327 e 1331; uma mulher foi queimada em 1322 na província da Suábia, no sudoeste da Alemanha, por usar uma hóstia consagrada da comunhão em um rito mágico.[62] A influência do papa João teve grande alcance, chegando à Irlanda, onde um de seus protegidos se tornou bispo de Ossory e provocou um ataque melodramático e um subsequentemente notório julgamento em Kilkenny, em 1324-5. Doze pessoas foram acusadas, sendo que a mais proeminente delas foi Alice, Lady Kyteler. As acusações surgiram a partir de uma rixa dentro de uma importante família local e se tornaram o objeto de uma luta pelo poder entre diferentes facções da Igreja e do Estado em meio aos colonos ingleses na Irlanda. No curto prazo, o bispo venceu, e os acusados foram condenados por serem "feiticeiros hereges"[63] que abandonaram o cristianismo para adorar demônios, adquirindo a capacidade de satisfazer os próprios desejos, os quais incluíam danos e assassinato de vítimas humanas selecionadas. Alguns deles, incluindo Lady Alice, conseguiram fugir, e outros foram absolvidos sob a obrigação de cumprir penitência, mas uma mulher, Petronilla de Meath, foi torturada até confessar e depois executada na fogueira, a primeira pessoa na Irlanda a sofrer tal destino por heresia.[64]

Em 1331, o conselho da realeza inglesa exigiu uma caça aos mágicos em Londres, e três ourives foram pegos no ato de uma cerimônia mágica no subúrbio de Southwark: um deles era semiprofissional, contratado pelos restantes, e ele e seu principal cúmplice foram detidos sob custódia enquanto o bispo era consultado sobre a classificação da heresia de suas ações.[65] O bispo em questão era aquele de Winchester, cuja jurisdição se estendia a Southwark, e o caso parece ter desencadeado uma repressão mais ampla à magia em sua diocese, onde foram realizados mais dois julgamentos ao longo dos seis anos seguintes, de aldeões que procuraram ou forneceram ajuda mágica. As punições costumavam se limitar a chibatadas, no entanto, o mágico de Southwark foi exilado.[66] O papa seguinte, Bento XII, fora ele próprio um notável inquisidor e um ávido caçador de hereges e de práticas mágicas, e em 1336-7 ele demonstrou grande interesse pessoal por casos legais envolvendo magia em diversas partes da Itália e da França.[67] Mais ou menos

CAPITULUM .VI } .311

naquela época, um professor italiano de teologia, Bártolo de Sassoferrato, redefiniu os antigos termos para infanticídio pelas demônias noturnas, *striga* e *lamia*, para que ressignificassem "uma mulher que renuncia ao cristianismo e merece a morte".[68]

Não houve, no entanto, nenhum ímpeto continuado por trás dessa sequência de perseguições. Bento parece ter estado tão interessado em assegurar que a justiça fosse feita nos casos nos quais ele se envolvera quanto em perseguir os acusados, e em umas das circunstâncias ele conduziu uma nova investigação de acusação de uso de magia com representações para matar João XXII; este último acreditara, mas Bento a considerara fraudulenta.[69] Clemente VI, o papa posterior, que assumira em 1342, aparentemente não estava preocupado com a questão, e ao mesmo tempo as famílias reais francesa e inglesa tinham adentrado um período interno de harmonia e estabilidade. Nenhuma tradição local parece ter sido estabelecida a partir do temor popular de agentes da magia ou de uma cruzada contra eles por inquisidores ou magistrados seculares, e assim os processos parecem ter enfraquecido em todos os patamares da sociedade. Isso torna seu renascimento em meados da década de 1370 ainda mais notável. Não foi algo liderado pelo papado, que em 1378 se rompeu no Grande Cisma, os quarenta anos durante os quais papas rivais lutaram pela supremacia com os diferentes estados católicos, apoiando um ou outro. Antes de ocorrer a divisão, um dos últimos pontífices, Gregório XI, recebeu em 1374, do inquisidor-chefe da França, uma solicitação para renovar poderes para reprimir a magia cerimonial, que era supostamente abundante e vinha atraindo padres: ele pensava não lhe restar tal autoridade do período anterior. Gregório a concedeu, mas apenas por dois anos.[70]

Há mais aceitação para a ideia de que a insegurança política renovada foi responsável por readmitir a acusação de magia à sujeira política no alto escalão, o que a colocou de volta no centro das atenções. Em 1377, a Inglaterra se viu com um rei senil obcecado por uma amante e um herdeiro. A amante foi prontamente acusada de fazer uso de feitiços para ganhar o amor do velho rei. Quando o tal herdeiro chegou ao trono, um de seus ministros foi acusado de usar magia demoníaca após a queda e execução do antigo monarca. O jovem rei em questão, Ricardo II, foi posteriormente deposto, inaugurando um longo período de turbulência na política dinástica inglesa, a qual culminou na Guerra das Rosas; e todos os cinco reinados entre 1411 e 1509 foram marcados por pelo menos uma acusação contra alguém, geralmente

um membro da família real, de usar magia para tentar matar o rei vigente.[71] Na década de 1390, o monarca reinante da França enlouqueceu, e isso foi atribuído à bruxaria, especialmente porque o vácuo de poder resultante engendrou uma luta particularmente violenta e prolongada entre outros membros de sua família, sobre a qual a mesma acusação desempenhou um papel de destaque; e assim se manteve até que essa luta levasse ao colapso da França na guerra civil nas as décadas seguintes. Em 1398, já havia incitado a Universidade de Paris a reafirmar a doutrina de que a magia cerimonial, auxiliada por demônios, constituía heresia, e assim se seguiram discussões e condenações por intelectuais associados às partes beligerantes.[72] O duque da vizinha Savoia reivindicou pontualmente a revelação de uma trama mágica de assassinato contra si em 1417.[73]

Em 1326, João decretou que a magia cerimonial tomara as proporções de uma praga e excomungou todos os envolvidos. Assim, a magia passou enfim a ser associada diretamente à heresia.

Boa parte da renovação desse interesse da realeza, da aristocracia e dos acadêmicos parece, no entanto, ter seguido e se misturado a uma nova hostilidade em relação à magia em um nível local, e especialmente urbano. Em 1376, o inquisidor de Aragão na Espanha, um frade dominicano chamado Nicholas Eymeric, publicou o que viria a se tornar um manual de imensa influência para a definição e detecção de heresia.[74] Foi a primeira declaração inequívoca de que os mágicos cerimoniais deveriam ser considerados, caçados e punidos como hereges. Até Eymeric determinou que mesmo algumas das práticas mais simples dos artífices da magia, que não exigiam a conjuração de espíritos, tais como a quiromancia e tirar a sorte, não deveriam ser preocupação dos inquisidores, mas na prática o novo ímpeto contra os mágicos, para os quais seu manual parece tanto um sintoma quanto uma causa, às vezes parece ter omitido os dois. Em 1390, o Parlamento de Paris declarou a feitiçaria um crime em sua jurisdição e, posteriormente, julgou duas mulheres da cidade por tentarem fazer feitiços de amor, uma terceira que ofereceu uma gama de magia aos clientes e a quarta que tentara utilizá-la contra seu marido abusivo, e todas foram queimadas por adoração ao demônio.[74] Ocorreu execução semelhante naquele mesmo ano em Milão, com duas mulheres que venderam serviços mágicos a clientes, serviços estes que alegaram ter aprendido com a "senhora" sobre-humana a quem elas seguiam à noite.[76] Uma confissão de uso de artes mágicas foi igualmente arrancada de uma mulher em Genebra em 1401, que alegou consultar um espírito para auxiliar clientes a encontrar bens roubados e a proteger seus rebanhos.[77] Não houve casos de magia nos tribunais seculares de Florença entre 1343 e 1375, mas três condenações e duas execuções entre 1375 e 1412: todas parecem ter sido de pessoas que a praticaram em benefício próprio ou que se ofereceram para realizá-la em troca de uma taxa.[78] Os mesmos tribunais de Lucca não julgaram ninguém por magia entre 1346 e 1388, no entanto, condenaram três pessoas entre 1388 e 1415, duas delas estrangeiros que ofereciam seus serviços por dinheiro.[79] O elemento do diabolismo surgiu ocasionalmente em casos em ambas as cidades. Em Londres, as pessoas que ofereceram magia em troca de dinheiro foram punidas nas décadas de 1390 e 1400, e o bispo de Lincoln recebeu uma ordem da monarquia para fazer o mesmo a todos em sua diocese em 1406.[80]

Sob o atual estado de conhecimento, pode não ser possível discernir com segurança as razões para essa explosão nas acusações e processos em toda a Europa ocidental e em diferentes camadas da sociedade. Michael Bailey observou o número de tratados publicados entre 1405 e 1425 por estudiosos franceses e alemães, que adaptavam teorias demonológicas a encantamentos e feitiços simples e mundanos; e relacionava estes a um movimento mais amplo entre os clérigos para uma teologia prática e pastoral, em vez de cosmológica.[81] A onda de tal movimento pode ter ajudado a criar as condições para a perseguição renovada aos mágicos, embora os textos em questão sejam de época muito posterior para terem desempenhado um papel em iniciá-la. É fácil acreditar que a maioria dos povos acusados de praticar magia cerimonial realmente era praticante, pois muitos exemplos dela sobreviveram, os quais contêm ritos e feitiços tanto para ajudar o praticante quanto para prejudicar ou ferir inimigos,

CAPITULUM .VI } .315

semelhantes àqueles citados em registros dos tribunais. Também é bastante crível que alguns praticantes tenham realmente evocado demônios, já que os textos sobreviventes de magia ritual às vezes contêm instruções de como fazê-lo; a presunção, é claro, é que o mágico estaria compelindo à própria vontade os demônios em questão.[82] Quando uma mulher grega julgada em Lucca em 1388 foi acusada de evocar espíritos infernais em nome de Deus e da Virgem Maria, para ajudar em ritos de satisfação a seus clientes, não há paradoxo na afirmação: ela teria usado os nomes sagrados para ganhar poder sobre os demônios envolvidos.[83]

O que é mais duvidoso é que qualquer um dos julgados no período de fato venerasse Satanás ou seus demônios menores, tal como alguns foram condenados de ter feito. Para que a acusação de heresia se ativesse aos mágicos, era isso que eles deveriam admitir. Norman Cohn apresentou um raciocínio convincente de que não existia nenhuma seita difundida de mágicos satanistas.[84] É consideravelmente mais difícil determinar se os indivíduos, ou mesmo pequenos grupos como aquele em torno de Alice Kyteler, chegaram a abandonar o cristianismo para conceder obediência ao Diabo ou a um demônio. Fazê-lo é algo que teria ido de encontro a toda a tradição da magia cerimonial, conforme expresso em seus textos conhecidos; mas a evidência existente não é adequada para sugerir qualquer resposta definitiva para o problema. O que isso sugere fortemente é que alguns dos praticantes acusados de usar magia afirmavam ter relacionamentos com espíritos, como ajudantes ou criados, os quais eram transformados em demônios pelos responsáveis pelo interrogatório; mas até que ponto isso explica as acusações de adoração ao diabo de modo geral é, novamente, difícil de se concluir.

Aparentemente, não há nenhuma razão para que o surto de ataques oficiais à magia ao final do século XIV não tenha diminuído, como ocorrera no início do século. Em vez disso, misturou-se com perfeição ao que acabou se revelando o início da caça às bruxas na Europa do início da era moderna. Em 1409, um dos papas a lutar no ainda persistente Cisma, Alexandre V, enviou um decreto ao inquisidor geral cuja jurisdição cobria os Alpes ocidentais, solicitando que este tomasse providências contra novas formas de desvio, que praticavam heresia, usura e magia ali. A definição de magia incluía o tipo literário elaborado, a clarividência e as superstições camponesas: sendo assim, se os grupos que as praticavam fossem considerados novos, não há nenhuma evidência de que o que eles faziam era abordado como novidade.[85]

O documento provavelmente foi solicitado pelo inquisidor em pessoa, e não há nada de extraordinário nisso: sua abordagem da magia se encaixa na repressão geral da época e é um equivalente papal (por exemplo) à ordem enviada ao bispo de Lincoln, de modo que o papa em questão estava seguindo tardiamente as tendências atuais, em vez de liderá-las. O que torna o fato mais relevante é que o inquisidor em questão era Ponce Fougeyron, um franciscano que, menos de três décadas depois, viria a se envolver em alguns dos primeiros julgamentos de bruxas do início da era moderna.

Pode ser útil neste ponto, portanto, enfatizar como a imagem do mágico que escorou os julgamentos do século XIV diferia daquela da bruxa satânica que escorava aqueles do início do período moderno. No ataque do final da Idade Média à magia, não fazia sentido que os mágicos fossem parte de uma nova seita religiosa organizada e difundida, a qual representava grave ameaça ao cristianismo. Eles eram, ao contrário, vistos apenas como indivíduos ou pequenos grupos de indivíduos, em lugares específicos, em momentos específicos, que cediam à tentação de obter acesso a poderes normalmente sobrenaturais em interesse próprio. Os fins em questão, embora egoístas, em geral visavam apenas lucro pessoal, em vez de serem dedicados à prática do mal como um objetivo em si, e a maioria oferecia seus serviços de maneira direcionada ou buscava ajuda de tais especialistas. Os atos pelos quais eram acusados costumavam pesar na parafernália — objetos especiais, ingredientes e palavras recitadas — sobre as quais a magia cerimonial geralmente precisava se fiar. Na maioria dos casos, o elemento de renúncia ao cristianismo não era central para as acusações, e como não era esperado que os acusados pertencessem a uma seita, não havia efeito cumulativo de prisões, uma vez que aqueles já sob interrogatório não eram obrigados a delatar cúmplices. Como resultado de todas essas características, a contagem geral de corpos gerada pela perseguição foi baixa: entre os anos 1375 e 1420, o total de pessoas executadas por crimes relacionados à magia em toda a Europa ocidental ficou provavelmente na casa das dezenas, e não centenas. Nesse período, assim como em toda a Idade Média anterior, não houve, na prática, nenhum elemento relevante de gênero entre os julgados, exceto que — refletindo os padrões educacionais da sociedade como um todo — os homens eram mais propensos a serem acusados de se basear em textos e modelos de magia eruditos em relação às mulheres. O estereótipo de uma bruxa subjacente aos primeiros julgamentos modernos ainda não havia surgido no início do século XV.

CAPITULUM .VI } .317

A CRIAÇÃO
DA BRUXA MODERNA

O aspecto mais importante do conceito da bruxa satânica surgido no final da Idade Média é que ele era novo. Conforme veremos, isso foi plenamente reconhecido na época de seu surgimento. Em 1835, Jacob Grimm, como parte de seu trabalho pioneiro na história do folclore germânico, apresentou uma explicação de duas vertentes para seu desenvolvimento. Uma delas, a mais dinâmica, consistia na crescente preocupação da Igreja Católica medieval em purificar as sociedades que controlava, identificando e eliminando a heresia. Isto proporcionou a base para a imaginação de uma seita organizada de bruxas adoradoras do demônio, mas Grimm também sugeriu que as formas assumidas por essa criação imaginativa foram condicionadas por sua segunda vertente, crenças populares herdadas, em última análise, do antigo mundo pagão.[86]

Se o modelo de Grimm estava correto, será a controvérsia aqui, mas devemos notar também que os historiadores desenvolveram seus dois componentes em grande parte separadamente no século e meio depois que ele escreveu que as crenças populares enraizadas no mundo antigo adquiriram impulso na forma um tanto diferente de enxergar as pessoas processadas como bruxas como praticantes de uma religião pagã sobrevivente, que, conforme já dito aqui, finalmente chegou a um impasse na década de 1970. Estudiosos especialistas nos assuntos do final da Idade Média e início do período moderno tenderam a enfatizar o outro componente, de uma Igreja Ocidental medieval determinada a identificar e a erradicar a heresia, não apenas clamando-a como falsa, mas como uma religião satânica. Um dos maiores desse movimento foi um arquivista de Colônia, Joseph Hansen, que no início do século xx editou e publicou muitos dos textos fundamentais relacionados à perseguição de mágicos e bruxas da era medieval e do início da Modernidade. Suas compilações têm sido um recurso inestimável para historiadores desde então, e são proeminentes nas referências bibliográficas deste capítulo. Foi ele também quem identificou o possível lugar e época em que o estereótipo de uma seita satânica de bruxas surgiu pela primeira vez: nos Alpes ocidentais durante o início do século xv.[87] O colapso da teoria de uma religião pagã sobrevivente e o início de pesquisas continuadas e em grande escala sobre os julgamentos de bruxas abriram caminho para uma nova investigação das origens do estereótipo. Uma circunstância fornecida em 1975 por Norman Cohn essencialmente reafirmou o modelo explicativo de Grimm, recomeçando de um jeito diferente e com evidências muito mais extensas.[88] Mais uma vez, foi afirmada a supremacia da importância da condução da Igreja contra a heresia, mas com raízes muito mais profundas, remontando aos antigos estereótipos romanos de comportamento antissocial por grupos com crenças religiosas aberrantes, especialmente os primeiros cristãos propriamente ditos. Ele também chamou a atenção para a reação ortodoxa à magia cerimonial em criar o contexto particular para um movimento contra a bruxaria. Não obstante, Cohn também enfatizou a importância do elemento folclórico, igualmente enraizado na Antiguidade, ao contribuir com representações importantes para o novo conceito da bruxa. Seu modelo interpretativo foi robusto e convincente o suficiente para garantir o consentimento geral. Em 2004, um autor do assunto, Steven Marrone, daria início a um estudo próprio declarando que "não há necessidade de repetir a argumentação de Cohn aqui ou de reexaminar suas evidências. Ambos foram tão bem-recebidos que constituem um elemento de compreensão atual em relação aumento do entusiasmo pelas bruxas."[89]

CAPITULUM .VI } .319

Sendo assim, dois outros historiadores de primeira linha que também estavam se debruçando sobre a mesma questão, Richard Kieckhefer e Carlo Ginzburg, tiveram de sinalizar suas diferenças em relação ao trabalho de Cohn para chamar a atenção para a importância das próprias ideias. Ambos de fato endossaram o modelo básico de Cohn, da caça às bruxas como um desdobramento da caça aos hereges, porém respaldado por tradições folclóricas. Todos os três concordaram também com o local e a época identificados por Hansen como o ponto de origem mais importante para o novo conceito de bruxaria. Kieckhefer de fato apenas discordou de Cohn em relação aos detalhes, abordados em notas de rodapé, mas Ginzburg foi muito mais enfático ao chamar a atenção para as diferenças que propôs tanto em relação a Cohn quanto a Kieckhefer.[90] Tais diferenças abrangiam ambas as vertentes do modelo de Cohn (e de Grimm). Com respeito aos elementos folclóricos, Ginzburg relacionou aqueles antes considerados relevantes a um substrato cultural muito mais amplo e profundo na Europa antiga, o qual ele denominou xamanístico e que foi extensamente avaliado no terceiro capítulo deste livro. Mantendo o respeito ao elemento de caça à heresia, ele depositou nova ênfase na importância das perseguições específicas de leprosos e judeus como inimigos secretos da sociedade na França do século XIV, na preparação do caminho para um novo estereótipo de bruxaria. Em 1996, Michael Bailey resumiu o livro de Ginzburg como "um dos estudos mais controversos sobre a bruxaria", e sua posição a esse respeito não sofreu grandes alterações.[91] A inspiração que o estudo deu a autores como Éva Pócs e Wolfgang Behringer, já avaliados anteriormente, não se faz relevante aqui, pois eles estavam mais preocupados com a maneira com que os temas folclóricos pintavam os julgamentos das bruxas locais, e não com as origens do estereótipo da bruxa satânica em si. Os historiadores que se preocuparam com tais origens apresentaram uma tendência a elaborar a parte do modelo de Cohn que se referia à caça aos hereges. Michael Bailey fundamentou a concepção da bruxa do início da era moderna na fusão feita pelos clérigos em relação à magia cerimonial de elite, à tradição comum de feitiços práticos e ao temor geral da magia maléfica em um único construto demoníaco. Tal mistura foi então enxertada em caricaturas medievais padrão de seitas heréticas. Bailey culpava Ginzburg por relatar com exagero o fator dos voos noturnos na criação da imagem da bruxaria demoníaca, com tal voo sendo um elemento crucial na argumentação de Ginzburg para a importância das tradições xamanísticas naquele processo de criação.[92] O colega americano de Bailey, Steven Marrone, enfatizou o impacto da magia cerimonial, e o maior espaço que os religiosos ortodoxos davam aos demônios em reação a esse impacto.[93] Wolfgang Behringer e a historiadora suíça, Kathri Tremp, reafirmaram a importância do comportamento em relação à heresia, mostrando como os julgamentos de hereges em trechos dos Alpes ocidentais se transformaram em julgamentos de bruxas satânicas.[94] O antropólogo histórico holandês, Willem de Blécourt, rejeitou o modelo de Ginzburg de forma abrangente, sob a argumentação de que a analogia xamanística é completamente inútil e que Ginzburg fez uma projeção inadequada de costumes populares atípicos do sudeste europeu na Europa ocidental.[95] Na verdade, foi Richard Kieckhefer quem ajustou as ideias de Ginzburg mais intimamente à dúvida das origens, concordando que as mitologias populares eram importantes, mas sugerindo que não havia uma construção imaginativa unificada sobre a bruxaria no século xv; em vez disso, ele partiu em defesa de uma vertente com múltiplas mitologias, de variedades regionais, que funcionavam diversamente sob diferentes circunstâncias.[96]

Há, portanto, um debate recente notável sobre o assunto, e, ao mesmo tempo, grande quantidade de novo material disponível para levar esse debate adiante. Uma conclusão que pode ser tirada a partir desses dados é que os Alpes ocidentais por si só não foram o local de nascimento do constructo da bruxa satânica. De fato, a referência mais antiga distintamente datada está em outra cadeia de montanhas, os Pireneus. Lá, em 1424, os principais

homens do vale do Aneu, na ponta catalã da cordilheira, foram convocados pelo conde local e concordaram em atuar contra os moradores locais que acompanhavam *bruxas* à noite para fazer suas homenagens ao Diabo. Eles então sequestrariam de suas casas as crianças que estivessem dormindo e as matariam, e fariam uso de substâncias venenosas para prejudicar adultos. Alguns já haviam sido apreendidos e confessado tal crime, e foi decidido que eles e qualquer condenado por ato semelhante no futuro seriam mortos na fogueira.[97]

O termo *bruxas* era o catalão medieval para os demônios noturnos conhecidos na Antiguidade, da Itália à Mesopotâmia, e que se acreditava serem assassinos de crianças: as *striges* romanas. No decorrer do século XV, à medida que a crença nas reuniões como aquelas do vale do Aneu ia se espalhando lentamente pelo norte da Espanha, o termo ia sendo atrelado às mulheres que as frequentavam, até se tornar o termo padrão em espanhol, *brujas*.[98] Um especialista em registros espanhóis atribui o surgimento do estereótipo da bruxa demoníaca na Catalunha às atividades de Vincent Ferrer e seus discípulos, frades dominicanos que faziam campanhas de pregação entre o centro da França e o nordeste da Espanha, de 1408 a 1422, clamando particularmente pela punição de mágicos como parte da nova repressão da Europa ocidental em relação a eles. Da mesma forma, ele observa que, de 1420 em diante, tribunais seculares na região de Languedoc na França, na fronteira com a Catalunha, começaram a processar mulheres por realizarem homenagens ao Diabo e, assim, adquirir o poder de adentrar nas casas através de portas cerradas e envenenar seus moradores.[99]

No mesmo ano em que o estereótipo de uma seita de bruxas satânicas surgiu nos Pireneus, também surgiu na própria Roma, onde duas mulheres foram executadas por matar uma grande quantidade de crianças, sugando seu sangue sob as ordens do Diabo. Elas conseguiam entrar nas casas de suas vítimas ao se ungir com unguentos e se transformar em gatos.[100] Mais detalhes da seita foram fornecidos em um julgamento realizado pelo capitão da cidade de Todi, mais ao norte, em 1428.[101] Foi o de uma célebre mágica local que vendia feitiços e amuletos para garantir saúde e amor, e também para quebrar encantamentos. Ela foi fisgada pelo movimento continuado de combate à magia, mas a novidade em seu caso foi o fato de ela também ter sido acusada de sugar o sangue e a força vital das crianças, como uma *strix*, quando fazia suas peregrinações noturnas na forma de uma mosca. Além disso, ela foi acusada de cavalgar um demônio na forma de uma cabra (quando ela mesma se mantinha na forma humana) para se juntar a outras de sua trupe para festejar e venerar Lúcifer, que ordenava que ela eliminasse as crianças. Para que ela conseguisse voar sobre as costas do demônio, era preciso se ungir com substâncias como sangue de bebês, de morcegos e gordura de abutres. Ela foi condenada à fogueira. Mais uma vez, uma campanha de pregação foi associada a tal caso, dessa vez a de Bernadino de Siena, que cobriu a Itália central entre 1424 e 1426, e incentivava diretamente seus seguidores a denunciar os pra-

> # Ela foi acusada de cavalgar um demônio na forma de uma cabra (quando ela mesma se mantinha na forma humana) para se juntar a outras de sua trupe para festejar e venerar Lúcifer, que ordenava que ela eliminasse as crianças. [...] Ela foi condenada à fogueira.

ticantes de magia às autoridades. Ele discursou em Todi e cooperou com o papa vigente no lançamento da caçada em Roma. Bernadino em si não acreditava nas reuniões de bruxas para as quais os participantes voavam para adorar Satanás, ou que os feitiços das bruxas detivessem qualquer poder sobre os virtuosos cristãos, ou que pudessem mudar sua forma para a de animais. Ao se opor a tais ideias, ele permaneceu como um clérigo do início da Idade Média. Ele pensava, no entanto, que os demônios agiam

em nome das bruxas, com as quais realizavam pactos, assumindo a forma de animais e sugando o sangue de bebês para matá-los; e dessa forma, ele acabou por desencadear temores antigos e generalizados que os clérigos anteriores haviam abafado.[102]

Entre o território de Bernadino na Itália central e aquele de Vincent Ferrer e seus discípulos, que se estendia do leste da Espanha até o rio Ródano, estavam os Alpes ocidentais, reconhecidos desde a época de Hansen como o berço da caça às bruxas da era moderna. As três regiões eram todas conectadas por redes de frades pregadores: Bernadino, por exemplo, citava um colega franciscano, que lhe contara sobre um grupo de hereges assassinos de crianças no Piemonte, no noroeste da Itália, que utilizava os corpos para uma poção capaz de conferir invisibilidade.[103] A região alpina, no entanto, foi a mais influente na propagação da nova imagem da bruxaria. Compreender o que aconteceu ali tem se tornado muito mais fácil nos últimos anos devido a um grupo notável de estudiosos da universidade suíça de Lausanne, que fica no cerne da região principal onde houve os primeiros julgamentos de bruxas. Esse grupo editou e publicou os registros remanescentes de tais julgamentos, com os respectivos textos literários associados.[104] A significação desse trabalho sugere que a origem da nova imagem da bruxaria nos Alpes pode ser datada seguramente a partir de 1428, o ano do caso em Todi e quatro anos após as caçadas no vale do Aneu e em Roma. Foi quando uma série violenta de processos judiciais estourou na região de Valais, no coração dos Alpes ocidentais, a leste do lago Leman. A região ficava situada em uma interseção de fronteiras linguísticas, culturais e políticas, onde se dava o encontro das regiões da Suíça falantes da língua francesa, alemã e romanche, e junto a elas um complexo de territórios governados pelo bispo local (de Sion ou Valais), pelo duque de Savoia e por outros estados menores. Os julgamentos tiveram seu início em dois vales de língua francesa, Anniviers e Hérens, tão altos nos Alpes quanto Aneu é nos Pireneus, mas se espalharam pela maior parte da região. Foram registrados cerca de uma década depois por Hans Fründ, um cronista de Lucerna, ao norte, que estava manifestamente bem informado sobre os ocorridos em Valais.[105] O que Fründ registrou foi a descoberta de uma conspiração de "feiticeiros"[106] para matar seus companheiros humanos a mando do Diabo, a quem eles passavam a adorar depois de levados por ele a reuniões noturnas grupais sobre cadeiras untadas com um unguento para que voassem. Satanás, que se manifestava em forma de animal, transformou alguns em lobos para que matassem ovelhas, deu ervas a outros para torná-los invisíveis e mudou a aparência de um terceiro grupo para deixá-los todos com aspecto inocente. Em contrapartida, e ajudados por ele, os membros do grupo assassinaram, paralisaram e cegaram seus vizinhos, e causaram abortos e impotência entre eles, assim como destruíram plantações, roubaram leite das vacas e inutilizaram carroções e carroças. Reservadamente, também mataram os filhos dessas pessoas, fazendo-os adoecer à noite, para que depois pudessem desenterrar e comer os corpos. Dizia-se que essa conspiração estava crescendo tão depressa que seus adeptos acreditavam que teria sido capaz de tomar a região e destruir o cristianismo após mais um ano.

Fründ deixou claro nesse caso o que suspeita-se ter ocorrido nos casos do vale do Aneu, Roma e Todi: que as confissões foram extraídas sob tortura, às vezes exercida com tamanha brutalidade que as vítimas não resistiam. Ele estimou que no período de um ano e meio a caça resultou em mais de duzentos indivíduos levados à fogueira, tanto do gênero masculino quanto feminino; o que é uma contagem de corpos considerável, mesmo para os padrões dos primeiros julgamentos de bruxas da era moderna em pleno auge. Foi provavelmente a maior quantidade, em pelo menos um milênio, de pessoas condenadas à morte por fazer magia. Os registros legais locais mostram que foi algo conduzido por soberanos mesquinhos movidos por um repentino medo popular da bruxaria, e que os julgamentos começaram em 1427 e duraram até 1436. Tais registros mencionam todos os detalhes identificados por Fründ, exceto os voos para as reuniões, e tornam verossímil a estimativa do número de execuções levantada por ele.[107] Mais uma vez, o contexto para os julgamentos parece ter sido incitado por uma campanha de pregação para aumentar a conscientização sobre a ameaça da magia. Esses vales montanhosos podem ter estado distantes dos principais centros da população contemporânea, mas não eram lugares sonolentos e ignorados por autoridades políticas e religiosas: pelo contrário, estavam na linha de frente do evangelismo religioso e da construção do Estado.[108] Dois estados agressivos em especial, o ducado de Savoia e a cidade de Berna, buscavam estender seu poder nos Alpes ocidentais, enquanto vassalos, como os proprietários de terras no território do bispo de Sion, tentavam reivindicar a independência em relação a seus senhores. No processo, a economia foi sendo deslocada da autossuficiência para a produção voltada ao mercado, e a tensão social foi proporcional. Além disso, as montanhas se tornaram refúgios para membros de seitas cristãs heréticas expulsas ou exterminadas de regiões mais acessíveis, sendo assim, por volta do final da Idade Média, se tornaram alvos especiais para os frades que atuavam como evangelistas e inquisidores, apoiados por autoridades religiosas e seculares. Nos Pireneus, esses hereges eram, acima de tudo, os cátaros, e nos Alpes ocidentais, mais um ramo austero e idealista do cristianismo não ortodoxo, os valdenses. Estes últimos foram submetidos a uma perseguição especialmente intensa na região alpina ocidental no final do século XIV e no início do século XV, e os julgamentos deles se fundiram àqueles do novo tipo de bruxaria, já que ambos foram acusados de adorar o Diabo em grupo e com rituais semelhantes; de fato, em partes da região, utilizava-se a mesma palavra, *Vaudois*, para ambas as heresias.[109] O território em que Ponce Feugeyron atuou como inquisidor geral, e no qual o papa em 1409 solicitou que ele erradicasse as heresias, incluindo especificamente qualquer uma associada à magia, fazia divisa diretamente com o Valais. Seus poderes para atuar foram renovados em 1418 por Martinho V, o papa cuja eleição pôs fim ao Grande Cisma e que cooperou posteriormente com Bernadino de Siena na caça às bruxas deste último em Roma.[110]

O registro, portanto, mostra que a crença em uma conspiração de mágicos adoradores do diabo para prejudicar outras pessoas, e especialmente para matar bebês e crianças, surgiu em meados da década de 1420 em diferentes pontos amplamente dispersos de uma vasta região, estendendo-se por um arco desde o nordeste da Espanha à Itália central. O único fator que pode inter-relacioná-los é a pregação de frades que estavam cooperando em uma campanha contra a heresia popular e extraordinariamente conscientes do perigo representado pela magia como parte do ressurgimento da perseguição de seus praticantes que se iniciara na cristandade ocidental na década de 1370. Isso parece ter inflamado reações do plebe, que às vezes chegava ao pânico, especificamente em locais onde as circunstâncias eram propícias, talvez devido à mortalidade infantil incomum e a outros infortúnios, e certamente onde a justiça se encontrava nas mãos de soberanos seculares locais e capitães que eram facilmente influenciados pela percepção pública, em um período de instabilidade política e econômica. Havia uma conexão mais nítida entre tais reações e as crenças populares derivadas de origens antigas, mas aquelas não derivavam tão obviamente de temas "xamanísticos" de voos espirituais, tanto quanto a figura da demônia infanticida, a *strix* romana e a mulher canibal noturna germânica. A parte principal da nova construção — de um grupo de pessoas que se reunia secretamente à noite para adorar o Diabo, o qual aparecia para elas na forma animal — era absolutamente padrão como uma acusação ortodoxa contra os hereges na Alta Idade Média e da Idade Média Tardia.[111] Richard Kieckhefer apontou, corretamente, as diferenças de detalhes entre os casos suíço e italiano como espelhamento de tradições folclóricas locais distintas, e argumentou, a partir delas, que não havia um único modelo imaginativo de bruxaria satânica no século xv, apenas múltiplas mitologias regionais.[112] Propõe-se aqui então que na verdade partia-se de uma construção única, logo no início, e que esta ia assumindo identidades locais à medida que era propagada. Seus criadores e propagadores óbvios foram os frades pregadores das ordens mendicantes, dominicanas e franciscanas. Além disso, eles não eram apenas um membro qualquer dessas ordens, e sim líderes de um movimento específico dentro delas, os Observantes, que acreditava na purificação da cristandade de toda a lassidão e descrença como parte do período de reforma, o qual sucedeu o Grande Cisma dos papas rivais que dividira a Igreja Ocidental nas décadas por volta de 1400. Um estudo da literatura pastoral publicado em Siena e adjacências no final do século xiv e início do século xv, fornece um microcosmo importante desse movimento em diligência.[113] Ele revela que a maior parte dele, seguindo a tradição medieval anterior, abordava a magia popular como produto da ignorância e credulidade, e não como heresia, enxergava a magia prejudicial como algo antissocial em vez de demoníaco, e condenava a crença na *strix*. Bernadino carregava a visão oposta nas duas primeiras acusações e identificava a *strix* como uma mulher humana com poderes para voar concedidos pelo Diabo. No processo, ele e seus colegas pregadores reformistas conferiram novo poder e terror à imagem da *strix* e lançaram um novo tipo de caça às bruxas. A bricolagem de elementos que entraram na criação desse novo modelo é distintamente exibida no segundo dos famosos textos recentemente editados pelo agrupamento de Lausanne, o *Formicarius* [Formigueiro], de Johannes Nider, um dominicano proeminente, escrito na década de 1430.[114] Nider fiou-se em outros para seu entendimento, e combinou as descobertas ao seu modelo de fenômenos de feitiçaria satânica relatados a ele por três pessoas diferentes. Um deles foi um ex-mágico cerimonial, que havia contratado seus serviços, e outro um inquisidor dominicano em Autun, na França central, que descreveu os mágicos locais, muitos aparentemente servindo a clientes, a quem ele havia processado. O último homem também relatou a exposição de uma seita de feiticeiros adoradores do demônio em uma região perto de Lausanne e do ducado de Savoia, que provavelmente era o Valais. Mais interessante para os historiadores, no entanto, foi a terceira fonte de Nider, um tal "Juiz Peter" de Berna, que governou o vale do Simmen em nome de sua cidade, que acabara de anexá-lo. Esse vale se embrenhava pelas montanhas ao sul de Berna, que dividia a região do Valais. "Peter" estavam preocupado com a magia por causa do pânico criado no distrito devido a rumores sobre "malfeitores"[115] que vinham recorrendo a feitiços para matar bebês em seus berços de maneira semelhante à morte natural. Os assassinos então desenterravam os pequenos cadáveres e os comiam, usando também um pouco da carne para preparar um unguento que conferia poderes mágicos, incluindo a capacidade de

CAPITULUM .VI } .329

voar e mudar de forma. O juiz usava de tortura para extrair as confissões dos acusados, não apenas de matar bebês, mas também de causar uma série de danos às pessoas, bem como de oferecer ajuda mágica aos clientes. Alguns parecem ter sido agentes solitários, mas "Peter" não tinha dúvidas de que muitos pertenciam a uma seita adoradora do demônio com um rito de iniciação que incluía abjurar o cristianismo e beber um líquido destilado de uma criança morta. Ele levou à fogueira tanto aqueles que foram obrigados a confessar quanto aqueles que se recusaram a fazê-lo, e aparentemente fez muitas vítimas.

Por muito tempo, os historiadores pensaram ser esta a mais antiga referência datável à nova construção do culto às bruxas satânicas, pois Nider dissera que "Peter" conduzira sua campanha sessenta anos antes. Joseph Hansen o identificou em 1900 como um tal Peter von Greyerz, responsável por governar o vale do Simmen na década de 1390, e isso se tornou aceito por via de regra. Recentemente, no entanto, o "grupo de Lausanne" encontrou dois outros juízes chamados Peter que governaram o distrito entre 1407 e 1417, ao mesmo tempo que aqueles no cargo entre 1418 e 1424, e 1429 e 1434 são desconhecidos e também poderiam ter o nome Peter. Além disso, von Greyerz teve um filho homônimo, ativo entre 1421 e 1448, que Nider provavelmente conhecia, e que pode ter sido confundido pelo frade com seu pai, assim como os relatos de caça às bruxas no Valais poderiam conter lembranças contaminadas do ocorrido em vale do Simmen. Os registros legais remanescentes daquele vale abrangem de 1389 a 1415, e não apresentam nenhum julgamento por bruxaria.[116] Sendo assim, a caça de Valais é a mais antiga baseada no novo estereótipo de um culto de bruxas satânicas datado nos Alpes ocidentais.[117] A informação interessante sobre o *Formicarius* é que Nider integrou sem hesitação todas as formas de magia dentro daquele estereótipo, incluindo o tipo cerimonial complexo e feitiços mais simples vendidos para beneficiar clientes.

O seguinte texto dos primeiros da região a ser analisado é o anônimo *Errores gazariorum*, "Os Erros dos Cátaros", produzido no período de 1435 a 1439 em duas versões sucessivas.[118]

Ponce Feugeyron foi sugerido como um candidato plausível para a autoria da obra, e o outro é Jorge de Saluzzo, sucessivamente bispo de Aosta, ao sul do Valais, e de Lausanne: os casos citados na obra foram extraídos de ambas as dioceses. O nome "cátaros", cunhado para um dos mais famosos grupos hereges da Alta Idade Média, foi usado à época para descrever uma série de seitas proscritas, e agora era fixado no tratado para a seita imaginária das bruxas. Estas eram definidas como reuniões em "sinagogas" (a palavra que reflete a suspeita contemporânea e a perseguição aos judeus como não cristãos) para adorar o Diabo, geralmente em forma de animal. A obra dava ênfase especial às atividades nessas reuniões, as quais incluíam comer bebês assassinados (especificamente aqueles com menos de três anos de idade), dançar e realizar uma orgia sexual sem levar em conta o gênero ou os laços de parentesco dos parceiros. Os iniciados recebiam uma caixa de unguento, que tinha gordura de bebê entre seus ingredientes, e um cajado para se ungir com ele, e sobre o qual eles também podiam cavalgar facilmente para a "sinagoga". Eles também recebiam um pó feito com ingredientes de repugnância semelhante para poder matar pessoas — infligindo ondas de epidemias letais nas comunidades — ou para torná-las impotentes ou inférteis, ou também para causar pragas a suas terras agrícolas. As crianças eram assassinadas em seus leitos à noite, conforme alegado nos julgamentos de Valais, e então, conforme também alegado nos autos, desenterradas de suas sepulturas e levadas para a "sinagoga". Membros da seita se passavam por católicos devotos no dia a dia, e ofereciam conforto aos pais cujos filhos haviam assassinado.

O trabalho definitivo em termos de importância entre esses primeiros textos é o de Claude Tholosan, um juiz leigo do distrito francês de Dauphiné, que entre 1426 e 1448 conduziu 258 julgamentos nas regiões alpinas daquela província e partes vizinhas do Piemonte, região situada ao sul e ao sudoeste do lago Leman.[119] Seu livro, assim como o de Nider, agrupava todos os tipos de praticantes de magia como membros da nova seita de bruxas satânicas, chamadas por ele de "mágicos" ou "malfeitores". Seu retrato da seita coincide com o de Fründ, com o de Nider e com aquele do *Errores gazariorum*, exceto que ele não acreditava na capacidade de seus membros de voar à noite e por ter incorporado um tema da tradição folclórica das "senhoras justas": os demônios levavam os iniciados a lares abonados para banquetear e festejar por lá, restaurando magicamente a comida e a bebida consumidas. Os registros dos julgamentos conduzidos por Tholosan sobrevivem e correspondem às evidências fornecidas em seu livro. Há outros registros de julgamento preservados dos distritos ao norte do lago Leman entre 1438 e 1464, e mostram a imposição por inquisidores clericais, a maioria em parceria com o bispo Jorge de Saluzzo, do retrato das "sinagogas" das bruxas; em especial aquele fornecido no *Errores gazariorum* que, por sua vez, esboçou os primeiros vestígios de julgamentos naquela região em sua segunda edição. Aqueles acusados pelos locais eram presos e sistematicamente ameaçados, persuadidos e torturados até confessarem seu envolvimento na lista de atividades atribuídas à seita e delatarem outros membros dela. A maioria terminou na fogueira, os homens representando uma ligeira maioria das vítimas.[120]

As obras literárias e os julgamentos, portanto, mantinham relação interdependente, se baseando em um conjunto compacto de territórios nos Alpes ocidentais, que — assim como Hansen apontara há muito tempo — viria a desempenhar um papel decisivo na origem dos primeiros julgamentos modernos de bruxas, já que as obras literárias produzidas ali desenvolveram entre eles o retrato do que veio a se tornar amplamente conhecido no século seguinte como o sabbath das bruxas. Tais fontes alpinas confirmam o modelo de Grimm de uma mistura de retratos cristãos ortodoxos da heresia e do folclore: porém, os dois não estão plenamente equilibrados. A estrutura básica da nova imagem da bruxaria satânica nos dois tipos de fonte alpina foi colhida de representações da heresia: a reunião noturna para adorar Satanás ou um de seus demônios menores, frequentemente em forma animal; a orgia sexual indiscriminada; e o infanticídio e o canibalismo; tudo somado a uma encarnação do anti-humano, derivado da Antiguidade, assim como do anticristão. O que o novo estereótipo fez foi combinar os dois estereótipos anteriores de hereges demoníacos e mágicos demoníacos estimulados pela Igreja, em uma atmosfera fundamentalmente fabricada pela perseguição aos praticantes de magia, cujo início se deu na década de 1370. O verdadeiro poder emocional da combinação foi que ela produziu uma seita herética na qual Satanás conferia poderes a seus membros, dando-lhes a capacidade de causar danos a seus vizinhos, em grande escala, com a ajuda de demônios; e, acima de tudo, a capacidade de matar seus filhos pequenos. Isso fornecia o contexto propício para se florescer o pânico, o que levava imediatamente — conforme visto no Valais — a

Aqueles acusados pelos locais eram presos e sistematicamente ameaçados, persuadidos e torturados até confessarem seu envolvimento na lista de atividades atribuídas à seita e delatarem outros membros dela. A maioria terminou na fogueira, os homens representando uma ligeira maioria das vítimas.

julgamentos e execuções em uma extensão totalmente desproporcional àquela dos mágicos medievais até então. Os Alpes ocidentais são relevantes porque geraram os textos que propagariam esse novo conceito de heresia; mas, conforme já visto, eles eram apenas um distrito em uma região muito mais vasta sobre a qual se deram as caçadas na década de 1420.

Carlo Ginzburg argumentava (contra Cohn) que os estereótipos mais antigos da heresia eram menos importantes na elaboração daqueles da bruxaria satânica do que as perseguições específicas a leprosos e judeus em meados do século xiv.[121] É verdade que a acusação mais grave contra os judeus, de propagação da peste, surgiu em um plano popular nos Alpes ocidentais, onde menos de um século depois surgiram os primeiros textos com referência ao sabbath das bruxas. Ele também está correto ao afirmar que enquanto as outras partes constituintes das representações mais antigas de heresia continuaram em ação durante as perseguições do século xiv, o mesmo não se aplica ao infanticídio e ao canibalismo. Por outro lado, os leprosos e judeus atacados naquele século não foram acusados da maioria das práticas atribuídas às bruxas do novo estilo, mas sim acusados de serem hereges, assim como os valdenses também o foram. A reintrodução do infanticídio no modelo, que conforme sugerido aqui foi realizado por uma campanha de frades pregadores no início do século xv, pode ter incorporado ideias derivadas de obras literárias mais antigas, ou pode ter sido um novo começo desencadeado por inquietações locais específicas. Ginzburg também, como muitas vezes foi afirmado no presente livro, enfatizou as contribuições folclóricas para o novo modelo, especialmente aquelas que falam do voo noturno e da mutação para assumir a forma de animais. No entanto, a associação entre demônios e formas animais já está estabelecida há muito mais tempo. Michael Bailey questionou a ênfase de Ginzburg na questão do voo noturno, apontando corretamente que nem todos os textos iniciais fazem menção a ele.[122] Também não há registros no vale do Aneu; mas aparece em Todi, e é suficientemente citado nos primeiros julgamentos no oeste da Suíça para merecer importância. Tais citações, no entanto, não enfatizam o voo espontâneo, ou a cavalgada em animais, das procissões das "senhoras justas". Em vez disso, retrata-se o unguento como vital para o processo, sendo que em Todi descreve-se como sendo passado no corpo e, nos Alpes, em uma cadeira ou cajado, ideia esta não encontrada nos relatos de seguidores das "senhoras". É algo muito mais antigo, associado à figura da *strix* e da bruxa romana. Isso persistiu ao longo da Idade Média, conforme demonstrado por um poeta tirolês de meados do século xiii, que zombava daqueles que temiam as bruxas canibais que voavam em uma pele de bezerro, vassoura ou roca para atacar pessoas à noite.[123] É tentador fazer uma associação do bastão animado ao cajado no qual alguns mágicos cavalgam na literatura nórdica do início da Idade Média, mas a distância temporal e geográfica pode ser grande demais para tornar tal associação sustentável.

CAPITULUM .VI } .335

No entanto, pode-se propor que o modelo de Norman Cohn sobre a origem da figura da bruxa moderna (que por si só era uma atualização do de Jacob Grimm) permanece essencialmente correto e pode ser reafirmado agora com melhores evidências e detalhes. Ideias derivadas de percepções oficiais de heresia foram essencialmente importantes na construção do novo sistema de crenças, e o mito antigo subjacente mais provável é o do demônio noturno infanticida no Mediterrâneo, misturando-se ao da bruxa canibal germânica nos Alpes. Esse sistema de crenças poderia, entretanto, ainda ter se provado um fenômeno de curta duração se as caças alpinas não tivessem rendido uma consistência de textos para sistematizá-lo e promovê-lo. Como é bem sabido pelos historiadores, o destino forneceu um veículo perfeito para esse trabalho, pois um importante conselho da igreja se reuniu em Basel, na orla dos Alpes ocidentais, entre 1431 e 1449 e representou para a época o auge do desenvolvimento e troca de ideias na cristandade ocidental. Nider, Feugeyron e George de Saluzzo estavam todos presentes, e o *Formicarius* e o *Errores gazariorum* parecem ter sido escritos lá.[124] Outros que participaram do conselho, vindo de fora da região alpina, subsequentemente escreveram trabalhos autorais para propagar a crença na nova conspiração satânica de bruxas, e estas obras formaram um extenso corpo de publicações de autores franceses, italianos, espanhóis e alemães, que debateram a realidade da conspiração e, de modo crescente, apoiaram a ideia.[125] Ocasionalmente, é possível enxergar nelas, mais uma vez, o processo que sugou as práticas locais de magia existentes para o estereótipo. Um exemplo nítido disso se dá na obra de Pierre Marmoris, professor da Universidade de Poitiers, autor do início da década de 1460. Ele ainda carecia de exemplos do novo culto às bruxas satânico em sua região no oeste da França, então remendou casos de magia local que ele mesmo encontrou, como exemplos da ameaça representada pelas bruxas: pessoas que ele vira recitando encantamentos para curar mordidas de animais ou para assustar corvos das plantações; um homem de quem ouvira falar, em Châlons-sur-Marne, que era capaz de ficar invisível; uma mulher de Poitiers e exorcizada por ele que afirmava estar conectada a um feitiço erótico; um homem de Bourges que se oferecera para ensiná-lo a fermentar vinho à distância; e processos legais dos quais ele ouvira falar, os quais citavam magia capaz de causar impotência e o uso da mão de um cadáver para adormecer os homens.[126] A partir de tais trivialidades, poder-se-ia fabricar um retrato de um novo culto satânico importante. A disseminação dos julgamentos de pessoas que supostamente pertenciam a tal culto em partes da França, Itália, Alemanha e Holanda durante o restante do século XV demonstrou a mesma tendência de capturar trechos de práticas e tradições locais. Igualmente, embora o estereótipo básico da bruxaria satânica (reuniões secretas para adorar o Diabo, seguidas por atos de magia nociva) permanecesse constante, características específicas dele — atos de homenagem a Satanás, canibalismo, infanticídio e sexo orgíaco — eram adotadas seletivamente nesses julgamentos. Alguns carregavam todas essas características, enquanto outros, apenas algumas, e nem sempre a mesma seleção, de modo que, na prática, era criada uma série de variantes locais, assim como ocorrera desde 1420.[127] No entanto, assim como fora o caso naquela primeira aparição, a força motriz para as perseguições locais era um único conceito básico, e isso permaneceria mais ou menos inalterado para dar vazão à grade extensão de julgamentos dos séculos XVI e XVII.

CAPITULUM .VII } p.341

MODERNA:
MALDADE MODERNA
ORIGINS: MODERN MALUM

As execuções inspiradas no novo conceito da bruxa satânica duraram desde aqueles primeiros exemplos conhecidos, nos Pireneus e em Roma em 1424, até o derradeiro, na Suíça em 1782. Quatro décadas de trabalho intensivo realizados por especialistas oriundos de praticamente todas as nações europeias resultaram em um quadro consensual no que diz respeito à maioria das características dos julgamentos que renderam tais execuções.[1] Entre as duas datas citadas, entre 40 mil e 60 mil pessoas foram legalmente condenadas à morte pelo suposto crime de bruxaria, estando o número real provavelmente mais próximo à metade inferior dessa faixa. Esta cifra é, no entanto, enganosa de duas maneiras, pois os julgamentos se concentraram tanto em espaço geográfico quanto em época. Eles foram flagrados principalmente em uma zona que se estende pelo norte da Europa, da Grã-Bretanha e Islândia à Polônia e Hungria, e do extremo norte da Escandinávia aos Alpes e Pireneus. Além disso, mesmo na região em que os julgamentos eram relativamente comuns, o novo conceito da bruxa demoníaca se provou ser um pavio de queima lenta. Durante o século XV, ficou confinado principalmente aos Alpes ocidentais, norte da Itália e Espanha, Renânia, Holanda e partes da França; e não parece ter feito mais do que alguns milhares de vítimas, no máximo. Entre 1500 e 1560, essa faixa não se expandiu muito, e o número geral de julgamentos parece ter diminuído, antes de haver uma nova explosão na segunda metade do século.

A maioria das pessoas acusadas na caça às bruxas da era moderna na verdade morreu no decorrer de um único e longo intervalo, entre 1560 e 1640. Dois fatores podem ser responsáveis por isso. Um deles é que foi o período em que a crise na religião europeia iniciada pela Reforma atingiu seu auge, e católicos e protestantes se envolveram em uma série de disputas generalizadas. Isto levou a temperatura religiosa a níveis febris em diversas localidades e indivíduos, rendendo assim maior disposição de perceber o mundo como um campo de batalha entre as forças do céu e do inferno. O proponente típico dos julgamentos das bruxas foi o reformista devoto, o equivalente da época aos frades Observantes do início do século XV, que queriam purificar a sociedade da maldade e dos elementos ímpios; para essas pessoas, a aniquilação das bruxas geralmente era um único item em uma lista de medidas para se alcançar um regime cristão ideal. O período foi, no entanto, também marcado pelo ponto mais baixo de uma longa desaceleração climática, acarretando um clima mais frio e úmido e a queda na produtividade agrícola. Embora isso dificilmente tenha atuado como uma provocação direta aos julgamentos das bruxas, provavelmente deu vazão a uma atmosfera generalizada de vulnerabilidade e insegurança que serviu de estímulo. Após a década de 1640, esses movimentos diminuíram no interior, mas se espalharam pelas periferias da Europa, sendo mais numerosos na Polônia, Hungria, Croácia, terras austríacas, Suécia, norte da Noruega, Finlândia e Nova Inglaterra nesse período posterior: na maior parte das regiões citadas, foram uma reação à inserção de intensas reformas religiosas e intolerância.

Diferentemente dos primeiros proponentes do novo estereótipo da bruxa demoníaca, aqueles que alertaram contra ele no período mais intenso dos julgamentos não mais alegavam se tratar de uma ameaça recente. Em vez disso, eles o retrataram como algo conhecido desde os tempos antigos, mas repentinamente inflado em proporções inéditas quando Satanás reagiu às oportunidades criadas pela divisão religiosa e ao desafio apresentado pela extensão do cristianismo até grandes áreas das Américas e de partes da Ásia. Na opinião deles, a crise representada por uma nova superabundância de bruxas exigia uma reação proporcionalmente determinada para detectá-las e destruí-las.[2] Os resultados de tal reação diferiam notadamente de um local para outro. Parece provável que a maioria dos vilarejos europeus, mesmo em regiões de caça às bruxas relativamente intensa, nunca tenha realizado uma única prisão por bruxaria, e os julgamentos eram notavelmente raros nas grandes cidades. Em média, em todo o continente, cerca de três quartos dos julgados eram mulheres, mas esse número esconde variações locais relevantes. Igualmente, a maioria das vítimas não vinha nem das classes mais favorecidas da sociedade nem das muito pobres, sendo, de forma geral, camponeses e artesãos, tal como seus acusadores, mas daí, novamente, a experiência local gerava exceções à regra. Se havia um padrão em relação a determinado tipo humano, era aquele do mau vizinho, encrenqueiro e inclinado a xingar e a insultar; no entanto, muitos geralmente eram personalidades normais que por acaso haviam cultivado os amigos ou inimigos errados no momento errado.

Em geral, os julgamentos eram mais frequentes e as taxas de execução mais altas nos locais onde as pessoas encarregadas do sistema de justiça criminal estavam mais intimamente envolvidas aos temores e aversões locais geradores das acusações. Isso poderia incluir estados muito pequenos, como muitos na Alemanha, que tinham mais de 2 mil jurisdições, ou a Federação Suíça, ou lugares onde prevalecia um maquinário da justiça relativamente descentralizado, como a Escócia ou a Noruega.[3] As condições prévias para os julgamentos de bruxas também existiam nas regiões, à época, caracterizadas pelas elites locais ou por um governante determinado a purificar a religião e a moral, bem como as tensões econômicas, religiosas e sociais. As identidades religiosas eram, em geral, irrelevantes para o assunto, já que as regiões de caça às bruxas mais intensas eram a Escócia calvinista, o norte da Noruega luterano e alguns estados católicos na Alemanha ocidental e central, e na fronteira franco-alemã. Na maioria dos lugares, a pressão para processar vinha das camadas mais baixas da sociedade, originada entre cidadãos comuns, e uma minoria era imposta pelos governantes do estado em questão.[4] Algumas das piores taxas e quantidades totais de execução se originaram de "julgamentos de reação em cadeia", nos quais um grande número de pessoas foram presas e obrigadas a denunciar tantas outras; mas territórios como Lorraine, onde uma ou duas pessoas eram acusadas por vez, também conseguiam acumular um grande número de mortos. Em última análise, a incidência da caça às bruxas em determinada região, mesmo em uma com todas as pré-condições necessárias para os julgamentos, poderia ser uma questão de capricho na qual fatores como destino e personalidade eram dominantes: na década de 1610, o domínio de L'Isle, no trecho suíço do Pays de Vaud, apresentava todas as pré-condições identificadas acima e, ainda assim, das quatro aldeias nele, apenas uma chegou a levantar acusações (embora estas tenham evoluído para uma caçada particularmente selvagem lá).[5] Parece que na maior parte da Europa central e Ocidental havia um número substancial de pretensas bruxas vivendo entre seus vizinhos, mas que nunca foram denunciadas a um magistrado.

É abundantemente claro que inimizades pessoais e faccionárias, assim como ambições políticas, com frequência fomentavam um contexto para as acusações. No entanto, estas últimas nunca parecem ter sido meramente um pretexto para a resolução de outras tensões: ao contrário, geralmente elas eram geradas por temores muito genuínos dos feitiços. Na maioria dos lugares, um processo legal era uma solução cara, difícil e inconveniente para tais temores em comparação à contramágica, reconciliação ou intimidação da suposta bruxa, opções muito mais fáceis. Os artífices da magia às vezes eram denunciados como bruxas, mas parecem ter sido uma minoria entre os acusados em qualquer região estudada. Eles eram frequentemente mais conspícuos no processo de acusação como provedores de contramedidas mágicas iniciais contra pretensas bruxas ou detectores delas. O período de julgamentos de bruxas pode ser considerado, de muitas formas, um experimento científico, adequado para uma era de descobertas geográficas e científicas, e como tal, falhou. Os julgamentos de bruxas não pareciam render benefícios óbvios e mensuráveis às comunidades que se envolviam neles, e o problema de ter de fornecer evidências límpidas de culpa ao longo do tempo veio a parecer algo pior ao invés de melhor. O contexto

de conflito religioso e estados confessionais intolerantes foi desaparecendo à medida que as elites europeias começaram a se sentir mais prósperas e confiantes, e a máquina judicial passou a ser submetida a maior supervisão e direção básicas. Pretensas bruxas, cristãos de outras denominações, fornicadores e adúlteros eram todos cada vez mais tolerados juntos, por governantes centrais e locais que habitavam um universo mais racional e menos demoníaco, comandado por um Deus menos exigente e mais remoto. Ao final do século xx, tornara-se comum para os especialistas rejeitar explicações de causa única para os julgamentos das bruxas e contabilizá-los adotando a abordagem resumida na frase "muitos porquês".[6] Quanto a um meio de descobrir os motivos pelos quais os julgamentos ocorriam em locais e em momentos específicos, que era o principal objetivo de quem propunha o estudo, esta era certamente a melhor perspectiva teórica: a malha de pré-condições e gatilhos diferia significativamente entre cada localidade. Quanto a um meio de explicar os julgamentos como um todo, no entanto, há uma falha: que a única razão óbvia para eles foi o surgimento do estereótipo da bruxa demoníaca no século xv e seu consequente emprego em uma ampla faixa da Europa. Tal como um dos caçadores de bruxas mais conhecidos, o juiz francês Pierre de Lancre, propõe, a descrição das reuniões das bruxas "que ocorrem em diversos territórios, parece ser um tanto diversa... Mas, levando tudo em consideração, as cerimônias mais importantes são todas consistentes."[7] É a maneira por meio da qual os povos locais enfatizavam determinados aspectos do estereótipo em vez de outros — e o infundiam às próprias tradições e preocupações — o que fornece uma importância especial aos estudos regionais de seus julgamentos: mas a centralidade do estereótipo permanece, mesmo que não seja em si causa suficiente dos julgamentos das bruxas. O que se propõe neste capítulo é realizar um levantamento das descobertas de tais estudos regionais, feitos em toda a Europa continental, principalmente durante as últimas cinco décadas. Esse exercício é realizado com a intenção específica de investigar qual efeito, se é que houve algum, as crenças antigas e folclóricas causaram na determinação da incidência da caça às bruxas, as imagens expressas nela e a identidade de suas vítimas.

Tal empreendimento deve computar dois problemas de evidência que afligem qualquer interessado no componente popular nas crenças da bruxaria e na acusação de bruxaria. O primeiro é que a evidência para as ideias que impulsionaram os julgamentos é flagrada somente em uma minoria dos registros remanescentes. O segundo é que, por definição, praticamente todos esses registros foram realizados por membros da elite política e social. Eles quase sempre estavam concentrados em provar que os relatos ouvidos eram ilusórios ou demoníacos, em vez de fazer os tipos de perguntas sobre crença e identidade que mais interessariam aos historiadores. Além disso, tanto os acusadores quanto os acusados nos casos que chegaram aos tribunais estavam agindo sob condições de comedimento, nas quais se criava uma expectativa de que suas declarações obedecessem a certos modelos predeterminados para permitir um julgamento. Tais problemas, entretanto, têm sido óbvios para a maioria dos estudiosos que realizaram as pesquisas nas quais esta síntese aqui é baseada, e por isso desenvolveram estratégias para lidar com eles. Permanece legítimo que pessoas comuns às vezes fizessem declarações que as autoridades investigadoras considerassem surpreendentes, perturbadoras ou irrelevantes, e que ainda assim fossem incorporadas aos registros; e que havia diferenças distintas entre as primeiras representações modernas da bruxaria e os padrões de instauração de processo em determinadas regiões, o que pode ser explicado sob a ótica da tradição local. É essa relação, entre tradição, prática e registros escritos, que está no cerne deste capítulo.

} OS GUERREIROS
} DOS SONHOS

A pesquisa proposta pode muito bem começar com os *benandanti* de Carlo Ginzburg, o exemplo mais espetacular de uma tradição popular mágica já descoberta nos registros dos julgamentos do início da era moderna. Em geral, eles eram simplesmente artífices da magia na província italiana de Friuli, no extremo nordeste da Itália, realizando curandeirismo, adivinhações e quebrando encantamentos assim como todos de sua classe. Conforme dito antes, no entanto, eles também enviavam seus espíritos para vagar à noite (nos dias de jejum das Quatro Têmporas, que caíam em cada uma das quatro estações) para lutar contra as bruxas pela fertilidade das terras locais. Assim como os das bruxas, seus espíritos montavam cavalos, gatos, lebres ou outros animais para o campo de batalha, com formação em batalhões com bandeiras e capitães, e duelavam com talos de plantas. Se vencessem, resultava em uma boa colheita, e em todo o caso eles retornavam ao final para seus corpos adormecidos ou em transe. Tal poder não lhes era investido, e sim algo que ganhavam naturalmente ao nascerem com uma membrana, o âmnio, em torno da cabeça, e eram convocados a lutar quando atingiam a idade adulta. Alguns alegaram visitar os mortos em suas jornadas espirituais e descobrir seu destino. Entravam em combate em nome de Deus e de Cristo contra bruxas como servas do Diabo — representando, nas palavras de Ginzburg, "um exército camponês cristão" —, mas a partir do final do século XVI sua identidade como mágicos começara a atrair a atenção dos inquisidores locais. Os *benandanti* começaram a denunciar as pessoas à inquisição como bruxas, e também a serem denunciados, e seus voos noturnos foram assimilados à imagem da bruxaria demoníaca. Em meados do século XVIII, eles desaparecem da história.[8]

Imediatamente a leste de Friuli, na Eslovênia e na península Ístria, deu-se início à zona cultural do sul eslavo, e na Ístria, no século XVII, um comentarista italiano registrou uma crença em pessoas chamadas *cresnichi* ou *vucodlachi*. Estes nasciam com um âmnio, e acreditava-se que suas almas vagavam à noite, especialmente na época das Quatro Têmporas, para lutar em bandos em prol da fertilidade da estação vindoura. Diferentemente dos *benandanti*, eles mantiveram uma presença no folclore identificada em séculos posteriores, como *kresniks* ou *kudlaks*. Os primeiros eram quase idênticos aos *benandanti*, salvo por seus espíritos saírem à noite na forma animal em vez de cavalgando os bichos. Já os últimos eram mágicos maliciosos, que tomaram o lugar de bruxas em algumas localidades para lutar contra os *kresniks* (como eles, assumindo a forma animal), que protegiam os humanos durante o sono e as terras agrícoals.[9] Na imensa região eslava ao sudeste, compreendendo Sérvia, Bósnia, Herzegovina e Montenegro, a figura equivalente era o *zduhač*, também nascido com um âmnio e capaz de travar combates espirituais nas nuvens para proteger o território de seu clã, embora estes fossem disputados contra os *zduhačs* de clãs rivais. Eles são registrados no folclore relativamente moderno, assim como há personalidades semelhantes sob outros nomes em partes da mesma região e da Macedônia, Bulgária e Croácia. Alguns deles assumiam forma de animais, alguns travavam batalhas contra os campeões espirituais de comunidades rivais, e alguns combatiam bruxas ou espíritos malignos. Todos, no entanto, se distinguiam por um âmnio ou outras características incomuns no nascimento, e todos lutavam na forma de espírito à noite, geralmente em épocas especiais, com o intuito de proteger suas aldeias e, principalmente, as colheitas. No início do período moderno, a maior parte daquela região estava sob o domínio muçulmano, dos turcos otomanos, e assim desprovida do tipo de registros que poderiam lançar referências a eles em áreas cristãs: mas, em 1661, um inquisidor na Dalmácia, região costeira da Croácia, relatou uma crença em bons espíritos que afugentavam o mau tempo.[10]

Em outras partes da mesma vasta região, e mais a leste e sudeste, bandos de jovens homens ou mulheres representaram as batalhas espirituais na forma física, vagando por suas vizinhanças na celebração de Pentecostes, quando era esperado que fadas e demônios estivessem especialmente ameaçadores, para então realizar danças, peças teatrais ou bênçãos para proteger lares e terras. Tal costume foi registrado no sul da Macedônia já em épocas tão longínquas quanto 1230, e em compilações do folclore moderno na Croácia, na Eslavônia, na Sérvia e na Romênia, onde persiste até hoje. Nos distritos romenos, os dançarinos modernos também atuavam como curandeiros de pessoas que se pensava estarem afligidas por fadas ou demônios, e a padroeira, que em alguns lugares também era a rainha das fadas, era a "Irodeasa". Tal figura provavelmente era a Herodíade dos passeios noturnos medievais e mostra o quão longe a tradição de vê-la como um espírito noturno migrara de sua possível origem na Europa ocidental.[11] Ao norte da região eslava do sul fica a Hungria, e sua representação do *táltos*, que já foi citado acima. Arrazoava-se lá que nem esta figura nem os *benandanti* poderiam ser seguramente atribuídos a uma província xamânica pan-eurasiana, e pode ser ponderado aqui se o *táltos* se encaixa melhor nas representações balcânicas das batalhas espirituais. Parece uma teoria notadamente boa. Assim como as outras figuras na tradição balcânica, o *táltos* era marcado por sinais especiais ao nascer, e às vezes operava por meio de sonho ou transe, e lutava pelo bem da população local assumindo a forma de espírito e a forma animal, ou cavalgando em corcéis animais, além de executar todas as funções regulares de um artífice da magia. Os *Táltosok* tendiam a se retratar como santos cristãos lutando contra oponentes satânicos, bruxas e demônios. Suas batalhas às vezes também eram de uns contra os outros e contra mágicos estrangeiros.[12] Eles são mencionados em registros medievais húngaros, e julgamentos de bruxas forneceram relatos muito bons do início da era moderna sobre suas crenças e reivindicações, e de fato outros elementos desses julgamentos húngaros parecem derivar da mesma tradição popular. Frequentemente era pensado que as bruxas húngaras do início da era moderna enviavam suas almas para fazer o mal, as quais saíam pela boca, na forma de um animal pequeno, como um inseto, por exemplo. Dizia-se que cavalgavam em animais ou que assumiam sua forma, e lutavam em prol da fertilidade da terra, às vezes pelo interesse das próprias aldeias, embora geralmente provocassem prejuízos.[13] Um estudioso húngaro observou, a partir dos registros de julgamentos, que uma característica da Hungria era o "duelo de mágicos: curandeiro, *táltos*, parteiras e bruxas lutam entre si".[14] Pessoas julgadas como bruxas na Croácia naquele mesmo período falavam em formar companhias militares durante suas reuniões.[15] Na Romênia moderna, acreditava-se que as bruxas nasciam com âmnio se transformavam em animais e saíam à noite disfarçadas de espírito para formar bandos que lutavam entre si.[16] Os sérvios modernos pensavam que as bruxas saíam para fazer o mal liberando seus espíritos do corpo na forma de insetos ou pássaros.[17]

Nos distritos romenos, os dançarinos modernos também atuavam como curandeiros de pessoas que se pensava estarem afligidas por fadas ou demônios.

Parece haver boas evidências aqui de uma extensão de território compacta, com seu cerne na província cultural eslava do sul, caracterizada pela crença de que tanto os artífices da magia quanto as bruxas enviavam seus espíritos em noites especiais, em estados de sonho ou em transe, para batalhar contra oponentes. Porém é impossível dizer se isso existia desde a época pré-cristã ou se foi uma tradição popular que se desenvolveu ao

longo da Idade Média. Sob essa perspectiva, os *benandanti* se tornam italianos que absorveram a ideia dos vizinhos eslavos, e os *táltosok* são Magyars que fizeram o mesmo, qualquer que fosse a conexão remota e não comprovada que possam ter tido com os xamãs siberianos que os predispuseram à ideia. O conceito de que os nascidos com âmnio são conferidos com habilidades para se comunicar com espíritos, ou enviar seu espírito para vagar, é encontrado em toda a Europa, mas apenas na citada região foi associado às batalhas durante o sonho ou em transe.[18] Aqui, portanto, os primeiros julgamentos modernos de bruxas e outros mágicos de fato revelou um sistema de crenças regional distinto, bem como forneceu registros históricos dele; mas o sistema em si não provocou nem transformou os julgamentos. Eles foram inseridos na região como parte da Contrarreforma Católica, movimento de purgação e renovação espiritual, e majoritariamente como parte do imperialismo cultural alemão (ou austríaco). Os *benandanti* não eram o alvo principal da inquisição em Friuli, e apenas 26 dos 2.275 julgamentos de bruxas registrados na Hungria mencionam um *táltos*.[19] Em vez disso, os "guerreiros dos sonhos" dos Bálcãs serviram apenas para tingir ligeiramente os julgamentos com aspectos de seu sistema de crenças, nas fronteiras do extremo norte e oeste de seu alcance.

A REGIÃO XAMÂNICA DO NORTE

No início deste livro, foi sugerido que os Sámi do norte da Escandinávia representavam um povo que adotava um xamanismo "clássico" do tipo encontrado na Sibéria, definitivamente descendente de um passado pagão, e que a influência Sámi criou uma zona "sub-xamânica" entre os nórdicos, incluindo seus assentamentos na Islândia. Outra zona semelhante existiu entre os finlandeses, fosse por causa de sua própria conexão ancestral com os povos da Sibéria ocidental ou por causa da influência Sámi. Como os Sámi mantiveram reputação formidável como mágicos durante todo o início do período moderno — informação que também já foi discutida aqui —, é óbvio que haja a dúvida sobre até que ponto eles atraíram acusações de bruxaria quando os reinos escandinavos aos quais pertenciam se tornaram centros notáveis de caça às bruxas no século XVII. A resposta é que eles certamente apareceram nos julgamentos de bruxas, com um total de 113 sendo processados, e mais de trinta executados, nas províncias norueguesas e suecas da Lapônia: os noruegueses julgaram cerca de metade do número em relação aos suecos, mas executaram cerca de três quartos deles, enquanto os suecos pouparam praticamente a vida de todos os julgados, com algumas exceções. Há duas outras características notáveis dessas estatísticas. A primeira é que eles inverteram o equilíbrio de gênero europeu típico, pois 73 dos 76 Sámi julgados por uso magia pelos suecos eram do gênero masculino, assim como 19 dos 27 queimados pelos noruegueses. Isso simplesmente refletia o equilíbrio na própria cultura Sámi, na qual a prática da magia, com seus ritos xamânicos, era associada principalmente aos homens. A outra característica é que, apesar de sua reputação, os mágicos Sámi não eram o principal alvo da caça às bruxas no extremo norte. Finnmark, condado no extremo nordeste da Noruega, foi palco de uma das mais intensas caças às bruxas da Europa. Ocorreu, no entanto, principalmente entre os colonos nórdicos nas aldeias de pescadores e — em conformidade à norma norueguesa e europeia —, suas vítimas eram predominantemente mulheres. O mesmo vale para os principais julgamentos de bruxas na Suécia, os quais custaram centenas de vidas na região central do reino. Uma razão pela qual os Sámi julgados pelos suecos normalmente escapavam da execução, era por serem considerados selvagens praticando superstições tribais, em vez de recrutas para a conspiração das bruxas satânicas. Mesmo os noruegueses mais rígidos tendiam a não acusar os Sámi de venerar o Diabo conscientemente, o que explica por que um terço dos julgados por uso de magia escaparam da execução; e, na verdade, vários daqueles que não escaparam também tinham sido considerados culpados por crimes mais rotineiros. Embora eles constituíssem quase metade da população de Finnmark, representaram 18% dos acusados de delitos relacionados à magia. Nem tampouco eram os ritos xamânicos espetaculares registrados nos Sámi evidentes entre aqueles de fato levados a julgamento: eles apareciam, isso quando apareciam, de forma silenciosa.[20] Assim, a existência do que foi descrito antes como uma genuína província xamânica no extremo norte da Europa definitivamente deixou sua marca no padrão de julgamentos de bruxas naquela região; mas, mesmo ali, foi uma atividade secundária.

E o que dizer da zona "sub-xamânica" mais ampla sugerida anteriormente, como algo que abrangia grande parte da fino-escandinávia medieval? Na Finlândia, sua influência nos primeiros julgamentos modernos mais uma vez parece evidente, porque lá também havia uma resistência à tendência europeia. De modo geral, cerca de metade dos acusados de crimes relacionados a magia era do gênero masculino, e os homens constituíram uma nítida maioria até o final do século XVII, e os réus do gênero masculino eram especialmente numerosos entre a população nativa. O ato de associar a feitiçaria tanto à adoração ao demônio quanto às mulheres era mais forte em áreas de influência e assentamento suecos, e levou tempo para ser adotado pelos finlandeses. Isso corresponde ao hábito nativo de associar a magia principalmente aos praticante do gênero masculino, o *tietäjä*, muito embora, como na maior parte da Europa, os artífices da magia raramente fossem acusados de atos destrutivos.[21] Assim como entre os Sámi, o xamanismo propriamente dito tem uma presença silenciosa nos registros dos tribunais finlandeses. Um especialista concluiu que "a cultura xamânica das bruxas parece não ter desempenhado nenhum papel relevante nos julgamentos das bruxas no início da era moderna"; outro, que "minhas fontes não apontam resquícios xamânicos, muito menos xamãs praticantes. Tais registros não mencionam nenhum transe ou não descrevem nenhuma viagem mágica para este ou outro mundo em qualquer detalhe que seja."[22] No entanto, o impacto da tradição nativa na padronização e atribuição de gênero dos julgamentos parece nítido.

O mesmo pode valer para a Estônia, ao sul da zona étnica báltica, onde registra-se situação semelhante: o conceito de feitiçaria satânica foi imposto principalmente após a conquista daquela região pela Suécia, e 60% dos acusados de realizar magia perniciosa era do gênero masculino, embora um número um pouco maior de mulheres fossem executadas.[23] Um estudo enfatizou o enraizamento das crenças locais em um paganismo popular persistente, abrangendo a adoração em bosques e rochedos sagrados, especialmente na véspera do solstício de verão, em quase todas as paróquias do sul da Estônia.[24] Não seria estranho, em face da situação, encontrar tal sobrevivência aqui, na extremidade oriental do mundo europeu, onde o último estado do continente a se converter formalmente ao cristianismo estivera limítrofe à Lituânia, no final da Idade Média. Em uma inspeção mais detalhada, no entanto, o único exemplo fornecido a partir de tais práticas é menos convincente. Retrata uma devoção contínua a São João Batista, cujos festejos se davam no solstício de verão, e a pedra no centro do banquete era um altar para ele. O rito era a cura dos enfermos, com orações ao santo, e os "sacrifícios" eram as ataduras daqueles que se julgavam curados, além de oferendas de cera, do tipo familiar nos santuários medievais. Outros ritos semelhantes também eram realizados nos dias dos santos. Também há registros de camponeses aconselhando seus iguais a não frequentarem a igreja, e culpando seus infortúnios por fazê-lo. O autor apresenta isso como uma resistência pagã ao cristianismo, mas o contexto é aquele da primeira tentativa das autoridades suecas de examinar os resultados da imposição do protestantismo luterano como a nova religião oficial sobre uma população báltica nativa acostumada ao catolicismo medieval. Desse modo, não está claro se o que ocorria era um conflito entre o cristianismo e o paganismo, em vez de simplesmente um conflito entre diferentes tipos de cristianismo.[25] Porém, os primeiros registros modernos da Estônia se relacionam a um sistema de crença popular muito convincente e bem registrado entre os povos bálticos, que podem ter raízes pagãs: 21 indivíduos (de um total de 205 em registros renascentes de julgamentos de bruxas) foram acusados de assumir a forma de lobos e matar o gado.[26] Para os primeiros demonologistas europeus modernos, a Livonia, território do povo Liv, e que se estendia por grande parte da moderna Estônia e Letônia, era a terra dos lobisomens por excelência.[27] Eles tendiam a contar duas histórias a respeito deles: que uma vez ao ano, no solstício de inverno, todos os lobisomens livonianos realizavam uma grande reunião, ou uma série delas, e que havia uma crença local de que eles deveriam ser os grandes inimigos das bruxas, e proteger as comunidades delas. E a outra história incluía o relato de um encontro com um homem em Riga, que afirmava ser um lobisomem e enviar seu espírito em forma de lobo para lutar contra uma bruxa disfarçada de borboleta, tudo isso enquanto jazia em transe. Em um julgamento agora famoso realizado em 1692 no que viria a se tornar a Letônia, um velho artífice da magia também afirmou ser um lobisomem e ter lutado contra bruxas e demônios no inferno três vezes ao ano ao lado de seus companheiros, todos assumindo a forma de lobo, em favor da fertilidade das terras agrícolas e em nome do Deus cristão.[28] Esses relatos fizeram com que Carlo Ginzburg, compreensivamente, os associasse aos *benandanti*, e juntasse os dois como sobreviventes de diferentes localidades de um antigo culto xamanístico que

se estendia pela Europa central. Tal hipótese, conforme já dito, permanece possível, porém improvável: pode ser que a tradição livoniana tenha um ponto de origem completamente independente daquele dos Bálcãs.[29] O que se torna interessante no presente contexto é a existência comprovada de uma crença entre os bálticos, de que pessoas especiais eram dotadas de uma magia capaz de transformar seus espíritos em lobos, para assim lutar contra os das bruxas pelo bem comum. Isso deixou sua marca nos julgamentos de bruxas locais (embora, novamente, em uma minoria de casos). E pode ajudar a explicar a alta proporção de homens entre os acusados em geral, se os homens fossem proeminentes entre esses mágicos — embora a maioria daqueles de fato denunciados como lobisomens destrutivos fossem mulheres —, e também pode (talvez) estender a província "sub-xamânica" do Norte da Europa desde o norte até o leste do Mar Báltico.[30]

Em um capítulo anterior, argumentou-se que os efeitos do xamanismo podiam ser encontrados nas crenças mágicas dos escandinavos medievais de forma geral, mas nenhum deles parece estar presente nos julgamentos de bruxas na maior parte da península. Elementos de sistemas de crenças mais antigos não necessariamente relacionados ao xamanismo de fato aparecem às vezes. A ideia do sabbath das bruxas foi provavelmente digerida mais facilmente devido ao conceito pré-existente a respeito de mulheres, humanas ou sobrenaturais, que realizavam voos noturnos.[31] Conforme já dito antes, o conhecimento mágico, incluindo a bruxaria, fora associado aos trolls. Por volta do início do período moderno, os escandinavos instruídos não acreditavam mais em trolls, ou não se importavam muito com as pessoas que tentavam se comunicar com eles, mas no testemunho popular nos julgamentos noruegueses de bruxas, os demônios às vezes assumiam a forma de um troll. Além disso, dois artífices da magia processados em 1689 alegaram terem obtido seus poderes a partir de "trolls da terra".[32] Os espíritos da natureza fazem aparições um pouco mais frequentes nos casos suecos, como aquele sobre o artífice em Söderköping em 1640, que confessou ter usufruído por anos do sexo com um ser na forma de uma bela mulher com cauda de potro que o visitava em seu barco ou na floresta e lhe dava boa sorte na pesca e na caça. Em um distrito vizinho, outro homem afirmava que sua sorte na caça era concedida por uma ninfa da floresta, que combatia uma criatura velha, feia e negra que tentava impedi-lo de matar os animais. Três outros homens testemunharam nas décadas posteriores, alegando relacionamentos semelhantes com espíritos da floresta ou da montanha, que assumiam a forma de belas mulheres (embora duas delas tivessem pernas peludas). Por mais vívidos e importantes que sejam, tais exemplos representam apenas cinco entre centenas de julgamentos por bruxaria e magia no início da Suécia moderna.[33] Mais frequentemente, elementos pagãos na magia escandinava moderna parecem existir nos olhos do observador moderno. Uma historiadora descreveu os feitiços de amor dinamarqueses como "uma mistura de símbolos e rituais pagãos e cristãos"; mas ao passo que seu exemplo cristão é uma invocação de São Tomás de Aquino, seu exemplo pagão é o uso de ovos de galinha.[34] Em tais contextos, "pagão" parece ser um sinônimo para "natural" ou "secular".

Há, no entanto, uma forma muito notável pela qual um elemento definido do paganismo nórdico sobreviveu até o início do período moderno, e foi na magia cerimonial. Assim como em outras localidades, tal magia preservou os nomes das divindades egípcias como espíritos poderosos, sendo assim, os deuses escandinavos mais célebres continuaram a ser associado a trabalhos mágicos, embora como demônios. Parecia que no norte a tática cristã de demonizar as divindades das religiões mais antigas funcionara com especial efeito. Tais divindades certamente permaneceram conhecidas pelos escandinavos eruditos ao longo de todo o período cristão, como personagens de mitos (assim como era com as divindades gregas e romanas por toda a Europa, e também com as antigas divindades irlandesas nas terras gaélicas). Como demônios, no entanto, eles, e especialmente seu líder, Oðinn, mantinham uma presença supostamente

> **A chave para explicar a anomalia islandesa reside em um fenômeno europeu muito mais amplo: a magia cerimonial era, ao longo de todo o período medieval e no início da era moderna, essencialmente a salvaguarda dos homens.**

"existente". Um cajado rúnico nórdico do final do século XIV evoca Oðinn como "o maior entre os demônios", bem como evoca poderes cristãos. Em 1484, um homem julgado por furto em Estocolmo confessou ter "servido a Oðinn" durante sete anos. Nove anos depois, outro ladrão foi executado por ter se consagrado em um cemitério ao "diabo Oðinn" para ficar rico, e um texto do final da década de 1530 afirmava que as pessoas que ficavam repentina e misteriosamente ricas eram suspeitas de terem realizado um pacto com Oðinn. Outro caso sueco, de 1632, envolvia recomendações para encontrar a riqueza indo a uma encruzilhada à noite para fazer exatamente o tipo de pacto citado, com Oðinn sendo um demônio. Um julgamento em 1693 relatou que ele vinha àqueles que o convidavam com servos, cães e cavalos de carruagem negros, sendo estes últimos dotados de olhos flamejantes.[35] Da Islândia vem um livro de magia do século XVII, o qual contém uma maldição em nome do Senhor Deus, o Criador (assim endereçado repetidamente), Cristo ("Salvador"), Oðinn, Thor, Frey, Freya, Satanás, Belzebu e espíritos de nomes desconhecidos: os poderes do céu e do inferno são, por conseguinte, recrutados indiscriminadamente.[36] Tudo isto fornece um exemplo espetacular de como deuses antigos poderiam ser totalmente assimilados na mitologia cristã, embora não pareçam figurar nos julgamentos de bruxas propriamente ditos.

A travessia agora foi feita para a Islândia, cuja literatura medieval forneceu alguns dos melhores registros para a discussão, já realizada anteriormente, sobre uma cultura nórdica mágica híbrida que incorporou elementos do xamanismo. Pode-se esperar prontamente que isso influenciaria a natureza dos primeiros julgamentos da Islândia moderna; e de fato, isso foi alegado. Das 120 pessoas julgadas por bruxaria na Islândia, apenas dez eram mulheres e apenas uma mulher estava entre as 22 pessoas que acabaram queimadas. Um dos primeiros estudiosos a escrever sobre o assunto em inglês o relacionou diretamente à tradição medieval, e por meio dela (vagamente) ao paganismo e ao xamanismo.[37] As coisas, no entanto, não são tão simples assim: na literatura medieval islandesa, a magia destrutiva é uma prática tão feminina quanto masculina, e os aspectos mais manifestamente xamânicos da técnica mágica, como o *seidr*, são muito mais femininos. A chave para explicar a anomalia islandesa reside em um fenômeno europeu muito mais amplo: a magia cerimonial era, ao longo de todo o período medieval e no início da era moderna, essencialmente a salvaguarda dos homens. Na lei dinamarquesa do século XVII, também válida para a Noruega e para a Islândia, a posse de livros de magia era crime, e os islandeses levavam isso muito a sério. As pessoas acusadas de magia na ilha tendiam a estar em posse de tais livros, e por conseguinte eram do gênero masculino, e aqueles executados eram os homens que se provavam proprietários de tais obras e que se acreditava tê-las utilizado para prejudicar terceiros.[38] O conceito de uma conspiração da bruxa diabólica, com reuniões e ritos, era quase totalmente ausente. Pode ser, no entanto, que ainda haja uma ligação informativa com o passado antigo, e isto reside na forte ênfase depositada nos textos medievais islandeses a respeito da importância das palavras e caracteres escritos — runas — na execução da magia. Parece ter sido a combinação disso com a importação da magia cerimonial centrada em livros o que produziu a natureza peculiar, e a generização, dos julgamentos islandeses.

Outra ponta solta que poderia ser utilmente atada a esse contexto diz respeito à Rússia e ao território vizinho da Ucrânia, que se tornou parte do Estado russo no século XVII. O estado fazia fronteira com a própria Sibéria, terra natal do xamanismo clássico, continha um grande número de *Sámi* em seu extremo norte e ligava a zona do "guerreiro do sonhos" dos Bálcãs e da Hungria à "zona xamânica do norte" das regiões bálticas e fino-escandinavas. Deveria, portanto, desempenhar um papel central no mapeamento das tradições antigas e medievais sobre os primeiros sistemas de crenças modernos, conforme expresso nos julgamentos das bruxas. À primeira vista, as evidências do julgamento apoiam tal expectativa, porque no contexto europeu dominante a Rússia era tão anômala quanto as regiões fino-bálticas e Sámi: havia relativamente poucos julgamentos de bruxas e uma quantidade ainda menor de execuções para um estado com suas dimensões — cerca de quinhentos julgamentos no século XVII com uma taxa de mortalidade de 15% —, e três quartos dos acusados eram do gênero masculino.[39] Em uma inspeção mais detalhada, no entanto, parece faltar uma conexão entre esses resultados e a tradição antiga. Nas palavras de um proeminente especialista ocidental: "Nem o xamanismo nem o paganismo fazem a menor aparição detectável nas práticas mágicas moscovitas [da Rússia do início da era moderna]".[40] Mais uma vez, o olhar do observador pode estar parcialmente em ação aqui, assim como o mesmo historiador resumiu os feitiços que aparecem nos julgamentos das bruxas russas como majoritariamente poéticas retóricas da natureza polidas com o cristianismo.[41] Uma geração mais antiga de estudiosos pode muito bem ter caracterizado tais retóricas como pagãs, mas isso também seria um juízo arbitrário e subjetivo, e certamente faz soar como se nada que possa ser chamado de xamanismo, por qualquer definição, esteja presente, e como se a tradição antiga e popular não pudesse explicar a natureza singular dos julgamentos das bruxas russas. O folclore russo coletado no período moderno é repleto de espíritos domésticos e selvagens, mas eles não fazem mais do que duas aparições nos julgamentos, e outras poucas nos livros de feitiços.[42]

As razões para tal estão em outro campo, no peculiar isolamento cultural da Rússia do século XVII, o que significava que o novo conceito da bruxa satânica não havia sido inserido ainda. As matérias-primas para isso estavam lá, pois os russos já nutriam uma crença profunda no Diabo e em demônios menores, e pensavam que os humanos eram capazes de realizar pactos com eles; temiam a bruxaria e incorporavam forte desconfiança

CAPITULUM .VII } .361

em relação às mulheres em meio a uma cultura machista. No entanto, tais traços nunca eram inseridos na ideia europeia dominante sobre conspiração demoníaca, porque nem o protestantismo nem o catolicismo faziam qualquer incursão no cristianismo ortodoxo russo, que por si só nunca gerou tal ideia. As elites russas praticamente não tiveram contato com culturas estrangeiras. Como resultado, a postura em relação à magia simplesmente se limitava à norma europeia medieval, com indivíduos sendo processados por usar ou tentar fazer uso de magia para prejudicar outrem. E, de fato, ao longo dos séculos XVI e XVII, isto continuou a ser arma na política de facções da corte imperial, assim como ocorrera na Europa medieval. Os tais feitiços supostamente utilizados eram relativamente simples e empregavam objetos e ingredientes comuns. Como a maioria das acusações emergia de tensões locais e pessoais em função de poder (como aquelas entre superiores e inferiores sociais), e os homens geralmente eram maioria nesse tipo de contenda, era natural que os homens fossem golpeados com mais frequência. A propensão medieval russa de se voltar contra as supostas bruxas numa época de desastres naturais parece ter evaporado. Ironicamente, o primeiro construto europeu moderno a respeito da bruxaria satânica foi por fim inserido na Rússia nas reformas de Pedro, o Grande, cujo objetivo era colocar a nação em conformidade às normas europeias gerais, e que muitas vezes são encaradas como o início de sua "modernização". Isso foi no início do século XVIII, quando a caça às bruxas arrefecera na maior parte do continente (embora não nas vizinhas Polônia e Hungria). Felizmente, sua inserção tardia não foi acompanhada pelo aumento das tensões na religião, o que certamente teria garantido um grande número de provações e, portanto, o efeito foi limitado e de curta duração.

Pode ser útil, a essa altura, analisar brevemente outras regiões da Europa nas quais os homens geralmente eram as principais vítimas nos julgamentos de bruxas, e assim perceber quais fatores culturais podem ser os responsáveis por sustentar tal resultado. Uma delas era a França ocidental e central, que permanece relativamente pouco estudada no que diz respeito a esse assunto.[43] Uma razão imediatamente identificável para a alta proporção de homens entre os acusados (cerca de metade) foi a presença significativa deles em dois grupos: clérigos e pastores de rebanhos. Os primeiros podem ter ficado vulneráveis devido à relação contínua com a magia cerimonial erudita, que fora associada a eles desde o século XIV nas regiões onde houve julgamentos. Já os últimos parecem ter sido considerados praticantes de uma função particularmente mágica naquelas partes da França, e há um bom estudo dos processos legais contra eles como bruxas na Normandia, onde a crença local sustentava que pastores podiam causar malefícios usando veneno de sapo e hóstias consagradas roubadas.[44] Parece não haver evidências das origens e da idade dessa tradição popular. A última região na qual homens tinha maior relevância era principalmente aquela onde hoje é a Áustria, e há ainda menos informações disponíveis para explicar tal fato.[45] Um estudo da Caríntia, no sul da Áustria, onde dois terços dos acusados eram homens, sugere que isto se deu porque ali as bruxas eram especialmente associadas às causas do mau tempo, e a magia meteorológica era considerada algo de interesse majoritariamente masculino. Isto poderia muito bem refletir uma tradição local característica dotada de extensas raízes.[46]

Por outro lado, o mesmo estudo também observa que a perseguição às bruxas também era fortemente associada a um impulso legal contra a mendicância, e isto ocorria em outras partes da Áustria, principalmente nos territórios do arcebispo de Salzburgo. Lá, no mesmo período do final do século XVII, foi incitada uma caçada selvagem contra jovens mendigos naquilo que veio a se tornar uma das últimas grandes séries de julgamentos de bruxas em terras de língua alemã. Este foi o produto final de uma severa reversão na tradição local na caridade, uma reação às mudanças nas circunstâncias econômicas, e a acusação de que os mendigos amaldiçoavam os membros mais abastados da sociedade, por inveja e como forma de vingança, justificava a mudança.[47] A caça às bruxas-mendigas em partes da Áustria, o que pode contribuir muito para explicar o grande recorte de homens nos julgamentos lá, não pode, portanto, ser atribuída a nenhum estereótipo tradicional. Parece, ao contrário, um desenvolvimento tardio impulsionado por uma crise específica nas relações econômicas e sociais. Em suma, então, os julgamentos de bruxas sustentam o conceito de uma província "xamânica" e "sub-xamânica" confinada ao extremo nordeste da Europa, o qual causou certo impacto sobre o gênero dos acusados, mesmo quando os elementos arcaicos foram raros nos julgamentos propriamente ditos.

CAPITULUM .VII } .363

SANGUESSUGAS, GINETES DE LOBOS E MULHERES

Nos Alpes e Pireneus, e nas terras imediatamente ao sul deles, há uma rica safra de temas folclóricos nos processos por bruxaria, um deles certamente muito antigo. É a figura da *strix*, demônio feminino noturno voador e infanticida. Na Idade Média, se não antes, sua representação estava sendo fundida à da bruxa humana, conforme já mencionado, e essa combinação escorou diretamente a formação do estereótipo da bruxa satânica do início da era moderna. Foi mostrado como ele surgiu nos primeiros julgamentos que incorporaram tal estereótipo, em 1424, e como nos Pireneus a palavra para esse tipo de demônia, *bruja*, foi mudando até chegar ao termo *witch* ("bruxa" em inglês); na Itália, o mesmo aconteceu, pois as *striges*, o plural latino para *strix*, se tornou o termo padrão para "bruxa" e deu origem ao moderno italiano *strega*. O personagem permaneceu com o nome. Quando um caçador de bruxas italiano, Gianfrancesco Pico della Mirandola, escreveu um livro para justificar suas atividades em 1523, ele as chamou simplesmente *Strix*. [48] Entre as características da bruxa estereotipada montada por ele, estava o hábito de matar bebês furando-os com agulhas para sugar seu sangue. O principado de Mirandola ficava na planície setentrional da Itália, perto de Modena; mais ao sul, em Perugia e em Siena, as mulheres também eram julgadas por tal delito nos séculos xv e xvi. [49] Da mesma forma, no norte da Espanha, a eclosão inicial de acusações contra bruxas infantici-das na década de 1420 foi seguida de outras, abrangendo uma região mais ampla, ao longo dos cem anos subsequentes. [50] Por volta de 1450, um bispo castelhano denunciou o novo conceito da bruxa satânica, tratando como uma fantasia, principalmente a parte da crença que alegava que as *bruxas* se embrenhavam por fendas ou que se transformavam em animais para entrar nas casas e sugar o sangue dos bebês. [51] Tal crença fundamentou as acusações de bruxaria no norte da Espanha até a extinção dos julgamentos de bruxas naquela região: foi o principal incentivo por trás da grande caça às bruxas basca de 1609 a 1614. [52]

CAPITULUM .VII .365

Na maior parte da Europa do início da era moderna, matar bebês e crianças pequenas foi um dos crimes mais proeminentes nas alegações contra bruxas e, conforme foi dito, fundamental para o desenvolvimento da nova ideia de bruxaria; mas o aspecto vampírico, derivado da *strix*, ficou confinado à fronteira norte da bacia do Mediterrâneo. Estendeu-se pelo leste até os limites da Itália, em Friuli, onde se dizia que as bruxas combatidas pelos *benandanti* consumiam lentamente a carne ou o sangue de crianças pequenas, a tal ponto que estas definhavam.[53] Assim como aconteceu no domínio da Roma antiga, e também em relação à crença em guerreiros dos sonhos, esse conceito cruzou a fronteira entre as zonas linguísticas italiana e eslava, de modo que, no folclore moderno da Sérvia, o crime específico das bruxas era matar bebês dessa mesma maneira. Durante os julgamentos das bruxas na Croácia, mulheres confessaram ter comido o coração das crianças, deixando-as para morrer lentamente. Os croatas também acreditavam que bruxas, assumindo a forma de gatos, sugavam o sangue de adultos.[54] A característica especial do vampiro moderno, como sugador de sangue, pode de fato ter se desenvolvido a partir desse conceito de bruxa, já que passou a ser associada aos mortos que não descansavam no século XVIII. [55]

Em uma parte dos Alpes ocidentais, estabeleceu-se uma tradição local totalmente diferente: que as bruxas cavalgavam lobos para realizar seus ataques noturnos. Isso foi constatado no noroeste da Suíça, de Basel a Lucerna e Konstanz, uma região na qual os lobos representavam uma ameaça do mundo natural tão relevante quanto as bruxas representavam no mundo humano; portanto, nesse sentido, era natural que fossem geminados. Os lobos abundavam, no entanto, em outras regiões da Europa sem que se tornassem corcéis de bruxas, então o capricho da imaginação local também é um elemento em ação aqui. Em outras partes, nas regiões onde lobos e bruxas eram temidos e associados, os lobos eram considerados demônios disfarçados que serviam ou comandavam as bruxas, ou que eram as bruxas propriamente ditas, transformadas por demônios ou que assumiam a forma de lobo por meio de ilusão.[56] A exceção, é claro, era a Livônia, onde alguns locais acreditavam pelo menos que os lobisomens na verdade eram os artífices da magia benevolentes. De qualquer forma, o tema do lobo como corcel ocorria tanto em julgamentos quanto em obras literárias naquela extensão particular das montanhas e vales suíços, e as raízes disso parecem perdidas.[57]

A importante crença medieval nas viagens noturnas da "senhora" ou das "damas" também desempenhou um papel notável nos julgamentos, mas apenas em algumas localidades: Alpes, norte da Itália e Sicília. A bruxa estereotipada retratada por Pico della Mirandola não apenas se alimentava de bebês, como também comparecia ao "jogo da Soberana" para banquetear e fazer sexo; em sua visão demonizada do evento, a bruxa oferecia hóstias consagradas à Soberana, para que as maculasse. O território do Pico era próximo ao de Modena, onde em 1532 uma mulher confessou ter comparecido ao "jogo de Diana", onde profanou a cruz cristã e dançou junto a demônios sob determinação da "senhora do jogo". Outra, em 1539, alega ter comparecido a um sabbath das bruxas presidido por "uma certa mulher".[58] Do outro lado da planície da Lombardia para Modena, no sopé dos Alpes, ficava Brescia,

A característica especial do vampiro moderno, como sugador de sangue, pode de fato ter se desenvolvido a partir desse conceito de bruxa, já que passou a ser associada aos mortos que não descansavam no século XVIII.

onde uma mulher julgada em 1518 disse que sua soberana era uma bela dama chamada "Signora del Zuogo" (Soberana do Jogo), a qual era servida por outros seguidores humanos e também por demônios. Nas montanhas do sul do Tirol, no vale di Fiemme de língua italiana, é a deusa Vênus, ou "Herodíade" (Herodias), que aparece nas confissões ali feitas no período de 1504 a 1506. Vênus provavelmente migrou das terras de língua alemã para o norte, onde a lenda sobre sua corte situada em uma montanha, a Venusberg, estava bem estabelecida ao final do século XV: uma confissão de um homem em 1504 refletia diretamente tal lenda, pois falava em adentrar naquela montanha e encontrar seu habitante mais famoso, o cavaleiro Tannhäuser, bem como "a mulher do jogo justo" (que aparentemente não era Vênus). Todos foram, mais uma vez, demonizados nos julgamentos: dizia-se que Vênus viajava com um séquito de cavalos negros e que se transformava em cobra da cintura para baixo durante metade de cada semana, enquanto "Herodíade" agora era retratada como uma mulher negra e feia vestida de preto e que viajava sobre gatos pretos.[59] O "jogo justo" ou "sociedade justa", com ou sem sua senhora, também apareceu em julgamentos na Lombardia e nos Alpes italianos no final do século XV, e no início do século XVI em Como, Mântua, Ferrara e Valtellina. Sua ocorrência mais ocidental nesse contexto foi no vale di Susa, no oeste do Piemonte, e sua ocorrência mais oriental envolveu um dos *benandanti* de Friuli: abrangeu os julgamentos por magia na zona linguística do norte da Itália.[60]

Ao norte dali, nos Alpes de língua alemã, as cavalgadas e procissões de espíritos noturnos foram muito menos citadas nos julgamentos do início da era moderna, exceto nos casos em que foram puramente descritas como o trajeto realizado por bruxas e demônios a caminho do sabbath. A grande exceção foi o "Xamã de Oberstdorf", de Wolfgang Behringer, o artífice da magia condenado por bruxaria e oriundo da aldeia mais ao sul da Alemanha em um vale remoto próximo à fronteira entre a Baviera e a Áustria. Na habilidosa reconstrução de Behringer de seu sistema de crenças, ele misturou os principais conceitos cristãos, tais como anjos, paraíso e purgatório, com um povo local dos *Nachtschar* ("companhia noturna"), espíritos voadores noturnos benevolentes.[61] A única outra referência aparente para tais fenômenos em um processo judicial na metade norte da zona alpina que vem de Interlaken, no extremo oeste, em 1572, quando o governador de Berna denunciou uma mulher que alegava viajar com os *Nachtvolk* ("povo noturno").[62] Essa escassez de registros sobre os julgamentos é mais notável pelo fato de as tradições populares sobre errantes noturnos espectrais serem tão comuns naquela região, conforme discutido anteriormente, quanto eram os julgamentos por bruxaria. Pode ser que a ausência de um líder reconhecido para os espíritos em questão, ao norte da bacia hidrográfica Alpina, tenha dificultado sua assimilação às reuniões de bruxas estereotipadas; mas a assimilação ainda deveria ter sido fácil de se fazer, caso as pessoas o quisessem. No entanto, mais ao sul de seu reduto no norte da Itália, a tradição das senhoras noturnas errantes, com a figura da deusa principal na liderança e adeptos humanos selecionados, estava muito viva e proeminente nos julgamentos no final do século XVI e início do século XVII. Isto se deu na Sicília, onde Gustav Henningsen encontrou cerca de setenta casos daquele período nos quais os inquisidores locais julgaram *donas di fuera* (damas forasteiras), os artífices da magia já descritos anteriormente, que afirmavam terem adquirido seu conhecimento com as "senhoras" sobre-humanas — e de mesmo nome — com quem faziam contato durante a noite.[63]

Um outro tema folclórico remoto, e possivelmente muito antigo, foi encontrado nos julgamentos do norte da Itália, envolvendo a "senhora" e seu "jogo justo": um rito mágico no qual um animal, normalmente um boi, o qual fora consumido durante o banquete no "jogo" era restaurado à vida no final. Isso foi amplamente estudado por Maurizio Bertolotti e geralmente envolvia um alegado processo de junção dos ossos e da pele do animal, que depois era tocado por um cajado ou recheado com palha. O truque era essencialmente uma fraude, pois os animais morriam logo a seguir ou ficavam debilitados de forma duradoura: era de fato retratado como um meio de desviar as suspeitas sobre as bruxas.[64] Isto está registrado em confissões de pessoas julgadas por realizar magia diabólica em Milão, Canavese, vale di Fiemme, Modena e Bolonha entre 1390 e 1559, e representa uma extensão da crença medieval conveniente, normalmente encontrada em relatos sobre visitas de anfitriões espirituais às casas, os quais banqueteavam no local junto a amigos humanos, e que a comida e bebida consumidas eram repostas magicamente, não restando, portanto, vestígios do furto. Isso teve, no entanto, uma origem independente em relação à crença mais generalizada, pois foi atestado em dois relatos sucessivos dos milagres de São Germano, ambos datando do século VIII, nos quais o santo restabelece um bezerro. Também está nas histórias do século XIII de Snorri Sturluson a respeito das divindades pagãs nórdicas, presumivelmente com base numa tradição mais antiga, em que se refere à ressurreição de um rebanho de cabras realizada pelo deus Thor com seu martelo. Bertolotti argumentava que o milagre do santo era derivado da história de Thor, e que por trás de Thor, por sua vez,

CAPITULUM .VII } .369

havia um mito pré-histórico de caça centrado em um "Senhor dos Animais" sobre-humano que ressuscitava as presas dos caçadores, garantindo assim um suprimento contínuo de comida.

Wolfgang Behringer também contribuiu para o estudo do tema, apresentando mais milagres atribuídos aos homens santos cristãos medievais da Holanda — São Pharaildis, São Tomás de Cantimpré e Wilhelm Villers —, os quais teriam ressuscitado os animais de forma semelhante. Ele reconheceu que todas essas histórias podem ter sido inspiradas pela Bíblia e, especificamente, pela visão do vale dos ossos secos do Livro de Ezequiel, mas considerava essa hipótese menos provável do que a de Bertolotti sobre um mito pagão de caça como ponto de origem. Em apoio a isso, ele citou não apenas Snorri, mas a condenação de Burchard, já citada, a respeito da crença popular duradoura de que as bruxas canibais da mitologia germânica ressuscitavam por um breve período as pessoas que elas matavam e devoravam. Ele também produziu paralelos etnográficos com uma tribo caucasiana que pensava que seu deus da caça ressuscitava animais mortos por seus devotos, e o hábito de caçadores siberianos, que deixavam os ossos de suas

presas intactos para possibilitar a ressurreição. Ele também citou crenças semelhantes de outras partes da Ásia e da África.⁶⁵ Tudo isso é totalmente plausível, embora a ausência da ressurreição de um animal a partir dos ossos e o encobrimento em qualquer fonte pagã antiga, grega ou romana, deva impedir uma aceitação conclusiva dele. Em vez disso, o que o mundo antigo nos oferece é uma ideia, expressa de forma mais vívida nas *Metamorfoses* de Apuleio, de que as bruxas eram capazes de restaurar magicamente um ser humano morto durante a noite a uma breve, porém convincente, aparência de vida plena; isso se harmonizaria à tradição germânica citada por Burchard. Do jeito que as coisas se colocam, a tradição europeia em que se recorre ao milagre e à magia para ressuscitar um animal abatido de suas partes do corpo é de origem medieval; e sua função mais óbvia nos julgamentos de bruxas é representar uma fantasia na qual pessoas relativamente pobres poderiam desfrutar de enormes refeições gratuitas com muita carne bovina sem precisar realizar pagamento ou retribuição. Essa sensação de privilégio e gratificação se estabelece, conforme já foi sugerido, no cerne das crenças medievais nos anfitriões espirituais noturnos que levavam os humanos por eles escolhidos.

Fili mi noli peccare; quoniam
Deus videt, Angelus adstat,
Conscientia viget, Mors minatur,
Diabolus accusat et Infernus cruciat.

Soon, laet de sond, die God siet en dies' oock miskaecht.
V Engel is v bij: de Consciency knaecht:
De Doodt v stadich dreycht: de Duyvel claecht v schul
De Hel seer pijnlijck pijnt met pijnen onverduldich.

MODERAÇÃO MEDITERRÂNEA

Conforme dito anteriormente, a maioria das primeiras execuções modernas por bruxaria ocorreram entre 1560 e 1640. Foi também o período em que as inquisições regionais defensoras da pureza do catolicismo romano na bacia do Mediterrâneo Ocidental, e que representavam algumas das máquinas investigativas e punitivas mais formidavelmente eficientes da Europa, lançaram um ataque determinado às práticas mágicas de todos os tipos. Os resultados, no entanto, passaram a ser reconhecidos como notavelmente moderados: milhares de processos por magia resultaram em, no máximo, quinhentas sentenças de morte.[66] Isto se deveu a uma ausência generalizada de senso de perigo de uma conspiração satânica, de modo que as acusações de adoração coletiva ao diabo e de formação de pactos com Satanás eram muito raras. A tortura raramente era utilizada contra os detidos, e havia pouquíssima pressão para entregar cúmplices: de modo geral, as bruxas eram tratadas como gente ignorante iludida pelo Diabo, não como criminosos perigosos.[67] Em Veneza, os inquisidores realizaram mais de seiscentos julgamentos envolvendo magia entre 1550 e 1650, sendo que cerca de um quinto deles foram referentes a bruxaria, mas a maioria terminou em absolvição, e nenhum em execução.[68] Do mesmo modo, também não houve execuções registradas na Sicília, e a famosa Inquisição Espanhola julgou mais de 5 mil indivíduos por uso de magia entre 1610 e 1700, porém nenhum deles foi executado na fogueira.[69] A Inquisição Portuguesa condenou uma pessoa à morte por tal crime, embora julgasse regularmente casos que envolvessem magia e, por vezes, a quantidade de processos atingisse seu ápice.[70] Os inquisidores em Malta não apenas processavam pessoas regularmente por fazerem uso de magia, como realizaram dois julgamentos em massa no século XVII, um deles envolvendo quarenta mulheres, mas mesmo assim não houve sentença de morte.[71] Quando Louise Nyholm Kallestrup comparou as sentenças proferidas pelos tribunais do século XVII referentes aos atos de magia na Dinamarca

CAPITULUM .VII .373

e no distrito de Orbetello nos Estados Papais da Itália, ela descobriu que a mais leve delas no secular sistema dinamarquês correspondia mais ou menos à mais severa pronunciada pelos inquisidores em Orbetello.[72]

Tal padrão exige explicação e, à primeira vista, a presença de tradições populares profundamente enraizadas nas regiões mediterrâneas em questão, que operaram contra a caça às bruxas feroz, parece uma resposta em potencial um tanto plausível. Na verdade, tal fator foi defendido para a Espanha por Gunnar Knutsen, que sinalizou para as centenas de execuções registradas nas províncias ao extremo norte nas décadas por volta de 1600, principalmente aquelas realizadas por tribunais seculares, e para a ausência de exemplos destas mais ao sul. Num estudo da Catalunha e de Valência, ele comparou a situação na primeira, onde a ideia da bruxaria demoníaca se enraizara de pronto entre uma população rural tradicionalmente cristã que mantinha contato com a cultura francesa, com a da segunda. Lá, o campesinato consistia majoritariamente de muçulmanos recentemente convertidos, que mantinham a crença islâmica de que os mágicos deveriam ser capazes de controlar os demônios em vez de se tornarem seus servos, juntamente a um medo brando em relação à bruxaria e a um conceito limitado a respeito de

> **Do mesmo modo, também não houve execuções registradas na Sicília, e a famosa Inquisição Espanhola julgou mais de 5 mil indivíduos por uso de magia entre 1610 e 1700, porém nenhum deles foi executado na fogueira.**

Satanás. Eles transmitiram tais noções a pelo menos alguns de seus vizinhos cristãos.[73] Deve haver verdade nesse cenário: afinal de contas, foi mostrado como os conceitos folclóricos existentes permitiram que o novo estereótipo da bruxa satânica se enraizasse muito cedo nos Pireneus espanhóis, e se espalhassem por aquela região. Não houve influência islâmica na Itália continental, mas em boa parte da península (assim como em parte considerável da Espanha) havia uma crença vívida no poder de destruição involuntário do "mau-olhado" e de enquadrá-lo como uma força da natureza, e não obra do Diabo, do tipo que foi identificado como atenuante do medo de bruxas em outras partes do mundo.[74]

É muito provável que tais fatores culturais tenham atuado para evitar uma recepção imediata da imagem da bruxa demoníaca em boa parte do mundo mediterrâneo católico; e mais exemplos podem ser descobertos por estudos locais.[75] No entanto, também é nítido que tais fatores são insuficientes para explicar a relativa ausência da caça às bruxas naquele mundo durante o período em que isso era um tanto predominante em outras partes da Europa. Afinal, o norte da Espanha e da Itália foram os berços da nova imagem da bruxaria e cenário de muitos dos primeiros julgamentos, e o norte da Itália deu origem a alguns dos primeiros defensores mais ilustres da necessidade de caçar bruxas. O bispo de Brescia queimou sessenta pessoas em 1510, e 64 em 1518.[76] Os Alpes italianos e a planície da Lombardia provavelmente foram a região de caça às bruxas a apresentar mais regularidade e letalidade durante o primeiro século de existência do novo estereótipo da bruxa. Mesmo na região de La Mancha, ao sul da Espanha, entre 1491 e 1510 seis pessoas foram executadas por crimes relacionados à magia.[77] Além disso, há muitas evidências de que o conceito da bruxa demoníaca vinha se espalhando por toda a bacia do Mediterrâneo, e que havia crença pública suficiente nisso para criar as condições para uma ferrenha caça às bruxas caso as autoridades se mostrassem inclinadas para tal. Em Veneza, as pessoas regularmente confessavam fazer pactos com demônios com o intuito de realizar seus desejos, e o sabbath das bruxas figurou em seis confissões de regiões rurais da república. As multidões clamavam que mulheres fossem queimadas como bruxas, e clérigos liam as obras de demonologistas defensores da caça às bruxas.[78] Novara, ao extremo norte do Piemonte, e extremo noroeste da Itália, era exatamente o tipo de ambiente alpino a fomentar a nova imagem da bruxaria satânica; ainda assim, entre 1609 e 1611, no auge dos julgamentos ao norte da Europa, a inquisição episcopal processou onze pessoas que confessaram plena participação no sabbath, e todas foram poupadas da morte, cumprindo apenas sentenças na prisão.[79] Na Toscana, em 1594, um frade embriagado pela demonologia torturou uma parteira até ela confessar que adorava Satanás no sabbath e que seguia suas instruções para assassinar crianças.[80] Na região de Otranto, sudeste da Itália, fica nítido, a partir de registros legais, que o medo e o ódio à bruxaria eram muito mais intensos entre a população em geral do que entre os clérigos.[81] Em Valência, em 1588, os inquisidores se depararam com uma adolescente que afirmava ter praticado sexo com o Diabo e, no século seguinte, com uma mulher acusada de voar e deste modo invadir casas para enfeitiçar seus habitantes, e também com um homem que oferecia seus serviços de caça às bruxas.[82] A Sicília traz a história de uma mulher que, em 1587, afirmava cavalgar com seus iguais pelos ares, montados em bodes para venerar um casal de espíritos monarca que presidia banquetes e orgias.[83] Em Malta há relatos de pessoas que confessaram ter evocado Satanás, e os primeiros portugueses modernos falavam frequentemente em pactos demoníacos e, vez ou outra, sobre voos noturnos de bruxas e sobre o sabbath.[84]

É nítido então que a crença popular em toda a Itália e na Península Ibérica e ilhas adjacentes poderia ter assimilado o novo modelo de bruxaria, e o contrabalanço de traços culturais só poderia ter retardado tal assimilação. Pode ser que haja a influência de outro fator, e Gunnar Knutsen o identificou em sua comparação entre a Catalunha e Valência: a Inquisição Espanhola foi muito mais fraca na primeira em relação à segunda, e menos capaz de conter os magistrados leigos que reagiam mais avidamente a um medo público da bruxaria. Tal contenção foi crucial no resultado: em Valência, a jovem que confessou ter feito sexo com Satanás foi condenada a se internar em uma instituição religiosa (após levar uma surra), a mulher acusada de fuga noturna foi absolvida, e o pretenso caçador de bruxas foi punido. Em todos os outros casos de suposto satanismo citados acima, foi observada moderação semelhante, e os elementos diabólicos foram minimizados pelos inquisidores: a mulher forçada a confessar bruxaria demoníaca pelo frade italiano foi então libertada por ordem do superior dele. Estudos gerais da história das respectivas inquisições revelam uma formulação gradual da política central que tornou tais resultados inicialmente possíveis e, posteriormente, obrigatórios.

THE EVIL SPIRIT

CAPITULUM .VII .377

Em 1542, foi estabelecido em Roma um tribunal central para supervisionar as inquisições italianas locais e, na década de 1580, aconselhava-se cautela nos julgamentos locais de bruxas e o reforço disso em alguns. Em 1575, o papa Gregório XIII determinou que ninguém poderia ser preso simplesmente por causa de denúncia por parte de alguém que já estivesse sob julgamento por bruxaria, enquanto, em 1594, o papa Clemente VIII baniu um bispo do sul da Itália por considerar que ele estava abrindo processos de forma muito imprudente. Por volta de 1600, o tribunal aceitou um protocolo, o qual foi enviado à maioria dos inquisidores italianos a partir de 1610: todas as mortes sob alegação de bruxaria deveriam ser investigadas por uma junta de médicos especialistas sob juramento; os suspeitos deveriam ser mantidos em celas diferentes a fim de evitar que reforçassem mutuamente suas fantasias; e os investigadores deviam evitar quaisquer perguntas indutoras, identificar as aversões locais dentro das acusações e levar em consideração apenas as evidências objetivas. Isto praticamente inviabilizou as condenações por bruxaria e, após 1630, a autoridade papal encerrou efetivamente os julgamentos de bruxas na península italiana.[85]

Processo paralelo ocorreu na Espanha, onde a partir de 1525 o Conselho Supremo da Inquisição nacional começou a reduzir as sentenças de morte impostas por seus representantes locais a supostas bruxas, acusando-os de ingenuidade excessiva e de uso de tortura para forçar confissões. Em 1526, isso acelerou em décadas o futuro decreto papal, o qual ordenava que ninguém deveria ser preso simplesmente por causa do testemunho de alguém já acusado de bruxaria. Também buscou se apoderar dos casos daqueles acusados formalmente de bruxaria que alegavam inocência. A última execução de alguém por bruxaria por um membro da Inquisição em Aragão foi em 1535, e a última na Catalunha foi em 1548. Os julgamentos persistiram em Navarra, e em 1609, uma severa caça às bruxas no lado francês da fronteira se expandiu para aquela província, gerando grande pânico, com quase 2 mil acusações. Os primeiros inquisidores a lidar com elas foram persuadidos a ignorar a veracidade de algumas e queimaram seis pessoas. Posteriormente, porém, o Conselho Supremo enviou um representante mais escrupuloso, Alonso de Salazar y Frias, que se convenceu da falsidade óbvia na maioria das confissões e da impossibilidade de detectar provas manifestas nas restantes. Seu relatório convenceu seus superiores, que também ficaram chocados com o custo da investigação. Posteriormente, foi adotado um código de regras para julgamentos de supostas bruxas satânicas, o qual exigia provas tão rigorosas que praticamente impossibilitavam as condenações. A caça às bruxas agora estava confinada àquelas partes no nordeste da Espanha, especialmente na Catalunha, onde a autoridade da Inquisição era mais fraca e os julgamentos podiam ser conduzidos por tribunais seculares com relativa liberdade. Mesmo lá, no entanto, os inquisidores fizeram o possível para interromper os procedimentos, reforçados pela autoridade monárquica de 1620, e, ao final da década de 1620, a Espanha aparentemente estava livre de julgamentos por bruxaria diabólica.[86]

A grande influência do papado e dos espanhóis sobre as terras do Mediterrâneo ocidental, em geral, explica por que os demais territórios da região seguiram a mesma trajetória naquele período. A nova vigilância e profissionalismo injetados no processo inquisitorial pela fundação de órgãos fiscalizadores centrais parece por si só ter engendrado uma postura mais rigorosa e cética em relação às acusações de bruxaria demoníaca, e uma disposição crescente para encarar até mesmo aquelas pessoas que confessaram ter negociado com o Diabo como iludidas e carentes de redenção. Tal mudança então se tornou um fator na política de poder regional, uma vez que as intervenções para prevenir a caça às bruxas crédula e destrutiva permitiram aos tribunais centrais impor autoridade com mais eficácia sobre as localidades. Por fim, uma postura cautelosa em relação às acusações de bruxaria e um programa de correção e não de extermínio para os condenados por tentativa de uso de magia se tornou uma questão de identidade étnica. Os italianos do século XVII, em especial, ficariam surpresos e horrorizados ante a grandiosa contagem de cadáveres empilhadas pela caça às bruxas no norte da Europa.[87] As inquisições mediterrâneas permaneceram máquinas proibitivamente eficientes para a perseguição de práticas mágicas, e até mesmo punições moderadas, como a detenção, o açoitamento e as penitências públicas teriam sido traumáticas para suas vítimas. No entanto, eles resgataram uma região que representa cerca de um quarto da Europa do período mais concentrado e letal dos julgamentos de bruxas do início da era moderna. E parecem tê-lo feito, aliás, devido a desenvolvimentos políticos e ideológicos entre a elite religiosa, nos quais as crenças populares desempenharam apenas papel coadjuvante e não decisivo em determinadas localidades.

CAPITULUM .VII } .379

O CENTRO DO SILÊNCIO

O que dizer, no entanto, sobre a região central dos julgamentos de bruxas no início da era moderna, nos quais a maioria de suas vítimas pereceram: as terras de língua alemã, as partes francófonas das bacias do Reno e do Mosela a oeste, e a Polônia a leste? Já foi observado que em tais regiões brotavam ricas tradições medievais populares, como aquelas do "exército furioso", Holle e Percht, que deveriam ter se encaixado facilmente ao conceito do sabbath das bruxas. Folcloristas modernos, liderados por Jacob Grimm, descobriram uma tradição ainda próspera de espíritos noturnos desse tipo, dotadas de intensas marcas regionais. Tudo isso atesta um conjunto de crenças prolífico, fundamentado na cultura do povo comum, que deveria ter oferecido informações sobre a natureza dos julgamentos das bruxas da mesma forma que as *striges*, os ginetes de lobos, as damas sobre-humanas e os guerreiros dos sonhos fizeram mais ao sul; e, no entanto, a maioria das evidências sugere que não o fez.[88]

Ao dizer isso, é importante, mais uma vez, não ignorar as perspectivas mais profundas. A imagem da bruxa satânica transmitida ao norte da Europa foi baseada, em parte, em um conceito antigo, o da *strix*, e a facilidade com que a zona cultural germânica a abraçou pode muito bem ter se devido à própria tradição nativa antiga, aquela da bruxa canibal que atacava todas as faixas etárias em vez de crianças especificamente.[89] Essa tradição também pode ajudar a explicar por que a maioria dos acusados na região eram mulheres. Além disso, o conceito básico de bruxaria em si já era antigo, assim como o espectro da atuação na magia que se estendia de bruxas a artífices da magia, e que muitas pessoas do início da era moderna frequentemente enxergavam como mais uma polaridade entre os dois. A crença de que o feitiço poderia ser curado se a bruxa concordasse em retirá-lo era tão comum, difundida e impregnada que também devia ser muito antiga. Além disso, pode-se sugerir prontamente que crenças pré-existentes em espíritos noturnos voadores ou cavalgadores tornariam a crença no sabbath das bruxas mais palatável. A narrativa básica da tentação causada por um diabo (ou o Diabo), que provavelmente era a introdução na maioria das confissões de feitiçaria satânica, deve ter sido esboçada na narrativa popular comum

CAPITULUM .VII }.381

e difundida sobre espíritos amigáveis que encontram seres humanos angustiados, geralmente ao ar livre, e se tornam seus ajudantes. Não é surpreendente, em vista disso, que os nomes dados aos demônios assistentes em confissões de bruxaria na parte norte da Europa continental fossem às vezes aqueles atribuídos a fadas ou a seres equivalentes.[90] Além desses truísmos históricos, embora fundamentais e importantes, não há muito mais a ser registrado. Os delitos atribuídos às bruxas variaram ligeiramente entre as regiões: por exemplo, nos Alpes, sul da Alemanha e sul da França, elas eram comumente acusadas de criar tempestades destrutivas; em Lorena, de enviar lobos para matar o gado; na Escandinávia Polônia e boa parte do norte da Alemanha, de roubar o leite. Tais distinções podem muito bem se apoiar em tradições muito mais antigas, mas provavelmente tinham, além disso, um aspecto funcional, refletindo a natureza da economia local. Outras características regionais ou nacionais específicas atribuídas à bruxaria também poderiam se basear em antigas ideias folclóricas: as bruxas dinamarquesas eram consideradas mais propensas a causar doenças do que a morte, e aquelas imaginadas no norte da França e no sul da Holanda eram especialmente inclinadas a infligir impotência.[91] Enquanto o pacto demoníaco foi fundamental para os julgamentos de bruxas em muitas partes dessa região central, o conceito das reuniões de bruxas — sabbath — era mais raro em determinadas partes em relação a outras, e não está óbvio se isso se devia a predisposições de crença baseadas em noções locais do sobrenatural, ou a casualidades na importação dessa nova ideia da bruxa. O mesmo vale para os retratos das atividades das bruxas. Nos distritos de língua alemã de Lorraine, acreditava-se que elas se encontravam em grupos de tamanhos variados e que atacavam outros humanos coletivamente; por outro lado, nas regiões francófonas, elas se reuniam em grupos de tamanho padrão e agiam individualmente. É certamente tentador enxergar diferenças culturais antigas por trás dessas variações, mas é impossível prová-las.[92]

Temas folclóricos específicos raramente são mais fáceis de se detectar nos julgamentos pela região. A Polônia tinha tradições folclóricas de um Diabo mais inofensivo e brincalhão do que aquele geralmente imaginado em outros lugares; e isto *pode* ter sido influenciado por crenças pré-cristãs em espíritos da madeira e da água, e também em espíritos domésticos facilmente aplacados com presentes. Traços de demônios brincalhões de fato aparecem nos julgamentos poloneses, porém o historiador que os observou também aponta que a relação entre as crenças pagãs antigas e as crenças populares do início da era moderna em espíritos da natureza, e entre ambas e as imagens dos demônios, permanece especulativa.[93] Os julgamentos alemães às vezes lançavam mão de imagens folclóricas. Em um deles, em Rottenburg, no sudoeste do país, um homem foi acusado de aparecer no sabbath como um caçador montado, uma figura fantasmagórica da tradição local; e em todo o sul da Alemanha, alguns dos delitos contra supostas bruxas foram associados a espíritos locais maléficos.[94] Quando os moradores de Gebsattel, na Alemanha central, afirmaram em um caso em 1627 que as bruxas saíam especialmente na Noite de Santa Valburga (30 de abril), eles estavam ecoando uma tradição flagrada em todo o norte da Europa, a qual atribuía características peculiares a essa data.[95] Tais detalhes, no entanto, são relativamente raros e incidentais. Quando Edward Bever avaliou os registros de julgamentos no sudoeste da Alemanha, reconheceu que a região estava repleta de tradições de um mundo espiritual paralelo, que operava ampla e independentemente do mundo cristão ortodoxo, do qual algumas pessoas podiam partilhar; mas isso apareceu muito pouco nos casos reais estudados por ele.[96]

Um exemplo importante da maneira como as pessoas no cerne da Europa construíam histórias sobre bruxaria satânica é fornecido pelas respostas à seguinte pergunta: como as bruxas viajavam para o sabbath? Ao se depararem com tal questionamento, geralmente sob interrogatório e muitas vezes sob tortura, os indivíduos apresentavam uma variedade de respostas, em parte refletindo a crença local, mas também o que eram capazes de imaginar ou inventar naquele momento em reação a todo um estereótipo europeu articulado por seus acusadores. Como resultado, tais métodos apresentados em demonologias se multiplicaram com o tempo. No *Malleus Maleficarum*, de 1486, foi mantida a mesma ideia registrada nos primeiros julgamentos de bruxas nos Alpes: que as bruxas cavalgavam em um pedaço de madeira untado com unguento contendo gordura de bebês humanos.[97] Na época em que Jean Bodin escreveu, quase um século depois e baseando suas informações nos julgamentos no sul da França e na Itália, as ideias ficaram mais elaboradas. Dizia-se agora que algumas pessoas aplicavam unguento nos próprios corpos e depois voavam, enquanto outras, com ou sem unguento, montavam animais de diferentes tipos, ou uma vassoura, ou uma vara.[98] E assim ideias mais antigas retornavam, já que o uso do unguento no próprio corpo era atribuído às bruxas romanas nas ficções de Apuleio e "Luciano", enquanto as tropas de Diana cavalgavam em feras no *canon Episcopi*. Pouco depois de Bodin, Nicholas Remy registrou que indivíduos julgados por ele pelo uso de feitiçaria em Lorraine em meados da década de 1580 confessaram ter voado por uma chaminé rumo ao sabbath, ou se ungido e colocado um pé em uma cesta, ou em uma vassoura ungida. Outros montavam sobre uma rede de vime ou de junco depois de recitar um feitiço, ou sobre um porco, touro, cachorro preto ou vara bifurcada; ou simplesmente caminhavam.[99] Do outro lado da Europa central, nos registros dos julgamentos poloneses, as histórias eram igualmente variadas: uma mulher alegou ter subido por uma chaminé, outra ter andado em uma carruagem comum, outra ter cavalgado um cavalo e uma quarta, montado um trabalhador enfeitiçado, enquanto uma quinta alegou ter voado depois de se untar com unguento.[100] Registros alemães apresentam o mesmo padrão.[101] Alguns povos tinham uma visão mais restritiva das opções: nos julgamentos suecos, dizia-se simplesmente que as bruxas montavam ou animais ou humanos enfeitiçados.[102] Em 1612, Pierre de Lancre tentou racionalizar a surpreendente gama de testemunhos disponíveis em sua própria experiência como juiz. Ele concluiu que algumas pessoas só tinham comparecido a reuniões do sabbath em sonhos ou pensamentos, enquanto seus corpos permaneciam na cama. Aqueles que iam fisicamente o faziam caminhando, ou usando o unguento de gordura de bebê, passando-o no corpo ou em cajados, vassouras ou animais, o que conferia o aparente poder de voar a qualquer um deles — embora ele mesmo tivesse concluído que tal poder sempre fora uma ilusão diabólica.[103]

É difícil em meio a tudo isso encontrar quaisquer formulações locais distintas de um aspecto tão importante da construção da bruxaria satânica. O que surpreende, em vez disso, é a propagação pela Europa do que se tornou uma gama de opções notavelmente padronizada, a partir das quais as pessoas selecionavam de acordo com a escolha local ou individual. Embora as opções tenham surgido originalmente como resultado de julgamentos específicos, e algumas tenham se baseado em ideias antigas, sua propagação foi obra das elites que inseriam o construto do sabbath em região após região.

Tal conclusão pode ser válida no que diz respeito ao papel geral desempenhado por temas folclóricos antigos e específicos nos julgamentos das bruxas na zona central da Europa, onde a maioria desses julgamentos ocorreu. A massa de pesquisas recentes sugere não apenas que tais temáticas desempenhavam um papel ocasional, incidental e marginal, como demonstravam que o fenômeno oposto era imensamente poderoso:

o estereótipo recém-desenvolvido da bruxaria satânica estimulado por pregadores e inquisidores da Idade Média tardia causou impacto considerável no imaginário popular, uma vez inserido naquela região. É certo de que o fez lentamente, irregularmente e com algumas características mais adotadas ou enfatizadas em determinados lugares do que em outros, mas ainda assim foi algo que se tornou amplamente aceito e compreendido por aqueles que figuraram nos julgamentos como acusadores e acusados; de fato, os julgamentos representaram um meio especialmente vívido de transmitir tais crenças. Em muitas partes da Europa, principalmente fora da zona central, as pessoas eram processadas apenas por supostos atos de magia nociva, sem qualquer referência a um pacto com Satanás ou a reuniões organizadas. No entanto, pode-se argumentar veementemente que a prontidão das elites europeias em permitir tais processos foi motivada por uma consciência e medo da bruxaria intensificados, produzidos pelo estereótipo de uma religião satânica.

Nesse contexto, vale a pena perguntar o quanto quaisquer aspectos de tal religião eram representados por qualquer uma das pessoas subsequentemente acusadas de bruxaria: alguma delas de fato tentou se tornar uma bruxa satânica? Esse questionamento sobre a "realidade" da bruxaria foi colocado no contexto global como parte do primeiro capítulo do presente livro (uma passagem que agora os leitores podem desejar revisitar), sendo sugerido na citada passagem que é muito difícil chegar a quaisquer conclusões firmes sobre esse assunto, mesmo nos contextos em que pessoas vivas possam ser entrevistadas por estudiosos. É ainda mais difícil fazê-lo quando o testemunho é refratado por textos antigos. Esse problema é resumido por duas declarações de especialistas da era recente. Um deles é Robin Briggs, que declarou que "a feitiçaria europeia histórica é simplesmente uma ficção"; e o outro é Brian Levack, que afirmou que "tem uma base sólida na realidade, em que certos indivíduos em praticamente todas as sociedades de fato realizam magia nociva ou maléfica".[104]

Ambas as afirmativas são de fato complementares, pois se referem a diferentes fenômenos. Para Briggs, a bruxaria representava a crença de que as pessoas faziam pactos com o Diabo a fim de capacitá-las a causar dano mágico genuíno em outros humanos, e se reuniam para adorá-lo e se envolver em atividades sanguinárias e repulsivas. Já Levack estava se referindo somente às tentativas de ferir terceiros por meio de magia. Ambos, no entanto, requerem mais investigação.

Existem muitas evidências a favor da afirmação de Levack. Como ele mesmo apontou, as tabuletas de maldição e representações espetadas com alfinetes são evidências sólidas de tentativas antigas de prejudicar ou coagir outrem, enquanto os livros medievais e modernos de magia cerimonial contêm feitiços destrutivos. Os autos do início da Europa moderna estão repletos de casos comprovados que relatam indivíduos em tentativa de causar danos ou de matar por meios físicos, e que sabe-se terem proferindo maldições contra terceiros. Parece impensável que alguns deles seriam capazes de dispensar feitiços agressivos se acreditassem que estes funcionariam. O problema é comprovar isso em qualquer caso individual. Esta foi a razão pela qual os inquisidores da república de Veneza nunca condenaram ninguém pelo crime específico de dano mágico: mesmo nos casos em que evidências materiais — objetos suspeitos como ossos, penas e inscrições — foram encontrados nas casas das supostas vítimas, tudo poderia ter sido plantado ou estar ali por motivos inocentes.[105] Ao passo

que tais profissionais experientes não conseguiram encontrar soluções no ato, os historiadores não têm como nutrir esperanças de se saírem melhor na tarefa. A questão termina em um paradoxo em que há praticamente certeza no princípio de que as pessoas tentavam fazer feitiçaria no início da Europa moderna, mas nenhuma forma aparente de demonstrá-la conclusivamente no caso de qualquer indivíduo citado. Um problema semelhante ocorre na ousada tentativa de Edward Bever de estender à Europa o conhecimento obtido por especialistas trabalhando no mundo em desenvolvimento e discutidos no primeiro capítulo deste livro: que alguém que acreditasse veementemente ter sido enfeitiçado poderia ficar doente e até morrer em consequência. Ele reuniu uma série de percepções médicas e psicológicas mais recentes para demonstrar como esse medo é capaz de enfraquecer o sistema imunológico e causar tensão em órgãos vulneráveis, tanto de humanos quanto de rebanhos: nesse sentido, na Europa, assim como em outros lugares, a bruxaria poderia "funcionar".[106] Por ser algo tão remoto, no entanto, é clinicamente impossível comprovar que realmente tenha ocorrido algo assim no caso de qualquer uma das supostas vítimas de bruxas no início da era moderna, muito menos que qualquer um dos acusados de fato tenha realizado as ações necessárias para originar tal efeito. Mais uma vez, uma presunção moderada não pode ser aterrada em evidências conclusivas.

Um problema bastante diferente, porém igualmente considerável, concerne os elementos diabólicos da bruxaria do início da era moderna, e toda a construção mental do culto à bruxa satânica desenvolvido no século xv. Em certo sentido, não há como preencher um enorme abismo conceitual, pois os historiadores modernos rejeitam por completo a realidade literal desse culto, por mais que tentem compreender e explicar a crença existente em torno dele. Com isso, eles estão simplesmente seguindo o caminho cimentado pela própria opinião acadêmica do início da era moderna, que veio, primeiro na prática e depois na teoria, a abandonar tal crença. Afinal de contas, os europeus medievais também não a cultivavam até o século xv, e em uma longa perspectiva histórica foi um fenômeno que teve vida relativamente curta. Seu abandono, no entanto, significa que há um ponto no qual todo historiador simplesmente opta por desacreditar o testemunho daqueles que o sustentaram como uma decisão arbitrária: afinal, existe nos registros bastante evidência aparente em primeira mão de que as pessoas faziam bruxaria em parceria com demônios a quem veneravam, e não há nenhum meio objetivo de provar conclusivamente que tudo isso é falso. Simplesmente resolvemos rejeitá-lo como qualquer coisa senão uma ficção ou uma metáfora. Essa é uma área de investigação na qual não há investigador acadêmico nato, pois não há casos conhecidos de estudioso profissional da caça às bruxas do início da era moderna que venha a acreditar na ideologia que a sustentava.[107] Nem tampouco existem agnósticos: nenhum historiador acadêmico concede abertamente o benefício da dúvida à ideia de que Satanás pode ter sido ativo no início da era moderna na Europa daquela maneira descrita por tantas ditas bruxas confessas. Todos nós escolhemos não acreditar, devido ao registro sombrio dos resultados da crença.

Isso ainda deixa uma dúvida em aberto: saber se houve alguma pretensa bruxa satânica no início da Europa moderna. Em outras palavras, uma vez que os demônios estão fora de cena, exceto como personagens fictícios, será que havia pessoas que se reuniam para adorá-los e que cometeram as ações envolvidas em tal adoração, conforme descrito nos relatos do sabbath? Aqui, mais uma vez, apesar de tantos testemunhos manifestos, todas as pesquisas profissionais do último meio século parecem convergir na conclusão de que não havia, e que todas as reuniões de bruxas descritas nos registros eram ilusórias. Além do mais, conforme descrito anteriormente, há um consenso de que os relatos dessas reuniões não eram retratos equivocados ou distorcidos de alguma outra tradição religiosa, tal como uma tradição pagã: elas simplesmente nunca aconteceram. Parece, assim, que no caso da tentativa de uso de bruxaria pelo povo do início da era moderna, há uma forte presunção de que algo aconteceu sem que sejamos capazes de comprovar, enquanto naquele caso da crença na bruxa satânica, temos ampla evidência da existência de algo, o qual desprezamos em razão de ser inconcebível. Usando a lógica que foi aplicada à própria tentativa de uso de bruxaria, é fácil acreditar que alguns indivíduos, em momentos de desespero e dor, orassem ao Diabo, ou a demônios, clamando por ajuda contra seus inimigos ou perseguidores, e alguns podem até mesmo ter oferecido um pacto para alcançar seu intento. Em uma era pós-Reforma, em que grande número de pessoas migrou sua lealdade de uma forma de cristianismo a outra, estigmatizada por sua denominação anterior como uma paródia satânica, este pode não ter sido um passo tão difícil a ser dado.

Além disso, há sólidas evidências de que durante o período pós julgamentos das bruxas, em que o crime era menos devastador, indivíduos esboçavam pactos que esperavam fazer com Satanás em um esforço para conquistar seus desejos mundanos: a evidência consiste nos pactos escritos propriamente ditos, os quais foram assumidos por seus redatores (principalmente homens e soldados urbanos).[108] O problema é que, quando a maioria dos pactos demoníacos são descritos nos registros de julgamentos de bruxas e na literatura demonológica, eles são acompanhados por elementos que a era moderna considera fantásticos; e qualquer tentativa de reconstruir o que realmente aconteceu deve ser tanto especulativa quanto depender de um reordenamento arbitrário e subjetivo do material de origem. Todos esses fatores convergem ao problema derradeiro de como esses elementos fantásticos chegaram ao testemunho, em primeiro lugar. Em muitos casos, eles eram claramente induzidos por tortura, confinamento em condições físicas e emocionais terríveis, intimidação e lavagem cerebral.[109] Em outros,

no entanto, não eram. Quando o cético inquisidor Salazar chegou a Navarra determinado a compreender a fundo a causa do pânico em torno da bruxaria naquele local, seu problema não foi discernir as inverdades contadas pelos acusadores, mas em discernir aquelas contadas pelos acusados, os quais estavam fornecendo confissões detalhadas aos borbotões. Somente a análise mais perseverante foi capaz de revelar as contradições e inconsistências, de modo que ele pôde relatar categoricamente a seus superiores que "não se deve acreditar em bruxas".[10] Sonhos vívidos, estados de transe, alucinações, esquizofrenia, síndrome das falsas memórias e síndrome de Estocolmo, e uma proeminência entre aqueles fazendo confissões voluntárias e detalhadas de crianças e adolescentes podem, em suma, explicar tal fenômeno; mas, em última análise, pode não explicar. Gustav Henningsen, ao estudar as confissões das mulheres sicilianas que afirmavam interagir com "damas de fora", concluiu que os sonhos não explicavam a maneira como tais pessoas contavam sobre suas peregrinações grupais três noites por semana. Na opinião dele, tal atividade imaginária regular e deliberada poderia ser explicada somente por algum tipo de técnica que induzisse a um transe que possibilitasse experiências mentais coletivas usando de comunicação telepática. Ele se perguntava se as experiências do sabbath das bruxas teriam sido alcançadas da mesma forma.[11] Naquele momento, ele ultrapassara os limites do conhecimento científico vigente; e este é o território ao qual o estudo da bruxaria moderna pode fundamentalmente nos levar. Tal passo dependeria, entretanto, da certeza de que as mulheres sicilianas envolvidas nos relatos não estivessem exagerando a regularidade e a coerência das experiências oníricas como parte da defesa de suas reputações de artífices da magia habilitadas por bons espíritos. É difícil descobrir como alcançar tal certeza.

Ademais, tudo isso ainda deixa um problema mais amplo: se algum tipo de atividade grupal, envolvendo qualquer categoria de ritos mágicos, estaria por trás de acusações e confissões de bruxaria satânica. Ninguém se esforçou mais para encontrar evidências disso nas fontes continentais do que Edward Bever, que trabalhou nos registros dos julgamentos no estado alemão de Württemberg. Ele demonstrou como a ideia da bruxaria diabólica alcançou a elite de lá por meio de obras impressas e da universidade local, e então foi disseminado para a população, principalmente pela Igreja Luterana local. Ele atribui o conteúdo da maioria das acusações e confissões a sonhos, delírios, substâncias psicoativas, experiências extracorpóreas, falsas

CAPITULUM .VII } .393

memórias, mentiras, auto-hipnose, equívocos de percepção, distúrbios de personalidade e outras formas de dissociação cognitiva. Ele também descarta a possibilidade de que os acusados tenham formado algo semelhante a uma seita religiosa ou contrarreligiosa, mas deixa em aberto que algumas pessoas se envolveram em atividades coletivas nas quais partilhavam ideias sobre magia, e até mesmo iniciaram outros nos meios de realizá-la. O problema com isso, novamente, envolve provas. A principal testemunha de Bever é um pretenso artífice da magia julgado por bruxaria, que alegava ter aprendido sua magia no reino da deusa Vênus, escondido em uma montanha do mesmo modo descrito no famoso romance medieval póstumo de Tannhäuser, que já fez uma aparição no presente livro. Bever ficou impressionado pelo tom pessoal do relato, e pela maneira como estava, conforme às experiências relatadas internacionalmente definidas como xamânicas por muitos estudiosos: mas ele sabiamente reconheceu que poderia ter sido o resultado de sonhos ou de uma imaginação muito fértil, e não de um tradição xamânica local, e de fato boa parte do relato soa fantástica.[112] O que é certo é que os mágicos às vezes se reuniam para atividades propositadas nas quais o número fazia diferença, mais obviamente para a detecção de tesouros enterrados; mas essa é toda a certeza que possuímos.[113]

Há, desta maneira, um curioso paradoxo na relação entre os julgamentos das bruxas no início da era moderna e a tradição folclórica e antiga. Por um lado, tem sido repetidamente enfatizado que o construto da bruxa satânica subjacente aos julgamentos era baseado em imagens e ideias muito antigas; na verdade, até certo ponto, ele desencadeou os temores associados a elas depois de cerca de seis séculos de repressão devido à relutância dos religiosos cristãos em encará-las muito seriamente. Por outro lado, essa nova construção levou muito tempo para se desenvolver e ainda mais para se espalhar num alcance mais amplo, e foi uma construção totalmente tardia na Idade Média, baseada em ideias e preocupações cristãs ortodoxas. Além disso, a contribuição direta de temas e tradições mais antigos para a real incidência e natureza dos julgamentos foi mínima. Foi notadamente mais marcado na periferia da zona principal dos julgamentos, no extremo norte e sudeste da Europa e em uma faixa ao longo da bacia hidrográfica do sul dos Pireneus e dos Alpes, e nas regiões de planície abaixo dela. No centro dos julgamentos de fato, foi muito pequeno, apesar da existência de um folclore pleno e florescente envolvendo mundos espirituais noturnos, e mesmo nas regiões periféricas em que se destacava mais fortemente, ele apareceu em apenas uma minoria, e geralmente uma minoria ínfima, de julgamentos. Em uma faixa territorial desde a Finamarca, passando pela Finlândia até as terras do Báltico, provavelmente afetou o gênero das acusações, mas em geral as evidências do julgamento servem incidentalmente para expor as crenças populares em vez de colocar as crenças populares em posição para explicar muito sobre os julgamentos. Estas últimas foram impulsionadas e dominadas, em vez disso, por um novo conceito quase pan-europeu da bruxaria propagado pelas elites e aceito na cultura geral. Tal conclusão é, no entanto, baseada em um levantamento geral das evidências geradas por estudos locais que abrangeram o continente. Ainda há uma chance de uma investigação de questões relacionadas aos julgamentos das bruxas, concentrada em uma região específica, empregar percepções oriundas de culturas antigas e medievais para explicar padrões que outras perspectivas não adotam.

GRIMÓRIO das BRVXAS
RONALD HUTTON

A NOSSA JORNADA } p.397

CIRCULO
CÍRCULO SAGRADO
SACRUM CIRCULUS

oi observado na abertura deste livro que existem pelo menos quatro definições diferentes para a bruxa que atua no mundo ocidental contemporâneo, e vale enfatizar o extraordinário poder que elas possuem ao serem combinadas, e que gama notável de significado e emoção elas abrangem. A figura da bruxa agora ocupa um espectro que a posiciona desde a última vítima trágica à personificação derradeira do mal. A definição de bruxa como qualquer pessoa praticante de magia, ou que afirma praticar magia, e mesmo de bruxaria como qualquer tipo de magia, foi desenvolvida e sustentada por muitos séculos como um meio de manchar a magia em geral com a mácula do mal e associações antissociais. Mas agora está mais para um meio de reabilitar a magia e também de frequentemente promover formas alternativas de terapia, especialmente em relação à cura. Ao fazê-lo, combina as figuras tradicionais da bruxa e do artífice da magia, às vezes distinguindo-os por acréscimos como bruxas "más" e "boas" ou "iluminadas" e "sombrias", mas muitas vezes servindo para absolver a palavra "bruxa" de quaisquer associações negativas automáticas. O conceito moderno de bruxaria como uma crença de natureza pagã, representando uma espiritualidade selvagem e verde do feminismo, do ambientalismo, do humanitarismo e da libertação pessoal e autorrealização, ele próprio baseado na erudição do século XIX, deu origem a uma constelação de tradições religiosas bem-sucedidas, viáveis e (a meu ver) totalmente válidas. Aquilo que caracterizou os primeiros julgamentos das bruxas da Europa no início da era moderna como essencialmente uma guerra travada por homens contra mulheres baseou-se no fato indubitável de que a figura da bruxa continua a ser uma das poucas personificações do poder feminino independente legado pela cultura ocidental tradicional até o presente.

Todos esses usos da palavra se deram, com efeito, como estratégias de redenção, a partir do temor e do ódio evocados pelo quarto, e talvez mais fundamental, emprego do termo, para se referir a uma pessoa que utiliza magia para prejudicar terceiros. Ao se concentrar inteiramente nesse uso, este livro — como já deve estar evidente — não foi projetado para restaurar esse medo e antipatia, e sim para aniquilá-los, fornecendo uma compreensão mais nítida das raízes da crença em tal figura, e sobre o modo como ela foi desenvolvida em um contexto europeu. Uma pesquisa global a respeito de crenças semelhantes descobriu que elas estão bem representadas em todos os continentes habitados do mundo, e de fato entre a maioria das sociedades humanas; embora não em meio a todas elas. Em diversos lugares, eles provocaram a caça às bruxas com uma intensidade e letalidade iguais ou até superiores àquelas flagradas na Europa. Esta continua sendo uma questão muito viva no mundo atual, e que pode muito bem estar piorando. Uma perspectiva mundial, de fato, faz com que a Europa pareça um tanto emblemática em sua postura em relação à bruxaria, com duas exceções retumbantes: que somente os europeus transformaram as bruxas em praticantes de uma antirreligião maligna, e que somente os europeus representam um complexo de povos que tradicionalmente temeram e caçaram bruxas, e subsequente e espontaneamente deixaram de acreditar nelas oficialmente. Na verdade, ambos os desenvolvimentos ocorreram rela-

> **Aquilo que caracterizou os primeiros julgamentos das bruxas da Europa no início da era moderna como essencialmente uma guerra travada por homens contra mulheres baseou-se no fato indubitável de que a figura da bruxa continua a ser uma das poucas personificações do poder feminino independente legado pela cultura ocidental tradicional até o presente.**

tivamente tarde em sua história e provavelmente são mais adequadamente vistos como partes de um único processo de modernização, impulsionado por um espírito de experimentação científica. A construção da imagem da religião da bruxa satânica e os julgamentos resultantes representaram uma nova e extrema utilização da alta teologia cristã medieval, projetada tanto para defender a sociedade contra uma nova ameaça grave quanto para purificá-la religiosa e moralmente a patamares inéditos. Seu abandono ocorreu quando a realidade da ameaça não foi satisfatoriamente demonstrada e o impulso para a purificação não rendeu nenhuma melhoria convincente. Em vez disso, os europeus desenvolveram outra solução, muito mais radical, para a ameaça da bruxaria por meio da neutralização da crença nela.

Uma característica marcante de uma pesquisa global das crenças da bruxaria é a imensa variação nas formas locais que assumem, geralmente correspondendo a diferentes povos e culturas, e às vezes formando grandes tradições regionais, porém mais frequentemente uma colcha de retalhos de sistemas ideológicos, onde nenhum deles é exatamente como o outro. O mesmo padrão é encontrado nos mundos da Europa antiga e do Oriente Próximo, onde quer que as culturas em questão possam ser reconstruídas a partir de registros remanescentes. As consequências dessas variantes antigas para os sistemas de crenças europeus posteriores foram consideráveis, e isto se deu de forma esmagadora porque a religião dominante do continente veio a ser o cristianismo, uma fé asiática ocidental cujo status consagrado foi concedido pelo Império Romano. Como resultado, absorveu uma mistura de traços culturais de crucial importância para suas posturas, os quais derivaram de fontes que abrangem toda a extensão do mundo entre o Atlântico e o vale do Indo. Dos persas, recebeu uma visão do cosmos como dividido entre personalidades divinas opostas totalmente boas e totalmente más, com a bruxaria servindo ao mal. Da Mesopotâmia, veio o medo de demônios, como espíritos constantemente ativos e malévolos espalhados pelo mundo e em busca de humanos, aliados ou vítimas. Os hebreus contribuíram com a crença em um único Deus verdadeiro, todo-poderoso e onisciente. Os gregos estigmatizaram a magia, definindo-a em oposição à religião, como uma manipulação ilegítima realizada por seres humanos escusos dotados de poder e conhecimento normalmente sobre-humanos, visando benefício próprio ou auxiliando aqueles que pagavam pelos seus serviços. Os romanos forneceram uma imagem altamente colorida da bruxa, como um indivíduo adepto de todo o mal, associado às forças malignas e dedicado a atividades perversas, antissociais e sanguinárias. Eles também forneceram manifestos precedentes para o julgamento e execução em grande escala de pessoas por se envolverem em magia. Finalmente, dois tipos diferentes de assombrações noturnas antigas foram legados à memória popular cristã medieval, ambos associadas à feitiçaria. A representação romana era um demônio semelhante a uma ave-demoníaca, às vezes confundida com uma bruxa humana, que atacava crianças pequenas. Já a germânica era uma mulher que recorria a magia, às vezes em cooperação com outras, para drenar a força vital ou remover órgãos internos de indivíduos adultos e se banquetear com os rendimentos.

Embora os hebreus, mesopotâmios e romanos, pelo menos, todos temessem a bruxaria e processassem legalmente as pessoas por isso, apenas os romanos se envolveram em julgamentos de magia em larga escala e numa reação em cadeia, e daí somente aparentemente em dois pontos largamente separados em sua história. Em um contexto global, os povos da Europa antiga e do Oriente Próximo não eram, nas evidências atuais, ávidos caçadores de bruxas, e os gregos não parecem ter nutrido uma crença na figura das bruxas até o período romano, e pode ser que não tenham processado pessoas em nenhuma instância pelo uso de magia, embora tenham censurado os mágicos publicamente e tenham contribuído para a visão dos europeus com elementos da imagem posterior da bruxaria. Nem o cristianismo resultou inicialmente em qualquer intensificação das acusações de bruxaria. Os primeiros estados cristãos medievais mantinham a crença na magia, agora boa parte dela firmemente associada a demônios na teologia dominante, e na prontidão para punir pessoas condenadas por usá-la para prejudicar terceiros. Por outro lado, não há muitas evidências durante a maior parte do período medieval de que isso tenha dado origem a mais do que um filete de processos individuais na maioria das regiões. De fato, os primeiros clérigos cristãos medievais parecem ter desencorajado a caça às bruxas em grande parte do continente e de três formas diferentes. Primeiramente, eles lançaram dúvidas sobre a existência das assombrações noturnas descritas acima, e tal dúvida foi incorporada a leis destinadas a evitar a perseguição de indivíduos por associação com tais elementos. Depois, incentivaram fortemente o poder de sua Igreja na capacidade de derrotar e banir demônios, em vez de focar na necessidade de ação contra os humanos aliados e tolamente atraídos à figura desses espíritos malignos. E, finalmente, alguns clérigos com frequência redigiam leis e agiam para desafiar e prevenir a perseguição de indivíduos por supostos atos de magia destrutiva.

CONCLUSÃO } .401

Existiu, no entanto, um estado e uma cultura importantes no mundo mediterrâneo antigo que não temeu a bruxaria e nem reprovou a magia: o Egito. Uma categoria de seu sacerdócio do templo, de fato, fornecia serviços mágicos a pessoas comuns, mediante solicitação, muitas vezes usando textos escritos baseados em crenças e métodos desenvolvidos ao longo de milênios. Quando entrou sob o domínio romano, e por fim se deparou com uma postura romana social e legal de endurecimento em relação à magia, bem como com uma atrofia de recursos para sustentar os templos e seu sacerdócio, a tradição foi privatizada. O resultado foi uma forma sofisticada e sem precedentes de magia cerimonial altamente letrada, disseminada por textos e treinamento, e dedicada às necessidades dos clientes e dos mágicos propriamente ditos. Aspectos dessa cultura logo vazaram para a filosofia grega e para as culturas judaica e cristã, e podem ser encontrados refletidos nos objetos mágicos encontrados no Império Romano pagão, além de terem auxiliado a tornar o mágico egípcio um personagem comum na ficção grega e romana. Um aspecto importante disso foi a maneira por meio da qual muitos ritos buscaram subordinar o poder sobre-humano em nome das necessidades mundanas egoístas, e (de forma completamente tradicional egípcia) também obrigar divindades, bem como espíritos inferiores, a agir numa resposta aos desejos. Isso não apenas zombava diretamente da reprovação greco-romana em relação à magia como era uma afronta à majestade dos seres divinos e uma ameaça à religião, mas ia de encontro ao endurecimento da postura oficial e das sanções legais com respeito aos mágicos em todo o Império Romano. Uma consequência desse choque foi a hostilidade com que o mago egípcio foi tratado na literatura greco-romana do período imperial, e outra foram as ondas ferozes e generalizadas de perseguição lançadas contra os praticantes de magia cerimonial em grande parte do império em meados do século IV.

Não obstante a contínua reprovação oficial em graus variados, a magia cerimonial erudita permaneceu uma tradição clandestina, com base na transmissão textual direta, na cultura judaica, grega e árabe ao longo da Idade Média, e foi de fato perpetuada e ampliada naquelas regiões por transfusão em formas adaptadas ao pensamento religioso judaico, bizantino e muçulmano. Apesar de ter havido repetidas tentativas de reconciliá-la à ortodoxia religiosa em cada caso, foi mantido muito de seu caráter antigo da fase final como uma contracultura erudita cosmopolita e fortemente marcada, oferecendo aos seres humanos fortalecimento e autoaperfeiçoamento direto de um jeito que o ensino religioso tradicional não fazia. Uma hipótese forte, senão conclusiva, pode ser feita, de que o Egito foi, tanto em termos de postura filosófica e religiosa, quanto de transmissão textual, o ponto de origem de toda a tradição. É certo que foi uma das mais importantes entre as fontes prováveis da tradição, e quase certamente a mais importante.

O cristianismo latino chegou tarde na adoção da magia cerimonial desse tipo, nos séculos XII e XIII, quando a importação e a tradução de textos, majoritariamente do grego e do árabe, o inseriram naquela cultura. No entanto, à época, alguns cristãos latinos absorveram pelo menos alguns aspectos dele com grande entusiasmo, desenvolvendo rapidamente a própria versão distinta, usando a figura do círculo dividido em quadrantes como o local padrão para os ritos e o pentagrama como a figura geométrica mais poderosa para se utilizar neles. Houve um esforço para proteger a magia astral especificamente, o status de um ramo respeitável do aprendizado. Isto falhou e, no século XIII, uma repercussão crescente entre os ortodoxos se desenvolveu contra a magia cerimonial, o que resultou em sua ativa demonização ao final daquele século. Durante o século XIV, o maquinário eclesiástico desenvolvido no decurso do século XIII para caçar adeptos das heresias cristãs começou a acrescentar, intermitente, mas cumulativamente, a magia cerimonial aos seus alvos e

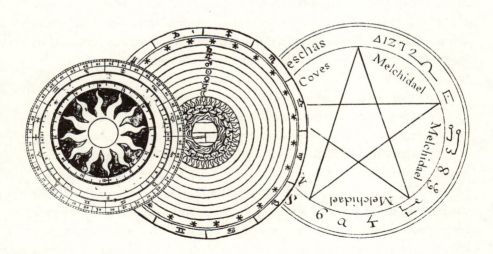

a defini-la como uma forma de heresia propriamente dita. Tal redefinição contaminou a magia em exercício, por sua vez, pela simples razão de que as duas formas se misturavam indistintamente em suas fronteiras, com mágicos populares relativamente iletrados às vezes adotando ideias e temáticas da magia cerimonial, e magos cerimoniais eruditos às vezes trabalhando para clientes. Como resultado, ambos foram alvos de uma campanha oficial muito difundida contra a magia, a qual começou entre as comunidades locais na Europa ocidental em meados da década de 1370 e continuou inabalável no início do século xv.

A campanha forneceu o pano de fundo para o desenvolvimento do estereótipo da conspiração da bruxa satânica surgido na década de 1420, correndo por um arco territorial desde a Catalunha, passando pelos Alpes ocidentais a Roma, e se espalhado por campanhas de pregação associadas ao movimento reformista entre os frades. Isso imediatamente deu origem a um pânico público intenso, pois a população local acabou estimulada a culpar os membros dessa conspiração por todos os seus infortúnios aparentemente incomuns, e especialmente pela morte de crianças. O uso de tortura, pelo menos em algumas regiões, garantiu confissões que, por sua vez, só fizeram reforçar o estereótipo; e isso também produziu imediatamente uma escala de execução desconhecida em julgamentos de magia, pelo menos desde o final do período romano. O estereótipo em questão foi criado pela fusão de um medo intensificado da bruxaria sanguinária às imagens padrão da época em relação aos horríveis rituais cometidos em reuniões de adoração ao diabo que o cristianismo latino ortodoxo alegava haver contra os hereges cristãos; e misturando então antigas figuras folclóricas. Duas delas parecem ter sido especialmente influentes no caso: o demônio noturno infanticida do mundo mediterrâneo e a bruxa canibal do sul da Alemanha.

A técnica adotada aqui para contar essa história, de repartir a Europa antiga e o Oriente Próximo em sistemas de crenças distintos associados a culturas particulares e abordar a magia de maneiras contrastantes, lança diferentes percepções e produz perspectivas diversas daquela empregada por alguns historiadores: de derivar muitas das ideias e temas que vieram a constituir a figura da bruxa europeia moderna estereotipada de uma tradição pré-histórica pan-eurasiana "xamanística". Sugerir isso não é propriamente invalidar comparações interculturais mais amplas baseadas no conceito de xamanismo, que ainda pode ter importância para induzir um pensamento amplo sobre a natureza dos estados visionários extáticos em toda a Europa, Eurásia ou humanidade. Ao refletir sobre a natureza dos primeiros julgamentos de bruxas no início da Europa moderna, no entanto, a ênfase na tradição regional tem o mérito de permitir a identificação de uma província xamânica e sub-xamânica específica no norte e no nordeste da Europa, com suas práticas mágicas e representações características, e sua própria experiência de caça às bruxas moderna. Outras zonas podem ser mapeadas em todo o continente onde os julgamentos foram tingidos por tradições de crença regionais distintas, especialmente uma sucessão daqueles que ocupavam os limites norte da bacia do Mediterrâneo e as regiões alpinas acima dela, com uma projeção nos Balcãs e na bacia do baixo Danúbio. Outra consiste nas Ilhas Britânicas, e outra é a Islândia. Estas, no entanto, representam regiões periféricas que fazem fronteira com as regiões centrais dos julgamentos onde ocorreu a maioria dos casos e execuções, e nessas regiões centrais a contribuição direta de temáticas e tradições populares locais foi mínima, ainda que houvesse um folclore próspero e vasto sobre mundos de espíritos noturnos. Mesmo nas regiões periféricas em que apareceu com mais força, geralmente figurava numa minoria de julgamentos, e muitas vezes numa minoria ínfima. Em geral, os registros legais servem em épocas e lugares específicos para

CONCLUSÃO } .405

expor crenças populares, em vez de o contrário, crenças populares servindo para explicar muito sobre os julgamentos. Estes últimos foram impulsionados e dominados, em vez disso, por um novo conceito quase pan-europeu de feitiçaria propagado pelas elites e aceito na cultura geral.

Por outro lado, em um sentido importante, a consciência de uma escala de tempo mais profunda revela coisas novas e relevantes sobre as primeiras crenças europeias modernas a respeito das bruxas. Se o microcosmo das tradições folclóricas locais é apenas perifericamente importante para explicar a natureza e a incidência dos julgamentos de bruxas, então o macrocosmo das ideias gerais e fundamentais repousa firmemente em princípios antigos. Isto inclui as figuras da bruxa e do artífice da magia; uma vontade de acreditar no poder da magia, especialmente quando expresso em palavras e imagens; uma fé equilibrada na eficácia das medidas para conter a magia hostil, às vezes pelo uso fórmulas mágicas e às vezes apaziguando ou atacando o mágico hostil; uma acepção de um universo animado repleto de espíritos, alguns inerentemente malévolos e alguns dispostos a se aproximar e auxiliar os humanos; e um que vê a noite como um lugar hostil assombrado por entidades não humanas especialmente perigosas. Se a construção da conspiração da bruxa satânica foi gerada pelas circunstâncias específicas do final da Idade Média, todos os seus componentes já existiam na reta final do mundo antigo, e existiam no cristianismo latino muito antes de serem colocadas naquela combinação em especial, e devastadoramente potente por um curto período.

Se a reconstrução do pano de fundo para os primeiros julgamentos de bruxas do início da era moderna fornecida aqui estiver correta, isso sugere que uma mudança na abordagem seja feita para o estudo das culturas populares medievais, ou seja, as compilações de crenças e costumes mantidos pela massa da população de dada sociedade, tão distinta daquelas desenvolvidas e propagadas pelas elites intelectuais e sociais. Até aqui, e especialmente ao lidar com as tradições do folclore popular que possam ter contribuído para o desenvolvimento do estereótipo da bruxa satânica do início da era moderna, estudiosos frequentemente tendiam a seguir a convenção do século xix de presumir que elas eram remanescentes de um passado pagão. É verdade que elementos importantes delas, listados acima, estavam indiscutivelmente enraizados à Antiguidade pré-cristã. No entanto, todos foram significativamente retrabalhados no decorrer da Idade Média. Há muito tempo tem sido aceito pelos estudiosos que a construção da seita conspiratória das bruxas adoradoras do diabo, a qual calçava as primeiras caças modernas, foi uma criação do século xv. Agora tem sido sugerido aqui que a construção de uma tradição medieval de procissões de espíritos noturnos, feita por Jacob Grimm e caracterizada por ele como o remanescente de um difundido culto pagão aos mortos, precisa ser desfeita.

> **Classificar todas as expressões da espiritualidade medieval de acordo com uma polaridade entre o cristianismo e o paganismo é, em si, uma tática polêmica desenvolvida por cristãos medievais fervorosos, com a intenção de definir e policiar os limites da ortodoxia.**

Na pesquisa de Grimm, podem ser encontradas imagens de procissões penitenciais de mortos, que parecem nitidamente oriundas das preocupações dos séculos xi e xii em relação ao destino da alma e de exemplares clericais. Outra vertente importante dessa pesquisa consiste em histórias sobre bandos de espíritos noturnos errantes, especialmente femininos, aos quais humanos vivos podiam se juntar, e que realizavam visitas e abençoavam casas, e que frequentemente eram liderados por uma mulher sobre-humana. É mais provável que estes sejam derivados de uma fonte pagã, mas parece não haver tal fonte nas evidências remanescentes que faça sentido. Mesmo que fossem baseados em elementos antigos, portanto — e isto permanece não comprovado —, eles foram então elaborados em um molde distintamente medieval, que se espalhou

CONCLUSÃO } .407

juntamente aos relatos sobre os mortos errantes, por boa parte da Europa, antes de se misturarem cada vez mais a eles em alguns contos populares para dar origem a um conjunto de lendas complexas nas quais Grimm se inspirou.

Da mesma forma, embora as primeiras imagens britânicas modernas das fadas fossem fundamentalmente baseadas em uma tradição antiga de espíritos da terra, conhecidos pelos ingleses e escoceses das terras baixas como elfos, elas foram transformadas ao final da Idade Média em um novo modelo de reino das fadas, que se tornou o cerne para as ideias a respeito de tais seres. Da mesma forma, uma tendência mundial de se acreditar em espíritos na forma animal deve ter se calçada no conceito inglês do início da era moderna sobre o animal habitual da bruxa, porém a ausência de qualquer sinal desse conceito na Idade Média e a ausência de uma impressão generalizada e duradoura a respeito no folclore moderno sugerem que foi um desenvolvimento do início do período Tudor e baseado fortemente na demonologia cristã do final da Idade Média. O que emerge disso é o notável dinamismo, criatividade e mutabilidade das culturas populares medievais e do início da era moderna, que eram idênticos pelo menos no que diz respeito às culturas eruditas e elitizadas. Em nenhum desses três casos a crença em questão aparece como parte de um mundo fechado de plebeus. Aquela que fala de mulheres super-humanas ou de uma dama de hábitos noturnos e errantes é a que chega mais perto disso, mas os próprios nomes inicialmente atribuídos à senhora em questão, Diana e Herodíade, parecem derivar, em última análise, do conhecimento clássico e das escrituras.

Tal retrato de culturas medievais criativas e mutáveis, em todos os estratos sociais, questiona ainda mais a antiga tendência de muitos estudiosos, desenvolvida durante o século XIX, porém permanecendo forte durante a maior parte do século XX, de categorizar muitas das crenças discutidas acima como "reminiscências pagãs". Também pode ser proposto, no entanto, que caracterizá-las como "cristãs" seria igualmente inadequado, exceto no sentido amplo e não muito informativo de que os povos medievais que as adotavam eram todos aparentemente cristãos, pelo menos formalmente falando. Classificar todas as expressões da espiritualidade medieval de acordo com uma polaridade entre o cristianismo e o paganismo é, em si, uma tática polêmica desenvolvida por cristãos medievais fervorosos, com a intenção de definir e policiar os limites da ortodoxia. Tornou-se igualmente atraente no século XIX para três outros tipos de polêmica, as quais mantiveram tração considerável até o século XX. Uma delas foi um ataque ao próprio cristianismo, numa tentativa de provar que durante a Idade Média, muitas vezes representada como o período de devoção cristã triunfante e amplamente harmoniosa por excelência, a religião estabelecida era na verdade nada mais do que um verniz da elite sobre uma população ainda amplamente fiel às crenças mais antigas e primitivas. A segunda era uma versão especificamente protestante da primeira, e se concentrava em demonstrar que o catolicismo romano, em especial, falhara na evangelização adequada da população medieval e, de certa forma, estimulara sua postura supersticiosa. A terceira foi uma glorificação do progresso material e moral. Isso retratou os plebeus rurais em específico como dados historicamente à manutenção de crenças e costumes obsoletos e equivocados, enraizados e atolados em uma Antiguidade ignorante, e reforçou um apelo por sua educação e redenção.

CONCLUSÃO } **.409**

O que importa de fato sobre o retrato da cultura medieval e do início da era moderna fornecido neste livro é que ele enfatiza intensa e incomumente a capacidade que os plebeus tinham de desenvolver novas crenças pouco relevantes para o cristianismo, em vez de simplesmente reter ideias anteriores à dita religião. As procissões noturnas da "senhora" ou das "damas" são um exemplo notável disso. As primeiras provavelmente estavam enraizadas em conceitos antigos, e este último certamente estava, mas as formas que assumiram parecem distintamente medievais. Nenhum dos dois se encaixou ao cristianismo, a menos que fossem demonizados meticulosamente, de tal forma com que plebeus e, em último caso, muitos membros da elite, muitas vezes não estivessem dispostos a cooperar. Não há nenhum sinal, entretanto, de que qualquer um que sustentasse tais crenças se considerasse pagão, ou adepto de qualquer outra religião que não o cristianismo: eles parecem ter mantido cosmologias diferentes em paralelo entre si, sem qualquer relação adversária. Nem, de fato, o clero ortodoxo e seus parceiros leigos que tentaram reprimir tais ideias acabaram por levar em conta aqueles que os consideravam pagãos. Em vez disso, na pior das hipóteses, eles assimilaram aqueles povos à doutrina estabelecida como hereges e satanistas, encaixando-os na estrutura cristã. A velha dicotomia classificatória acadêmica entre pagãos e cristãos, portanto, parece duplamente inadequada. Talvez em uma era cada vez mais pós-cristã, de sociedades ocidentais multirreligiosas, multiétnicas e culturalmente pluralistas, possamos desenvolver uma nova terminologia para levar em conta tais fenômenos.

A grande dúvida da pesquisa apresentada na abertura deste livro foi a relevância das comparações etnográficas e das ideias medievais antigas e anteriores, expressas tanto na transmissão de textos escritos quanto nas tradições populares locais, para a formação das crenças em bruxaria no início da era moderna e os padrões e a natureza dos julgamentos resultantes. As respostas propostas a ela foram numerosas e complexas, e muitas vezes diferentes daquelas fornecidas antes por historiadores que refletiram sobre o mesmo problema. No entanto, pode-se sugerir que a resposta geral à dúvida permanece afirmativa: que as primeiras crenças e julgamentos modernos podem de fato ser mais bem compreendidos quando levamos em conta os paralelos mundiais e quando as raízes de tais ideias e acontecimentos são vasculhadas em períodos anteriores, montando a épocas tão remotas quanto a história propriamente dita. Se essa sugestão servir para estimular outros a segui-la e engendrar diferentes teorias, sendo estas próprias e independentes, então este livro terá servido a um propósito ainda mais útil do que o fez ao chegar a qualquer uma das conclusões específicas apresentadas.

CONCLUSÃO } .411

PARTE IV · ARTE DA BRUXARIA

FEITIÇO ATRAVÉS DOS TEMPOS

Spargant in Saecula Saeculorum

A bruxaria está entranhada nas raízes do horror e, no arquétipo da bruxa, o gênero encontra uma de suas mais prósperas ramificações. Da mitológica Circe à adolescente Sabrina, as bruxas sempre despertaram fascínio e sua trajetória ficcional — combinando crenças religiosas, fatos históricos e crítica social — é garantia de narrativas dramáticas e instigantes. Mas, afinal, a obsessão com as bruxas visa legitimar sua perseguição ou lhes conferir uma espécie de reparação histórica? São histórias de subserviência ou sobrevivência?

Embora as bruxas ficcionais sejam retratadas como poderosas, em geral sofrem o mesmo desfecho das acusadas de bruxaria na vida real: perseguição e morte. Sendo assim, o protagonismo feminino ganha uma dimensão ambígua na qual a mulher de fato demonstra um poder admirável, mas que, por ser considerado intrinsecamente maligno, precisa ser exterminado. É por isso que encontramos, até mesmo em narrativas de horror que parecem subversivas, um alinhamento estrutural com fanatismo puritano e ideais conservadores. Algumas histórias, no entanto, sustentam a potência da bruxa sem descredibilizá-la ou equipará-la a um monstro; nelas, a bruxa se transforma em exemplo de força e independência e, como uma boa *final girl*, sobrevive.

A seguir, uma seleção com dezenove filmes sobre bruxas onde temos múltiplos olhares, do clássico ao *camp*, e um único ponto de interseção: a paixão pelo tema.

Victor Fleming
O MÁGICO DE OZ
{ The Wizard of Oz, 1939 }

Um dos primeiros e mais importantes filmes a inserir a bruxaria no cinema foi *O Mágico de Oz*, adaptação do livro de Frank L. Baum. Na história, uma garotinha é levada por um tornado até a mágica terra de Oz, um mago forte e poderoso. O local é habitado por estranhas criaturas, animais falantes e cada ponto cardeal — leste, oeste, norte e sul — é regido por uma bruxa. O que nos chama atenção em Oz, quando pensamos em bruxaria, é como a história nos fornece diversos tipos de bruxas em uma única narrativa, coisa, até então, inédita. Com exceção a *Haxän*, talvez o outro filme a apresentar bruxas como antagonistas de suas histórias tenha sido *A Branca de Neve*, com a Rainha Má. Mas, mesmo lá, a bruxa é somente antagonista. Em *O Mágico de Oz* nós temos bruxas boas, que dominam as regiões norte e sul; e as bruxas más, dominantes da região leste e oeste; além de termos o próprio Oz, um charlatão que, através da tecnologia, causou um reboliço na terra mágica.

BRX.002

John Moxey

A CIDADE DOS MORTOS
{ *The City of the Dead*, 1960 }

Influenciada pelas aulas do Professor Alan Driscoll (Christopher Lee) sobre bruxaria no século XVII, a jovem aluna Nan Barrow (Venetia Stevenson) decide aproveitar as férias para investigar o tema *in loco*, numa cidade onde supostamente uma bruxa teria sido queimada em 1692. Ignorando os protestos do namorado e do irmão, que não acreditam em bruxaria, Nan viaja sozinha e hospeda-se em uma sinistra pousada. O local é gerido pela sra. Newless (Patricia Jessel), ninguém menos do que a própria bruxa sacrificada pelos puritanos no período colonial que, graças a um pacto demoníaco, se mantém viva e jovem. Apesar das imprecisões históricas e do modo exagerado como a "cidade dos mortos" é representada (nem em *A Bruma Assassina* existe tanta névoa), o filme se sai bem ao combinar a perseguição às bruxas na Nova Inglaterra com recursos clássicos da semântica do horror, e seduz por manter uma certa aura de sofisticação, mesmo nas cenas mais caricatas. No irônico desfecho, os céticos que privilegiam explicações científicas são obrigados a recorrer ao cristianismo para derrotar os satanistas, exatamente como nos bons e velhos clássicos vitorianos. O ponto alto do filme é a pousada, uma espécie de *Bates Motel* da bruxaria; o filme, inclusive, foi lançado nos Estados Unidos em 1961 com o título *Hotel do Horror*.

FEITIÇO ATRAVÉS DOS TEMPOS } .417

BRX. 003

Sidney Hayers
A FILHA DE SATÃ
{ *The Night of the Eagle*, 1962 }

O professor Norman Taylor construiu uma carreira acadêmica bem-sucedida, pautada na desconstrução de superstições, que define como escapes da realidade. Seu ceticismo ferrenho é visto como atestado de dedicação ao pensamento científico e ele começa a ser cotado para uma promoção. O que o incrédulo Norman não sabe é que sua esposa Tansy é adepta da bruxaria e utiliza seus recursos mágicos não só para ajudá-lo a ascender profissionalmente, mas para protegê-lo das esposas de seus colegas, todas bruxas. Ao descobrir o segredo de Tansy, ele a obriga a se desfazer de seus amuletos e o resultado do descarte tem consequências desastrosas. A bruxaria feminina é, como de costume, retratada de forma ambígua: ao mesmo tempo em que a magia das mulheres é capaz de alçar a carreira de seus maridos e blindá-los de todo mal, é curioso que bruxas tão poderosas se dediquem exclusivamente aos homens, usando seu talento mágico apenas para manutenção do sucesso masculino. Richard Matheson, Charles Beaumont e George Baxt assinam o roteiro desta adaptação do romance *Conjure Wife*, de Fritz Leiber — que inspirou dois outros filmes, *Feitiço* (1944) e *A Poção Mágica* (1979). Esta versão é a que melhor acerta o tom, com direção segura, bela fotografia e bom elenco, com destaque para os protagonistas Peter Wyngarde e Janet Blair, e Margaret Johnston, como a sinistra vilã.

Don Sharp
PACTO COM O DIABO
{ *Witchcraft*, 1964 }

Os Lanier e os Whitlock são uma espécie de Montéquios e Capuletos — a diferença é que uma das famílias pratica bruxaria *hardcore*. Realizado em apenas duas semanas, o filme não decepciona e tempera o antagonismo familiar na Inglaterra dos anos 1960 com seitas satânicas e vingança do além-túmulo. Harry Spalding se inspirou numa notícia de jornal para escrever o roteiro: ao desalojar os túmulos de um cemitério em San Francisco para expansão imobiliária, uma construtora enfrentou a revolta dos descendentes dos enterrados no local. Na trama, os jovens empreendedores da família Lanier acabam despertando a fúria do velho Morgan Whitlock (Lon Chaney Jr) ao removerem as sepulturas de seus antepassados, exumando uma bruxa enterrada viva pelos Laniers do século XVII. Igualmente indignada, a bruxa ergue-se da tumba para matar seus antigos inimigos, com a ajuda dos Whitlocks remanescentes: Morgan e sua sobrinha, Amy (Diane Clare). Os Laniers representam o progresso e os Whitlocks personificam uma tradição literalmente defunta, que precisa ser aniquilada para ceder espaço à modernidade. O grande Lon Chaney, já nos estertores de sua carreira cinematográfica, confere um toque poético ao bruxo Morgan.

Roman Polanski
O BEBÊ DE ROSEMARY
{ *Rosemary's Baby*, 1968 }

Podemos conceber o filme *O Bebê de Rosemary* como sendo sobre os perigos que as mulheres correm, com as vigilâncias obsessivas sobre suas vidas e como isso pode ser prejudicial. Tudo isso está camuflado em um filme sobre a vinda do anticristo à vida. E, nesse caso, quem ajuda a pavimentar o caminho para a chegada de Satã através da pobre Rosemary (Mia Farrow) são seus vizinhos Minnie (Ruth Gordon) e Roman Castevet (Sidney Blackmer), e essa estrada é construída através de bruxaria das mais pesadas. Rosemary e seu marido, Guy (John Cassavetes), se mudam para uma antiga construção gótica conhecida como Bramford. Hutch, amigo do casal, informa a eles que o local guardava estranhas histórias de feitiçaria e cultos ao demônio. Quando Rosemary engravida, após uma noite bastante conturbada e repleta de sonhos terríveis com Guy e o casal do apartamento ao lado, as coisas vão de mal a pior. O filme foi baseado no livro de mesmo nome de Ira Levin, e é considerado uma das grandes produções de horror de todos os tempos. Os martírios provocados pelo casal (e por todos os conhecidos) satanista e a provação de Rosemary, que não pode confiar em ninguém, nem mesmo em seu próprio médico, fazem com que *O Bebê de Rosemary* seja um filme que vibra através dos tempos.

MACBETH

Roman Polanski
MACBETH
{ Macbeth, 1971 }

A tragédia Shakespeariana sobre as traições cometidas por Macbeth e sua esposa, Lady Macbeth, já foram alvo de muitas produções teatrais e cinematográficas. Macbeth, ao se encontrar com três bruxas na floresta, descobre que recebeu o título de Barão de Cawdor, mas que sua ascensão não deveria se encerrar aí: ele pode ser rei. Sua proximidade com a linha de sucessão pode transformá-lo no homem mais poderoso da Escócia. Em uma trama de perfídias e intrigas, Macbeth segue o caminho mais fácil rumo ao poder, assim como as bruxas haviam mostrado a ele. Shakespeare, ao longo de suas narrativas, nos deu uma vasta gama de seres sobrenaturais que devemos temer e que podem mudar os rumos de nossas vidas. De *A Tempestade* a *Sonho de Uma Noite de Verão*, somos vítimas de seres encantados, mas nenhum deles, talvez, tenha ficado mais marcado na cultura que as Três Bruxas, que aparecem em três como as moiras da mitologia grega para nos alertar sobre como os caminhos que elas traçam para nós podem ser perigosos. O filme, produzido depois da tragédia pessoal de Polanski envolvendo sua esposa, Sharon Tate (assassinada pela Família Manson), serviu como uma forma de lidar com seu luto e sofrimento.

BRX.006

FEITIÇO ATRAVÉS DOS TEMPOS } .421

a film by
alejandro jodorowsky

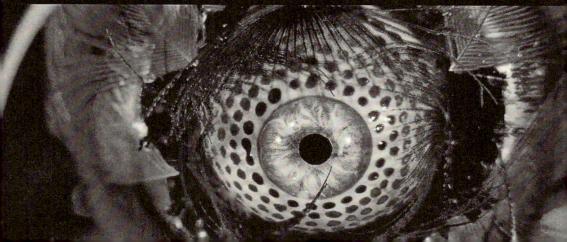

BRX. 007

Alejandro Jodorowsky
A MONTANHA SAGRADA
{ *La Montaña Sagrada,* 1973 }

Jodorowsky nos captura em uma peregrinação psicodélica permeada de símbolos e imagens estonteantes. Somos absorvidos, frame a frame, por um filme-experiência que celebra o vigor da apoteose cinemática, se apoiando raramente na fala e mergulhando com profundidade vertiginosa em uma arquitetura imagética rica em referências. Iniciados e neófitos são convidados a percorrer o universo do tarot, do misticismo cristão, da alquimia e da astrologia, algumas das paixões do diretor. Uma homenagem ao mesmo tempo reverente e iconoclasta às inquietações materiais e espirituais da condição humana, A Montanha Sagrada, no fim das contas, é um transe em celulóide que atesta a força inconteste do cinema enquanto feitiçaria.

George Romero

A ESTAÇÃO DA BRUXA
{ Jack 's Wife, 1973 }

Prestes a fazer quarenta anos, a dona de casa Joan Mitchell (Jan White) começa a questionar sua vida burguesa e desprovida de propósito, sentindo-se confinada a uma rotina doméstica vazia e a um casamento infeliz. Levada por uma amiga à uma taróloga que pratica Wicca, começa a fantasiar com a ideia de tornar-se bruxa. A bruxaria, apresentada como um universo predominantemente feminino, é vista como via de aquisição de poder e insurreição ao adestramento social e conjugal imposto às mulheres. Romero escreveu e dirigiu o filme no hiato entre dois de seus grandes sucessos, *A Noite dos Mortos Vivos* (1968) e *Madrugada dos Mortos* (1979), e o definiu como a história de uma mulher "que tem tudo, menos uma vida." Apesar das limitações da produção, *A Estação da Bruxa* representa de forma brilhante a submissão da mulher e sua redução a um papel decorativo, secundário e sujeito à violência, prenunciando a temática de clássicos do horror nos anos 1970, como *Esposas em Conflito* (1975.

Dario Argento

BRX.0 0 9 # SUSPIRIA
{ Suspiria, 1977 }

Interessado em especular a bruxa no contexto urbano, Argento inseriu sua protagonista norte-americana Suzy (Jessica Harper) em uma academia de dança alemã onde, por trás da fachada operacional, há um coven ancestral de bruxas. É impossível ficar indiferente à experiência onírica oferecida pelo roteiro de Argento e Daria Nicolodi, a fotografia extraordinária de Luciano Tovoli e a trilha hipnótica do Goblin. Argento idealizou o filme para se passar em uma academia infantil e sua protagonista, uma espécie de *Alice*, seria uma criança. A ideia foi recusada pelos produtores, mas ele manteve efeitos visuais que transmitem percepção infantil (em uma das cenas, por exemplo, as maçanetas das portas são muito mais altas do que a atriz, para dar a impressão de uma criança que não tem altura para alcançá-las). Uma curiosidade: para dar vida a bruxa Helena Markos, a produção convidou uma idosa que morava em um asilo em Roma e tinha aparência naturalmente enrugada. A trilogia das Três Mães foi inspirada em *Suspiria De Profundis,* de Thomas de Quincey, e é composta, além de *Suspiria*, por *Inferno* (1980) e *Mãe das Lágrimas* (2007).

George Miller
AS BRUXAS DE EASTWICK
{ *The Witches of Eastwick*, 1987 }

Exuberante adaptação do romance de John Updike, o filme reúne Cher, Michelle Pfeiffer e Susan Sarandon como as bruxas do título e um Jack Nicholson bastante à vontade como o demônio Daryl Van Horne. Embora pasteurize o niilismo sarcástico do autor, oferecendo uma versão mais mainstream de Updike, o roteiro mantém uma seleta de boas tiradas, preservando o humor e a atmosfera sedutora do livro. Bem dirigido, com ótima trilha sonora e um elenco impecável, o filme envelheceu bem — apesar do desfecho conservador, típico dos anos Reagan. Após uma batalha monumental contra o diabo, as três mulheres terminam submissas a uma existência doméstica de dedicação exclusiva a maternidade, morando na mansão de Van Horne com seus respectivos bebês. Embora haja uma leve sugestão de independência feminina, a neutralização da bruxaria as despotencializa e as transforma em convencionais donas de casa, libertas de uma suposta influência maligna e corruptora; a típica redenção que "tranquiliza" os espectadores mais puritanos. Moralismos à parte, continua um dos mais emblemáticos filmes de bruxas do cinema norte-americano moderno.

Nicholas Hytner
AS BRUXAS DE SALEM
{ *The Crucible*, 1996 }

Talvez nenhum outro episódio da história norte-americana tenha se fundido de forma tão duradoura e permanente no imaginário quanto os julgamentos das bruxas de Salem. Principalmente quando pensamos em episódios norte-americanos que são utilizados como pano de fundo para literatura, teatro, cinema e até música. Em 1692, um grupo de pessoas foi julgado por bruxaria na cidade de Salem, Massachusetts. Das 30 pessoas condenadas, 19 foram realmente enforcadas. Naquele momento, a prática dos julgamentos por bruxaria já começava a diminuir na Europa, e o acontecimento em Salem acabou ficando conhecido como um grande ataque de histeria por conta dos moradores. O que, na lembrança, parece ter durado anos, levou somente o período de 12 meses para acontecer. *As Bruxas de Salem*, filme de Nicholas Hytner baseado na peça de mesmo nome de Arthur Miller, conta um pouco dessa histeria coletiva. Na história, uma jovem que se sente abandonada, acusa a então esposa de seu amante de ser uma bruxa, em pleno momento de euforia dos julgamentos. Muitos dos episódios inquisitoriais se mostraram semelhantes a esse, e as provas aceitas nesses julgamentos variavam de sonhos a avistamentos que, muitas vezes, não condiziam com a realidade. Após o ano de 1693, os julgamentos perderam força, e com eles o poder dos protestantes no Novo Mundo também começou a decair. O filme, apesar de não ser uma obra de terror, ajuda a demonstrar algo comum durante os julgamentos por bruxaria: os erros que foram cometidos a partir de uma ou poucas testemunhas. O ano de 1692, em Massachusetts, permanecerá gravado ainda por muitos anos na memória mundial.

BRX.012

Andrew Fleming
JOVENS BRUXAS
{ *The Craft*, 1996 }

Clássico dos anos 1990, o filme é uma mistura de *Atração Mortal* (1989) com *Os Garotos Perdidos* (1987): a adolescente Sarah (Robin Tunney), recém-chegada à uma nova cidade, tenta se enturmar na escola e acaba se aproximando de três meninas (Neve Campbell, Fairuza Balk e Rachel True) que, embora hostilizadas, inspiram temor por serem identificadas como bruxas. É aceita no grupo graças aos seus dons naturais para magia e, por um tempo, as quatro realizam seus desejos e se vingam de seus desafetos. Assustada com as consequências de seus atos, Sarah se desliga do *coven* e passa a ser perseguida pelas antigas amigas. Apesar da vibe *girl power* de quatro meninas desafiando o patriarcado com figurino gótico em câmera lenta, a pegada subversiva não se sustenta e deságua em um desfecho careta, com a mocinha Sarah e a antagonista Nancy brigando por causa de homem — primeiro, o namoradinho do colégio, e depois Manon, a entidade espiritual que conjuram em busca de poder. Visto em retrospecto, o filme pode parecer equivocado, por reforçar estereótipos e endossar a competitividade entre mulheres, mas, abstraindo o olhar crítico, permanece atraente enquanto testemunho *cult* de uma época.

.428

Daniel Myrick, Eduardo Sánchez
A BRUXA DE BLAIR
{ *The Blair Witch Project*, 1999 }

Um grupo de estudantes viaja até a cidadezinha de Burkittsville para investigar e gravar um documentário sobre a lenda local: uma bruxa que vive na floresta. Mas, ao longo dessa viagem, os jovens desapareceram, deixando para trás somente seus equipamentos de filmagem, que revelam momentos assustadores vividos no local. *A Bruxa de Blair* pode apresentar poucos momentos de feitiçaria e efeitos especiais, mas o terror visto em cena é tangível. Além disso, o filme foi um sucesso em seu lançamento e alterou para sempre a forma como o terror pode ser vendido, com sua campanha de marketing invejável, utilizando elementos do filme, gravado no melhor estilo *found footage*, e a internet, que recém se tornava um item indispensável para os jovens, público-alvo do filme. A produção ainda acertou ao utilizar o nome dos atores como nome dos personagens, o que não deixou de causar um problema ou outro para os diretores. *A Bruxa de Blair* ganhou algumas sequências ao longo dos anos, e nos outros filmes da franquia a imagem misteriosa, onipresente e aterrorizante da Bruxa da Floresta permanece causando desaparecimentos de quem se atrever a entrar em seus domínios.

A BRUXA { *The Witch*, 2015 }
Robert Eggers

Pelo conjunto da obra, vai ser difícil outro filme sobre bruxaria do século XVII desbancar o lugar de excelência conquistado por *A Bruxa*. Com roteiro, fotografia, direção, atuação, figurino, som, efeitos especiais e direção de arte irrepreensíveis, o filme tornou-se um clássico instantâneo. A seriedade da pesquisa histórica empreendida pelo diretor é visível em sua construção imaginária do passado colonial estadunidense. A crueza inclemente do filme transmite a vulnerabilidade dos primeiros puritanos na Nova Inglaterra, estruturando a trama em dois de seus aspectos mais relevantes: o fanatismo religioso e uma relação supersticiosa com a natureza. Após uma desavença, William deixa a aldeia onde vivia com mulher e cinco filhos para morar em um local isolado. Aos poucos, as condições precárias as quais são expostos com a chegada do inverno e a má sorte com suas colheitas destroem a já frágil dinâmica relacional da família, que acaba atribuindo todos seus males — do desaparecimento do bebê do casal à falta de comida — a uma insidiosa influência satânica. Marcada pela rejeição da mãe, a desconfiança do pai, o desejo incestuoso do irmão e o antagonismo dos gêmeos mais novos, a adolescente Thomasin é a escolha óbvia para personificar a infiltração demoníaca e é acusada pela própria família de ser uma bruxa. No coração desta obra-prima do horror, há um trágico drama familiar; *A Bruxa* é, acima de tudo, um filme profundamente triste. O desfecho contraria o habitual conservadorismo que tende a punir bruxas com extermínio ou domesticação e sugere que Thomasin, seja no delírio da fantasia ou em uma realidade lúgubre, encontra por fim sua liberdade.

Ben Franklin, Anthony Melton
A BÉTULA
{ *The Birch*, 2016 }

Neste curta de 2016, o garoto ganha um presente inusitado de sua avó em seu leito de morte; um presente que, ela afirma, cuidará dele assim como cuidou dela. Através do livro de feitiços que está em sua família por gerações, o garoto invoca um ser antigo e poderoso que vive na floresta, e que pode ajudá-lo a se vingar. Os efeitos do curta são impecáveis, e a atmosfera construída por Franklin e Melton é assombrosa. A figura que o jovem invoca tem um aspecto de árvore, com galhos e uma roupa gasta. Florestas são cenários comuns em histórias sobre bruxaria, e é comum que seres sejam invocados nelas, a partir de livros ou outros tipos de cerimônias, com palavras mágicas ou outros rituais. A feitiçaria aqui pode ser muito melhor percebida através deste livro que a avó do jovem entrega a ele, que tem um aspecto semelhante ao da criatura, do que pela figura aterrorizante invocada através dele.

Anna Biller
THE LOVE WITCH
{ 2016 }

Biller escreveu o roteiro, produziu e dirigiu o filme, assinou montagem, trilha sonora, figurino e direção de arte — o que torna *The Love Witch* um projeto inegavelmente autoral. Filmado em 35mm, esta pérola *camp* em tecnicolor é tão irresistível quanto a bruxa do título, interpretada por Samantha Robinson. Tudo no filme é exagerado: o *look* Lana Del Rey da protagonista, as atuações canastronas do elenco e os cenários glamorosos e improváveis, que incluem um salão vitoriano de chá, um evento renascentista ao ar livre, um bar de performance burlesca e uma delegacia. Inspirado nos filmes clássicos da Hammer, o apelo visual é hipnótico e, embora a trama não faça sentido e os atores pareçam péssimos, o filme nos seduz com sua deslumbrante, excessiva e minuciosamente planejada artificialidade. A intenção feminista de Biller, no entanto, parece confusa: ao mesmo tempo em que Elaine personifica o poder e a liberdade da mulher que desafia às convenções, sua busca incessante por um marido a transforma em uma versão Wicca e psicopata das heroínas de Jane Austen. Ambivalente, paradoxal e imperfeito, o filme, não obstante, é uma ode à magia do cinema.

Lukas Feigelfeld

A MALDIÇÃO DA BRUXA
{ *Hagazussa*, 2017 }

Assumindo um tom sóbrio e cinzento, a história que se passa nos Alpes durante o século XV é mais uma dentre as histórias de paranoia e injustiça que aconteceram no período e nos dois séculos que se seguiram. Uma jovem que acaba de perder a mãe segue sendo alvo de cidadãos que a veem como bruxa, amaldiçoada e profana, e que não estão dispostos a fazerem negócios com ela ou ajudá-la. Ignorada e isolada, com uma filha recém-nascida e com um ódio crescente sobre a sociedade que a deixa de lado, Albrun (Aleksandra Cwen) decai em uma espiral de loucura e horror. A produção austríaca-alemã acerta em questionar e refletir sobre os efeitos da bruxaria que, por tantas vezes na história, não eram causadas por uma feitiçaria real. A ambientação nos Alpes e seu clima gelado se une à narrativa e nos entrega um filme introspectivo e cru, repleto de cenas memoráveis.

Luca Guadagnino

SUSPIRIA, A DANÇA DO MEDO
{ *Suspiria*, 2018 }

Para apreciar o *remake* do clássico homônimo de Dario Argento, é preciso esquecer o *Suspiria* de 1977 e resistir às comparações. Comparar filmes é como converter preços em moeda estrangeira em busca de uma equivalência justa de valor. Ciente disso, Guadagnino concebeu uma identidade visual bem diferente do antigo *Suspiria*, transformando a exuberância de Argento em sisudez sombria e invernal. A temática materna se perde na decantação que isola o arco da protagonista com a premissa de bruxaria ancestral; talvez por isso, a junção das tramas pareça forçada no desfecho. O roteiro acerta ao explicitar a identidade das bruxas desde o início e ao investir na atmosfera política que ronda toda a trama. Outro recurso interessante é a figura do psicólogo (Tilda Swinton) que, aos moldes de um Van Helsing, é a aposta do espectador para neutralizar a ameaça monstruosa com o pragmatismo da ciência. No entanto, ao retratá-lo como senhor idoso e alquebrado, que se culpa pelo desaparecimento da esposa, *Suspiria* sugere o fracasso da racionalização no combate ao mal. O belo epílogo é um pequeno estudo sobre o Problema da Maldade e resume umas das melhores frases do filme: "ilusões são mentiras que revelam verdades". O elenco é primoroso; destaque para Tilda Swinton em três papéis: Madame Blanc, Dr. Josef Klemperer e Helena Markos.

Oz Perkins
MARIA E JOÃO: O CONTO DAS BRUXAS
{ Gretel & Hansel, 2020 }

Dois irmãos são abandonados na floresta depois de seus pais perceberem que não têm mais condições de cuidar dos filhos. Caminhando a esmo, com fome, sonhando com o momento em que os pais vão voltar para buscá-los, os dois acabam encontrando uma casa de doces, habitada por uma bruxa cruel, que quer engordá-los e cozinhá-los, para que eles sirvam como sua refeição. A história original, publicada pelos Irmãos Grimm em 1812, já foi adaptada, reproduzida, alterada e recontada de diversas formas até os dias de hoje. A última produção, entretanto, dá novos contornos a respeito dos irmãos e a respeito da própria bruxa. No filme de 2020, dirigido por Oz Perkins e escrito por Rob Hayes, Holda (Alice Krige), a bruxa, tenta ensinar a Maria (Sophia Lillis) seus encantamentos e o ofício da bruxaria, enquanto cada vez mais a afasta de seu irmão, João (Samuel Leakey). A sedução através da arte da feitiçaria é um dos pontos comuns que apareciam durante os séculos XV, XVI e XVII, quando todos os conhecidos de uma bruxa acusada poderiam ser tão perigosos e culpados quanto ela. O filme de Perkins também nos mostra a questão que já mencionamos em outros filmes desta lista: a ambiguidade da bruxaria para a sociedade. Enquanto a bruxa domesticada é boa, a bruxa que se volta contra a humanidade precisa ser detida, isolada e, às vezes, até morta, a todo custo.

HÄXAN
A film by Benjamin Christensen

A BRUXA E SEUS HERDEIROS DE SANGUE

Em 1918, o cineasta dinamarquês Benjamin Christensen começou uma minuciosa pesquisa sobre bruxaria. Durante quatro anos, o diretor amealhou informações e documentos sobre o tema, concentrando-se especialmente no período medieval. O resultado desta *tour de force* investigativa é *Häxan*, obra-prima do cinema mudo lançada em 1922. Considerado em retrospecto um dos baluartes do cinema de horror, o filme se destaca como uma das mais inventivas expressões do gênero, em uma década particularmente fértil que haveria de legar à história clássicos como *O Gabinete do Dr. Caligari* (1920), *Nosferatu* (1922) e *O Fantasma da Ópera* (1925) — além de joias menos conhecidas, como *O Golem* (1920). Embora o cinema de horror ainda não existisse enquanto rótulo, era evidente que narrativas de medo e monstruosidade estavam em sintonia com o *Zeitgeist* do pós-guerra. Era preciso elaborar

criativamente os horrores e traumas do conflito, que haveria de continuar reverberando na história cultural do horror por longos anos. Em sua reflexão visual meditativa, *Häxan* entretece o passado medieval com as agruras dos anos 1920 e, talvez de forma ainda mais assustadora, aponta para um futuro em que a humanidade poderá continuar refém da intolerância e da violência.

Narrado à moda de um semidocumentário, o filme se divide em sete partes, nas quais alterna o conteúdo expositivo de pesquisa de Christensen com encenações de atores. Acompanhamos desde o farsesco episódio no qual uma mulher recorre à bruxaria para seduzir um monge glutão ao sacrifício de bebês em rituais satânicos. Embora ilustre o pacto de feiticeiros e demônios com imagens perturbadoras, tal como era imaginado e fetichizado na Idade Média, o filme de Christensen se concentra na malícia dos acusadores e não na pretensa malignidade dos acusados. Neste

sentido, a obra permanece um contundente libelo contra a mais inexorável das trevas, a ignorância. Seja como *corpus* informativo ou como lanterna mágica, *Häxan* defende a lucidez e o poder transformador do conhecimento.

O perigo de uma visão de mundo pautada na separação do Bem e do Mal é um imperativo de segregação. Perseguições e fantasias de extermínio nascem da obrigatoriedade de estabelecer uma distinção do que pertence à luz e o que está fadado às sombras. É da condição humana buscar compreender — e o pior, *reter* — os mistérios que nos cercam. No entanto, neste exercício, muitas vezes arrogante e quase sempre falível, a diferença pode ser vista como aberração. E, como somos todos arquipélagos em nossos vínculos sociais, mas insulares em nossa individualidade, existimos como personificações da própria diferença. Compreender que a tolerância não é uma virtude e sim um dever é mais do um passo para dias melhores: é um voo.

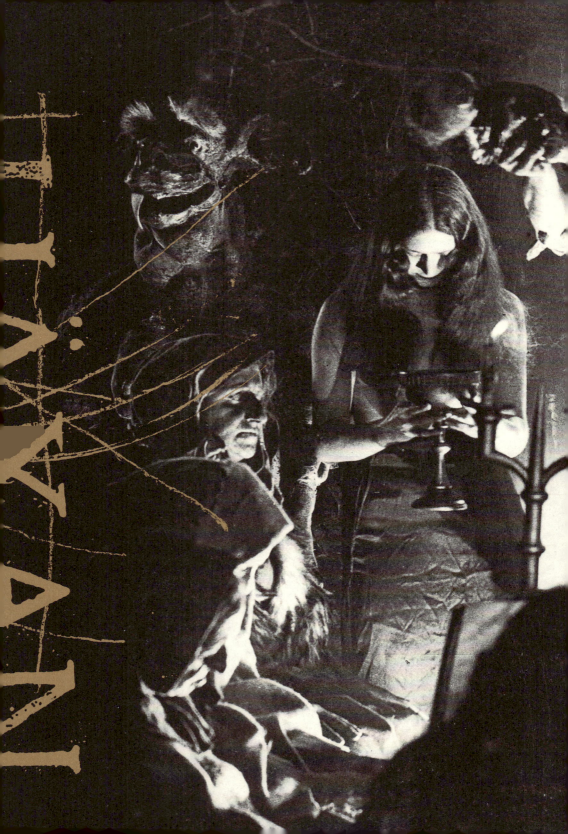

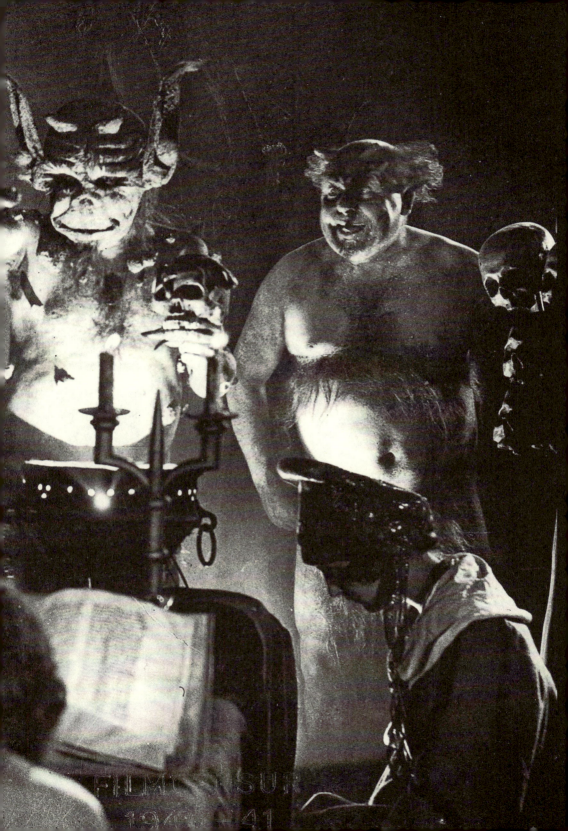

Em sua poesia macabra, audaz e original, *Häxan* nos lembra que uma das características mais fascinantes da bruxa é a sua liberdade. Da caricatura da bruxa na vassoura à expressão "a bruxa está solta", a bruxa é sempre aquela que está livre dos confinamentos, liberta de amarras que a definam, capturem e aniquilem. E, apesar de toda energia obsessiva e violenta empenhada para exterminá-la, ela continua viva. A história da bruxaria, no fim das contas, é como uma única história, distribuída em uma infinidade atemporal de narrativas individuais. Cada bruxa que o mundo mata, renasce em nós. Somos mais do que parte desta família: somos seu sangue.

O final de *Häxan* nos cobra responsabilidade com nosso presente e atenção com nosso futuro. Quando foi exibido na década de 1920, o filme confundiu e perturbou seus espectadores. Eles não compreenderam as inquietantes semelhanças entre a Idade Média e o século XXI no que dizia respeito às superstições, ao fanatismo religioso e ao tratamento dispensado aos velhos, aos doentes da alma, aos inconsoláveis do coração. Em 2022, *Häxan* completa cem anos. Ainda há tempo para desviarmos nosso olhar do abismo e libertarmos as bruxas uns dos outros.

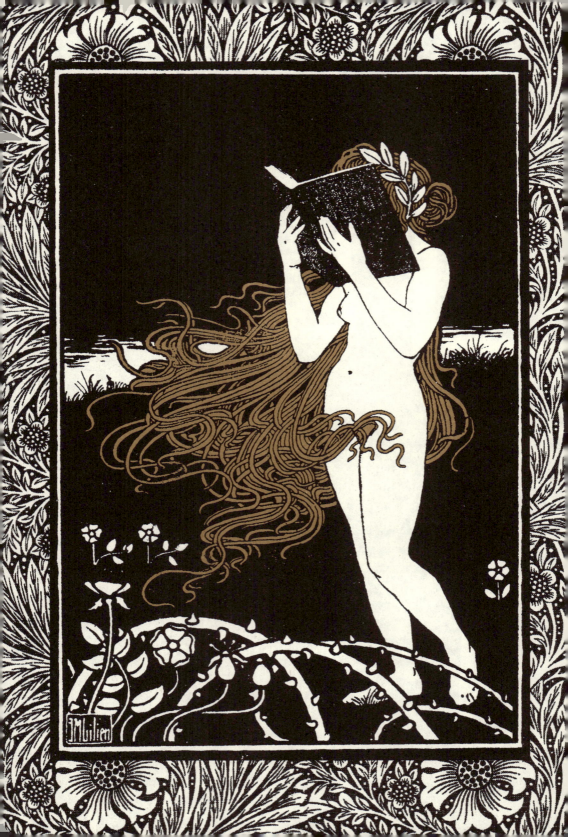

GRIMÓRIO das
BRVXAS
RONALD HUTTON

} p.443

EX·LIBRIS:
BIBLIOTECA DE SALEM
SALEM BIBLIOTHECAM

{ *Obras sobre bruxaria utilizadas na construção deste livro* }

Segue uma lista de obras sobre bruxaria extraeuropeia adotadas na preparação deste livro, mas que não foram citadas em notas de rodapé específicas.

ADINKRAH, MENSAH. "Witchcraft Accusations and Female Homicide Victimization in Contemporary Ghana", In: *Violence Against Women*, n. 10, 2004, p. 325–56.

ASHFORTH, ADAM. *Witchcraft, Violence and Democracy in South Africa*. Chicago, 2005.

ASHTON, E.H. *The Basuto*. Oxford, 1952.

BAHN, PAUL; FLENLEY, John. *Easter Island*. Londres, 1992.

BAILEY, F.G. *The Witch-Hunt*, Ithaca. Nova York, 1994.

BARMAN, MITA. *Persecution of Women: Widows and Witches*. Calcutá, 2002.

BASTIAN, MISTY L. "Bloodhounds Who Have No Friends": Witchcraft and Locality in the Nigerian Popular Press". In: *Modernity and its Malcontents*. Comaroff e Comaroff (ed.), p. 129–66.

BEIDELMAN,T.O. "Witchcraft in Ukaguru". In: *Witchcraft in East Africa*. Middleton e Winter (ed.), p. 57–98.

BERCOVITCH, EYTAN. "Moral Insights: Victim and Witch in the Nalumin Imagination". In: *The Religious Imagination in New Guinea, New Brunswick*. Gilbert Herot e Michelle Stephen (ed.), p. 1989, 122–59.

BERNDT, RONALD M. "The Kamano, Usurufa, Jate and Fore of the Eastern Highlands". In: *Gods, Ghosts and Men in Melanesia*. Lawrence e Megitt (ed.), p. 78–104.

_____; BERNDT, CATHERINE M. *The Speaking Land: Myth and Story in Aboriginal Australia*. Ringwood, Austrália, 1989.

BLEIE, TONE. *The Cultural Construction and the Social Organisation of Gender: The Case of Oraon Marriage and Witchcraft*. Bergen, 1985.

BLOOMHILL, GRETA. *Witchcraft in Africa*. Londres, 1962.

BOHANNAN, L.; BOHANNAN, P. *The Tiv of Central Nigeria*. Londres, 1955.

BOND, GEORGE CLEMENT. "Ancestors and Witches: Explanations and the Ideology of Individual Power in Northern Zambia". In: *Witchcraft Dialogues*. Bond e Ciekawy (ed.), p. 131–57.

BUKURURA, SUFIAN. "Sungusungu and the Banishment of Suspected Witches in Kahama". In: *Witchcraft in Contemporary Tanzania*. Abrahams (ed.), p. 61–9.

BULMER, R.N.H. "The Kyaka of the Western Highlands". In *Gods, Ghosts and Men in Melanesia*. Lawrence e Meggitt (ed.), p. 132–61.

CHAUDHURI, A.B. *Witch-Killing among Santals*. Delhi, 1984.

CIEKAWY, DIANE. "Witchcraft in Statecraft: Five Technologies of Power in Colonial and Postcolonial Coastal Kenya". In: *African Studies Review*, 41 (1998), p. 19–41.

_____"Utsai as Ethical Discourse: A Critique of Power from Mijikenda in Coastal Kenya". In: *Witchcraft Dialogues.*Bond e Ciekawy (ed.), p. 158–89.

CLOUGH, PAUL; MITCHELL, JON P. (ed.). *Powers of Good and Evil*, Nova York, 2001.

COPE, R.L. "Written in Characters of Blood? The Reign of King Cetshwayo ka Mpande", 1872–9. In: *Journal of African History*, 36 (1995), p. 262–3.

DENNIS, MATTHEW. "American Indians, Witchcraft and Witch-Hunting". In: *Magazine of History*, 17.4 (2003), p. 21–3.

_____*Seneca Possessed*, Filadélfia, 2010.

Douglas, Mary. "Sorcery Accusations Unleashed: The Lele Revisited". In: *Africa*, 69 (1992), p. 177–93.

Dundes, Alan. *The Evil Eye: A Casebook*, Madison, Wisconsin, 1981.

Ebright, Malcolm; Hendricks, Rick. *The Witches of Abiquiu*. Albuquerque, 2006.

Edel, May Mandelbaum. *The Chiga of Western Uganda*. Oxford, 1957.

Edmunds, R. David. *The Shawnee Prophet*. Lincoln, Nebraska, 1985.

Elkin, A. P. *Aboriginal Men of High Degree*. Sydney, 1945.

Ellis, Florence H. "Pueblo Witchcraft and Medicine". In: *Systems of North American Witchcraft and Sorcery*. Deward E. Walker (ed.), Moscow, Idaho, 1970, p. 37–72.

Elmendorf, William W. "Skokomish Sorcery, Ethics and Society". In: *Systems of North American Witchcraft and Sorcery*. Walker (ed.), p.147–82.

Emmons, George Thornton. *The Tlingit Indians*. Seattle, 1991.

Endicott, Kirk Michael. *An Analysis of Malay Magic*. Oxford, 1970.

Evans, David K. "Obeah and Witchcraft on Roatán Island". *Systems of North American Witchcraft and Sorcery*. Walker (ed.), p. 109–24.

Gellner, David N. "Priests, Healers, Mediums and Witches". *Man*, NS 29 (1994), p. 33–7.

Glasse, R. M. "The Huli of the Southern Highlands". In: *Gods, Ghosts and Men in Melanesia*. Lawrence e Meggitt, p. 27–49.

Gluckman, Max. *Politics, Law and Ritual in Tribal Society*. Oxford, 1965.

_____*Custom and Conflict in Africa*. Oxford, 1970.

Gonzalez, Nancie L. Solien. "Two Views of Obeah and Witchcraft". In: *Systems of North American Witchcraft and Sorcery*. Walker (ed.), p. 95–108.

Goody, Jack. "Anomie in Ashanti". In: *Africa*, 27 (1957), p. 356–63.

Gregor, Thomas. "Uneasy Peace: Intertribal Relations in Brazil's Upper Xingu". In: *The Anthropology of War*. Jonathan Haas (ed.), Cambridge, 1991, p. 118–21.

Heald, Suzette. "Witches and Thieves". In: *Man*, NS 21 (1986), p. 65–78.

Hund, John (ed.). *Witchcraft Violence and the Law in South Africa*, Pretoria, 2003.

Hunter, Monica. "Witch Beliefs and Social Structure". In: *American Journal of Sociology*, 56 (1951), p. 307–13.

_____*Reaction to Conquest*. Oxford, 1961.

Iliffe, John. *Africans: The History of a Continent*. Cambridge, 1995.

Jackson, Michael. "The Witch as a Category and as a Person". In: *The Insider / Outsider Problem in the Study of Religion*. Russell T. McCutcheon (ed.), Ithaca, 1999, p. 311–30.

Junod, Henri A.. *The Life of a South African Tribe*. Neuchatel, 1912.

Kapferer, Bruce. *The Feast of the Sorcerer*. Chicago, 1997.

Kapur, Schaila. *Witchcraft in Western India*. Bombaim, 1983.

BIBLIOTECA DE SALEM } .445

KELLY, RAYMOND C.. "Witchcraft and Sexual Relations", por Paula Brown e Georgeda BUCHBINDER (ed.). *Man and Woman in the New Guinea Highlands*. Washington DC, 1976, p. 36-53.

KRIGE, E. JENSEN; KRIGE, J.D. *The Realm of a Rain Queen*. Oxford, 1943.

KUHN, PHILIP A. *Soulstealers: The Chinese Sorcery Scare of 1768*. Cambridge, Mass., 1990.

LANE, R.B. LANE. "The Melanesians of South Pentacost". In: *Gods, Ghosts and Men in Melanesia*. Lawrence e Meggitt (ed.), p. 250-79.

LAWRENCE, P. "The Ngaing of the Rai Coast". In: *Gods, Ghosts and Men in Melanesia*. Lawrence e Meggitt (ed.), p. 198-223.

_____; Meggitt, M. J. (ed.), *Gods, Ghosts and Men in Melanesia*, Oxford, 1965

LEVINE, NANCY. "Belief and Explanation in Nyinba Women's Witchcraft ". In *Man*, 17 (1982), p. 259-74.

LIENHARDT, GODFREY. "The Situation of Death". In: *Witchcraft Confessions*. Douglas (ed.), p. 279-91.

LINDHARDT, MARTIN. "Who Bewitched the Pastor, and Why Did He Survive the Witchcraft Attack? Micropolitics and the Creativity of Indeterminacy in Tanzanian Discourses on Witchcraft". In: *Canadian Journal of African Studies*, 46 (2012), p. 215-32.

LUONGO, KATHERINE. *Witchcraft and Colonial Rule in Kenya*. Cambridge, 2011.

MACDONALD, HELEN. "Handled with Discretion: Shaping Policing Practices through Witchcraft Accusations". In: *Contributions to Indian Sociology*, 43 (2009), p. 285-315.

MAIR, LUCY. *Witchcraft*. Londres, 1969.

MALINOWSKI, BRONISLAW. *Argonauts of the Western Pacific*. Londres, 1922.

MARCAIS, PHILIPPE. "Ayn, 'Evil Eye'". In: *Encyclopedia of Islam: Volume One*. H.A.R. Gibb (ed.), Leiden, 1960.

Marwick, Max. "Another Modern Anti-Witchcraft Movement in East Central Africa". In: *África*, 20 (1950), p. 100-12.

_____*Sorcery in its Social Setting*. Manchester, 1965.

MEEK, C.K. *Law and Authority in a Nigerian Tribe*. Oxford, 1937.

MEGGITT, M.J. "The Mae Enga of the Western Highlands". In: *Gods, Ghosts and Men in Melanesia*. Lawrence e Meggitt (ed.), p. 105-31.

METRAUX, ALFRED. *Voodoo in Haiti*. Hugo Charteris (trad.), 3ª edição. Nova York, 1972.

MIDDLETON, JOHN. *The Kikuyu and Kamba of Kenya*. Londres, 1953.

_____ (ed.). *Magic, Witchcraft and Curing*. Austin, Texas, 1967.

MILLER, JAY. "The 1806 Purge among the Indiana Delaware". In: *Ethnohistory*, 41 (1994), p. 245-65.

MILLS, MARTIN A. "The Opposite of Witchcraft: Evans-Pritchard and the Problem of the Person". In: *Journal of the Royal Anthropological Institute*. 19 (2013), p. 18-33.

MISHRA, ARCHANA. *Casting the Evil Eye: Witch Trials in Tribal India*, Delhi, 2003.

MOMBESHORA, SOLOMON. "Witches, Witchcraft and the Question of Order". In: *Witchcraft in Contemporary Tanzania*. Abrahams (ed.), p. 71–86.

NADEL, S.F. "Witchcraft in Four African Societies". In: *American Anthropologist*, 54 (1952), p. 18–29.

NIEHAUS, ISAK. "Witchcraft as Subtext. Deep Knowledge and the South African Public Sphere". In: *Social Dynamics*, 36 (2010), p. 65–77.

_____"Witchcraft and the South African Bantustans". In: *South African Historical Journal*, 64 (2012), p. 41–58.

_____"Kuru, AIDS and Witchcraft: Reconfiguring Culpability in Melanesia and Africa". In: *Social Analysis*, 57 (2013), p. 25–41.

NITIBASKARA, RONNY. "Observations on the Practice of Sorcery in Java". In: *Understanding Witchcraft and Sorcery in Southeast Asia*. Watson e Ellen (ed.), p. 123–33.

OFFIONG, DANIEL. "The Social Context of Ibibio Witch Beliefs". In: *Africa*, 53 (1982), p. 73–82.

OPLER, MAURICE EDWARD. "Chiricahua Apache Material Relating to Witchcraft". In: *Primitive Man*, 19 (1946), p. 81–92.

PARRINDER, GEOFFREY. *Religion in an African City*. Oxford, 1952.

_____*Witchcraft: European and African*. Londres, 1963.

PELETZ, MICHAEL G. "Knowledge, Power and Personal Misfortune in a Malay Context". In: *Understanding Witchcraft and Sorcery in Southeastern Asia*. Watson e Ellen (ed.), p.149–77.

PORTERFIELD. "Witchcraft and the Colonization of Algonquian and Iroquois Cultures". In: *Religion and American Culture*, 2 (1992), p. 103–24.

RASMUSSEN, SUSAN J. "Reflections on Witchcraft, Danger and Modernity among the Tuareg". In: *Africa*, 74 (2004), p. 315–25.

REYNOLDS, BARRIE. *Magic, Divination and Witchcraft among the Barotse of Northern Rhodesia*. Londres, 1963.

RIVIERE, PETER. "Factions and Exclusions in Two South American Village Systems". In: Douglas (ed.), p. 245–55.

RÖDLACH, ALEXANDER. *Witches, Westerners and HIV: AIDS and Cultures of Blame in Africa*. Walnut Creek, CA, 2006.

ROWLANDS, MICHAEL; WARNIER, JEAN-PIERRE. "Sorcery, Power and the Modern State in Cameroon". In: *Man*, NS 23 (1988), p. 118–32.

SALISBURY, R.F. "The Siane of the Eastern Highlands". In: *Gods, Ghosts and Men in Melanesia*. Lawrence e Meggitt (ed.), p. 50–77.

SELBY, HENRY A. *Zapotec Deviance*. Austin, Texas, 1974.

SIMMONS, D. "An Ethnographic Sketch of the Efik People". In: *Efik Traders of Old Calabar*. Jo Anne Chandler e Cyril Darryll Forde (ed.), Oxford, 1956, p. 16–22.

SIMMONS, MARC. *Witchcraft in the Southwest*. Lincoln, Nebraska, 1974.

SKEAT, WALTER WILLIAM. *Malay Magic*. Londres, 1900.

SPINDLER, LOUISE. "Menomimi Witchcraft". In: *Systems of North American Witchcraft and Sorcery*. Walker (ed.), p. 183–220.

STEWART, K.M. "Witchcraft among the Mohave Indians". In: *Ethnology*, 12 (1973), p. 315–24.

STEWART, PAMELA J.; STRATHERN, ANDREW. *Witchcraft, Sorcery, Rumours and Gossip*. Cambridge, 2003.

TAIT, DAVID. "A Sorcery Hunt in Dagomba". In: Africa, 33 (1963), p. 136–46.

TALAYESVA, DON C.; SIMMONS, LEO W. (ed.). *Sun Chief: The Autobiography of a Hopi Indian*. New Haven, 1963.

TURNER, VICTOR. *Schism and Continuity in an African Society*. Manchester, 1957.

VAN VEIZEN, BONNO THODEN; VAN WETERING, INEKE. "Dangerous Creatures and the Enchantment of Modern Life". In: *Powers of Good and Evil.* Clough e Mitchell (ed.), p.17–42.

VARIOUS AUTHORS. "Yoruba"; "Ewe"; "Glidyi Ewe". In: *Africa*, 8 (1935), p. 548–56.

VOULES, E.M. "African Witchcraft as Found on Pemba Island". In: *Witchcraft.* Munday et al. (ed.) p. 27–51.

WALKER, DEWARD E. "Nez Perce Sorcery". In: *Ethnology*, 6 (1967), p. 66–96.

_____(ed.). *Systems of North American Witchcraft and Sorcery*. Moscow, Idaho, 1970.

WALLER, RICHARD D. "Witchcraft and Colonial Law in Kenya". In: *Past and Present*, 180 (2003), p. 241–76.

WARNER, W. LLOYD. *A Black Civilization: A Social Study of an Australian Tribe*. Nova York, 1958.

WATSON, C.W.; e ELLEN, ROY (ed.). *Understanding Witchcraft and Sorcery in Southeast Asia*. Honolulu, 1993.

WESTERMARCK, EDWARD. *Ritual and Belief in Morocco*. Londres, 1926, vol. I, p. 414–78.

WHITE, C.M.N. "Witchcraft, Divination and Magic among the Balovale Tribes". In: Africa, 18 (1948), p. 81–104.

WHITING, B. B. *Paiute Sorcery*. Nova York, 1950.

WILSON, BRYAN. *Magic and the Millennium: A Sociological Study of Religious Movements of Protest among Tribal and Third-World Peoples*. Londres, 1973.

WILSON, MONICA. "Witch Beliefs and Social Structure". In: *American Journal of Sociology*, 56 (1951), p. 307–13 (estudos da África do Sul e da Tanzânia).

WYLLIE, R.W. "Introspective Witchcraft among the Effutu of Southern Ghana". In: *Man*, NS 8 (1973), p. 74–9.

YAMBA, C. BAWA., "Cosmologies in Turmoil". In: *Africa*, 67 (1997), p. 200–23.

FONTEM SAPIENTIAE　　　} p.451

Fontes
DE SABEDORIA

{ *Referências importantes para os estudiosos da bruxaria* }

Ao organizar estas referências finais, foi necessário um compromisso entre fornecer as referências das fontes mais completas possíveis e ir de encontro às restrições de generoso, porém rigoroso, limite de palavras. Sendo assim, as seguintes convenções foram observadas. Em vez de uma bibliografia, foram fornecidos detalhes completos da publicação de cada trabalho citado, novamente, nas notas de cada capítulo, de modo que deveriam ser relativamente fáceis de rastrear. Quando as fontes envolvidas forem textos literários já publicados em edições diferentes (muito ampliadas agora por causa internet), serão feitas referências à seção e ao capítulo da obra original, para assim facilitar o rastreamento em qualquer uma dessas edições. Se existir somente uma edição a respeito de determinado texto, então serão feitas referências às páginas em que ele aparece.

Elementos Fundamentais

1. Rodney Needham, *Primordial Characters*, Charlottesville, 1978, 26.

2. Wolfgang Behringer, *Witches and Witch-hunts*, Cambridge, 2004, 4.

3. Katherine Luongo, *Witchcraft and Colonial Rule in Kenya 1900-1955*, Cambridge, 2011, 49.

4. Como antes, sigo a prática de me referir às religiões pré-cristãs da Europa e do Oriente Próximo com a grafia "pagãs", e às religiões modernas que se baseiam em imagens e ideias daquelas como "Pagãs", uma simples marca de distinção. Para o desenvolvimento de tais sentidos modernos da figura da bruxa, ver Ronald Hutton, *The Triumph of the Moon: A History of Modern Pagan Witchcraft*, Oxford, 1999.

5. Minha intenção é dissecar esse tópico em detalhes em uma futura publicação.

6. Ronald Hutton, *Witches, Druids and King Arthur: Studies in Paganism, Myth and Magic*, Londres, 2003, 98-135.

7. Ver Adam Ashforth, *Witchcraft, Violence and Democracy in South Africa*, Chicago, 2005, 50-61.

8. Ronald Hutton, *Pagan Britain*, Londres, 2013, VIII-IX.

1. Vozes: manifestação universal

1. A maior parte do material da primeira parte desta seção foi publicada por mim como "Anthropological and Historical Approaches to Witchcraft: Potential for a New Collaboration?", *Historical Journal*, 47 (2004), 413-34, onde opiniões e citações completas podem ser encontradas.

2. Keith Thomas, "The Relevance of Social Anthropology to the Historical Study of English Witchcraft", por Mary Douglas (ed.), *Witchcraft Confessions and Accusations*, Londres, 1970, 47-8; Alan Macfarlane, *Witchcraft in Tudor and Stuart England*, Londres, 1970, 211-53; Norman Cohn, *Europe's Inner Demons*, Falmer, 1975, 220-3.

3. Douglas (ed.), *Witchcraft Confessions and Accusations*; Max Marwick (ed.), *Witchcraft and Sorcery*, Harmondsworth, 1970.

4. Rodney Needham, *Primordial Characters*, Charlottesville, 1978, 23-50.

5. H.C. Erik Midelfort, *Witch Hunting in Southwestern Germany*, 1562-1684, Stanford, 1972, 5; E. William Monter, *Witchcraft in France and Switzerland*, Ithaca, NY, 1976, 11.

6. T.O. Beidelman, "Towards More Open Theoretical Interpretations", por Douglas (ed.), *Witchcraft Confessions and Accusations*, 351-6.

7. Por exemplo, E.P. Thompson, "Anthropology and the Discipline of Historical Context", *Midland History*, 1 (1972), 46-55; e Max Marwick, revisão de Macfarlane, *Witchcraft in Tudor and Stuart England*, em *Man*, N.S. 6 (1971), 320-21.

8. Por essa razão Edwin Ardener, "The New Anthropology and its Critics", *Man*, N.S. 6 (1971), 449-67.

9. Hildred Geertz e Keith Thomas, "An Anthropology of Religion and Magic", *Journal of Interdisciplinary History*, 6 (1975), 71-110.

10. Malcolm Crick, "Two Styles in the Study of Witchcraft", *Journal of the Anthropological Society of Oxford*, 4 (1973), 17-31 (citação p. 18); e *Expositions in Language and Meaning*, Londres, 1976, 109-27.

11. Por exemplo, Robert Rowland, "'Fantasticall and Devilishe Persons': European Witch Beliefs in Comparative Perspective", por Bengt Ankarloo e Gustav Henningsen (ed.), *Early Modern European Witchcraft*, Oxford, 1990, 161-90.

12. J.H.M. Salmon, "History without Anthropology: A New Witchcraft Analysis", *Journal of Interdisciplinary History*, 19 (1989), 481-6. Os historiadores em geral internalizaram tal mensagem, que se tornou óbvia para mim quando, a partir de 1991, comecei a sugerir em palestras e seminários como convidado em outras universidades que poderia ser útil uma nova tentativa de comparar dados de diferentes partes do mundo, e era invariavelmente dito que os antropólogos consideravam inválida qualquer prática do tipo.

13. A.-L. Siikala, "Introduction", por A.-L. Siikala e M. Hoppal (ed.), *Studies on Shamanism*, Helsinque, 1992, 15-16.

14. Mary Douglas, Risk e Blame, Londres, 1992, 83-101; e "Sorcery Accusations Unleashed", *Africa*, 69 (1999), 177-93.

15. J.S. La Fontaine, *Speak of the Devil: Tales of Satanic Abuse in Contemporary England*, Cambridge, 1998, esp. 180-92.

16. Andrew Sanders, *A Deed without a Name*, Oxford, 1995.

17. Ralph A. Austen, "The Moral Economy of Witchcraft", por Jean e John Comaroff (ed.), *Modernity and its Malcontents*, Chicago, 1993, 94; Ray Abrahams (ed.), *Witchcraft in Contemporary Tanzania*, Cambridge, 1994, 12; Barry Hallen e J. Olubi Sodipo, *Knowledge, Belief and Witchcraft*, Stanford, 1997.

18. Peter Geschiere, *The Modernity of Witchcraft*, Charlottesville, 1997, 188-223.

19. George Clement Bond e Diane M. Ciekawy (ed.), *Witchcraft Dialogues*, Atenas, OH, 2001, 5.

20. Adam Ashforth, "Of Secrecy and the Commonplace", *Social Research*, 63 (1996), 1183-1234.

21. "The Global Context of the Scottish Witch-hunt", por Julian Goodare (ed.), *The Scottish Witch-hunt in Context*, Manchester, 2002, 16-32; e "Anthropological and Historical Approaches to Witchcraft".

22. Publicado em Cambridge.

23. Dos exemplos mais recentes de uso antropológico da história, *ver* Soma Chaudhuri, "Women as Easy Scapegoats: Witchcraft Accusations and Women as Targets in Tea Plantations of India", *Violence Against Women*, 18 (2012), 1213-34; e Niek Koning, que será discutido em detalhes abaixo. Alguns historiadores notáveis dos primeiros julgamentos europeus da era moderna observaram recentemente a existência de material não europeu. Johannes Dillinger, *Evil People: A Comparative Study of Witch Hunts in Swabian Austria and the Electorate of Trier*, Charlottesville, VA, 2009, 4-5, instou outros a compará-lo com os conceitos europeus de magia. Malcolm Gaskill, *Witchcraft: A Very Short Introduction*, Oxford, 2010, usou-o de forma intermitente para fermentar os dados europeus em seu estudo necessariamente breve, e tendeu a enfatizar suas diferenças em relação aos padrões europeus. Julian Goodare, *The European Witch-hunt*, Londres, 2016, 173-6, 375-81, acrescentou louvavelmente pequenas comparações globais ao tema de estudo, e chamou a atenção para o valor potencial de uma utilização mais extensa deste método.

24. Todos estão listados nas referências finais deste livro ou no apêndice.

25. Não obstante, embora exista outros estudos relevantes em francês, alemão e espanhol, este número é relativamente pequeno: é notável que a maioria do material usado por Behringer para pesquisa do mundo estava em inglês, embora ele mesmo seja alemão. Minha amostra pode, portanto, ser considerada contentora da maioria das informações de fato já impressas sobre o assunto.

26. Robin Briggs, *Witches and Neighbours*, Londres, 1996, 394.

27. Geschiere, *The Modernity of Witchcraft*, 223.

28. Thomas Frederick Elworthy, *The Evil Eye*, Londres, 1895; Clarence Maloney (ed.), *The Evil Eye*, Nova York, 1976; Alan Dundes (ed.), *The Evil Eye*, Madison, 1992; G. F. Abbott, *Macedonian Folklore*, Cambridge, 1903, 139-42; Fredrik Barth, *Nomads of South Persia*, Oslo, 1961, 144-5;

Yedida Stillman, "The Evil Eye in Morocco", por Dov Noy e Issachar Ben Ami (ed.), *Folklore Research Center Studies*, Jerusalém, 1970, 81-94; William Francis Ryan, "The Evil Eye", por Richard M. Golden (ed.), *Encyclopedia of Witchcraft: The Western Tradition*, Santa Barbara, 2005, vol. 2, 332-3; Aref Abu-Rabia, "The Evil Eye and Cultural Beliefs among the Bedouin Tribes of the Negev", *Folklore*, 116 (2005), 241-54; Philippe Marcais, "Ayn, 'Evil Eye'", por H.A.R. Gibb (ed.), *Encyclopedia of Islam. Volume One*, Leiden, 1960, 786; Edward Westermarch, *Ritual and Belief in Morocco*, Londres, 1926, vol. 1, 414-78; Lisbeth Sachs, *Evil Eye or Bacteria?*, Estocolmo, 1983.

29. Philip Mayer, "Witches", por Marwick (ed.), *Witchcraft and Sorcery*, 51-3; S.F. Nadel, "Witchcraft in Four African Societies", *American Anthropologist*, 54 (1952), 18-29; P. Lawrence, "The Ngaing of the Rai Coast", por P. Lawrence e M.J. Meggitt (ed.), *Gods, Ghosts and Men in Melanesia*, Oxford, 1965, 198-223; Meyer Forbes, *The Web of Kinship among the Tallensi*, Oxford, 1967, 32-5; I.M. Lewis, "A Structural Approach to Witchcraft and Spirit Possession", por Douglas (ed.), *Witchcraft Confessions and Accusations*, 293-303; Andrew Strathern, "Witchcraft, Greed, Cannibalism and Death", por Maurice Bloch e Jonathan Parry (ed.), *Death and the Regeneration of Life*, Cambridge, 1982, 111-33; Colin Turnbull, *The Forest People*, Londres, 1984, 205-7; Bruce M. Knauft, *Good Company and Violence*, Berkeley, 1985, 341-2; John J. Honigman, "Witch-Fear in Post-contact Kaska Society", *American Anthropologist*, 49 (1947), 222-42.

30. Victor W. Turner, The Ritual Process, Londres, 1969, 1-43.

31. Malcolm Ruel, "Were-animals and the Introverted Witch", por Douglas (ed.), *Witchcraft Confessions and Accusations*, 333-50.

32. Charles-Henry Pradelles de Latour, "Witchcraft and the Avoidance of Physical Violence in Cameroon", *Journal of the Royal Anthropological Institute*, N.S. 1 (1995), 599-609.

33. Edwin Ardener, "Witchcraft, Economics and the Continuity of Belief", por Douglas (ed.), *Witchcraft Confessions and Accusations*, 141-60.

34. G.l. Jones, "A Boundary to Accusations", por ibid., 321-32.

35. Knauft, *Good Company and Violence*, 340-43.

36. Robert Redfield, *The Folk Culture of Yucatan*, Chicago,1941,303-37.

37. Elias Bongmba, "AfricanWitchcraft", por Bond and Ciekawy (ed.), *Witchcraft Dialogues*, 39-79.

38. Eytan Bercovitch, "Moral Insights", por Gilbert Herdt e Michele Stephen (ed.), *The Religious Imagination in New Guinea*, New Brunswick, 1989, 122-59.

39. Hugo G. Nutini e John M. Roberts, *Bloodsucking Witchcraft: An Epistemological Study of Anthropomorphic Supernaturalism in Rural Tlaxcala*, Tucson, 1993.

40. Wim van Binsbergen, "Witchcraft in Modern Africa as Virtualized Boundary Conditions of the Kinship Order", por Bond e Ciekawy (ed.), *Witchcraft Dialogues*, 243.

41. Ashforth, "Of Secrecy and the Commonplace", 1191.

42. R.F. Fortune, *Sorcerers of Dobu*, Londres, 1932, 150-54.

43. Knauft, *Good Company and Violence*, 112.

44. George T. Emmons, *The Tlingit Indians*, ed. Frederica de Lagona (Seattle, 1991), 398.

45. Wolf Bleek, "Witchcraft, Gossip and Death", *Man*, N.S. 11 (1976), 526-41.

46. J. Robin Fox, "Witchcraft and Clanship in Cochiti Therapy", por Ari Kiev (ed.), *Magic, Faithand Healing*, Nova York, 1964, 174-200.

47. Melford E. Spiro, *Burmese Supernaturalism*, Filadélfia, 1974, 30-35.

48. Mary Douglas, "Techniques of Sorcery Control in Central Africa", por John Middleton e E.H. Winter (ed.), *Witchcraft and Sorcery in East Africa*, Londres, 1963, 123-41; Jean La Fontaine, "Witchcraft in Bugisu", por ibid., 187-220; Edward L. Schieffelin, *The Sorrow of the Lonely and the Burning of the Dancers*, St Lucia, Queensland, 1977, 101; Paul Bohannan, "Extra-processual Events in Tiv Political Institutions", *American Anthropologist*, 60 (1958), 1-12; Fortune, *Sorcerers of Dobu*, 150-53; Ryan

Schram, "Witches' Wealth: Witchcraft, Confession and Christianity in Auhelawa", *Journal of the Royal Anthropological Institute*, 16 (2010), 726-42; W. Lloyd Warner, *A Black Civilization: A Social Study of an Australian Tribe*, Nova York, 2ª edição, 1958, 193-4.

49. Esse problema era uma das preocupações de Sanders, *A Deed Without a Name*, 21-7, que concluiu que o padrão de crença em uma sociedade parecia ter independência de sua estrutura social.

50. P.T.W. Baxter, "Absence Makes the Heart Grow Fonder", por Max Gluckman (ed.), *The Allocation of Responsibility*, Manchester, 1972, 163-91.

51. Niek Koning, "Witchcraft Beliefs and Witch Hunts", *Human Nature*, 24 (2013), 158-81.

52. Robert Brain, "Child-Witches", por Douglas (ed.), *Witchcraft Confessions and Accusations*, 161-79.

53. Fortune, *Sorcerers of Dobu*, 150-52.

54. Max Marwick alertou que seus colegas de antropologia estavam exagerando em relação até que ponto o dano mágico era atribuído a estrangeiros entre os povos da Melanésia: "Witchcraft as a Social Strain-Gauge", *Australian Journal of Science*, 26 (1964), 263-8. Para exemplos do uso de magia como arma de guerra entre comunidades rivais naquela região, ver Fitz John Porter Poole, "Cannibals, Tricksters and Witches", por Paula Brown e Donald Tuzin (ed.), *The Ethnography of Cannibalism*, Washington, DC, 1983, 6-32; Knauft, *Good Company and Violence*, 340-43; e Mary Paterson,"Sorcery and Witchcraft in Melanesia", *Oceania*, 45 (1974), 132-60, 212-34.

55. Austen, "The Moral Economy of Witchcraft", 89.

56. Geschiere, *The Modernity of Witchcraft*, 11; van Binsbergen, "Witchcraft in Modern Africa", 241.

57. J.D. Krige, "The Social Function of Witchcraft", *Theoria*, 1 (1947), 8-21; Armin W. Geertz, "Hopi Indian Witchcraft and Healing", *American Indian Quarterly*, 35 (2011), 372-93.

58. David Tait, "Konkomba Sorcery", *Journal of the Royal Anthropological Institute*, 84 (1954), 66-74.

59. Robert F. Gray, "Some Structural Aspects of Mbugwe Witchcraft", por Middleton e Winter (ed.), *Witchcraft and Sorcery in East Africa*, 143-73.

60. G.W.B. Huntingford, "Nandi Witchcraft", por ibid., 175-86; Alan Harwood, Witchcraft, *Sorcery and Social Categories among the Safwa*, Oxford, 1970, passim.

61. Victor Turner, *Schism and Continuity in an African Society*, Manchester, 1957,151-2; Michael D. Jackson, "Structure and Event", *Man*, N.S. 10 (1975), 387-403.

62. Max Marwick, "Another Modern Anti-Witchcraft Movement in East Central Africa", *Africa*, 20 (1950), 100-12.

63. Philip Mayer, "Witches", por Marwick (ed.), *Witchcraft and Sorcery*, 55; Monica Hunter Wilson, "Witch Beliefs and Social Structure", *American Journal of Sociology*, 56 (1951), 307-13.

64. K.O.L. Burridge, "Tangu", por Lawrence e Meggitt (ed.), *Gods, Ghosts and Men in Melanesia*, 224-49.

65. John Middleton, "The Concept of 'Bewitching' in Lugbara", *Africa*, 25 (1955), 252-60.

66. Benson Saler, "Nagual, Witch and Sorcerer in a Quiché Village", *Ethnology*, 3 (1964), 305-28.

67. Keith H. Basso, *Western Apache Witchcraft*, Tucson, 1969, 34-59.

68. Jean Buxton, "Mandari Witchcraft", por Middleton e Winter (ed.), *Witchcraft and Sorcery in East Africa*, 99-121.

69. Gray, "Some Structural Aspects of Mbugwe Witchcraft"; Alison Redmayne, "Chikanga", por Douglas (ed.), *Witchcraft Confessions and Accusations*, 103-28.

70. La Fontaine, "Witchcraft in Bugisu"; Schieffelin, *The Sorrow of the Lonely*, 78-127.

71. K.M. Stewart, "Witchcraft among the Mohave Indians", *Ethnology*, 12 (1973), 315-24.

72. Mayer, "Witches", 55.

73. Bercovitch, "Moral Insights", 146.

74. Scarlett Epstein, "A Sociological Analysis of Witch Beliefs in a Mysore Village", *Eastern Anthropologist*, 12 (1959), 234–51.

75. Godfrey Lienhardt, "Some Notions of Witchcraft amongst the Dinka", *Africa*, 21 (1951), 303–18.

76. E.E. Evans-Pritchard, Witchcraft, *Oracles and Magic among the Azande*, Oxford, 1937.

77. Estude, por exemplo, os títulos das famosas compilações editadas por Middleton e Winter, *Witchcraft and Sorcery in East Africa*, e *Marwick, Witchcraft and Sorcery*, uma divisão refletida em muitas das contribuições a eles.

78. Por exemplo, Victor W. Turner, "Witchcraft and Sorcery", *Africa*, 34 (1964), 314–24.

79. Os estudos usados aqui ilustram tal ponto em detalhes entre eles. Sanders, *A Deed Without a Name*, 19–20, resumiu a posição alcançada em meados da década de 1990, época em que a distinção entre bruxaria e feitiçaria fora amplamente abandonada. Bruce Kapferer montou uma ação de retaguarda para argumentar por sua validade en 2002: "Introduction" to Kapferer (ed.), *Beyond Rationalism: Rethinking Magic, Witchcraft and Sorcery*, Nova York, 2002, 1–30.

80. Fortune, *Sorcerers of Dobu*, 150–54.

81. Strathern, "Witchcraft, Greed, Cannibalism and Death".

82. Bohannan, "Extra-Processual Events in Tiv Political Institutions".

83. Hilda Kuper, *An African Aristocracy*, Oxford, 1947, 172–6.

84. Susan Drucker Brown, "Mamprusi Witchcraft, Subversion, and Changing Gender Relations", *Africa*, 63 (1993), 531–49.

85. Pradelles de Latour, "Witchcraft and the Avoidance of Physical Violence in Cameroon".

86. Fiona Bowie, "Witchcraft and Healing among the Bangwa of Cameroon", por Graham Harvey (ed.), *Indigenous Religions*, Londres, 2000, 68–79.

87. Roy Ellen, "Anger, Anxiety and Sorcery: An Analysis of Some Nuaulu Case Material from Seram, Eastern Indonesia", por C.W. Watson e Roy Ellen (ed.), *Understanding Witchcraft and Sorcery in Southeast Asia*, Honolulu, 1993, 81–97.

88. Evans-Pritchard, *Witchcraft, Oracles and Magic among the Azande*, passim.

89. Wilson, "Witch Beliefs and Social Structure", 308; Schieffelin, *The Sorrow of the Lonely*, 101.

90. Epstein, "A Sociological Analysis of Witch Beliefs in a Mysore Village".

91. M. J. Field, *Religion and Medicine of the Ga People*, Oxford, 1937, 149–60.

92. Richard E. Lieban, *Cebuano Sorcery*, Berkeley, 1967, cap. 2.

93. Nicola Tannenbaum, "Witches, Fortune and Misfortune among the Shan of Northwestern Thailand", por Watson e Ellen (ed.), *Understanding Witchcraft and Sorcery in Southeast Asia*, 67–80.

94. Raymond Firth, Human Types, Londres, 2ª edição, 1956, 155–6.

95. Parsons, "Witchcraft among the Pueblos"; Clyde Kluckhohn, *Navaho Witchcraft*, Boston, 1944, 67–121.

96. Frederica de Laguna, "Tlingit", por William W. Fitzhugh e Aron Crowell (ed.), *Crossroads of Continents*, Washington DC, 1988, 63.

97. John Beattie, "Sorcery in Bunyoro", Middleton e Winter (ed.), *Witchcraft and Sorcery in East Africa*, 27–55.

98. A. M. Hocart, "Medicine and Witchcraft in Eddystone of the Solomons", *Journal of the Royal Anthropological Institute*, 55 (1925), 229–70.

99. E.E. Evans-Pritchard, "Sorcery and Native Opinion", *Africa*, 4 (1931), 23–8.

100. Lienhardt, "Some Notions of Witchcraft amongst the Dinka", 317.

101. Parsons, "Witchcraft among the Pueblos".

102. Don C. Talayesva e Leon W. Simmons, Sun Chief, New Haven, 1963, 331–3.

REFERÊNCIAS & FONTES DE SABEDORIA

103. P. Morton-Williams, "The Atinga Cult among the South-Western Yoruba", *Bulletin de L'Institut Français d'Afrique Noire*, 18 (1956), 315-34; Esther Goody, "Legitimate and Illegitimate Aggression in a West African State", Douglas (ed.), *Witchcraft Confessions and Accusations*, 207-44.

104. Anthony Forge, "Prestige, Influence and Sorcery", Douglas (ed.), *Witchcraft Confessions and Accusations*.

105. Peter H. Buck, *Regional Diversity in the Elaboration of Sorcery in Polynesia*, New Haven,1936.

106. Annemarie Shimony, "Iroquois Witchcraft at Six Nations", por Dewar E. Walker (ed.), *Systems of North American Witchcraft and Sorcery*, Moscow, ID, 1970, 239-65.

107. Isaac Schapera, "Sorcery and Witchcraft in Bechuanaland", *African Affairs*, 51 (1952), 41-52.

108. Audrey Richards, "A Modern Movement of Witch-finder", *Africa*, 8 (1935), 448-61.

109. Hocart, "Medicine and Witchcraft in Eddystone of the Solomons".

110. W. Crooke, *An Introduction to the Popular Religion and Folklore of Northern India*, Allahabad, 1894, 352.

111. J.T. Munday, "Witchcraft in England and Central Africa", J.T. Munday et al. (ed.), *Witchcraft*, Londres, 1951, 12; Isak Niehaus, *Witchcraft, Power and Politics*, Londres, 2001, 119-20.

112. Gregory Forth, "Social and Symbolic Aspects of the Witch among the Nage of Eastern Indonesia", por Watson and Ellen (ed.), *Understanding Witchcraft and Sorcery in Southeastern Asia*, 99-122.

113. T.O. Beidelman, "Witchcraft in Ukaguru", Middleton e Winter (ed.), *Witchcraft and Sorcery in East Africa*, 57-98.

114. E.H. Winter, "The Enemy Within", por Middleton e Winter (ed.), *Witchcraft and Sorcery in East Africa*, 277-99.

115. Lieban, *Cebano Sorcery*, cap. 4.

116. Harriet Ngubane, "Aspects of Zulu Treatment", por J.B. Loudon (ed.), *Social Anthropology and Medicine*, Londres, 1976, 328-37.

117. Keith H. Basso, "Western Apache Witchcraft", por Walker (ed.), *Systems of North American Witchcraft and Sorcery*, 11-36.

118. Nigel Barley, *The Innocent Anthropologist*, Londres, 1983, 103, 139.

119. Kluckhohn, *Navaho Witchcraft*, seção 1.8.

120. Crooke, *An Introduction to the Popular Religion and Folklore of Northern India*, 359-62.

121. Buck, *Regional Diversity in the Elaboration of Sorcery in Polynesia*, passim.

122. Gunter Wagner, *The Bantu of Western Kenya*, Oxford, 1970,111-32.

123. Nancy D. Munn, *The Fame of Gawa: A Symbolic Study of Value Transformations in a Massim (Papua New Guinea) Society*, Durham, NC, 1986, 215-33.

124. John R. Bowen, "Return to Sender: A Muslim Discourse of Sorcery in a Relatively Egalitarian Society, the Gaya of Northern Sumatra", por Watson e Ellen (ed.), *Understanding Witchcraft and Sorcery in Southeastern Asia*, 179-90.

125. Mary Kingsley, *West African Studies*, Londres, 1899, 211.

126. Evans-Pritchard, *Witchcraft, Oracles and Magic among the Azande*, passim; Schapera, "Sorcery and Witchcraft in Bechuanaland".

127. Mayer, "Witches".

128. Buck, *Regional Diversity in the Elaboration of Sorcery in Polynesia*, passim.

129. Daryll Forde, "Spirits, Witches and Sorcerers in the Supernatural Economy of the Yakö", *Journal of the Royal Anthropological Institute*, 88 (1958), 165-78.

130. Barbara Ward, "Some Observations on Religious Cults in Ashanti", *Africa*, 26 (1956), 47-60.

131. Burridge, "Tangu", 226-30.

132. Fortune, *Sorcerers of Dobu*, 154-66.

133. Pradelles de Latour, "Witchcraft and the Avoidance of Physical Violence in Cameroon".

134. E. Paul Durrenberger, "Witchcraft, Sorcery, Fortune and Misfortune among Lisu Highlanders of Northern Thailand", Watson e Ellen (ed.), *Understanding Witchcraft and Sorcery in Southeast Asia*, 47-66.

135. Ajay Skaria, "Women, Witchcraft and Gratuitous Violence in Colonial Western India", *Past and Present*, 155 (1997), 109-41.

136. Munday, "Witchcraft in England and Central Africa", 12-13.

137. Beattie, "Sorcery in Bunyoro"; La Fontaine, "Witchcraft in Bugisu".

138. S.F. Nadel, *Nupe Religion*, Londres, 1954, 188-90.

139. Barley, *The Innocent Anthropologist*, 103-4.

140. Douglas, "Techniques of Sorcery Control in Central Africa".

141. Herman Slaats e Karen Porter, "Sorcery and the Law in Modern Indonesia", por Watson e Ellen (ed.), *Understanding Witchcraft and Sorcery in Southeast Asia*, 135-58.

142. Geoffrey Parrinder, *Witchcraft*, Londres, 1963, 173-4.

143. Gregory Forth, "Social and Symbolic Aspects of the Witch among the Nage of Eastern Indonesia", por Watson e Ellen (ed.), *Understanding Witchcraft and Sorcery in Southeast Asia*, 99-122.

144. Skaria, "Women, Witchcraft and Gratuitous Violence".

145. Sir Alfred Lyall, *Asiatic Studies: Religious and Social. First Series*, Londres, 1899, 99-130; Crooke, *An Introduction to the Popular Religion and Folklore of Northern India*, 356-9; Spiro, *Burmese Supernaturalism*.

146. Kluckhohn, *Navaho Witchcraft*, seção 1.8.

147. Ardener, "Witchcraft, Economics, and the Continuity of Belief",141-60.

148. Monica Hunter, *Reaction to Conquest*, Oxford, 1981, cap. 6.

149. Skaria, "Women, Witchcraft and Gratuitous Violence".

150. Crooke, *An Introduction to the Popular Religion and Folklore of Northern India*, 363-5.

151. Beattie, "Sorcery in Bunyoro"; Beidelman, "Witchcraft in Ukaguru"; Maia Green, "Shaving Witchcraft in Ulanga", por Ray Abrahams (ed.), *Witchcraft in Contemporary Tanzania*, Cambridge, 1994, 28.

152. Merete Demant Jakobsen, Shamanism, Nova York, 1999, 94-100.

153. Beatrice B. Whiting, *Paiute Sorcery*, Nova York, 1950, 50.

154. Matthew Dennis, "American Indians, Witchcraft and Witch-hunting", *Magazine of History*, 17.4 (2003), 21-3.

155. Forth, "Social and Symbolic Aspects of the Witch among the Nage of Eastern Indonesia"; Margaret Wiener, "Colonial Magic: The Dutch East Indies", por David J. Collins (ed.), *The Cambridge History of Magic and Witchcraft in the West*, Cambridge, 2015, 496-7.

156. Shapera, "Sorcery and Witchcraft in Bechuanaland".

157. Honigman, "Witch-Fear in Post-contact Kaska Society".

158. A.T. Bryant, *Olden Times in Zululand and Natal*, Londres, 1929,650-51; Crawford, *Witchcraft and Sorcery in Rhodesia*, cap. 17; Kluckhohn, *Navaho Witchcraft*, cap. ll.3; A.F.C. Wallace, *The Death and Rebirth of the Seneca*, Nova York, 1972, 102-10; Stephen Ellis, "Witch-hunting in Central Madagascar 1828-1861", *Past and Present*, 175 (2002), 90-123; Matthew Dennis, *Seneca Possessed*, Filadélfia, 2010.

159. R.D. Edmunds, *The Shawnee Prophet*, Lincoln, NB, 1985, 5-97; Jay Miller, "The 1806 Purge among the Indiana Delaware" *Ethnohistory*, 41 (1994), 245-65.

160. Amanda Porterfield, "Witchcraft and the Colonization of Algonquian and Iroquois Cultures", *Religion and American Culture*, 2 (1992), 103-24.

161. Philip A. Kuhn, *Soulstealers: The Chinese Sorcery Scare of 1768*, Cambridge, MA, 1990.

162. O que se segue é baseado em Audrey Richards, "A Modern Movement of Witch-finders"; Marwick, "Another Modern Anti-Witchcraft Movement"; Willis, "The Kamcape Movement"; Douglas, "Techniques of Sorcery Control in Central Africa"; Ward, "Some Observations on Religious Cults in Ashanti"; Redmayne, "Chikanga"; R.G. Willis, "Instant Millennium", por Douglas (ed.), *Witchcraft Confessions and Accusations*,129-39; Morton-Williams,

"The Atinga Cult"; Jack Goody, "Anomie in Ashanti", *Africa*, 27 (1957), 356–63; Bohannan, "Extra-Processual Events in Tiv Political Institutions"; Karen E. Fields, "Political Contingencies of Witchcraft in Colonial Central Africa", *Canadian Journal of African Studies*, 16 (1982), 567–93; Andrew Apter, "Atinga Revisited", por Comaroff e Comraroff (ed.), *Modernity and its Malcontents*, 111–28; Green, "Shaving Witchcraft in Ulanga"; John Parker, "Northern Gothic: Witches, Ghosts and Werewolves in the Savanna Hinterland of the Gold Coast, 1900s–1950s", *Africa*, 76 (2006), 352–79; Marwick, "Another Modern Anti-witchcraft Movement in East Central Africa"; David Tait, "A Sorcery Hunt in Dagomba", *Africa*, 33 (1963), 136–46; Anthony A. Lee, "Ngoja and Six Theories of Witchcraft", *Ufahamu*, 6 (1976), 101–17.

163. Douglas, "Techniques of Sorcery Control in Central Africa".

164. Skaria, "Women, Witchcraft and Gratuitous Violence".

165. Bohannan,"Extra-processual Events in Tiv Political Institutions"; Morton-Williams, "The Atinga Cult".

166. Bohannan, "Extra-Processual Events in Tiv Political Institutions".

167. Michael Adas, *Prophets of Rebellion: Millenarian Protest Movements against the European Colonial Order*, Cambridge, 1979, 102–5.

168. David J. Parkin, "Medicines and Men of Influence", *Man*, N.S. 3 (1968), 424–39; Willis, "Kamcape"; Daniel Offiong, "The Social Context of Ibibio Witch Beliefs", *Africa*, 53 (1982), 73–82; Suzette Heald, "Witches and Thieves", *Man*, N.S. 21 (1986), 65–78; Douglas, "Sorcery Accusations Unleashed"; Simon Mesaki, "Witch-Killing in Sukumaland", por Abrahams (ed.), *Witchcraft in Contemporary Tanzania*, 47–60; Maia Green, "Witchcraft Suppression Practices and Movements", *Comparative Studies in Society and History*, 39 (1997), 319–45; Drucker- Brown, "Mamprusi Witchcraft"; Blair Rutherford, "To Find an African Witch", *Critique of Anthropology*, 19 (1999), 89–109; Mark Auslander, "Open the Wombs!", por Comaroff e Comaroff (ed.), *Modernity and its Malcontents*, 167–92; Cynthia Brantley, "An Historical Perspective of the Giriama and Witchcraft Control", *Africa*, 49 (1979), 112–33.

169. Niehaus, *Witchcraft, Power and Politics*, 130–82; and "Witch-hunting and Political Legitimacy: Continuity and Change in Green Valley, Lebowa, 1930–91", *Africa*, 63 (1993), 498–530.

170. Ashforth, "Of Secrecy and the Commonplace", 1209.

171. Diane Ciekawy, "Witchcraft in Statecraft: Five Technologies of Power in Colonial and Postcolonial Coastal Kenya", *African Studies Review*, 41 (1998), 119–41.

172. Elizabeth Colson, "The Father as Witch", *Africa*, 70 (2000), 333–58.

173. David Law, *Guns and Rain: Guerrillas and Spirit Mediums in Zimbabwe*, Londres, 1985, 167–8.

174. Blair Rutherford, "To Find an African Witc"', *Critique of Anthropology*, 19 (1999), 89–109.

175. Linda M. Heywood, "Towards an Understanding of Modern Political Ideology in Africa: The Case of the Ovimbundu of Angola", *Journal of Modern African Studies*, 36 (1998), 139–67; Inge Brinkman, "Ways of Death: Accounts of Terror from Angolan Refugees in Namibia", *Africa*, 70 (2000), 15.

176. Malcolm Ebright e Rick Hendricks, *The Witches of Abiquiu*, Albuquerque, 2006; Lieban, *Cebuano Sorcery*, 19–47; Laura A. Lewis, *Hall of Mirrors: Power, Witchcraft and Caste in Colonial Mexico*, Durham, NC, 2003; William e Claudia Madsen, "Witchcraft in Tecapsa and Tepepan", e Benson Sales, "Sorcery in Santiago El Palmar", por Walker (ed.), *Systems of North American Witchcraft and Sorcery*, 73–94 and 124–46.

177. Ellis, "Witch-hunting in Central Madagascar".

178. Dennis, *Seneca Possessed*.

179. Bryan R. Wilson, *Magic and the Millennium: A Sociological Study of Religious Movements of Protest among Tribal and Third-world Peoples*, Londres, 1973, 83–4.

180. Barrie Reynolds, *Magic, Divination and Witchcraft among the Barotse of Northern Rhodesia*, Londres, 1963, 133–5.

181. Richards, "A Modern Movement of Witchfinders".

182. Wilson, *Magic and the Millennium*, 89–91,94–101,152–6.

183. Niehaus, *Witchcraft, Power and Politics*, 27–41; Auslander, "Open the Wombs!; Bengt M. Sundkler, *Bantu Prophets in South Africa*, Oxford, 1961, 109, 253–9.

184. Burridge, "Tangu", 226–30; Birgit Meyer, "'If You Are a Devil, You are a Witch, and If You Are a Witch You Are a Devil': The Integration of 'Pagan' Ideas into the Conceptual Universe of Ewe Christians in Southeastern Ghana", *Journal of Religion in Africa*, 22 (1992), 98–132.

185. Redmayne, "Chikanga"; J.R. Crawford, *Witchcraft and Sorcery in Rhodesia*, Oxford, 1967, cap. 16.

186. Wim van Binsbergen, "Creating 'a Place to Feel at Home': Christian Church Life and Social Control in Lusaka, Zambia (1970s)" por Piet Konings et al. (ed.), *Trajectoires de Liberation en Afrique Contemporaine*, Paris, 2000, 234–8.

187. Mary Douglas, "Sorcery Accusations Unleashed: the Lele Revisited", *Africa*, 69 (1999), 177–93.

188. René Devisch, "Sorcery Forces of Life and Death among the Yaka of Congo", por Bond e Ciekawy (ed.), Witchcraft Dialogues, 101–30.

189. Ashforth, *Witchcraft, Violence and Democracy in South Africa*, IX–XII.

190. Morton-Williams, "The Atinga Cult".

191. Douglas, "Techniques of Sorcery Control in Central Africa".

192. R.G. Abrahams, "A Modern Witch-hunt among the Lango of Uganda", *Cambridge Anthropology*, 10 (1985), 32–45.

193. Niehaus, *Witchcraft, Power and Politics*, 1–2; e "Witch-hunting and Political Legitimacy"; Jean e John Comaroff, "Occult Economics and the Violence of Abstraction", *American Ethnologist*, 26 (1999), 279–303.

194. Johannes Harnischfeger, "Witchcraft and the State in South Africa", por John Hund (ed.), *Witchcraft Violence and the Law in South Africa*, Pretoria, 2002, 40–72.

195. Ashforth, "Of Secrecy and the Commonplace", 1215.

196. Niehaus, Witchcraft, *Power and Politics*, 191–2; Michael Rowlands e Jean-Pierre Warnier, "Sorcery, Power and the Modern State in Cameroon", *Man*, N.S. 23 (1988), 118–32; Peter Geschiere e Cyprian Fisiy, "Domesticating Personal Violence", *Africa*, 64 (1994), 323–41; Cyprian F. Fisiy, "Containing Occult Practices: Witchcraft Trials in Cameroon", *African Studies Review*, 41 (1998), 143–63; Geschiere, *The Modernity of Witchcraft*, 109–97; Mesaki, "Witch-Killing in Sukumaland".

197. Drucker-Brown,"Mamprusi Witchcraft".

198. David Macfarlane, "African Witch-hunts", *The Cauldron*, 141 (2011), 42–4; Nick Britton, "Witchcraft Murder that Exposed Hidden Wave of Faith-Based Child Abuse", *Daily Telegraph* (2 mar. 2012), 6; "Branded a Witch", documentário para a televisão, exibido em 20 de maio de 2013 no canal BBC3. Ashforth, *Witchcraft, Violence and Democracy in South Africa*, XIII,7–19,120.

200. June Nash, "Death as a Way of Life: The Increasing Resort to Homicide in a Maya Indian Community", *American Anthropologist*, 69 (1967), 455–70.

201. Govind Kelkar e Dev Nathan, *Gender and Tribe: Women, Land and Forests in Jharkand*, Nova Delhi, 1991, 94; Puja Roy, "Sanctioned Violence: Development and the Persecution of Women as Witches in South Bihar", *Development in Practice*, 8 (1998), 136–47.

202. Nathan Wachtel, *Gods and Vampires: Return to Chipaya*, Chicago, 1994, 77–9.

203. Knut Rio, "The Sorcerer as an Absented Third Person", por Kapferer (ed.), *Beyond Rationalism*, 129–30.

204. Miranda Forsyth e Richard Eves (ed.), *Talking It Through: Responses to Sorcery and Witchcraft Beliefs and Practices in Melanesia* (Canberra, 2015) reúne dezessete ensaios sobre o problema.

REFERÊNCIAS & FONTES DE SABEDORIA } .461

205. Dawn Perlemutter, "The Politics of Muslim Magic", *Middle East Quarterly*, 20 (2013), 73–80.

206. Slaats and Porter, "Sorcery and the Law in Modern Indonesia".

207. Douglas, "Introduction", por Douglas(ed.), *Witchcraft Confessions and Accusations*, xiii–xxi.

208. Sobre este ponto, ver especificamente Douglas, "Techniques of Sorcery Control in Central Africa"; e Winter, "The Enemy Within".

209. Evans-Pritchard, Witchcraft, *Oracles and Magic*, cap. 1.1, 1.4, 1.8; John Middleton, *Lugbara Religion*, Oxford, 1960, 238–50; Jean La Fontaine, 'Witchcraft in Bugisu", por ibid., 187–220; Lawrence e Meggitt, "Introduction", por Lawrence e Meggitt (ed.), *Gods, Ghosts and Men in Melanesia*, 16–18; Bowie, "Witchcraft and Healing among the Bangwa of Cameroon", 71; Lieban, *Cebuano Sorcery*, 19.

210. Geschiere e Fisiy, "Domesticating Personal Violence"; Drucker-Brown, "Mamprusi Witchcraft"; Comaroff e Comaroff, "Occult Economics"; Geschiere, "Witchcraft and New Forms of Wealth", por Paul Clough e Jon P. Mitchell (ed.), *Powers of Good and Evil*, Nova York, 43–76.

211. Niehaus, "Witch-hunting and Political Legitimacy", 503; James Howard Smith, *Bewitching Development: Witchcraft and the Reinvention of Development in Neoliberal Kenya*, Chicago, 2008; Brantley, "An Historical Perspective of the Giriama and Witchcraft Control".

212. Ibid.

213. Colson,"The Father as Witch".

214. BBC3, "Branded a Witch".

215. Gerald W. Hartwig, "Long-Distance Trade and the Evolution of Sorcery among the Kerebe", *African Historical Studies*, 4 (1971), 505–24.

216. Honigman,"Witch-Fear in Post-contact Kaska Society".

217. Shapera, "Sorcery and Witchcraft in Bechuanaland", e Martin Zelenietz, *The Effects of Sorcery in Kilenge, West New Britain Province*, Port Moresby, 1979, são exemplos de estudiosos respeitados que afirmaram que a feitiçaria ocorreu entre os povos por eles estudados, porém não fornecem evidências.

218. Richards, "A Modern Movement of Witchfinders"; Parrinder, *Witchcraft*, 173–4.

219. Shirley Lindenbaum, *Kuru Sorcery: Disease and Danger in the New Guinea Highlands*, Palo Alto, CA, 1979, 65.

220. Robert A. Levine, "Witchcraft and Sorcery in a Gusii Community", por Middleton e Winter (ed.), *Witchcraft and Sorcery in East Africa*, 221–55; Reynolds, *Magic, Divination and Witchcraft among the Barotse of Northern Rhodesia*, cap. 1.

221. Ashforth, *Witchcraft, Violence and Democracy*, 63–87.

222. Tina Hamrin-Dahl, "Witch Accusations, Rapes and Burnings in South Africa", por Tore Ahlbäck (ed.), *Ritualistics*, Åbo, 2003, 56–70.

223. Luongo, *Witchcraft and Colonial Rule in Kenya*, 50–51.

224. Margaret Field, *Religion and Medicine of the Gă People*, Oxford, 1937, 138–49.

225. Emmons, *The Tlingit Indians*, 410.

226. Crawford, *Witchcraft and Sorcery in Rhodesia*, cap. 2. Os estudiosos dos julgamentos de bruxas na Europa que demonstraram maior interesse neste aspecto do assunto foram Emma Wilby, *The Visions of Isobel Gowdie*, Falmer, 2010, e Edward Bever, *The Realities of Witchcraft and Popular Magic in Early Modern Europe*, Basingstoke, 2008.

227. Walter B. Cannon, "Voodoo Death", *American Anthropologist*, 44 (1942), 169–81.

228. C.P. Richter, "On the Phenomenon of Sudden Death in Animals and Men", *Psychosomatic Medicine*, 19 (1957), 190–98; G.L. Engel, "A Life Setting Conducive to Illness", *Bulletin of the Menninger Clinic*, 32 (1968), 355–65; David Lester, "Voodoo Death: Some New Thoughts on an Old Phenomenon", *American Anthropologist*, 74 (1972), 378–85. Para uma rara avaliação deste tema no contexto europeu do início da era moderna, com uma atualização da literatura médica, ver Bever, *The Realities of Witchcraft and Popular Magic*, 5–39, 287–303.

229. "The Sorcerer and His Magic", por John Middleton (ed.), *Magic, Witchcraft and Curing*, Nova York, 1967, 23-41.

230. O título oficial do painel era "Commission of Inquiry into Witchcraft Violence and Ritual Murder in the Northern Province". Uma cópia deste relatório está disponível em http://policyresearch.limpopo.gov.za/handle/123456789/406, acessado em 28 de janeiro de 2021. O debate resultante está bem resumido pelos ensaios coletados em Hund (ed.), *Witchcraft, Violence and the Law in South Africa*.

231. Ashforth, *Witchcraft, Violence and Democracy in South Africa*, 261-8.

232. Já me comprometi a esse ponto de vista durante minha pequenina intervenção nos debates recentes na África do Sul, quando sua Federação Pagã me convidou para ser orientador de desenvolvimento de uma política comum que os pagãos e bruxas pagãs modernas do país poderiam adotar em reação às questões. Sou especialmente grato à presidente da Federação à época, Donna Voss, por ter recebido de presente a coleção editada de John Hund, um tanto difícil de se conseguir na Grã-Bretanha.

233. Por exemplo, Owen Davies, *Witchcraft, Magic and Culture 1736-1951*, Manchester, 1999; e *A People Bewitched: Witchcraft and Magic in Nineteenth-century Somerset*, Bruton, 1999; Owen Davies e Willem de Blecourt (ed.), *Beyond the Witch Trials: Witchcraft and Magic in Enlightenment Europe*, Manchester, 2004; e *Witchcraft Continued: Popular Magic in Modern Europe*, Manchester, 2004; Jeanne Favret-Saada, *Deadly Words; Witchcraft in the Bocage*, Cambridge, 1980. O último caso de perseguição de pessoas por seus vizinhos sobre o qual tomei conhecimento pessoalmente ocorreu em uma comunidade indígena e apenas porque esta última desconfiava que os seus estivessem praticando bruxaria de uma forma totalmente tradicional, na aldeia Cornish em Four Lanes em 1984.

234. Nick Britten e Victoria Ward, "Witchcraft Threat to Children", *Daily Telegraph* (2 de Março de 2012), 1, e Nick Britten, "Witchcraft Murder that Exposed Hidden Wave of Faith-Based Child Abuse", p. 6. Para conhecer o contexto histórico, ver Thomas Waters, "Maleficent Witchcraft in Britain since 1900", *History Workshop Journal*, 80 (2015), 99-122.

235. James T. Richardson et al. (ed.), *The Satanism Scare*, Nova York, 1991; David Frankfurter, *Evil Incarnate: Rumours of Demonic Conspiracy and Ritual Abuse in History*, Princeton, 2006; La Fontaine, *Speak of the Devil*.

236. Bill Ellis, *Raising the Devil: Satanism, New Religion and the Media*, Lexington, 2000; Brian P. Levack, *The Devil Within: Possession and Exorcism in the Christian West*, New Haven, 2013, 240-53.

237. Smith, *Bewitching Development*; Colson, "TheFatherasWitch".

2. Origens: antigos preceitos

1. As citações são muito numerosas para fazer referência a todas as páginas: por isso recorremos ao advérbio latino "passim", que é o que melhor cabe para citar as edições. O *Malleus maleficarum* citou Aristóteles, Cícero, Lucano, Ptolomeu e Sêneca; Boguet citou Plutarco, Virgílio, Ovídio, Plínio e Filóstrato; e del Rio citou Amiano Marcelino, Proclo, Apuleio, Antonino Liberal, Diodoro Sículo, Aristóteles, Cícero, Heródoto, Hesíodo, Pompônio Mela, Heliodoro, Virgílio, Plínio, Epicuro, Jâmblico, Porfírio, Plotino, Juliano o Apóstata, Ovídio, Lucano, Tíbulo, Plutarco, Sêneca, Lucrécio, Marcial, Hipócrates, Petrônio, Platão e Suetônio.

2. O melhor sumário sobre a lenda de Macbeth parece ser o de Kenneth D. Farrow, "The Historiographical Evolution of the Macbeth Narrative", *Scottish Literary Journal*, 21 (1994), 5-23 (Agradeço a Julian Goodare pela referência): as "Weird Sisters" (hoje conhecidas como as Três Bruxas) aparecem na crônica de Andrew of Wyntoun c. 1420, e se tornam bruxas na tradução para o inglês de John Bellenden da história de Hector Boece em 1536.

3. Ben Jonson, *The Masque of Queens*, Londres, edição de 1609, linhas 1-357.

REFERÊNCIAS & FONTES DE SABEDORIA } .463

4. Nestas condições, Geoffrey Scarre e John Callow, *Witchcraft and Magic in Sixteenth- and Seventeenth- century Europe*, Basingstoke, 2001, fornecem duas páginas (11-12) para mostrar que os gregos e romanos acreditavam em magia nociva e detinham um conceito sobre a bruxa voadora noturna. Wolfgang Behringer, *Witches and Witch-hunts*, Cambridge, 2004, proporciona três páginas (47-50) para demonstrar que a perseguição a supostas bruxas era conhecida na Mesopotâmia, Palestina e Roma. Malcolm Gaskill, *Witchcraft: A Very Short Introduction*, Oxford, 2010, cita passagens em quatro (9, 14, 30 e 47) que argumentam que os detalhes práticos da bruxaria já estavam presentes na Suméria, Babilônia, Egito, Grécia, Roma e Palestina. Mais uma vez, ele enfatiza a uniformidade, vista em comentários como "Sabemos muito sobre a antiga religião mesopotâmica, o suficiente para ver como ela se assemelha a todas as religiões", p. 9. Julian *Goodare, The European Witch-hunt*, Londres, 2016, é o autor principal a chamar a atenção para a diferença, em três páginas (31-3).

5. Fritz Graf, "Excluding the Charming: The Development of the Greek Concept of Magic", por Marvin Meyer e Paul Mirecki (ed.), *Ancient Magic and Ritual Power*, Leiden, 1995, 29.

6. Estas são as palavras do expoente mais forte de tal corrente, Kimberly B. Stratton, em *Naming the Witch: Magic, Ideology and Stereotype in the Ancient World*, Columbia, 2007, IX. Ela mesma faz uma comparação sobre as definições de magia entre os antigos hebreus, os pagãos gregos e romanos e os primeiros cristãos.

7. O principal expoente recente de tal visão a respeito da magia egípcia tem sido Robert Kriech Ritner, em *The Mechanics of Ancient Egyptian Magical Practice*, Chicago, 1993; e "The Religious, Social and Legal Parameters of Traditional Egyptian Magic", por Meyer e Mirecki (ed.), *Ancient Magic and Ritual Power*, 43-60. Tem sido apoiado por Geraldine Pinch, *Ancient Egyptian Magic*, Londres, 1994; Jan Assman, "Magic and Theology in Ancient Egypt", por Peter Schäfer e Hans G. Kippenberg (ed.), *Envisioning Magic*, Leiden, 1997, 1-18; David Frankfurter, "Ritual Expertise in Roman Egypt and the Problem of the Category 'Magician'",

por ibid., 115-35; Dominic Montserrat, *Ancient Egypt*, Glasgow, 2000, 22-3; David Frankfurter, "Curses, Blessings and Ritual Authority: Egyptian Magic in Comparative Perspective", *Journal of Ancient Near Eastern Religions*, 6 (2005), 157-85; Emily Teeter, *Religion and Ritual in Ancient Egypt*, Cambridge, 2009; e Friedhelm Hoffmann, "Ancient Egypt", por David J. Collins (ed.), *The Cambridge History of Magic and Witchcraft in the West*, Cambridge, 2015, 52-82. Foi, no entanto, esboçado em linhas gerais no início do estudo continuado do assunto, por E.A. Wallis Budge, *Egyptian Magic*, Londres, 1899. Toda a seção seguinte deste capítulo baseia-se nessas autoridades, e também nas edições de Raymond O. Faulkner das principais fontes primárias: *The Ancient Egyptian Pyramid Texts*, Oxford, 1969; *The Ancient Egyptian Coffin Texts*, Warminster, 3 vol., 1973-6; e *The Ancient Egyptian Book of the Dead*, Plymouth, 1985.

8. O texto é traduzido por Budge, *Egyptian Magic*, 173-7.

9. Para o que se segue aqui, ver Pinch, *Ancient Egyptian Magic*, 33-46; e Panagiotis Kousoulis (ed.), *Ancient Egyptian Demonology*, Leuven, 2011.

10. Homero, *Odisseia*, Livro 4, linhas 216-48.

11. Josephus, *Jewish Antiquities*, Livro 8, linhas 42-5. Para uma bibliografia de referências acadêmicas recentes ao tropo do Egito como a terra da magia por excelência, ver a lista de Jan Bremmer por Dietrich Boschung e Jan Bremmer (ed.), *The Materiality of Magic*, Paderborn, 2015, 254, nº53.

12. Budge, *Egyptian Magic*, viii.

13. As fontes para este parágrafo são as referências citadas abaixo.

14. Marie-Louise Thomsen, "Witchcraft and Magic in Ancient Mesopotamia", por Marie-Louise Thomsen e Frederick H. Cryer (ed.), *The Athlone History of Witchcraft and Magic in Europe. Volume One*, Londres, 2001, 93.

15. Thomsen, "Witchcraft and Magic in Ancient Mesopotamia", 88-92; Francesca Rochberg, *The Heavenly Writing: Divination, Horoscopy and Astronomy in Mesopotamian Culture*, Cambridge, 2004; A. Leo Oppenheim, *Ancient Mesopotamia*, Chicago, 1964, 206-27; Erica Reiner,

Astral Magic in Babylonia, Filadélfia, 1995. Um conjunto fundamental de textos na tradução é de R. Campbell Thompson (ed.), *The Reports of the Magicians and Astrologers of Nineveh and Babylon*, 2 vols., Londres, 1900.

16. Tzvi Abusch, "The Demonic Image of the Witch in Standard Babylonian Literature", por Jacob Neusner (ed.), *Religion, Science and Magic*, Oxford, 1989, 27-31. Anthony Green, "Beneficent Spirits and Malevolent Demons", *Visible Religion*, 3 (1984), 80-105; O.R. Gurney, "Babylonian Prophylactic Figures and their Rituals", *Annals of Archaeology and Anthropology*, 22 (1935), 31-96; Daniel Schwemer, "Magic Rituals", por Karen Radner e Eleanor Robson (ed.), *The Oxford Handbook of Cuneiform Culture*, Oxford, 2011, 418-42; e "The Ancient Near East", por Collins (ed.), *Cambridge History of Magic and Witchcraft in the West*, 17-51. Textos fundamentais de ritos são encontrados traduzidos em Gurney, acima; Erica Reiner (ed.), Šurpu: *A Collection of Sumerian and Akkadian Incantations*, Graz, 1958; e R. Campbell Thompson (ed.), *The Devils and Evil Spirits of Babylonia*, 2 vols., Londres, 1903.

17. G.R. Driver e John C. Miles (ed.), *The Babylonian Laws*, Oxford, 1952, vol.1, 13-14, 58-9. A adoção da prova no rio era comum para resolver acusações criminais e processos civis ao longo da antiga história da Mesopotâmia: as fontes são resumidas por Peter Tóth, "River Ordeal", por Gábor Klaniczay e Éva Pócs (ed.), *Witchcraft Mythologies and Persecutions*, Budapeste, 2008, 131. Russell Zguta, "The Ordeal by Water (Swimming of Witches) in the East Slavic World", *Slavic Review*, 36 (1977), 220-30, foi aparentemente o primeiro a sugerir que essa poderia ser a origem do notório costume popular europeu da era medieval e do início da era moderna para detectar bruxas ao colocar suspeitos em águas profundas e declarar culpados aqueles que flutuassem. Eu mesmo aceitei tal ideia em "Witchcraft and Modernity", por Marko Nenonen e Raisa Maria Toivo (ed.), *Writing Witch-hunt Histories*, Leiden, 2014, 199, mas agora tenho minhas dúvidas. O teste de inocência na provação babilônica era precisamente o oposto do que ocorria no

período europeu, e este último pode ter sido um desenvolvimento independente, afinal de contas, baseado no rito cristão do batismo. Peter Tóth, em "River Ordeal", expressa possibilidade semelhante, embora ainda nutra confiança na sugestão de Zguta.

18. A feminilidade essencial da antiga bruxa da Mesopotâmia é enfatizada por quase todas as fontes secundárias citadas aqui, mas possivelmente há espaço para modificações. O Código de Hamurabi, citado acima, presumia que bruxas eram do sexo masculino, o que pode significar que o estereótipo de gênero tenha sofrigo mudanças entre o segundo e o primeiro milênio. Além disso, Daniel Schwemer, em "Magic Rituals", 432-4, observou a existência de referências a um tipo de mago maligno do sexo masculino, o *bēl dabābi*, que é mencionado com mais frequência do que seu equivalente feminino, a bēlet dabābi, e também parece equivalente a uma bruxa. O equilíbrio de gênero pode portanto ser uma ilusão linguística.

19. Thomsen, "Witchcraft and Magic in Ancient Mesopotamia", 23-56; TzviAbusch, *Mesopotamian Witchcraft*, Leiden, 2002; H.W.F. Saggs, *The Greatness That Was Babylon*, Londres, 1962; Sue Rollin, "Women and Witchcraft in Ancient Assyria", por Averil Cameron e Amélie Kuhrt (ed.), *Images of Women in Antiquity*, Londres, 1983, 34-46; Schwemer, "Magic Rituals". As edições dos textos fundamentais referenciados acima permanecem muito relevantes aqui, e a eles devem ser acrescentados Tzvi Abusch (ed.), *Babylonian Witchcraft Literature*, Atlanta, 1987; Tzvi Abusch e Daniel Schwemer (ed.), *Corpus of Mesopotamian Anti-witchcraft Rituals*, Leiden, 2011; e Stephen Langdon (ed.), *Babylonian Liturgies*, Paris, 1913.

20. Há um estudo recente um tanto substancial: Satnan Mendoza Forrest, *Witches, Whores and Sorcerers: The Concept of Evil in Early Iran*, Austin, TX, 2011.

21. Gabriella Frantz-Szabó, "Hittite Witchcraft, Magic and Divination", por Jack M. Sasson (ed.), *Civilizations of the Ancient Near East*, Nova York, 1995, vol. 3, 2007-19. Para outros trabalhos sobre magia hitita, ver Richard H. Beal,

REFERÊNCIAS & FONTES DE SABEDORIA } .465

"Hittite Military Rituals", por Meyer e Mirecki (ed.), *Ancient Magic and Ritual Power*, 63–76; O.R. Gurney, *Some Aspects of Hittite Religion*, Oxford, 1977, 44–63; e Alice Mouton, "Hittite Witchcraft", em *VII Uluslarasi Hititoloji Kongresi Bildirileri*, Ancara, 2010 (nenhum editor citado), vol. 2, 515–28. Sou grato a Jan Bremmer por chamar minha atenção para esta última obra.

22. Isso se baseia principalmente na obra de Gideon Bohak, *Ancient Jewish Magic*, Cambridge, 2008, 8–19, que confirma as evidências e ideias encontradas em Stephen D. Ricks, "The Magician as Outsider in the Hebrew Bible and New Testament", por Meyer e Mirecki (ed.), *Ancient Magic and Ritual Power*, 131–43. Ann Jeffries, *Magic and Divination in Ancient Palestine and Syria*, Leiden, 1996; Frederick H. Cryer, "Magic in Ancient Syria-Palestine and in the Old Testament", por Thomsen e Cryer, *The Athlone History of Witchcraft and Magic in Europe. Volume One*, 102–44; e Yitschak Sefati e Jacob Klein, "The Law of the Sorceress", por Chaim Cohen et al. (ed.), *Sefer Moshe*, Winona Lake, IN, 2004, 171–90; e é complementado por Stratton, *Naming the Witch*, 34–7.

23. Mais uma vez, Bohak é minha principal autoridade aqui: *Ancient Jewish Magic*, 70–142, complementado por Florentino Garcia Martinez, "Magic in the Dead Sea Scrolls", por Jan N. Bremmer e Jan R. Veenstra (ed.), *The Metamorphosis of Magic from Late Antiquity to the Early Modern Period*, Leuven, 2002, 13–33; e Brian B. Schmidt, "Canaanite Magic vs Israelite Religion", por Mirecki e Meyer (ed.), *Magic and Ritual in the Ancient World*, Leiden, 2002, 242–59.

24. Bohak, *Ancient Jewish Magic*, 351–434; Stratton, *Naming the Witch*, 143–64; Simcha Fishbane, "'Most Women Engage in Sorcery': An Analysis of Sorceresses in the Babylonian Talmud", *Jewish History*, 7 (1993), 27–42; Meir Bar-Ilan, "Witches in the Bible and in the Talmud", por H.W. Basser e Simcha Fishbane (ed.), *Approaches to Ancient Judaism*, Atlanta, 1993, 7–32; Jonathan Seidel, "Charming Criminals: Classification of Magic in the Babylonian Talmud", por Meyer e Mirecki (ed.), *Ancient Magic and Ritual Power*, 145–66; Leo Mock, "Were the Rabbis Troubled by Witches?", Zutot, 1

(2001), 33–43; Rebecca Lesses, "Exe(o)rcising Power: Women as Sorceresses, Exorcists and Demonesses in Babylonian Jewish Society of Late Antiquity", *Journal of the American Academy of Religion*, 69 (2001), 342–75; M.J. Geller, "Deconstructing Talmudic Magic", por Charles Burnett e W.F. Ryan (ed.), *Magic and the Classical Tradition*, Londres, 2006, 1–18; Michael D. Swartz, "Jewish Magic in Late Antiquity", por Steven T. Katz (ed.), *The Cambridge History of Judaism*, Cambridge, 2006, vol. 4, 706–7; Michele Murray, "The Magical Female in Graeco-Roman Rabbinical Literature", *Religion and Theology*, 14 (2007), 284–309; Daniel Breslaver, "Secrecy and Magic, Publicity and Torah", por Mirecki e Meyer (ed.), *Magic and Ritual in the Ancient World*, 263–82.

25. Isso foi observado por H.S. Versnel, "Some Reflections on the Relationship Magic-Religion", *Numen*, 38 (1991), 177–97; e (de modo mais completo) por Graf, "Excluding the Charming", mas parece ter sido amplamente esquecido no debate revisado por mim (com minha própria contribuição) em *Witches, Druids and King Arthur*, Londres, 2003, 98–117. Os principais textos antigos estão publicados em Daniel Ogden, *Magic, Witchcraft and Ghosts in the Ancient World*, 2ª edição, Oxford, 2009, 1–50.

26. "Hipócrates", *Da doença sagrada*, 1.10–46: citação em 1.31.

27. Platão, *As Leis*, 909B.

28. Esta mudança ao longo do tempo foi valorosamente enfatizada por Jan Bremmer, "Appendix", por Bremmerand Veenstra (ed.), *The Metamorphosis of Magic*, 267–71.

29. As fontes primárias incluem Sófocles, *Édipo Rei*, linhas 380–403; Górgias, *Elogio de Helena*, c. 10; Eurípides, *As Suplicantes*, linha 1110; *Ifigénia entre os Tauros*, linha 1338; e Orestes, linha 1497; Platão, *A República*, 364B–E e *As Leis*, 10.909A–D; Aristófanes, *As Nuvens*, linha 749–51; e o *Papiro de Derveni* (publicado em Ogden, *Magic, Witchcraft and Ghosts*, 23). Discussões importantes se encontram em Fritz Graf, *Magic in the Ancient World*, Cambridge, MA, 1994, 21–31; Matthew Dickie, *Magic and Magicians in the Greco-Roman World*, Londres,

.466

2001, 28-36; Georg Luck, "Witches and Sorcerers in Classical Literature", por Bengt Ankarloo e Stuart Clark (ed.), *Witchcraft and Magic in Europe. Volume Three: Ancient Greece and Rome*, Londres, 1999, 98-107; Sarah Iles Johnston, "Songs for the Ghosts", por David R. Jordan et al. (ed.), *The World of Ancient Magic*, Bergen, 1999, 83-102; e *Restless Dead: Encounters between the Living and the Dead in Ancient Greece* (Berkeley, 1999), 82-123; Jan Bremmer, "The Birth of the Term 'Magic'", *Zeitschrift für Papyrologie und Epigraphik*, 126 (1999), 1-12; Esther Eidinow, *Oracles, Curses and Risk among the Ancient Greeks*, Oxford, 2007, 26-41; Michael Attyah Flower, *The Seer in Ancient Greece*, Berkeley, 2008; e Stratton, *Naming the Witch*, 39-69. Graf, *Magic in the Ancient World*, 27-9; Dickie, *Magic and Magicians in the Greco-Roman World*, 22-33; Richard Gordon, "Imagining Greek and Roman Magic", por Ankarloo e Clark (ed.), *Witchcraft and Magic in Europe. Volume Two*, 178-80; Johnston, "Songs for the Ghosts"; e *Restless Dead*, 82-123; Bremmer, "The Birth of the Term 'Magic'"; Stratton, *Naming the Witch*, 39-47.

31. A provável influência dos modelos mesopotâmicos nas ideias gregas de magia e de praticantes foi enfatizada por Walter Burkert, "Itinerant Diviners and Magicians", por Robin Hägg (ed.), *The Greek Renaissance of the Eighth Century*, Estocolmo, 1983, 115-19; e M.L West, *The East Face of Helicon*, Oxford, 1997, 46-51.

32. Heráclito, escrevendo por volta de 500 a.C., pode ser interpretado como alguém que forneceu uma evidência. No entanto, tal passagem de sua obra é preservada apenas em um texto muito posterior, *Protrepticus*, de Clemente de Alexandria, c. 22 e pode estar distorcido. Além do mais, ele condena os *magoi* não como mágicos, mas em seu papel original como sacerdotes persas, como parte de uma advertência contra novas e exóticas formas de religião.

33. Platão, *As Leis*, 909A-D.

34. As fontes principais para o caso, e para as de envenenamento acidental, estão publicadas em Ogden, *Magic, Witchcraft and Ghosts*, 106-7; além disso, há Plutarco, *Demóstenes*, 14.4. Eles

são discutidos em Eidinow, *Oracles, Curses and Risk*, 145-55; e "Patterns of Persecution: 'Witchcraft' Trials in Classical Athens", *Past and Present*, 208 (2010), 9-35; Derek Collins, *Magic in the Ancient Greek World*, Oxford, 2008, 133-6; Dickie, *Magic and Magicians in the Greco-Roman World*, 51-4; e Gordon, "Imagining Greek and Roman Magic", 251. Outra mulher, chamada Ninon, foi julgada e executada por impiedade na introdução de ritos religiosos desconhecidos, mas isso não tinha relevância óbvia para a magia.

35. Dickie, *Magic and Magicians in the Greco-Roman World*, 55-61.

36. Esopo, *Fábulas*, n.26.

37. Ambas as inscrições estão traduzidas em Ogden, *Magic, Witchcraft and Ghosts*, 275-7.

38. Denominados *agurtai* e *manteis*.

39. Muitos estão traduzidos em John Gager (ed.), *Curse Tablets and Binding Spells from the Ancient World*, Oxford, 1992; e há um catálogo em Eidinow, *Oracles, Curses and Risk*, 352-454. Eles são discutidos por aqueles historiadores e por Christopher A. Faraone, "The Agonistic Context of Early Greek Binding Spells", por Faraone e Dirk Obbink (ed.), *Magika Hiera: Ancient Greek Magic and Religion*, Oxford, 1991, 3-32; Daniel Ogden, "Binding Spells", por Ankarloo e Clark (ed.), *Witchcraft and Magic in Europe, Volume Two*, 38-86; Dickie, *Magic and Magicians in the Greco-Roman World*, 48-50; Collins, *Magic in the Ancient Greek World*, 64-103. A referência de Platão está em seu *A República*, 364B-C.

40. Os primeiros textos importantes estão em Homero, *Odisseia*, c. 10; Eurípides, *Medeia*; Hesíodo, *Teogonia*; Eumelo, fragmentos de *Corinthiaca*; fragmentos de *Naupactica* e *Nostoi*; Píndaro, *Quarta Pítica*; e Sófocles, *Rhizotomoi*. A maioria estão publicados em Ogden, *Magic, Witchcraft and Ghosts*, 82-95, 312-13. O próprio Ogden, em *Night's Black Agents*, Londres, 2008, 7-35, faz uma defesa vigorosa da ideia de que Circe e Medeia poderiam ser consideradas bruxas, contra a visão atual legítima da maioria de que não poderiam sê-lo. Minha visão aqui (pelas razões apresentadas)

REFERÊNCIAS & FONTES DE SABEDORIA } .467

faz coro à maioria, resumida por Dickie, *Magic and Magicians in the Greco-Roman World*, 5, 15, 34, 128, 135. Muita coisa, no entanto, se agarra à definição formada sobre a bruxa, que varia entre os diferentes comentaristas, e, dentro de sua definição, Ogden está correto.

41. Para este, ver *Dickie, Magic and Magicians in the Greco-Roman World*, 79-95; e "Who Practised Love-Magic in Classical Antiquity and the Ancient World", *Classical Quarterly*, N.S. 50 (2000), 563-83; Ogden, "Binding Spells", 62-5; e Flower, *The Seer in Ancient Greece*, 211-39.

42. Este é um ponto especialmente enfatizado por Stratton, *Naming the Witch*, 49-71.

43. Apareceu primeiro em Aristófanes, *As Nuvens*, linhas 749-57. Esta e outras fontes são reproduzidas em D.E. Hill, "The Thessalian Trick", *Rheisches Museum für Philologie*, 116 (1973), 221-38; e (é claro) Ogden, Magic, *Witchcraft and Ghosts*, 226-40. Para considerações acadêmicas sobre o tropo, consulte a lista compilada por Jan Bremmer em Boschung e Bremmer (ed.), *The Materiality of Magic*, 252, à qual também podemos acrescentar P.J. Bicknell, "The Dark Side of the Moon", por Ann Moffatt (ed.), *Maistor: Classical, Byzantine and Renaissance Studies for Robert Browning*, Canberra, 1984, 67-75.

44. Dickie, *Magic and Magicians in the Greco-Roman World*, 97-123.

45. Fritz Graf, "Magic and Divination: Two Apolline Oracles on Magic", por Gideon Bohak at al. (ed.), *Continuity and Innovation in the Magical Tradition*, Leiden, 2011, 119-33.

46. Plínio, *História Natural*, 30.1-20; Sêneca, Édipo, linhas 561-3.

47. Filóstrato, *Vida de Apolônio de Tiana*, 8.7.9-10.

48. Apuleio, *Apologia*, 26.6.

49. Plotino, *Enéadas*, 2.9.14.1-8.

50. Para o que segue, ver Mary Beard et al., *Religions of Rome*, Cambridge, 1998, vol. I, 154-6; Dickie, *Magic and Magicians in the Greco-Roman World*, 135-9; Naomi Janowitz, *Magic in the Roman World*, Londres, 2001, 1-16; Stratton, *Naming the Witch*, 79-99; James B. Rives,

"'Magus' and its Cognates in Classical Latin", por Richard L. Gordon e Francisco Marco Simon (ed.), *Magical Practice in the Latin West*, Leiden, 2010, 53-77; J.A. North, "Novelty and Choice in Roman Religion", *Journal of Roman Studies*, 70 (1980), 86-91; e Graf, *Magic in the Ancient World*, 36-60.

51. Referência nº46.

52. O que se segue é baseado nas fontes do nº50, mais James Rives, "Magic in the XII Tables Revisited", *Classical Quarterly*, 52 (2002), 270-90; and 'Magic in Roman Law', Classical Antiquity, 22 (2003), 313-39; e Collins, *Magic in the Ancient Greek World*, 141-62. Para saber mais sobre o governo principal do século III, ver Julio Paulo, *Sententiae*, 5.23.14-19.

53. Lívio, *História de Roma*, 8.18, 39.41 e 40.43.

54. Gordon, "Imagining Greek and Roman Magic", 254-5, é um exemplo de historiador distinto que acredita que a palavra significa magia.

55. Publicado por Ogden, *Magic, Witchcraft and Ghosts*, 284.

56. Publicado por ibid., 333.

57. Por exemplo, Virgílio, Églogas 8.2.

58. Horácio, *Epodos*, 3.6-8; 5, passim; e 17; e *Sátiras*, 1.8; 2.1.48; e 2.8.95-6.

59. Lucano, *Farsália*, 6.415-830.

60. Virgílio, *Eneida*, 4.478-508.

61. Ovídio, *Amores*, 1.8.

62. Propércio, *Poemas*, 4.5.5-18.

63. Tibulo, *Poemas*, 1.2.41-58.

64. Apuleio, *Metamorfoses*, 1.3-8;2.22-8;9.29.

65. Ovídio, *Metamorfoses*, 7.159-351; e *Heroides*, 6.83-94; Sêneca, *Medeia*, passim; *As Argonauticas Orficas*, linhas 887-1021; Higino, *Fábulas*, 26.

66. Petrônio, *Satíricon*, c. 133-4.

67. Stratton, *Naming the Witch*, 79-96.

68. As referências foram coletadas em Valerie M. Warrior, *Roman Religion*, Cambridge, 2006, 96; e publicadas em Ogden, *Magic, Witchcraft and Ghosts*, 222-6. Considero ambíguo para Catulo e Horácio, mas aceito e cito o restante.

69. As fontes principais estão publicadas em Ogden, *Magic, Witchcraft and Ghosts*, 281-4.

70. Tácito, *Anais*, 2.27; 2.55; 2.69; 3.22–3; 4.52. Esses textos estão bem compilados e discutidos por Stratton, *Naming the Witch*, 100–105.

71. Fontes no n. 39; mais Beard et al., *Religions of Rome*, vol. 1, 220. Aceito a argumentação de Henk Versnel, de que muitas das tabuletas do período imperial, frequentemente agrupadas a tabuletas de maldição, são encontradas em templos e santuários e devem ser levadas em consideração como orações às divindades para vingar os erros, e portanto não fazem parte da categoria tradicional de magia de forma alguma: seu último subterfúgio nisto, resumindo as evidências e o debate até o momento, está em seu ensaio "Prayers for Justice, East and West", por Gordon e Simon (ed.), *Magical Practice in the Latin West*, 275–354.

72. Publicado em Wolfgang Meid, *Gaulish Inscriptions*, Budapeste, 1992, 40–46.

73. Andrew T. Wilburn, *Materia Magica*, AnnArbor, 2012.

74. Plínio, *História Natural*, 28.19.

75. Impresso em Ogden, *Magic, Witchcraft and Ghosts*, 48.

76. Fritz Graf, "Victimology", por Kimberly B. Stratton e Dayna S. Kalleres (ed.), *Daughters of Hecate*, Oxford, 2014, 386–417.

77. David Frankfurter, "Fetus Magic and Sorcery Fears in Roman Egypt", *Greek, Roman and Byzantine Studies*, 46 (2006), 37–62.

78. Isaac Shapera, "Sorcery and Witchcraft in Bechuanaland", *African Affairs*, 51 (1952), 41–52.

79. Bronislaw Malinowski, *Argonauts of the Western Pacific*, Londres, 1922, 73–7,239–42,393.

80. Alex Scobie, "Strigiform Witches in Roman and Other Cultures", *Fabula*, 19 (1978), 74–101.

81. Para textos originais, ver O.R. Gurney, "Babylonian Prophylactic Figures and their Rituals"; e Langdon, "Babylonian Liturgies", 12–15. Para comentários, Raphael Patai, *The Hebrew Goddess*, Detroit, 3ª edição, 1990, 221–2; Thompson, *Semitic Magic*, 65–8; Schwemer, "Magic Rituals", 427–8; Markham J. Geller, "Tablets and Magical Bowls", por Shaul Shaked (ed.), *Officina Magica: Essays on the Practice of Magic in Antiquity*, Leiden, 2005, 53–72; Kathrin Trattner, "From Lamashtu to Lilith", *Disputatio Philosophica*, 15 (2014), 109–18.

82. Patai, *The Hebrew Goddess*, 222. Uma estátua em terracota muito mais famosa é aquela de uma figura feminina nua, alada, com pés em garras, instalada no Museu Britânico e conhecida como *Burney Relief*, ou mais romanticamente como a Rainha da Noite, tem sido frequentemente utilizada acriticamente como uma representação de um *lilitu*, ou simplesmente "Lilith". Por sua iconografia, no entanto, ela certamente não é uma demônia, mas uma deusa: Dominique Collon, *The Queen of the Night*, Londres, 2005.

83. Isto tem sido intensamente arugmentado por Judit M. Blair, *De-Demonising the Old Testament*, Tübingen, 2009, 63–95.

84. Os textos originais podem ser encontrados em Joseph Naveh e Shaul Shaked (ed.), *Amulets and Magic Bowls: Aramaic Incantations of Late Antiquity*, Jerusalém, 3ª edição, 1998. Comentários a respeito e também sobre Lilith(s) no Talmud e após estão em Patai, *The Hebrew Goddess*, 223–40; Lesses, "Exe(o)rcizing Power"; Geller, "Tablets and Magical Bowls"; e Blair, *De-Demonising the Old Testament*, 24–30.

85. Os textos principais sobre a *lamia* estão publicados em Daniel Ogden, *Dragons, Serpents and Slayers in the Classical and Early Christian Worlds: A Sourcebook*, Oxford, 2013, 68–107. Discussões em Johnston, *Restless Dead*, 119–23, 165–79; e "Defining the Dreadful: Remarks on the Greek Child-Killing Demon", por Meyer e Mirecki (ed.), *Ancient Magic and Ritual Power*, 361–87; Daniel Ogden, *Drakōn: Dragon Myth and Serpent Cult in the Greek and Roman Worlds*, Oxford, 2013, 86–92; e Stamatios Zochios, "Lamia", Trictrac, 4 (2011), 96–112 (Sou grato ao autor por ter me enviado o artigo de presente).

86. Para mais discussões, ver Walter Burkert, *The Orientalizing Revolution*, Cambridge MA, 1992, 82–7; Ogden, *Drakōn*, 95; Johnston, "Defining the Dreadful", 380.

87. Todos os demais textos importantes estão em Samuel Grant Oliphant, "The Story of the Strix", *Transactions of the American Philological*

Association, 44 (1913), 133–49; e 45 (1914), 49–63, aos quais também podemos acrescentar Ovídio, *Fastos*, 6.131–68. Mais discussões podem ser encontradas no artigo de Oliphant e também em David Walter Leinweber, "Witchcraft and Lamiae in 'The Golden Ass'", *Folklore*, 105 (1994), 77–82; Johnston, *Restless Dead*, 165–9; e Laura Cherubini, "The Virgin, the Bear and the Upside-Down Strix", *Arethusa*, 42 (2009), 77–97. As observações a seguir são baseadas nestas fontes.

88. Ovídio, *Amores*, 1.8.2; e *Fastos*, 6.131–68.

89. Sexto Pompeu Festo, *De verborum significatione*, 314.33, publicado em *Patrologia Latina*, vol. 95, col. 1668. Festo provavelmente escreveu no século II, mas estava resumindo uma obra de Verrius Flaccus do século I.

90. (?Pseudo-) Luciano, *Lucius ou O Burro*, c.12; Apuleio, *Metamorfoses*, c. 16.

91. Apuleio, *Metamorfoses*, 1.17, 5.11.

92. Foi Norman Cohn quem primeiro notou e explorou o potencial completo disso, em *Europe's Inner Demons*, Londres, 2ª edição, 1993, 162–6. Alguns dos principais textos foram publicados em P.G. Maxwell-Stuart (ed.), *The Occult in Medieval Europe*, Basingstoke, 2005, 135–6.

93. *Pactus legis Salicae*, textos 19 e 64, em *Monumenta Germaniae historica. Leges. Section One. Volume Four*. Part One, Hanover, 1962, 81–2, 230–31.

94. *Leges Alamannorum, Fragmentum II*, parágrafo 31, em *Monumenta Germaniae historica. Leges. Section One. Volume Five*, Hanover, 1962, 23.

95. *Edictus Rothari*, n. 197–8, 376, em *Monumenta Germaniae historica. Leges. Section One. Volume Four*, Witzenhausen, 1962, 53, 91.

96. *Capitularia Regum Francorum, Capitulatio de partibus Saxonicae*, parágrafo 6, em *Monumenta Germaniae historica. Leges. Section Two. Volume One*, Hanover, 1973, 68–9.

97. Mais uma vez, foi Norman Cohn, *Europe's Inner Demons*, 164–6, foi quem chamou a atenção para a trilha de textos que levava ao período medieval.

98. Paul Piper (ed.), *Notkers und seiner Schule Schriften*, Freiburg, 1883, vol. 1, 787. O termo usado para bruxas é o padrão alemão medieval.

99. Burchard, *Decretum*, Livro 19, c.170.

100. Gervase of Tilbury, *Otia Imperialia*, Livro 3, c. 85–8.

101. Júlio César, *Guerras da Gália*, 1.50.

102. Tácito, Germania, c. 8.

103. Jacob Grimm, *Teutonic Mythology*, trad. James Steven Stallybrass, Londres, 1883, vol. 1, 95–7, 396; Grimm cita outras fontes relevantes, Strabo, Dio Cassius, Gregory of Tours e Saxo Grammaticus.

3. Sagrado: transe xamânico

1. Graham Harvey, "Introduction", por Harvey (ed.), *Shamanism: A Reader*, Londres, 2003, 18.

2. Para explicações de seu desenvolvimento, ver Gloria Flaherty, *Shamanism and the Eighteenth Century*, Princeton, 1992; Jane Monnig Atkinson, "Shamanisms Today", *Annual Review of Anthropology*, 21 (1992), 307–30; Peter N. Jones, "Shamanism", *Anthropology of Consciousness*, 17 (2006), 4–32; Andrei A. Znamenski, *The Beauty of the Primitive: Shamanism and the Western Imagination*, Oxford, 2007; e Jeroen W. Boekhoven, *Genealogies of Shamanism*, Groningen, 2011.

3. Exemplos de todos esses empregos do termo são encontrados em obras citadas nas fontes acima. Para uma série de discussões e caracterizações desde o início do século, ver Alice Beck Kehoe, *Shamans and Religion, Prospect Heights*, 2000; Jeremy Narby e Francis Huxley (ed.), *Shamans Through Time*, Londres, 2001; Henri-Paul Francfort e Roberte N. Hamayon (ed.), *The Concept of Shamanism*, Budapeste, 2001; Alby Stone, *Explore Shamanism*, Loughborough, 2003; Fiona Bowie, *The Anthropology of Religion*, 2ª edição, Oxford, 2006, 174–96; Graham Harvey e Robert J. Wallis, *Historical Dictionary of Shamanism*, Lanham MD, 2007, 2; Aldo Colleoni, "Shamanism", por Colleoni (ed.), *Mongolian Shamanism*, Ulan Bator, 2007,

25-35; Angela Sumegi, *Dreamworlds of Shamanism and Tibetan Buddhism*, Nova York, 2008, 1-25; Thomas A. Dubois, *An Introduction to Shamanism*, Cambridge, 2009; Christine S. Van Pool, "The Signs of the Sacred", *Journal of Anthropology and Archaeology*, 28 (2009), 177-90; H. Sidky, "Ethnographic Perspectives on Differentiating Shamans from other Ritual Intercessors", *Asian Ethnology*, 69 (2010), 213-40; Adam J. Rock e Stanley Krippner, *Demystifying Shamans and their World*, Exeter, 2011, x-xi, 1-40; Diana Riboli e Davide Torri (ed.), *Shamanism and Violence*, Farnham, 2013, 1; Marcel de Lima, *The Ethnopoetics of Shamanism*, Basingstoke, 2014, 1-5.

4. Carlo Ginzburg, *The Night Battles*, Londres, 1983; e *Ecstasies: Deciphering the Witches' Sabbath*, Londres, 1992; citação na p. 300. Sua argumentação, baseada em teorias mais antigas, era de que as práticas xamânicas foram trazidas para a Europa por migrações pré-históricas por meio das estepes: para o destino subsequente de tais teorias, ver Jan N. Bremmer, "Shamanism in Classical Scholarship: Where Are We Now?", por Peter Jackson (ed), *Horizons of Shamanism*, Estocolmo, 2016, 52-78, que também reflete nas conclusões de Ginzburg em torno do assunto.

5. Boekhoven, *Genealogies of Shamanism*, 129.

6. Seu grande livro foi *Shamanism*, cuja edição inglesa foi inicialmente publicada em Londres em 1964. Para conecer minha própria crítica para a definição, ver Ronald Hutton, *Shamans*, Londres, 2001, especialmente p. 120-31; outras podem ser encontradas nos trabalhos citados nas referências 1, 2 e 4 acima.

7. Mircea Eliade, "Some Observations on European Witchcraft", *History of Religions*, 14 (1975), 149-72. Para a aparente influência de Eliade em Ginzburg ver também Andrei A. Znamenski, *The Beauty of the Primitive*, Oxford, 2007, 170-86: Znamenski também enfatiza a importância para o pensamento de Ginzburg em sua designação para uma cadeira na Universidade da Califórnia, em Los Angeles, centro de especial entusiasmo pelo conceito de xamanismo de Eliade.

8. Tal conexão foi feita especialmente nas publicações de Vilmos Dioszegi, o grande estudioso do Magyar do xamanismo siberiano de meados do século xx.

9. De uma longa lista de publicações, algumas editadas em parceria, as mais relevantes aqui provavelmente são Gábor Klaniczay, "Shamanistic Elements in Central European Witchcraft", por Mihály Hoppál (ed.), *Shamanism in Eurasia*, Göttingen, 1984, 404-22; e Éva Pócs, *Between the Living and the Dead*, Budapeste, 1999.

10. Klaniczay, "Shamanistic Elements"; Pócs, *Between the Living and the Dead*, 14-15.

11. Gábor Klaniczay, ÉvaPócs e CarloGinzburg, e suas contribuições para a Mesa Redonda em Klaniczay e Pócs (ed.), *Witchcraft Mythologies and Persecutions*, Budapeste, 2008, 37-42, 45-9. Ver também Klaniczay, "Shamanism and Witchcraft", *Magic, Ritual and Witchcraft*, 1 (2006), 214-21.

12. Pelo menos na tradução para o inglês de sua micro-história, a qual traz esse título, realizada por Erik Midelfort e publicada em Charlottesville em 1998.

13. Onze anos de articulação desta opinião estão perfeitamente resumidos na contribuição de Henningsen para a Mesa Redonda em nº11, nas p. 35-7. Para sua primeira expressão ver Henningsen, "The White Sabbath and Other Archaic Patterns of Witchcraft", por Gábor Klaniczay e Éva Pócs (ed.), *Witch Beliefs and Witch Hunting in Central and Southern Europe*, Budapeste, 1992, 293-304.

14. As críticas às ideias de Ginzburg por historiadores anglófonos estão resumidas com referências em Yme Kuiper, "Witchcraft, Fertility Cults and Shamanism", por Brigitte Luchesi e Kocku von Stuckrad (ed.), *Religion in Cultural Discourse*, Berlim, 2006, 35-59. Desde 2005, dois estudiosos britânicos, Emma Wilby e Julian Goodare, os adaptaram ao material de sua ilha, com resultados que serão avaliados mais adiante neste livro.

15. Realizei tentativas exploratórias neste exercício em "Shamanïsm: Mapping the Boundaries", *Magic, Ritual and Witchcraft*, 1 (2006),

REFERÊNCIAS & FONTES DE SABEDORIA } .471

209-13; e diante de uma plateia de especialistas na Åbo University, Finland, em 2007 e na Universidade de Harvard em 2009. Sou muito grato aos membros por seus comentários de apoio e um tanto prestativos, e, acima de tudo, ao próprio Carlo Ginzburg, em Harvard, por sua generosidade.

16. Em *Between the Living and the Dead*, 7.

17. Paulo, o Diácono, *Historia Langobardorum*, Livro 3, c. 34.

18. Gerald of Wales, *Itinerary Through Wales*, c. 16.

19. Lawrence Normand e Gareth Roberts (ed.), *Witchcraft in Early Modern Scotland*, Exeter, 2000, 226.

20. Matt Goldish, "Vision and Possession: Nathan of Gaza's Earliest Prophecies in Historical Context", por Goldish (ed.), *Spirit Possession in Judaism*, Detroit, 2003, 217-36.

21. Ginzburg, *Ecstasies*, 188.

22. A obra clássica desse tipo é de Miranda e Stephen Aldhouse-Green, *The Quest for the Shaman*, Londres, 2005.

23. Para outras análises desta questão, ver Neil Price (ed.), *The Archaeology of Shamanism*, Londres, 2001; Michael Winkelman, "Archaeology and Shamanism", *Cambridge Archaeological Journal*, 12 (2002), 268-70; Christine S. Van Pool, "The Signs of the Sacred", *Journal of Anthropological Archaeology*, 28 (2009), 177-90; e Homayun Sidky, "On the Antiquity of Shamanism and its Role in Human Religiosity", *Method and Theory in the Study of Religion*, 22 (2010), 68-92.

24. O termo "técnica de rito" foi adotado da obra *The Rite Technique of the Siberian Shaman*, de Anna-Leena Siikala, Helsinque, 1987. O resumo do xamanismo siberiano que se segue é baseado em minha própria obra, *Shamans*, projetada especificamente como uma das bases deste livro. Foi baseada em um levantamento dos textos que registraram o xamanismo siberiano, em todas as línguas, até o início do século xx.

25. Alexander D. King, "Soul-Suckers", *Anthropology of Consciousness*, 10 (1999), 59-68. Este estudo aborda crenças recentes entre o povo em questão, porém o autor as trata como tradicionais.

26. Os dois estudos clássicos da cultura tradicional da Sakha, Waclaw Sieroszewski, *Yakuti*, São Petersburgo, 1896, e Waldemar Jochelson, *The Yakut*, Nova York, 1933, não parecem mencionar esta crença, mas ela está registrada nos registros legais russos do século XVII estudados em S. Tokarev, "Shamanstvo u Iakutov v 17 veke", traduzido por Andrei A. Znamenski (ed.), *Shamanism in Siberia*, Dordrecht, 2003, 260-63. Sou grato ao professor Znamenski por ter enviado o livro de presente.

27. Frederica de Laguna, "The Tlingit", por William W. Fitzhugh e Aron Crowell (ed.), *Crossroads of Continents*, Washington DC, 1988, 58-63; Merete D. Jakobsen, *Shamanism*, Nova York, 1999, 94-100; George Thornton Emmons, *The Tlingit Indians*, ed. Frederica de Laguna, Seattle, 1991, 398-410; Daniel Merkur, "Contrary to Nature", por Tore Ahlbäck (ed.), *Saami Religion*, Abo, 1987, 279-93.

28. Piers Vitebsky, *The Shaman*, Londres, 1995, 25.

29. Ágnes Várkonyi, "Connections between the Cessation of Witch Trials and the Transformation of the Social Structure Related to Hygiene", *Acta Ethnographica Hungarica*, 37 (1991-2), 427-31.

30. Laura Stark-Arola, *Magic, Body and Social Order*, Helsinque, 2006, 44-9.

31. Vilmos Dioszegi, *Tracing Shamans in Siberia*, Oosteehout, 1968, 61-5; Jeno Fazekas, "Hungarian Shamanism", por Henry N. Michael (ed.), *Studies in Siberian Shamanism*, Toronto, 1963, 97-119; Mihály Hoppál, *Shamans and Traditions*, Budapeste, 2007, 60-96: Tekla Dömötör, "The Cunning Folk in English and Hungarian Witch Trials", por Venetia Newall (ed.), *Folklore Studies in the Twentieth Century*, Woodbridge, 1980, 183-7. Dioszegi encontrou paralelos entre o mito popular húngaro e siberiano, que podem ser reveladores, porém não estão diretamente associado ao *táltos*.

32. V.M. Mikhailowskii, "Shamanism in Siberia and European Russia", *Journal of the Anthropological Institute of Great Britain and Ireland*, 24 (1895), 151-7.

33. Esta referência foi levantada por Clive Tolley, *Shamanism in Norse Myth and Magic*, Helsinque, 2009, vol. 1, 81, que forneceu o texto e a tradução.

34. *Historia Norwegiae*, 4.13.23.

35. *Vatnsdaela saga*, c. 12.

36. *Ynglinga saga* c. 13; *Ólafs saga helga, in Heimskringla*, ed. Erling Monson, Cambridge, 1932, 222; *Haralds saga ins hárfagra*, c. 25; *Thorsteins thattr boejarmagns*, c. 14.

37. Henry Cornelius Agrippa, *Three Books of Occult Philosophy*, Donald Tyson (ed.), St Paul MN, 2000, 629.

38. Rune Hagen, "Lapland", por Richard M. Golden (ed.), *Encyclopedia of Witchcraft*, Santa Barbara, 2006, 125.

39. Os textos originais são citados e analisados em Ahlbäck (ed.), *Saami Religion*; Carl-Martin Edsman, "A Manuscript Concerning Inquiries into Witchcraft in Swedish Lapland", Arv, 39 (1983), 121-39; Juha Pentinkäinen, "The Saami Shaman", por Hoppál (ed.), *Shamanism in Eurasia*, 125-48; Tore Ahlbäck e Jan Bergman (ed.), *The Saami Shaman Drum*, Abo, 1987; Ake Hultkranz, "Aspects of Saami (Lapp) Shamanism", por Mihály Hoppál e Juha Pentikäinen (ed.), *Northern Religions and Shamanism*, Budapeste, 1992, 138-45.

40. Exemplos notórios desde 1990 têm incluído Ake Hultkranz, Juha Pentinkäinen, Clive Tolley, Neil Price, John Lindow, Anna-Leena Siikala e Liv Helene Willumsen.

41. Rune Blix Hagen, "Sami Shamanism", *Magic, Ritual and Witchcraft*, 1 (2006), 227-33; e '"Witchcraft and Ethnicity', por Marko Nenonen e Raisa Maria Toivo (ed.), *Writing Witch-hunt Histories*, Leiden, 2014, 141-66.

42. Além disso, Hagen cita o registro do julgamento no qual se baseia principalmente, afirmando que o *noaidi* em questão "derramou lágrimas e parecia estar em um estado

de devoção extrema" enquanto batucava seu tambor perante o tribunal. A cena — relato de uma testemunha ocular — soa mais como um estado alterado de consciência: "Sami Shamanism", 229.

43. O relato do início da Modernidade, o qual pude ler na íntegra, por KnudLeem e traduzido por John Pinkerton, *A General Collection of the Best and Most Interesting Voyages and Travels in All Parts of the World*, Londres, 1808, vol. 1, 477-8, poderia ser, em todos os detalhes, um relato de uma atuação xamânica siberiana.

44. Laura Stark-Arola, *Magic, Body and Social Order*, Helsinque, 2006, passim; Anna-Leena Siikala, *Mythic Images and Shamanism*, Helsinque, 2002, passim.

45. Siikala, *Mythi cImages*, 17.

46. Sophia Kingsmill e Jennifer Westwood, *The Fabled Coast*, Londres, 2012, 330-31.

47. Neil Price, *The Viking Way*, Uppsala, 2002; citações nas p. 315, 328, 390. Ele delineia discussões anteriores sobre o assunto nas p. 76-8, 233-5, e apresenta um excelente relato do xamanismo Sámi nas p. 233-75. Posteriormente a isso, Peter Buchholtz reafirmou sucintamente o caso de nítidos traços xamânicos na literatura nórdica antiga: "Shamanism in Medieval Scandinavian Literature", por Gábor Klaniczay e Éva Pócs (ed.), *Communicating with the Spirits*, Budapeste, 2005, 234-45.

48. Clive Tolley, *Shamanism in Norse Myth and Magic*, 2 vol., Helsinque, 2009: citação em vol.1, p. 581 (com ênfase feita por ele). Nas páginas 3-4 do mesmo volume, ele resume o debate histórico em torno do assunto (lhe dando mais peso do que Price ante a visão negativa), e em seu segundo volume reimprime prestativamente a maioria dos textos medievais relevantes com traduções.

49. *Eiriks saga rauða*, c. 4. Nesta discussão do texto em The Viking Way, 119-22, 162-71, Neil Price me critica por intitular Thorbjorg único na literatura nórdica medieval (em *Shamans*, 140), ao mesmo tempo que elogia meu livro de forma geral. Ele aponta corretamente que essa literatura contém diversos outros videntes.

Eu quis dizer apenas que nenhum dos outros detêm todos os atributos que ele de uma só vez, incluindo o traje, e quando esse mal-entendido é solucionado, ele e eu entramos em acordo.

50. *Örvar-Odds saga*, c. 3.

51. *Fridthjofs saga fraekna*, c. 5.

52. *Gongu-Hrólfs saga*, c. 3.

53. *Hrólfs saga Kraka*, c.3, 48.

54. *Hrólfs saga Kraka*, c. 48.

55. *Ynglinga saga*, c. 7. Katherine Morris, *Sorceress or Witch? The Image of Gender in Medieval Iceland and Northern Europe*, Lanham, MD, 1991, 97-117 tem uma discussão sobre os mutantes entre as divindades nórdicas em geral; ver também H.R. Ellis Davidson, "Shape-changing in the Old Norse Sagas", por J.R. Porter e W.M.S. Russell (ed.), *Animals in Folklore*, Cambridge, 1978, 126-42.

56. *The Saga of Howard the Halt*, ed. William Morris e Eikíkr Magnússon, London, Londres, 58-91.

57. *Vatnsdaela saga*, c. 29.

58. As fontes foram coletadas em Tolley, *Shamanism in Norse Myth and Magic*, vol. 2, 133-6.

59. *Laxdaela saga*, c. 76.

60. *Fóstbraedra saga*, c. 23.

61. Price, *The Viking Way*, 175-80, 325-7.

62. *Norna-Gests Tháttr*, c.11; *Orms tháttr Stórólfssonar*, c. 5-6.

63. *Laxdaela saga*, c. 35-7; *Gísla saga Súrssonar*, c. 18. John McKinnell, *Meeting the Other in Norse Myth and Legend*, Cambridge, 2005, 97, argumenta que o tema da plataforma *seidr* é antigo, na obra do século VIII *Anglo-Saxon Life of Wilfrid*, de Eddius Stephanus (c. 13) é mostrado um mago pagão do alto de uma colina amaldiçoando um grupo cristão; mas não há nada no texto que sugira que o ato de subir a colina seja um ato mágico, diferentemente de estar ali para se ter uma visão prática e vantajosa. A Antiguidade do conceito é, portanto, uma questão em aberto.

64. *Thidreks saga*, c. 352.

65. *Kormáks saga*, c. 22.

66. *Völsunga saga*, c. 5, 7, 8.

67. *Eyrbyggja saga*, c. 20. Mais exemplos de mutantes na literatura islandesa podem ser encontrados em Morris, *Sorceress or Witch?*, 93-128.

68. Bosi e Herraud, em *Seven Viking Romances*, Hermann Palsson e Paul Edwards (ed.), Londres, 1985, 204-8; *Grettis saga*, c. 79; *Gísla saga Súrssonar*, c. 18; *Kormáks saga*, c. 22; *Fóstbraedra saga*, c. 9; *Vatnsdaela saga*, c. 19; *Faereyinga saga*, c. 34, 37.

69. Para os quais, ver Gísli Pálsson, "The Name of the Witch", por Ross Samson (ed.), *Social Approaches to Viking Studies*, Glasgow, 1991, 157-68.

70. Essa sugestão tem sido feita e contestada desde os anos 1930: ver Price, *The Viking Way*, 315-17 para um resumo da discussão.

71. Tolley, *Shamanism in Norse Myth and Magic*, 152-66. Morris, *Sorceress or Witch?*, 26-92, fornece dados amplos sobre mulheres proféticas em geral, bebendo de fontes escandinavas e germânicas medievais.

72. Tácito, *Histórias*, 4.65.

73. *The Saga of Gunnlaug Serpent-Tongue*, R. Quirk (ed.), Londres, 1957, 18.

74. *Hávamál*, linha 155.

75. Tolley, *Shamanism in Norse Myth and Magic*, 129-30.

76. *Ketils saga haengs*, c. 3.

77. *Thorsteins thattr boejarmagns*, c. 2.

78. Tolley coleta as referências jurídicas medievai em *Shamanism in Norse Myth and Magic*, 133-4.

79. *Eyrbyggja saga*, c. 16.

4. Magia cerimonial

1. Robert Turner (ed.), *Henry Cornelius Agrippa His Fourth Book of Occult Philosophy*, Londres, 1655, Sig A2.

2. George Gifford, *A Dialogue concerning Witches and Witchcraft*, Londres, 1593, 54.

3. Henry Cornelius Agrippa of Nettesheim, *Three Books of Occult Philosophy*, ed. Donald Tyson, St Paul, MN, 2000, li.

4. Johann Weyer, *DeLamiis*, c. 1.

5. Norman Cohn, *Europe's Inner Demons*, 2ª edição, Londres, 1993, 102.

6. Tal autoimagem é expressa especialmente bem em Frank Klaassen, "Learning and Masculinity in Manuscripts of Ritual Magic in the Later Middle Ages and Renaissance", *Sixteenth-century Journal*, 38 (2007), 49–76; e Richard Kieckhefer, "The Holy and the Unholy: Sainthood, Witchcraft and Magic in Late Medieval Europe", *Journal of Medieval and Renaissance Studies*, 24 (1994), 355–85.

7. Para pesquisa geral dessa tradição, ver Richard Kieckhefer, *Magic in the Middle Ages*, Cambridge, 1989; e Valerie I.J. Flint, *The Rise of Magic in Early Medieval Europe*, Princeton, 1993.

8. As fontes da primeira declaração compreenderiam a maioria daquelas citadas no Capítulo Sete. A segunda delas é prontamente apoiada, *inter alia*, por Cohn, *Europe's Inner Demons*, 102–43; J.R. Veenstra, *Magic and Divination at the Courts of Burgundy and France*, Leiden, 1998; e P.G. Maxwell-Stuart, *The British Witch*, Stroud, 2014, 1–114.

9. Jean Bodin, *De la demonomania des sorciers*, Paris, 1580, Livro 1, c. 1.

10. Para uma seleção de tais estudos, ver T. Fahd, "Retour à Ibn Wahshiyya", *Arabica*, 16 (1963), 83–8; Jack Lindsay, *The Origins of Alchemy in Graeco-Roman Egypt*, Londres, 1970; David Pingree, "Some of the Sources of the Ghāyat al-Hakim", *Journal of the Warburg and Courtauld Institutes*, 43 (1980), 1–15; "Between the 'Ghaya' and 'Picatrix'", *Journal of the Warburg and Courtauld Institutes*, 44 (1981), 27–56; "The Diffusion of Arabic Magical Texts in Western Europe", em *La Diffusione delle Scienze Islamiche nel Medio Evo Europeo*, Roma, 1987, 57–102; "Indian Planetary Images and the Tradition of Astral Magic", *Journal of the Warburg and Courtauld Institutes*, 52 (1989), 1–13; e "Learned Magic in the Time of Frederick II", *Micrologus*, 2 (1994), 39–56; Peter Kingsley, "From Pythagoras to the 'Turba Philosophorum'", *Journal of the Warburg and Courtauld Institutes*, 57 (1994), 1–13; Charles Burnett, *The Introduction of Arabic Learning into England*, Londres, 1997; e "Late Antique and Medieval Latin Translations of Greek Texts on Astrology and Magic", por Paul Magdalino e Maria Mauroudi (ed.), *The Occult Sciences in Byzantium*, Geneva, 2006, 325–59; W.F. Ryan, *The Bathhouse at Midnight*, Stroud, 1999; e Charles Burnett e W.F. Ryan (ed.), *Magic and the Classical Tradition*, Londres, 2006.

11. Richard Kieckhefer, *Forbidden Rites*, Stroud, 1997, 11.

12. Michael D. Bailey, "The Meanings of Magic", *Magic, Ritual and Witchcraft*, 1 (2006), 1–23; "The Age of the Magicians", *Magic, Ritual and Witchcraft*, 3 (2008), 3–28; e *Magic and Superstition in Europe: A Concise History from Antiquity to the Present*, Lanham, MD, 2007. Outros bons livros que fornecem histórias sobre magia ocidental, de diferentes tipos dos que daqueles abordados aqui, são Bernd-Christian Otto, *Magie*, Berlim, 2011 (Sou muito grato ao ator por ter me presenteado com um exemplar); Brian P. Copenhaver, *Magic in Western Culture*, Cambridge, 2015; e Steven P. Marrone, *A History of Science, Magic and Belief from Medieval to Early Modern Europe*, Nova York, 2015. O primeiro é um levantamento sobre os principais movimentos, obras e personagens da Europa desde a Antiguidade até o presente. O segundo é um estudo denso sobre a magia da Renascença, acima de tudo a de Marsilio Ficino, e da maneira como é vista pelos estudiosos modernos. O terceiro é uma análise da relação entre as posturas aprendidas em relação à religião, ciência e magia entre os séculos XII e XVII, com maior ênfase na alta e no final da Idade Média.

13. Depois que escrevi isso, Jan Bremmer chamou minha atenção para o excelente artigo de Bernd-Christian Otto, "Historicising 'Western Learned Magic'", *Aries*, 16 (2016), 161-240, no qual ele mapeia um prospecto para uma história da magia cerimonial em relação à qual, creio eu, meu próprio trabalho aqui tem — paralelamente — estado em conformidade.

14. Para comentários sobre esse processo, ver Jonathan Z. Smith, "The Temple and the Magician", por Jacob Jervell e Wayne A. Meeks (ed.), *God's Christ and his People*, Oslo, 1977, 233-48; Robert K. Ritner, "Egyptian Magical Practice under the Roman Empire", *Aufsteig und Niedergang der Römischen Welt*, II.18.5 (1995), 3333-79; Richard Gordon, "Reporting the Marvellous: Private Divination in the Greek Magical Papyri", por Peter Schäfer e Hans G. Kippenberg (ed.), *Envisioning Magic*, Leiden, 1997, 65-92; David Frankfurter, "Ritual Expertise in Roman Egypt and the Problem of the Category 'Magician'", por ibid., 115-35; e *Religion in Roman Egypt*, Princeton, 1998, 198-233.

15. A tradução padrão corrente é de Hans Dieter Betz, *The Greek Magical Papyri in Translation including the Demotic Spells*, Chicago, 1986. Os papiros em grego geralmente são abreviados para PGM (Papyri Graecae Magicae), e aqueles em Demótico para PDM (Papyri Demoticae Magicae). Para comentários, ver Arthur Darby Nock, *Essays on Religion and the Ancient World*, Oxford, 1972, 176-94; Hans Dieter Betz, "The Formation of Authoritative Tradition in the Greek Magical Papryi", por Ben F. Meyer e E.P. Sanders (ed.), *Jewish and Christian Self-Definition*, Londres, 1982, 161-70; e "Magic and Mystery in the Greek Magical Papyri", por Christopher D. Faraone e Dirk Obbink (ed.), *Magika Hiera: Ancient Greek Magic and Religion*, Oxford, 1991, 244-59; William M. Brashear, "The Greek Magical Papyri", *Aufstieg und Niedergang der Römischen Welt*, ll.18.5 (1995), 3380-84; Jonathan Z. Smith, "Trading Places", por Marvin Meyer e Paul Mirecki (ed.), *Ancient Magic and Ritual Power*, Leiden, 1995, 23-7; Leda Jean Ciriao, "Supernatural Assistants in the Greek Magical Papyri", por ibid., 279-95;

Fritz Graf, *Magic in the Ancient World*, Cambridge, MA, 1997, 97-116; Sarah Iles Johnston, "Sacrifice in the Greek Magical Papyri", por Paul Mirecki e Marvin Meyer (ed.), *Magic and Ritual in the Ancient World*, Leiden, 2002, 344-58; Anna Scibilia, "Supernatural Assistance in the Greek Magical Papyri", por Jan N. Bremmer e Jan R. Veenstra (ed.), *The Metamorphosis of Magic from Late Antiquity to the Early Modern Period*, Leuven, 2002, 71-86.

16. Por exemplo, PGM III.494-501; IV.930-1114; e XIa.1-40.

17. Por exemplo, PGM IV.850-929; V.1-53; VII.540-78; e XIV.1-92, 150-231.

18. PGM IV.850-929.

19. PGM IV.1265-74.

20. PGM III.494-501.

21. Por exemplo, PGM V.146-50.

22. PGM III.211-29; V.5; e VIII.335-9.

23. Por exemplo, PGM IV.475-7; e XII.92-4.

24. PGM I.53, 127 e 191.

25. PGM LXX.5-16; e III.559-610.

26. PGM IV.164-221.

27. PGM IV.75-750.

28. A natureza do debate e suas principais fontes, até o ano de 2003, são resumidas e avaliadas em minha obra *Witches, Druids and King Arthur*, Londres, 2003, 117-18.

29. Sarah Iles Johnston, *Hekate Soteira*, Atlanta, 1990, 2; Rowland Smith, *Julian's Gods*, Londres, 1995, 93; Polymnia Athanassiadi, "The Chaldean Oracles", por Polymnia Athanassiadi e Michael Frere (ed.), *Pagan Monotheism in Late Antiquity*, Oxford, 1999, 153-5. A edição padrão vigente é a de Edouard des Places, *Oracles Chaldaiques*, Paris, 1971, com a tradução para o inglês de Ruth Majercik, *The Chaldean Oracles*, Leiden, 1989. A numeração dos fragmentos aqui é aquela feita por des Places.

30. Fragmentos n. 2, 109,132-3, 135 e 149-50.

31. Fragmentos n. 219, 221 e 223-5.

32. A melhor edição e também mais recente para ser aquela de Henri Dominique Saffrey de Paris em 2012.

33. Iamblichus, *On the Mysteries of the Egyptians, Chaldeans and Assyrians*, 5.22-3; 96.13-97.8; 161.10-15; 197.12-199.5; 218.5-10; 227.1-230.16; 233.7-16; e 264.14-265.6. Adotei a edição padrão de Edouard des Places, publicada em Paris em 1966.

34. Eunápio, *Vida dos Filósofos e Sofistas*, seções 474-80.

35. Proclo, *Sobre a Arte Sagrada*, tradução de Brian Copenhaver em "Hermes Trismegistus, Proclus and the Question of a Philosophy of Magic in the Renaissance", por Ingrid Merkel e Allen G. Debus (ed.), *Hermeticism and the Renaissance*, Washington, DC, 1988, 103-5.

36. Isto foi discutido por E.R. Dodds, *The Greeks and the Irrational*, Berkeley, 1951, 296; e Matthew Dickie, *Magic and Magicians in the Ancient World*, Londres, 2001, 317-18.

37. Proclo, *Diálogos de Platão*, linha 3.41.3, ed. E. Diehl, Leipzig, 1906.

38. Johnston, *Hekate Soteira*, 90; Stephen Ronan, "Hekate's lynx", *Alexandria*, 1 (1991), 326. Para uma discussão mais aprofundada sobre teurgia, ver minha obra *Witches, Druids and King Arthur*, 117-28, que também fornece extensa bibliografia. Publicações notórias desde então incluem Emma C. Clarke, *Iamblichus's 'De Mysteriis'*, Aldershot, 2001; e Ilinca Tanaseanu-Döbler, *Theurgy in Late Antiquity*, Göttingen, 2013.

39. M.A. Morgan (ed.), *Sepher ha-Razim*, Chico, CA, 1983. Para sua datação, consulte a introdução desta edição, e P.S. Alexander, "Incantations and Books of Magic", por Emil Schürer, *The History of the Jewish People in the Age of Jesus Christ*, ed. Geza Vermes, Edinburgh, 1986, vol. 3, 347-8; e "Sepher ha-Razim and the Problem of Black Magic in Early Judaism", por Todd E. Klutz (ed.), *Magic in the Biblical World*, London, 2003, 184-90; Pablo A. Torijano, *Solomon the Esoteric King*, Leiden, 2002, 192-244; e Gideon Bohak, *Ancient Jewish Magic*, Cambridge, 2008, 169-83. A reconstrução do texto foi uma realização de Mordecai Margaliouth, que publicou a edição definitiva em hebraico.

40. Usei as edições de Moses Gaster publicadas em Londres em 1896. Para comentários, ver a apresentação de Gaster; Alexander, "Incantations and Books of Magic", 350-52; e Bohak, *Ancient Jewish Magic*, 169-83.

41. Bohak, *Ancient Jewish Magic*, 143-350. Ver também Rebecca Lesses, "Speaking Angels: Jewish and Greco-Egyptian Revelatory Adjurations", *Harvard Theological Review*, 89 (1996), 41-60, que atinge conclusões semelhantes. Os textos nas quais elas são baseadas podem ser encontrados em Lawrence H. Schiffman e Michael D. Swartz (ed.), *Hebrew and Aramaic Incantation Texts from the Cairo Genizah*, Sheffield, 1992.

42. Comparei as edições de F.C. Conybeare, em Londres em 1898 e D.C. Duling, por James H. Charlesworth (ed.), *The Old Testament Pseudepigrapha*, Londres,1983, vol. 1, 935-87. Para comentários, ver a apresentação de tais edições, bem como aquelas de Charles Chariton McCown em Leipzig em 1922; e também de Sarah Iles Johnston, "The 'Testament of Solomon' from Late Antiquity to the Renaissance", por Bremmer e Veenstra (ed.), *The Metamorphosis of Magic*, 35-49; Torijano, *Solomon the Esoteric King*, 41-87; Alexander, "Incantations and Books of Magic", 372-4; Todd E. Klutz, *Rewriting the "Testament of Solomon"*, Nova York, 2005; e James Harding e Loveday Alexander, "Dating the Testament of Solomon", www.st-andrews. ac.uk/divinity/rt/otp/guestlectures/harding, acessado em 9 de maio de 2014.

43. Os textos chave foram editados por Marvin Meyer e Richard Smith, como *Ancient Christian Magic*, Princeton, 1994. Ver também Nicole B. Hansen, "Ancient Execration Magic in Coptic and Islamic Egypt", por Mirecki e Meyer (ed.), *Magic and Ritual in the Ancient World*, 427-45; Frankfurter, *Religion in Roman Egypt*, 257-64; e Brashear, "The Greek Magical Papyri", 3470-73.

44. As referências foram coletadas em Owen Davies, *Grimoires: A History of Magic Books*, Oxford, 2009, 19-21.

45. Tais dados podem ser encontrados em Robert Kriech Ritner, *The Mechanics of Ancient Egyptian Magical Practice*, Chicago, 1993, 36-8,

72, 111-90; e "Egyptian Magical Practice under the Roman Empire", 3345-58; Geraldine Pinch, *Magicin Ancient Egypt*, Londres, 1994,62-164; Frankfurter, "Ritual Expertise in Roman Egypt"; Brashear, "The Greek Magical Papyri", 3429; Ian Meyer, "The Initiation of the Magician", por David B. Dodd e Christopher A. Faraone (ed.), *Initiation in Ancient Greek Rituals and Narratives*, Londres, 2003, 223-4; John Gee, "The Structure of Lamp Divination", por Kim Ryholt (ed.), *Acts of the Seventh International Conference of Demotic Studies*, Copenhagen, 1999, 207-18; e Joachim Friedrich Quack, "From Ritual to Magic", por Gideon Bohak et al. (ed.), *Continuity and Innovation in the Magical Tradition*, Leiden, 2011, 43-84.

46. Brashear, "The Greek Magical Papyri", 3422-40.

47. S.J. Tester, *A History of Western Astrology*, Woodbridge, 1987, 11-29.

48. Dickie, *Magic and Magicians*, 212-14, reúne a maioria das referências, e algumas delas, além de outras que ele não cita, são traduzidas por Daniel Ogden (ed.), *Magic, Witchcraft and Ghosts in the Greek and Roman Worlds*, Oxford, 2009, 49-58.

49. O proponente mais importante desse ponto de vista em época recente provavelmente tem sido Christopher Faraone, em suas diversas (e esplêndidas) publicações.

50. Emily Teeter, *Religion and Ritual in Ancient Egypt*, Cambridge, 2009, 165-7.

51. Origenes, *Contra Celsum*, I.6.8.

52. Neste momento está no Museu Nacional do País de Gales.

53. Neste momento está no Ashmolean Museum da Universidade de Oxford.

54. Roy Kotansky (ed.), *Greek Magical Amulets*, Opladen, 1994 fornece os textos.

55. Está disponível em inglês desde seu surgimento como *The Magick of Kiranus* em 1685, com uma edição moderna de Demetrios Kaimakis, *Die Kyraniden*, Frankfurt, 1980. Para comentários, ver Lynn Thorndike, *A History of Magic and Experimental Science*, Londres, 1923, vol. 2, 229-31; Henry e Renée Kahane e Angelina

Pietrangli, "Picatrix and the Talismans", Romance Philology, 19 (1966), 574-93; e Klaus Alpers, "Untersuchungen zum griechischen Physiologus und den Kyraniden", Vestigia Bibliae, 6 (1984), 13-87.

56. Eu mesmo ainda não localizei este manuscrito, mas o encanto está registrado como presente nele por C.J.S. Thompson, *The Mysteries and Secrets of Magic*, Londres, 1927, 58, e descobri que ele é um estudioso confiável quando pude verificar outros trechos de seu trabalho. Em minha obra *Witches, Druids and King Arthur*, 186, eu o reimprimi com a sugestão de que provavelmente representava uma transmissão direta desde os primórdios até os Tudor, embora houvesse uma mínima chance de que um estudioso do início da era moderna tivesse conseguido um texto greco-egípcio. Desde então, percebi que ele aparece na PGM VIII. 65-85, comprovando sua proveniência antiga. É muito difícil acreditar que se pudesse conseguir do Egito um papiro mágico original com o encanto no início da era moderna, embora não seja totalmente impossível.

57. David Porreca, "Divine Names: A Cross-Cultural Comparison", *Magic, Ritual and Witchcraft*, 5 (2010), 17-29.

58. Ioannis Marathakis (ed.), *The Magical Treatise of Solomon*, Cingapura, 2011, 56, 60, 64, 85, 159, 231. The Golden Hoard Press, que publicou esta edição, tem feito um excelente trabalho recentemente ao produzir boas edições de manuais de magia europeus. A caneta de junco também é encontrada no Livro I de uma cópia do século XVI de outro famoso grimório medieval tardio, Sepher Raziel, na Biblioteca Britânica, Sloane MS 3846, agora disponível na internet no endereço www.esotericarchives.com/raziel/raziel.htm, acessado em 28 de janeiro de 2021.

59. Bodleian Library, MS e Museo 243, fo. 26.

60. PGMII.18; III.425; VII.412; PDMXIV.116.

61. Warren R. Dawson, "The Lore of the Hoopoe", *The Ibis*, 121 (1925), 32-5.

62. Richard Kieckhefer, *Forbidden Rites: A Necromancer's Manual of the Fifteenth Century*, Stroud, 1997.

63. Bodleian Library, ms e Museo 219, f. 186v; British Library, Sloane ms 3132, f. 56v.

64. Andrei Torporkou, "Russian Love Charms in a Comparative Light", por Jonathan Roper (ed.), *Charms, Charmers and Charming*, Basingstoke, 2009, 126-49.

65. A diferentes versões na British Library Royal ms17a. xlii, f. 15r-23, e Sloane mss 313, fos 27-45; 3826, fos 58-83; 3854, fos 112-39; 3853, fos 1-25; e 3885, fos 1-25, 58-125. Joseph Peterson editou uma compilação em www.esotericarchives.com/juratus/juratus.htm, acessado em 28 de janeiro de 2021, e Gösta Hedegård fez outro em Estocolmo em 2002, com atenção dedicada às diferentes revisões. Para comentários, ver as seguintes edições, Robert Mathiesen, "A Thirteenth-century Ritual to Attain the Beatific Vision from the 'Sworn Book' of Honorius of Thebes"; e Richard Kieckhefer, "The Devil's Contemplatives", por Claire Fanger (ed.), *Conjuring Spirits*, Stroud, 1998, 143-62 e 250-65; Katelyn Mesler, "The 'Liber Iuratus Honorii' and the Christian Reception of Angel Magic"; e Jan R. Veenstra, "Honorius and the Sigil of God", por Claire Fanger (ed.), *Invoking Angels*, University Park, pa, 2012, 113-91.

66. A edição padrão é a compilação feita por Samuel Liddell MacGregor Mathers, em Londres em 1888. A apresentação publicada nas p. 2-4, é da Biblioteca Britânica, O anexo ms 10862, um trabalho de meados do século xvi.

67. "Albertus Magnus", *De virtutibus herbarum, lapidumet animalium*, Amsterdã, 1648, 128.

68. Tomás de Aquino, *Suma Teológica*, 2a-2ae, Quaestio 96.

69. Ver fontes na referência n. 6.

70. Julien Véronèse, *L'Ars notoria au Moyen Age et à l'époque moderne*, Florença, 2007, inclui uma edição crítica do texto. Uma versão do século xvii foi traduzida e editada por Joseph H. Peterson, em *The Lesser Key of Solomon*, York Beach, mn, 2001, 155-220. Para comentários, ver Michael Camille, "Visual Art in Two Manuscripts of the Ars Notoria", por Claire Fanger (ed.), *Conjuring Spirits: Texts and Traditions of Medieval Ritual Magic*, Stroud, 1998, 110-39; e Julien Véronèse, "Magic, Theurgy and Spirituality in the Medieval Ritual of the 'Ars Notoria'", por Fanger (ed.), *Invoking Angels*, 37-78.

71. Nicholas Watson, "John the Monk's 'Book of Visions of the Blessed and Undefiled Virgin Mary'"; e Claire Fanger, "Plundering the Egyptian Treasure: John the Monk's 'Book of Visions' and its Relation to the Ars Notoria of Solomon", por Fanger (ed.), *Conjuring Spirits*, 163-29 (fornecendo o texto entre eles); Claire Fanger e Nicholas Watson,"The Prologue to John of Morigny's 'Liber Visionum'", *Esoterica*, 3 (2001), 108-17 (com o texto).

72. Esses recursos estão especialmente evidentes na Biblioteca Britânica, Sloane ms 3854.

73. Joshua Trachtenberg, *Jewish Magic and Superstition*, Nova York, 1939. A mesma ideia é repetida com material complementar em John M. Hull, *Hellenistic Magic and the Synoptic Tradition*, Londres, 1974, 31-5; Kieckhefer, "The Devil's Contemplatives"; e Mesler, "The 'Liber Iuratus Honori'".

74. Giancarlo Lacerenza, "Jewish Magicians and their Clients in Late Antiquity", por Leonard V. Rutgers (ed.), *What Athens has to do with Jerusalem*, Leuven, 2003, 401-19. Para textos originais do início da Idade Média, escritos por clérigos que condenavam a invocação de anjos e nomeando-os, ver P.G. Maxwell-Stuart (ed.), *The Occult in Medieval Europe*, Basingstoke, 2003, 142, 145.

75. Assim como as fontes na referência nº71, ver Jan R. Veenstra, "The Holy Almandel", por Bremmer e Veenstra (ed.), *The Metamorphosis of Magic*, 189-229; Peter Schäfer, "Jewish Magical Literature in Late Antiquity and Early Middle Ages", *Journal of Jewish Studies*, 41 (1990), 75-91; Alexander, "Incantations and Books of Magic", 361-3; *Michael Swartz, Scholastic Magic*, Princeton, 1996; Rebecca Lesses, "Speaking Angels", *Harvard Theological Review*, 89 (1996), 41-60; e Julien Véronèse, "God's Names and their Uses in the Books of Magic Attributed to King Solomon", *Magic, Ritual and Witchcraft*, 5 (2010), 30-50. Para exemplos mais ermos de magia angelical judaica, consulte o Livro de Tobias, 8.1-3; *Sepher ha-Razim* e *Harba de-Moshe*,

REFERÊNCIAS & FONTES DE SABEDORIA } .479

acima; e Schiffman e Swartz (ed.), *Hebrew and Aramaic Incantation Texts*. Para textos mágicos cristãos envolvendo intenso uso de anjos e nomes sagrados, consulte o *Testament of Solomon, Magical Treatise of Solomon, Sworn Book*, e Sepher Raziel, acima; Turner, *Henry Cornelius Agrippa His Fourth Book of Occult Philosophy*, sig. F–K ("Of Occult Philosophy or of Magical Ceremonies", L–P2 ("The Heptameron"), e Z–Dd2 ("The Arbatel"); Bodleian Library, Rawlinson MS D252, f. 85–87v; Peterson (ed.), *The Lesser Key of Solomon*, 109–45 ("The Art Pauline", e 147–54 ("The Almadel"); e Stepher Skinner e David Rankine (ed.), *Practical Angel Magic of Dr John Dee's Enochian Tables*, Cingapura, 2004.

76. As muitas publicações relevantes de Pingree são listadas na referência 10.

77. Para uma discussão detalhada a respeito desse assunto, ver minha obra *Witches, Druids and King Arthur*, 144–58. Os textos-chave incluem Al-Kindi, De Radiis, M.T. D'Alverny e F. Hudry (ed.), *Archives d'Histoire Doctrinale et Litteraire du Moyen Age*, 41 (1974), 139–260; Frank Carmody (ed.), *The Astronomical Works of Thabit b. Qurra*, Berkeley, 1960; Abu Bakr ibn Washiyya al-Nabati, *Kitab al-Filaha al-nabatiyya*, Toufic Fahd (ed.), *L'agriculture Nabateene*, Damascus, 1993; e David Pingree (ed.), *Picatrix*, Londres, 1986. Ver também Liana Saif, *The Arabic Influences on Early Modern Occult Philosophy*, Londres, 2015, para o impacto da magia astral árabe nas visões ocidentais do cosmos.

78. PGM IV.2891–2942 e VII.795–845.

79. Corpus Hermeticum II e XVI, e Asclepius I.3. Adotei a edição publicada por Walter Scott como *Hermetica*, Oxford, 1924.

80. Para uma discussão sobre esse processo e seus resultados, ver minha obra *Witches, Druids and King Arthur*, 159–63. O trabalho publicado desde então inclui Burnett e Ryan (ed.), *Magic and the Classical Tradition*; Frank Klaassen, *The Transformations of Magic*, University Park, PA, 2013; e Sophie Page, *Magic in the Cloister*, University Park, PA, 2013, 73–92.

81. Thompson, *The Mysteries and Secrets of Magic*, 157–8.

82. Samuel Daiches, *Babylonian Oil Magic in the Talmud and Later Jewish Literature*, Londres, 1913, 32–3.

83. Luciano, *Menippus*, c. 7.

84. Ritner, *The Mechanics of Ancient Egyptian Magical Practice*, 57–67.

85. PGM IV.2006–25; e VII.846–61.

86. C.K. Barrett (ed.), *The New Testament Background: Selected Documents*, 2ª edição, Londres, 1987, 191–2.

87. G. Storms, *Anglo-Saxon Magic*, The Hague, 1948, 86–7.

88. Nicholas Campion, *The Great Year*, Londres, 1994, 87–94.

89. Al-Nadim, *The Fihrist*, ed. Bayard Dodge, Nova York, 1970, 746–7.

90. PGM IV.3172–86, VII.478–83 e XIII.821–88.

91. Storms, *Anglo-Saxon Magic*, 87–8.

92. J.E. Circlot, *A Dictionary of Symbols*, Londres, 1962, 196–7.

93. Luciano, *A Slip of the Tongue in Salutation*, c. 5.

94. C.J. de Vogel, *Pythagoras and Early Pythagoreanism*, Assen, 1966, 28–49 e 292–7; citações nas p. 36 e 44, enquanto a taça com o escudo estão em 47–8.

95. William of Auvergne, *De legibus*, c. 27.

96. Fontes na referência 72.

97. No verso 27.

98. Antonio da Montolmo, *De ocultis et manifestis*, c. 6.

99. Nicholas Eymeric, *Directorium inquisitorium*, edição romana de 1587, 338. Kieckhefer, *Forbidden Rites*, 120, encontra outras referências do século XIV aos círculos mágicos.

100. Eles são encontrados, por exemplo, nas várias versões do *Sworn Book of Honorius*, no *Magical Treatise of Solomon* e *Key of Solomon*, citados acima, "The Heptameron", e "Munich Handbook", ed. Kieckhefer em *Forbidden Rites*. Ver também Veenstra, "The Holy Almandel", e

"Sepher Raziel" e "The Dannel" na Biblioteca Britânica, Sloane MS 3853, f. 46–81 e 176–260; além da Bodleian Library, MS e Museo 173 e Rawlinson MS D252, f. 160–65.

101. J. Schouten, *The Pentagram as a Medical Symbol*, Nieuwkoop, 1968,29–45.

102. Circlot, *Dictionary of Symbols*, 196–7.

103. "Sir Gawain and the Green Knight", Fit 2, verses 27–8; Antonio da Montolmo, *De occultis et manifestis*. c. 6.

104. Isso é discutido por Kieckhefer, *Forbidden Rites*, 175.

105. Ver os comentários sobre os manuscritos na edição de Ioannis Marathakis. Para uma visão geral dos textos bizantinos, ver Richard P.H. Greenfield, *Traditions of Belief in Late Byzantine Demonology*, Amsterdã, 1988; Henry Maguire (ed.), *Byzantine Magic*, Washington DC, 1995; e Paul Magdalino e Maria Maroudi (ed.), *The Occult Sciences in Byzantium*, Gênova, 2006.

5. Sabbath das Bruxas

1. Examinei tais desenvolvimentos de maneira mais completa, com referências, na obra *The Triumph of the Moon: A History of Modern Pagan Witchcraft*, Oxford, 1999, 111–50; e em "Witchcraft and Modernity", por Marko Nennonen e Raisa Maria Toivo (ed.), *Writing Witch-hunt Histories*, Leiden, 2014, 191–212.

2. Mais uma vez, examinei a carreira, ideias e impacto de Margaret Murray em *Triumph of the Moon*, 194–201, 272–6 e 362. Outras reflexões a respeito foram geradas em Folklore Society, a qual ela liderou: Jacqueline Simpson, "Margaret Murray", *Folklore*, 105 (1994), 89–96; e Caroline Oates e Juliette Wood, *A Coven of Scholars*, Londres, 1998.

3. Norman Cohn, *Europe's Inner Demons*, Londres, 1975.

4. O livro em questão foi traduzido para o inglês como *The Night Battles*, Londres, 1983. Forneci uma extensa análise de sua relação com a obra "Murray thesis" em *Triumph of the Moon*, 276–8.

5. Carlo Ginzburg, *Ecstasies: Deciphering the Witches' Sabbath*, Raymond Rosenthal (trad.), Londres, 1992, 7–15: citações nas p. 8–9.

6. Em *Triumph of the Moon*, 112–31, delineei o desenvolvimento desse complexo de ideias, com referências completas.

7. Jeroen W. Boekhoven, *Genealogies of Shamanism*, Groningen, 2011, 134.

8. O elemento Frazeriano em *The Night Battles* de Ginzburg é destrinchado em detalhes em minha obra *Triumph of the Moon*, 277–8.

9. Todas essas declarações podem ser encontradas em Éva Pócs, "The Popular Foundations of the Witches' Sabbath and the Devil's Pact in Central and Southern Europe", por Gábor Klaniczay e Pócs (ed.), *Witch Beliefs and Witch Hunting in Central and Southern Europe*, Budapeste, 1992, 305, 335.

10. Gustav Henningsen, *The Witches' Advocate*, Reno, 1980; e "The Ladies from Outside", por Bengt Ankarloo e Henningsen (ed.), *Early Modern Witchcraft*, Oxford, 1990, 191–218.

11. Para sumários recentes do conceito, de lados opostos do Atlântico, ver Jonathan Durrant e Michael Bailey, *Historical Dictionary of Witchcraft*, Lanham, 2003, 204; e Doris Boden et al. (ed.), *Enzyklopädie des Marchens*, Berlim, 2011, vol. 14, parte 2, col. 795–804.

12. Ginzburg, *The Night Battles*, 40–48; citação nas p. 47–8.

13. Éva Pócs, *Between the Living and the Dead*, Budapeste, 1999, 25.

14. Claude Lecouteux, *Phantom Armies of the Night*, Jon E. Graham (trad.), Rochester, VT, 2011, 2, 199. Para uma publicação recente mais sucinta que incorpora a construção Grimm na íntegra, ver Alan E. Bernstein, "The Ghostly Troop and the Battle over Death", por Mu-Chou Poo (ed.), *Rethinking Ghosts in World Religions*, Leiden, 2009, 115–16. Ver também Steven P. Marrone, *A History of Science, Magic and Belief from Medieval to Early Modern Europe*, Londres, 2015, 62–3, para um trabalho ainda mais recente e de muito boa qualidade, que ainda engloba a visão de Ginzburg e Lecouteux sobre a Caçada Selvagem.

REFERÊNCIAS & FONTES DE SABEDORIA } .481

15. Uma ilustração estendida desse argumento, com referência aos costumes do calendário britânico, pode ser encontrada em minha obra *The Stations of the Sun: A History of the Ritual Year in Britain*, Oxford, 1996.

16. Mais uma vez, concedi especial reflexão sobre esse assunto em *Stations* e em *Triumph of the Moon*, 112-31. Para um ensaio específico sobre a metodologia de Grimm, ver Beate Kellner, *Grimms Mythen*, Frankfurt, 1994.

17. Os estudos alemães estão resumidos, com referências, em Lecouteux, *Phantom Armies*, 202-8; os trabalhos marcantes para o debate mencionado são Otto Höfler, *Kultische Geheimbünde der Germanen*, vol. 1, Frankfurt, 1934; e Friedrich Ranke, *Kleinere Schriften*, Munique, 1971, 380-408. À lista de Lecouteux, Podemos acrescentar Jan de Vries, "Wodan und die wilde Jagd", *Die Nachbarn*, 3 (1962), 31-59; e Edmund Mudrak, "Die Herkunft der Sagen vom wütenden Heere und vom wilden Jäger", *Laographia*, 22 (1965), 304-23.

18. Karl Meisen, *Die Sagen vom Wütenden Heer und wilden Jäger*, Münster, 1935. Entre os escritores de maior relevância aqui, os textos de Meisen dão sustentação ao trabalho de Carlo Ginzburg, Wolfgang Behringer e Claude Lecouteux.

19. Meisen foi pioneiro nisso. Para reflexões posteriores a respeito, ver Mudrak, "Die Herkunft"; Lecouteux, *Phantom Armies*, passim; e Wolfgang Behringer, *Shaman of Oberstdorf*, Charlottesville, VA, 1998, passim.

20. Lecouteux, *Phantom Armies*, 56-84.

21. Jeremy Harte, "Herne the Hunter", *At the Edge*, 3 (1996), 27-33.

22. As referências estão reunidas em Jean-Claude Schmitt, *Ghosts in the Middle Ages*, Chicago, 1994, 118-19.

23. A argumentação resumida nesta seção foi fornecida na íntegra, com as referências da fonte, em meu artigo "The Wild Hunt and the Witches' Sabbath", *Folklore*, 125 (2014), 161-78.

24. *Regionis abbati Prumiensis libris duo*, ed. F.W.H. Wasserschleben, Leipzig, 1840, 355. As traduções se encontram am Cohn, *Europe's Inner Demons*, 167; Lecouteux, *Phantom Armies*, 9; e Ginzburg, *Ecstasies*, 89-90.

25. O problema aqui é que o texto de Burchard sobrevive em cópias variantes. Aquela mais comumente adotada é a de Jacques-Paul Migne em *Patrologiae Latina*, vol. 140, que se fia na edição parisiense de 1549, e que também utilizei. Para outras versões e discussões, ver F.W. Hermann Wasserschleben, *Die Bussordnungen der abendländischen Kirche nebst einer rechtsgeschichtlichen Einleitung*, Halle, 1851, 624-82; Hermann Joseph Schmitz, *Due Bussbücher und das Kanonische Bussverfahnen*, Düsseldorf, 1898, 403-67; Paul Fournier, "Études critiques sur le Décret de Burchard de Worms", *Nouvelle revue historique de droit français et etranger*, 34 (1910), 41-112, 289-331, 564-84; John T. McNeill e Helena M. Gamer (ed.), *Medieval Handbooks of Penance*, Nova York, 1938, 321-3; e Greta Austin, *Shaping Church Law around the Year 1000*, Farnham, 2004. Cohn, Ginzburg e Lecouteux não consideraram esse problema ao discutir Holda, ao passo que Behringer o fez, em *Shaman of Oberstdorf*, 50-51, porém sem ser capaz de solucioná-lo; também não consegui.

26. Burchard, *Decretum*, Livros 10, c. 29; e 19, c .70, 90, 170-71.

27. Esses textos estão impressos, no original latino e francês medieval, em Jacob Grimm, *Teutonic Mythology*, James Steven Stallybrass (trad.), Londres, 1882, vol. 1, 282, 286-8. Grimm cita apenas parte de John of Salisbury, *Polycraticus*, 2.17. A estas fontes, podemos acrescentar a Biblioteca Britânica, Cotton MS Faust. A.8, f. 32 (penitencial do Bispo Iscanus de Exeter, fim do século XII).

28. Jacobus de Voragine, *Legenda Aurea*, c. 102.

29. Stephen of Bourbon, *Septem doni spiritus sancti*, n. 97.

30. *Jons saga baptista* c. 35.

31. Quotedin Lecouteux, *Phantom Armies*, 15.

32. Citado em Cohn, *Europe's Inner Demons*, 170-71.

33. As referências do alto-alemão médio foram coletadas em Grimm, *Teutonic Mythology*, vol. 1, 277-8.

34. Martin of Amberg.

35. Jacopo Passvanti, *Lo specchio della vera penitenza*, citado em Cohn, *Europe's Inner Demons*, 171-2. Carlo Ginzburg acrescenta mais uma referência a uma sociedade noturna liderada por Diana ou Herodíade registrada em Verona no início do século: *Ecstasies*, 94.

36. Tais referências foram coletadas em Lecouteux, *Phantom Armies*, 15-17; Ginzburg fornece mais detalhes sobre os sermões de Nuremburg em *Ecstasies*, 101; e o pauperum de Thesaurus estão em Claude Lecouteux, *Mondes Paralleles: l'Universe des Croyances du Moyen Age*, Paris, 1994, 51-2; e von Haselbach em Anton E. Schonbach, "Zeugnisse zur deutschen Volkskunde des Mittelalters", *Zeitschrift des vereins für Volkskunde*, 12 (1902), 5-6.

37. Grimm, *Teutonic Mythology*, vol.1, 272-82.

38. Ibid., vol.1, 267-72.

39. *Dives and Pauper*, Priscilla Heath Barnum (ed.), Early English Text Society, vol. 275, 1976, 157. O *canon Episcopi* está na página seguinte.

40. Ginzburg, *Ecstasies*, 297-9.

41. Tais registros foram inicialmente publicados em 1899 e são debatidos por Cohn, *Europe's Inner Demons*, 173-4; Ginzburg, *Ecstasies*, 91-3; e Behringer, *Shaman of Oberstdorf*, 54-5, 173-4, que fornece os textos originais e a tradução.

42. *Nicolai Cusae Cardinalis Opera*, Paris, 1514, vol. 2, fos. 170v-172r.

43. Ibid., 17-46. Behringer fornece os detalhes faltantes do folclore moderno, assim como Grimm fizera, uma abordagem que é evitada aqui pelos seguintes motivos: embora nós dois, por caminhos diferentes, concordemos a respeito da aparente ausência de um líder para os espíritos em questão, e sua abordagem geral sobre a natureza distinta das diferentes tradições regionais de espíritos noturnos também me parece correta.

44. Renward Cysat's *Chronicle*, publicado em Meisen, *Die Sagen*, 111-20.

45. Gustav Henningsen, "'The Ladies from Outside'".

46. Por exemplo, não há sinal disso no estudo de David Genticore sobre os julgamentos de magia no calcanhar da Itália, *From Bishop to Witch: The System of the Sacred in Early Modern Terra D'Otranto*, Manchester, 1992.

47. Isto é Giovanni Lorenzo Anania, citado em Giuseppe Bonomo, *Cacciaalle Streghe*, Palumbo, 1971, 30.

48. Aqui Pau Castell Granados fala de uma crença medieval tardia em "senhoras justas" que visitavam casas e com quem, dizia-se, as mulheres saíam às vezes: "'Wine Vat Witches Suffocate Children': The Mythical Components of the Iberian Witch", *EHumanista*, 26 (2014), 70-95. No entanto, ele não aborda evidências para tal, e assim estabelece se é uma tradição local seguramente registrada ou um relato de clérigos catalães que podem ter citado referências a ela em outras localidades da Europa.

49. Grimm, *Teutonic Mythology*, vol.1, 285-6.

50. As referências de Grimm foram repetidas, com a referência completa das fontes originais, em Cohn, *Europe's Inner Demons*, 168.

51. Ginzburg, *Ecstasies*, 91.

52. Ibid., 91-3.

53. Ibid., 104. Na página 116, Ginzburg descarta como pouco convincente a identificação do corcel como um pavão, algo já feito pelo estudioso francês Benoît, porém sem dizer o motivo.

54. *Reinardus Vulpes*, Livro 1, linhas 1143-64, traduzido para o francês como *Le Romande Renart*; existem várias edições modernas.

55. Ratherius, *Praeloquiorum libri*, 1.10, editado de forma mais acessível em *Patrologiae Latina*, vol. 136, col. 157.

56. Sua última aparição como tal parece ser em Lecouteux, *Phantom Armies*, 25 e 33.

57. J.R. Farnell, "Hekatein Art", Stephen Ronan (ed.), *The Goddes Hecate*, Hastings, 1992,36-54.

58. Linha 13.

59. *Tragicorum Graecorum Fragmenta*, ed. Bruno Snell, Göttingen, vol.1, 115.

60. Ginzburg, *Ecstasies*, 132-3.

61. O catálogo clássico do material relacionado a ela é René Magnen e Émile Thenevot, *Épona*, Bordeaux, 1956, atualizado por Claude Sterckx, *Élements de cosmogonie celtique*, Bruxelas, 1986, 9-54; e Katheryn M. Linduff, "Epona: A Celt among the Romans", *Latomus*, 38 (1979), 817-37.

62. Ginzburg, *Ecstasies*, 104–5.

63. O estudo básico a respeito permanece sendo de F. Haverfield, "The Mother Goddesses", *Archaeologia Aeliana*, 15 (1892), 314–36. Ver também Miranda Green, *The Gods of the Celts*, Londres, 1986, cap. 3; e *Celtic Goddesses*, Londres, 1995, 106–11.

64. A edição mais acessível está em *Patrologiae Latina*, vol. 114, col. 1094.

65. 2 Kings 22:14–20; e 2 Chronicles 34:22–38. Grimm estava desconfortavelmente ciente de que em 1522, Martinho Lutero sugeriu que o Huldah poderia ser a origem da Holda dos passeios noturnos, mas rejeitou a hipótese devido à proeminência da Holda no folclore alemão moderno, o qual Grimm considerava um artigo de fé como um remanescente inalterado do mundo antigo. Sendo assim ele não identificou o vínculo entre a heroína bíblica e o poema de Walahfrid: *Teutonic Mythology*, vol. 1, 271, e 3, 1367.

66. Grimm, *Teutonic Mythology*, vol.1, 281.

67. John B. Smith, "Perchta the Belly-Slitter and her Kin", *Folklore*, 115 (2004), 167–86. Compare a interpretação de Lotte Motz, "The Winter Goddess", *Folklore*, 96 (1984), 167–86, que constrói a argumentação de que Percht e Holda eram diferentes aspectos de uma deusa pagã do norte. Ela escreveu firmemente sob a tradição Grimm e, de fato, confiou boa parte de seu material em um trabalho publicado em 1914. Eu enfatizaria que sua hipótese continua possível, embora seja altamente especulativa e projeta o grosso do folclore moderno em um passado antigo imaginado, método este evitado por Smith.

68. Lecouteux, *Phantom Armies*, 19–20.

69. *Volundark vida*, verso 1; Helgakviða Hundingsbana II, em *Poetic Edda*, verso 4, adaptação da prosa de abertura 2, e adaptação da prosa de abertura 4. Lecouteux imprime a passagem relevante sobre o Disir, do *Flateyarbók*, em *Phantom Armies*, 20–21.

70. Claude Lecouteux, "Hagazussa-Striga-Hexe", *Hessische Blätter für Volks- und- Kulturforschung*, 18 (1985), 59–60.

71. Boa parte disse é habilmente descrito em Valerie I.J. Flint, *The Rise of Magic in Early Medieval Europe*, Princeton, 1993, 36–58.

72. Isto e o que se segue é um resumo da argumentação feita com referências em Hutton, "The Wild Hunt and the Witches' Sabbath", 171–5; com matéria adicional do *Le register d'Inquisition de Jacques Fournier*, Jean Duvernoy (ed.), Paris, vol. 1, 544.

73. Henningsen, "'The Ladies from Outside'".

74. Ginzburg, *Ecstasies*, 94–5. A contribuição dos sonhos para o desenvolvimento do conceito do sabbath em geral é levada em conta por Walter Stephens, *Demon Lovers*, Chicago, 2002, 125–44; e toda a questão de como os primeiros indivíduos modernos procuraram distinguir a realidade da fantasia ou do sonho em Stuart Clark, *Vanities of the Eye*, Oxford, 2007.

75. Henningsen, "'The Ladies from Outside'".

76. Behringer, *Shaman of Oberstdorf*, 17–21.

77. Nider e Alfonso Tostato, ambos citados em Josef Hansen, *Quellen und Unterschungen zur Geschichte des Hexenwahns und der Hexenverfolgung im Mittelalter*, Bonn, 1901, 89–90, 109 n. 1.

78. Citado no original em latim em Ginzburg, *Ecstasies*,145.

79. Cohn, *Europe's Inner Demons*, 176.

80. Ginzburg, *Ecstasies*, 103; o último ponto de vista está em Cohn, *Europe's Inner Demons*, 176–9.

81. Ginzburg, *Ecstasies*, 132.

82. Eles podiam por conseguinte ser vistos, com igual plausibilidade, como verdadeiros mártires, os quais pereceram por defender a própria fé; tolos imprudentes e presunçosos; ou simplórios trágicos, os quais Nicolau de Cusa teria descartado como meros dementes.

83. Ginzburg, *Ecstasies*, 296–307; Behringer, *Shaman of Oberstdorf*, 54–67, 82–133.

6. Idade Média

1. Valerie Flint, "The Demonization of Magic in Late Antiquity", por Bengt Ankarloo e Stuart Clark (ed.), *Witchcraft and Magic in Europe, Volume Two: Ancient Greece and Rome*, Londres, 1999, 279.

2. Richard Kieckhefer, *Magic in the Middle Ages*, Cambridge, 1989, 35-41.

3. Michael D. Bailey, *Magic and Superstition in Europe*, Lanham, MD, 2007, 43.

4. Orígenes, *Contra Celsum*, 1.6.8-15.

5. Agostinho, *De civitate Dei*, 7.34-5; 8.18-26; 9.1; 10.9-10; 13.18; 21.6; e *De consensu Evangelistarum*, 1.9-11.

6. Atos 8:9-24; 13:6-12; 19:13-17; Revelação 17:3-6.

7. Uma análise recente da postura dos primeiros cristãos em relação à magia é encontrada em Kimberly B. Stratton, *Naming the Witch*, Nova York, 2007, 107-41.

8. Gálatas, 22:18.

9. Tais medidas estão listadas em Bailey, *Magic and Superstition in Europe*, 52-3; e Spyros N. Trojanus, "Magic and the Devil: From the Old to the New Rome", por J.C.B. Petropoulos (ed.), *Greek Magic*, Londres, 2008, 44-52.

10. As seções relevantes do Theodosian Code and Digest of Justinian estão listadas em Daniel Ogden, *Magic, Witchcraft and Ghosts in the Greek and Roman Worlds*, Oxford, 2009, 280, 333-6. A estes, acrescente também Theodosian Code 3.9.16.

11. Amiano Marcelino, *History*, 19.12.1-18; 26.3; 28.1.8-21; 29.1-2.

12. A importância do texto de Maternus neste contexto foi apontada pela primeira vez por Matthew Dickie, *Magic and Magicians in the Greco-Roman World*, Londres, 2001, 150.

13. Libânio, *Orations*, 1.43,62-3, 98, 194, 243-50. Para uma visão geral do relacionamento de Libânio para com a magia, ver Campbell Bonner, "Witchcraft in the Lecture Room of Libanius", *Transactions and Proceedings of the American Philological Association*, 63 (1932), 34-44.

14. Libânio, *Declamations*, 41.7, 29, 51.

15. John Chrysostom, *Homily XXXVIII on Acts XVII.16, 17*. Sou muito grato à minha colega Bella Sandwell, em Bristol, por me fornecer esta referência depois de eu ter perdido um apontamento original dela.

16. Peter Brown, *Religion and Society in the Age of St Augustine*, Londres, 1972, 119-46; John O. Ward, "Witchcraft and Sorcery in the Later Roman Empire", Prudentia, 12 (1980), 93-108; Natasha Sheldon, *Roman Magic and Witchcraft in Late Antiquity*, Coalville, UT, 2002.

17. Brown e Ward, acima, possibilidades de debate sem efeito final; o material oferecido aqui é meu.

18. Dayna S. Kalleres, "Drunken Hags with Amulets and Prostitutes with Erotic Spells", Kimberly B. Stratton com Dayna S. Kalleres (ed.), *Daughters of Hecate: Women and Magic in the Ancient World*, Oxford, 2014, 219-51.

19. John Wortley, "Some Light on Magic and Magicians in Late Antiquity", *Greek, Roman and Byzantine Studies*, 42 (2001), 289-307.

20. Walter M. Shandruk, "Christian Use of Magic in Late Antique Egypt", *Journal of Early Christian Studies*, 20 (2012), 31-57.

21. David Frankfurter, "The Perils of Love: Magic and Countermagic in Coptic Egypt", *Journal of the History of Sexuality*, 10 (2001), 480-500.

22. Lynn Thorndike, *A History of Magic and Experimental Science during the First Thirteen Centuries of Our Era*, Nova York, 1923, 973.

23. H.R. Trevor-Roper, *The European Witchcraze of the Sixteenth and Seventeenth Centuries*, Londres, 1969, 12.

24. Norman Cohn, *Europe's Inner Demons*, 2ª edição, Londres, 1993, 213; Richard Kieckhefer, *European Witch Trials: Their Foundations in Popular and Learned Culture*, 1300-1550, Londres, 1976, 8-16.

25. Wolfgang Behringer, *Witches and Witch-hunts*, Cambridge, 2004, 52-6.

26. Encontrado pela primeira vez no *Theodosian Code*, 9.16.4.

27. Para tudo isto, ver principalmente Valerie Flint, *The Rise of Magic in Early Medieval Europe*, Princeton, 1993; mas também Edward Peters, *The Magician, the Witch and the Law*, Hassocks, Sussex, 1978, 1-62; Gary K. Waite, *Heresy, Magic and Witchcraft in Early Modern Europe*, Basingstoke, 2003, 11-51; Euan Cameron, *Enchanted Europe*, Oxford, 2010, 29-75; Karen Jolly, "Medieval Magic", Karen Jolly et al. (ed.), *The Athlone History of Witchcraft and Magic in Europe. Volume Three*, Londres, 2002, 1-65; Kieckhefer, *Magic in the Middle Ages*, 35-51; e Bailey, *Magic and Superstition in Europe*, 60-91. Henry Charles Lea, *Materials towards a History of Witchcraft*, Arthur C. Howland (ed.), Filadélfia, PA, 1939, vol. 1, 137-43, imprime uma sucessão de condenações do início da Idade Média.

28. Ver *Monumenta Germaniae historica. Leges. Section 1. Volume 1*, Hanover e Leipzig, 1902, 95. 257 (para os Visigodos); Theodore John Rivers (ed.), *Laws of the Salian and Ripuarian Franks*, Nova York, 1986, 210-11; P.G. Maxwell-Stuart (ed.), *The Occult in Medieval Europe*, Basingstoke, 2005, 140 (para Carlos Magno). Para as leis medievais subsequentes, abrangendo a Europa ocidental, ver Joseph Hansen, *Zauberwahn, Inquisition und Hexenprozess im Mittelalter und die Entstehung der grossen Hexenverfolgung*, Munique, 1900, 55-60, 387.

29. A maioria dos textos básicos estão em Hansen, *Zauberwahn*, 113-21; e outros por Maxwell-Stuart, *The Occult in Medieval Europe*, 90. Mais dois incidentes são recontados em Heinrich Fichtenau, *Living in the Tenth Century*, Patrick, J. Geary (trad.), Chicago, 1984, 322.

30. Reunidos e listados em Behringer, *Witches and Witch-hunts*, 53-6, com exceção da referência boêmia abaixo.

31. Muito embora esse registro pareça sobreviver apenas em uma fonte moderna, a história da Boêmia de Dubravius, citada em Lea, *Materials towards a Hstory of Witchcraft*, ed. Howland, vol. III, 1280.

32. Tomás de Aquino, *Quodlibet*, 11.9.10; *Commentary on the Four Books of Sentences*, Distinctio 34, Artigo 3, ad. 3; e *Summa contra Gentiles*, Livro 3, Parte 2, c. 104-16.

33. Fonte em Hansen, *Zauberwahn*, 118-19.

34. *Monumenta Germaniae historica. Epistolae Selectae. Volume 2, Parte 2*, 2ª edição, Berlim, 1955, 498.

35. Agobardo de Lyons, *Contra insulam vulgi opinionem de brandine*, edição mais acessível em *Patrologiae Latina*, vol. 104, cols 147-58. A existência desses escroques de proteção torna prontamente compreensível o fato de os clérigos serem capazes tanto de denunciar magos que afirmavam provocar tempestades quanto declarar que suas reivindicações eram de fato equivocadas: ver os textos discutidos em Jacob Grimm, *Teutonic Mythology*, James Stephen Stallybrass (trad.), Londres, 1882, vol. 3, 1086; e Flint, *The Rise of Magic in Early Medieval Europe*, 110-14.

36. Russell Zguta, "The Ordeal by Water (Swimming of Witches) in the East Slavic World", *Slavic Review*, 36 (1977), 224.

37. *Monumenta Germaniae historica. Scriptores XIII*, Hanover,1 881, 57.

38. Consta em Joseph Hansen, *Quellen und Untersuchungen zur Geschichte des Hexenwahns und der Hexenverfolgung im Mittelalter*, Bonn, 1901, 1.

39. Fonte citada em Hansen, *Zauberwahn*, 381.

40. As referências foram coletadas em Bernadette Filotas, *Pagan Survivals, Superstitions and Popular Cultures in Early Medieval Pastoral Literature*, Toronto, 2005, 310-12.

41. Incmaro de Rheims, *De Divortio Lotharii*, edição mais acessível em *Patrologiae Latina*, vol. 125, col. 718-25.

42. Cohn, *Europe's Inner Demons*, 214-17.

43. Tal conceito foi apresentado mais didaticamente por R.I. Moore, *The Formation of a Persecuting Society*, Oxford, 1987.

44. Os decretos e homilias estão listados em George Lyman Kittredge, *Witchcraft in Old and New England*, Nova York, 1929, 28-31, 378-80; Ronald Holmes, *Witchcraft in British History*, Londres, 1974, 37; Karen Jolly, *Popular Religion in Late Saxon England*, Chapel Hill, NC, 1996, 71-95; e Stephen Pollington, *Leechcraft*, Hockwold-cum-Wilton, Norfolk, 2000, 33, 52-3, aos quais podemos acrescentar o material de Dorothy Whitelock et al. (ed.), *Councils and Synods*, Oxford, 1981, vol. I, 320, 371, 366. O exemplo clássico de um líder religioso que fez uso de uma variedade de palavras nativas para magia e mágicos para significar magia em geral e condenar a sina, foi Aelfric de Eynsham: ver *De Auguriis*, por Walter W. Skeat (ed.), *Aelfric's Lives of Saints*, Early English Text Society, 76 (1881), 364-83; e seu sermão em *The Sermones Catholici*, Benjamin Thorpe (ed.), Aelfric Society, 1844, vol. I, 476-7. Joseph Bosworth, *An Anglo-Saxon Dictionary*, T. Northcote Toller (ed.), Oxford, 1898, 1213, mostra como as palavras anglo-saxãs eram usadas para glosar uma gama de termos latinos que significam diferentes tipos de mágico, incluindo curandeiros e adivinhos.

45. Essa discussão é baseada nos três dicionários anglo-saxões padrão de Borden, Bosworth e Wright.

46. As medidas em questão são respectivamente as de *Laws of Alfred*, Apresentação, seção 30; *Laws of Athelstan*, c. 6; (assim chamado) *Laws of Edward and Guthrum*, c. 11; *Laws of Ethelred*, 6, c. 6; e *Laws of Canute*, c. 5.1. Edições e traduções podem ser encontradas em Benjamin Thorpe (ed.), *Ancient Laws and Institutes of England*, Londres, 1840; F.L. Attenborough (ed.), *The Laws of the Earliest English Kings*, Nova York, 1963; e Whitelock et al. (ed.), *Councils and Synods*.

47. Todos esses pontos foram muito bem apresentados por Jane Crawford, "Evidences for Witchcraft in Anglo-Saxon England", *Medium Aevum*, 32 (1963), 99-116; e Audrey L. Meaney, "Women, Witchcraft and Magic in Anglo-Saxon England", e Anthony Davies, "Witches in Anglo-Saxon England", por D.G. Scragg (ed.), *Superstition and Popular Medicine in Anglo-Saxon England*, Manchester, 1989, 9-56.

48. Meaney, "Women, Witchcraft and Magic", lida com a terminologia.

49. Henry Sweet (ed.), *The Oldest English Texts*, Early English Text Society, 83 (1885), 94, 99, 116.

50. *Lacnunga*, c.76.

51. *Leechbook III*, f. 123a-125v. Para traduções diferentes, ver Crawford, "Evidences for Witchcraft", 110; e Alaric Hall, *Elves in Anglo-Saxon England*, Woodbridge, 2007, 104.

52. O registro está editado e traduzido em Maxwell-Stuart (ed.), *The Occult in Medieval Europe*, 89, e debatido por Crawford e Davies, acima.

53. Os feitiços e amuletos contra os magos nocivos estão no *Herbarium of Apuleius Platonicus*, c. 86.4; *Leech Book*, 1.45.6 e 1.54, e em "Aecerbot", publicado em Godfrid Storms, *Anglo-Saxon Magic*, Halle, 1948, 172-87. Estes trabalhos, e o *Lacnunga*, representam as principais coleções de tais recursos.

54. Todos estudados em detalhes em Davies, "Witches in Anglo-Saxon England", que chega à mesma conclusão.

55. Thorpe (ed.), *Ancient Laws and Institutes*, 251; Holmes, *Witchcraft in British History*, 38-9.

56. Tais casos foram cuidadosamente detectados e montados por C. L'Estrange Ewen, *Witchcraft and Demonianism*, Londres, 1933, 27-8.

57. Holmes, *Witchcraft in British History*, 39; Matthew Paris, *Chronica Majora*, 3.45.6; Bartholomaeus de Cotton, *Historia Anglicana*, Henry Richards Luard (ed.), Londres, 1859, 171-3.

58. Para o que se segue abaixo, ver Jeffrey Burton Russell *Witchcraft in the Middle Ages*, Ithaca, NY, 1972, 132-94; Cohn, *Europe's Inner Demons*, 102-43; Peters, *The Magician, the Witch and the Law*, 33-176; Kieckhefer, *Magic in the Middle Ages*, 116-70; Jolly, "Medieval Magic", 20-62; e Bailey, *Magic and Superstition in Europe*, 79-130.

59. Para o material em inglês, ver Hansen, *Quellen*, 2; e Ewen, *Witchcraft and Demonianism*, 29.

60. Para o temor crescent em relação ao Diabo, ver Jeffrey Burton Russell, *Lucifer*, Ithaca, NY, 1984, 295-6; Robert Muchembled, *A History of the Devil from the Middle Ages to the Present*, Jean Birrell (trad.), Cambridge, 2003, 20-21; e Alain Bougereau, *Satan the Heretic*, Teresa Lavender Fagan (trad.), Chicago, 2006, passim.

61. Os documentos estão em Hansen, *Quellen*, 2-6; e Henry Charles Lea, *History of the Inquisition of the Middle Ages*, Londres, 1888, vol. 3, 455, 657. Para o histórico e dados de apoio, ver Cohn, *Europe's Inner Demons*, 130-33; Peters, *The Magician, the Witch and the Law*, 129-35; e Bougereau, *Satan the Heretic*.

62. Russell, *Witchcraft in the Middle Ages*, 186-7, 193-4.

63. *haeretici sortilagae*.

64. As fontes primárias estão editadas com comentários de L. S. Davidson e J. O. Ward, como *The Sorcery Trial of Alice Kyteler*, Asheville, NC, 2004. Para análises, ver Anne Neary, "The Origins and Character of the Kilkenny Witchcraft Case of 1324", *Proceedings of the Royal Irish Academy*, 83C (1983), 333-50; Bernadette Williams, "The Sorcery Trial of Alice Kyteler", *History Ireland*, 2 (1993), 20-24; e Maeve Brigid Callan, *The Templars, the Witch and the Wild Irish*, Dublin, 2015.

65. G. O. Sayles (ed.), *Select Cases in the Court of King's Bench under Edward III. Volume Five*, Selden Society, 1958, 53-7.

66. Ralph A. Houlbrooke, "Magic and Witchcraft in the Diocese of Winchester", por David J.B.Trim e Peter J. Balderstone (ed.), *Cross, Crown and Community*, Oxford, 2004, 113-20.

67. Documentos estão em Hansen, *Quellen*, 8-11.

68. Ibid., 64-6.

69. Ibid., 11-12.

70. Ibid., 15-16.

71. Os casos estão listados em Peters, *The Magician, the Witchand the Law*, 120-25; Ewen, *Witchcraft and Demonianism*, 34-5; e P.G. Maxwell-Stuart, *The British Witch*, Stroud, 2014, 68-83.

72. Para tudo isso, ver Gary K. Waite, *Heresy, Magic and Witchcraft in Early Modern Europe*, Basingstoke, 2003, 34-8; Maxwell-Stuart (ed.), *The Occult in Medieval Europe*, 104-12; J.R. Veenstra, *Magic and Divination at the Courts of Burgundy and France*, Leiden, 1998; e Tracy Adams, "Valentina Visconti, Charles VI, and the Politics of Witchcraft", Parergon, 30 (2013), 11-32.

73. Hansen, *Quellen*, 528.

74. *Directorium inquisitorum*, 335-8. A edição mais facilmente disponível é a veneziana, de 1595.

75. Os registros foram publicados por Hansen, *Quellen*, 518-23.

76. Este caso foi discutido no capítulo anterior.

77. Hansen, *Quellen*, 524-6.

78. Gene A. Brucker, "Sorcery in Renaissance Florence", *Studies in the Renaissance*, 10 (1963), 7-24.

79. Christine Meek, "Man, Woman and Magic: Some Cases from Late Medieval Lucca", por Christine Meek (ed.), *Women in Renaissance and Early Modern Europe*, Dublin, 2000, 43-66.

80. Os casos estão reunidos em Ewen, *Witchcraft and Demonianism*, 35.

81. Bailey, *Magic and Superstition in Europe*, 126-30.

82. Para tudo isso, ver as fontes medievais e respectivos comentários citados no Capítulo Quatro.

83. Meek, "Man, Woman and Magic".

84. Cohn, *Europe's Inner Demons*, 118-43.

85. Está em P.G. Maxwell-Stuart, *Witch Beliefs and Witch Trials in the Middle Ages*, Londres, 2011, 30-31. Carlo Ginzburg chamou a atenção para a ênfase do papa em buscar novas heresias como especialmente expressivas, em *Ecstasies*, 68-9, porém eu não.

86. Grimm, *Teutonic Mythology*, vol.3, 946-52, 1046-7.

87. Em Hansen, *Zauberwahn*.

88. Cohn, *Europe's Inner Demons*.

89. Steven P. Marrone, "Magic, Bodies, University Masters, and the Invention of the Late Medieval Witch", por Rachel Fulton e Bruce W. Holsinger (ed.), *History in the Comic Mode*, Nova York, 2007, 266.

90. Kieckhefer, *European Witch Trials*; Ginzburg, *Ecstasies*.

91. O comentário de Bailey está em "The Medieval Concept of the Witches' Sabbath", *Exemplaria*, 8 (1996), 419-39. Para uma avaliação da reputação geral da tese de Ginzburg, ver o ensaio de Yme Kuiper no Capítulo 3, nº 15. Para críticas imediatas, ver os comentários de Robert Bartlett no *New York Review of Books*, 13 de junho de 1991, 37-8; Richard Kieckhefer em *American Historical Review*, 97 (1992), 837-8; e John Martin em *Speculum*, 67 (1992), 148-50.

92. Michael Bailey, "The Medieval Concept of the Witches' Sabbath"; "From Sorcery to Witchcraft", *Speculum*, 76 (2001), 960-90; "The Feminization of Magic and the Emerging Idea of the Female Witch in the Late Middle Ages", *Essays in Medieval Studies*, 19 (2002), 120-34; *Battling Demons: Witchcraft, Heresy and Reform in the Late Middle Ages*, University Park, PA, 2003, 32-48; e "A Late Medieval Crisis of Superstition?", *Speculum*, 3 (2009), 633-61.

93. Marrone, "Magic, Bodies, University Masters"; e ver também a obra dele, *A History of Science, Magic and Belief from Medieval to Early Modern Europe*, Londres, 2015, 163-96.

94. As ideias de Tremp estão resumidas de maneira mais acessível em sua artigo em "Heresy" por Richard M. Golden (ed.), *Encyclopedia of Witchcraft*, Santa Barbara, CA, 2006, vol. 2, 485-7, com mais um resumo em "The Heresy of Witchcraft in Western Switzerland and Dauphiné", *Magic, Ritual and Witchcraft*, 6 (2011), 1-10; e no trabalho de Behringer, "How the Waldensians Became Witches", por Gábor Klaniczay e Éva Pócs (ed.), *Communicating with the Spirits*, Budapeste, 2005, 155-92.

95. Willem de Blécourt, "The Return of the Sabbat", por Jonathan Barry e Owen Davies (ed.), *Palgrave Advances in Witchcraft Historiography*, Basingstoke, 2007, 125-45.

96. Richard Kieckhefer, "Avenging the Blood of Children", por Alberto Ferreiro (ed.), *The Devil, Heresy and Witchcraft in the Middle Ages*, Leiden, 1998, 91-110; "Mythologies of Witchcraft in the Fifteenth Century", *Magic, Ritual and Witchcraft*, 1 (2006), 79-107.

97. O documento agora está traduzido em Maxwell-Stuart (ed.), *The Occult in Medieval Europe*, 158-60.

98. Pau Castell Granados, "'Wine Vat Witches Suffocate Children': The Mythical Components of the Iberian Witch", *EHumanista*, 26 (2014), 170-95.

99. Ibid.

100. Bernadette Paton, "'To the Fire! To the Fire'", por Charles Zika (ed.), *No Gods Except Me: Orthodoxy and Religious Practice in Europe 1200-1600*, Melbourne, 1991, 7-10.

101. Dommenico Mammoli (ed.), *The Record of the Trial and Condemnation of a Witch, Matteuccia di Francesco, at Todi, 20 March 1428*, Roma, 1972.

102. Franco Normando, *The Preacher's Demons: Bernadino of Siena and the Social Underworld of Early Renaissance Italy*, Chicago, 1999, 52-87.

103. Ibid., 86.

104. Martine Ostorero, *Folâtrer avec les démons: sabbat et chasse aux sorciers à Vevey (1448)*, Lausanne, 1995; Martine Ostorero et al. (ed.), *L'imaginaire du sabbat*, Lausanne, 1999; Georg Modestin, *Le diable chez l'évêque*, Lausanne, 1999; Martine Ostorero et al. (ed.), *Inquisition et sorcellerie en Suisse Romande*, Lausanne, 2007; Kathrin Utz Tremp, *Von der Haresie zur Hexerei*, Hanover, 2008; Martine Ostorero, *Le diable au sabbat*, Florence, 2011. Para uma descrição do grupo e seu trabalho, ver Kathrin Utz Tremp, "Witches' Brooms and Magic Ointments", *Magic, Ritual and Witchcraft*, 5 (2010), 173-87.

105. Este texto está editado em Ostorero et al. (ed.), *L'imaginaire du sabbat*, 30-45, com um comentário baseado nos registros locais por Chantal Amman-Doubliez nas p. 63-93. Para

REFERÊNCIAS & FONTES DE SABEDORIA } .489

dois desses registros, ver Hansen, *Quellen*, 531-9. Ver também Tremp, "Witches' Brooms and Magic Ointments", for Fründ.

106. *Sortiligi* or *sortileia*.

107. Isto é baseado na explicação de Amman-Doubliez, no n. 106.

108. Para o que se segue, ver os trabalhos no n. 105, mais Edward Peters, "The Medieval Church and State on Superstition, Magic and Witchcraft", por Jolly et al. (ed.), *The Athlone History of Witchcraft and Magic in Europe. Volume Three*, 233-6; e Arno Borst, *Medieval Worlds*, Cambridge, 1991, 101-22.

109. Cohn, *Europe's Inner Demons*, 51-60, 203-7; Tremp, *Von der Haresie zur Hexerei*; Andreas Blauert, *Frühe Hexenverfolgungen*, Hamburgo, 1989, 27-43.

110. Maxwell-Stuart, *Witch Beliefs and Witch Trials in the Middle Ages*, 30-31.

111. Para isso, ver principalmente Cohn, *Europe's Inner Demons*, 35-101. Ele também enfatizou a importância da *strix*, nas p. 162-80.

112. Kieckhefer, "Mythologies of Witchcraft in the Fifteenth Century". Ele, no entanto, também enfatiza a importância do infanticídio como o tema principal nas primeiras caçadas, em "Avenging the Blood of Children".

113. Paton, "'To the Fire! To the Fire!'", 7-36.

114. Editado, com comentários, em Ostorero et al. (ed.), *L'imaginaire du sabbat*, 122-248.

115. *Malefici*.

116. Ostorero et al.(ed.), *L'imaginaire du sabbat*, 223-48.

117. Essa cronologia revisada descarta, em particular, aquela sugerida para a evolução do estereótipo da bruxaria satânica em *Ectasies* de Ginzburg.

118. Editado com comentários em Ostorero et al. (ed.), *L'imaginaire du sabbat*, 272-99. Para mais discussões sobre a autoria, vode Martine Ostorero, "Itinéraire d'un inquisiteur gâté", *Médiévales*, 43 (2002), 115-16. Para George of Saluzzo, ver Georg Modestin, "Church Reform and Witch-hunting in the Diocese

of Lausanne", por Andrew P. Roach e James R. Simpson (ed.), *Heresy and the Making of European Culture*, Farnham, 2013, 405-10.

119. O livro de Tholosan é *Utmagorum et maleficiorum errores*, editado com comentários em Ostorero et al. (ed.), *L'imaginaire du sabbat*, 363-438. As referências aos registros do julgamento de Dauphiné são encontradas no comentário; um exemplo foi editado por Hansen, *Quellen*, 459-66.

120. Editado em Ostorero et al. (ed.), *L'imaginaire du sabbat*, 339-53; Modestin, *Le diable chez l'éveque*; Ostorero et al. (ed.), *Inquisition et sorcellerie en Suisse Romande*; Ostorero, *Folâtrer avec les démons*.

121. Ginzburg, *Ecstasies*, 33-88.

122. Ver fontes na referência n. 93.

123. Ostorero, *Le diable au sabbat*, 584.

124. Para testemunhos recentes sobre sua importância, ver Michael D. Bailey e Edward Peters, "A Sabbat of Demonologists", *The Historian*, 65 (2003), 1375-96; e Hans Peter Broedel, "Fifteenth- century Witchcraft Beliefs", por Brian P. Levack (ed.), *The Oxford Handbook of Witchcraft in Early Modern Europe and Colonial America*, Oxford, 2013, 42.

125. Estes foram listados, editados ou discutidos em Hansen, *Quellen*, 44-231; Lea, *Materials towards a History of Witchcraft*, vol. I, 348-404; e Ostorero, *Le diable du sabbat*.

126. O trabalho de Marmoris é *Flagellum maleficorum*. Foi extensivamente debatido por Ostorero, *Le diable du sabbat*, 503-58.

127. Para relatos dessa disseminação, ver Behringer, *Witches and Witch-hunts*, 66-82; Franck Mercier, *La Vauderie d'Arras*, Rennes, 2006; Laura Stokes, "Early Witch-hunting in Germany and Switzerland", *Magic, Ritual and Witchcraft*, 4 (2009), 54-61; Broedel, "Fifteenth-century Witchcraft Beliefs", 43-5; e Richard Kieckhefer, "The First Wave of Trials for Diabolical Witchcraft", por Levack (ed.), *The Oxford Handbook of Witchcraft*, 169-78; e os documentos originais editados em Hansen, *Quellen*, 34-5, 547-600, ainda são válidos para análise.

7. Maldade Moderna

1. Isso foi resumido em livros didáticos em diferentes escalas, de edições de bolso a volumes de capa dura, entre os quais os melhores estão a seguir: Malcolm Gaskill, Witchcraft: *A Very Short Introduction*, Oxford, 2010; Geoffrey Scarre e John Callow, *Witchcraft and Magic in Sixteenth-and-Seventeenth-century Europe*, 2ª edição, Basingstoke, 2001; Brian P. Levack, *The Witch-hunt in Early Modern Europe*, 3ª edição, Londres, 2006; Wolfgang Behringer, *Witches and Witch-hunts*, Cambridge, 2004; e Julian Goodare, *The European Witch-hunt*, Londres, 2016. Aqueles que preferem compilações por várias mãos, podem consultar Bengt Ankarloo et al., *The Athlone History of Witchcraft and Magic in Europe, Volume Four: The Period of the Witch Trials*, Londres, 2002; e Brian P. Levack (ed.), *The Oxford Handbook of Witchcraft in Early Modern Europe and Colonial America*, Oxford, 2013. O trabalho clássico sobre os textos ilustrados que sustentaram os ensaios permanece sendo Stuart Clark, *Thinking with Demons*, Oxford, 1997. Todas as informações resumidas nesta seção introdutória podem ser encontradas nestas pesquisas, e os estudos detalhados listados nelas e nas referências abaixo.

2. Por exemplo, Jean Bodin, *De la démonomanie des sorciers*, Paris, 1580, prefácio; Pierre de Lancre, *Tableau de l'inconstance des mauvais anges et demons (sic)*, Paris, 1612, Livro I, Tratadk 1.5; Henri Boguet, *Discours des sorciers*, Lyon, 1610, dedicatória; Martín del Rio, *Disquisitiones Magicae*, Leuven, 1608, prólogo.

3. A importância do sistema alemão de autoridade judicial localizado para explicar o número excepcionalmente grande de julgamentos de bruxas lá, foi percebido já na década de 1840: Karl Friedrich Koppen, *Hexen und Hexenprozesse*, Leipzig, 1844, 60.

4. Dois estudos um tanto recentes e igualmente bons sobre julgamentos de bruxas em diferentes estados alemães, Johannes Dillinger, *Evil People: A Comparative Study of Witch Hunts in Swabian Austria and the Electorate of Trier*, trad. Laura Stokes, Charlottesville, VA, 2009,

e Jonathan B. Durrant, *Witchcraft, Gender and Society in Early Modern Germany*, Leiden, 2007, forneceram retratos perfeitos da pressão para abrir processos, proveniente dos estratos baixos e altos da sociedade, respectivamente.

5. Fabienne Taric Zumsteg, *Les Sorciers à l'Assaut du Village Gollion*, Lausanne, 2000.

6. A frase foi cunhada por Robin Briggs para uma conferência em 1991, publicada como "Many Reasons Why", por Jonathan Barry et al. (ed.), *Witchcraft in Early Modern Europe*, Cambridge, 1996, 49–63. Argumentações semelhantes foram levantadas por Wolfgang Behringer, "Witchcraft Studies in Austria, Germany and Switzerland", no mesmo volume, 64–5; e Bengt Ankarloo, "Witch Trials in Northern Europe 1400–1700", por Ankarloo et al., *The Athlone History of Witchcraft and Magic in Europe vol.4*, 55–63.

7. De Lancre, *Tableau*, Livro I, Tratado 1.1.

8. Carlo Ginzburg, *The Night Battles*, Londres, 1983 (citação na página 25). Sua pesquisa agora tem sido contestada por Franco Nardon, mas não nos aspectos que são abordados aqui: Franco Nardon, "Benandanti", por Richard M. Golden (ed.), *Encyclopedia of Witchcraft*, Santa Barbara, CA, 2006), vol. 1, 108–9; Willem de Blecourt, "The Roots of the Sabbat", por Jonathan Barry e Owen Davies (ed.), *Palgrave Advances in Witchcraft Historiography*, Basingstoke, 2007, 135–45; William Monter, "Gendering the Extended Family of Ginzburg's Benandanti", *Magic, Ritual and Witchcraft*, 1 (2006), 88–92.

9. Friedrich Salomon Krauss, *Slavische Volksforschungen*, Leipzig, 1908, 41–3; Maya Boškovič-Stulli, '*Kresnik-Krsnik, Fabula*, 3 (1960), 275–98; Gàbor Klaniczay, *The Uses of Supernatural Power*, Susan Singerman (trad.) e Karen Margolis (ed.), Cambridge, 1990, 133–5.

10. Boškovič-Stulli, 'Kresnik-Krsnik'; Klaniczay, *The Uses of Supernatural Power*, 136–7,228; Éva Pócs, *Between the Living and the Dead*, trad. Szilvia Redley e Michael Webb, Budapeste, 1999, 127–30.

11. Esta informação pode ser encontrada completa no famoso estudo *Călus* de Gail Kligman, Bucareste, 1999.

REFERÊNCIAS & FONTES DE SABEDORIA } .491

12. Klaniczay, *The Uses of Supernatural Power*, 137–43; "Hungary", por Bengt Ankarloo e Gustav Henningsen (ed.), *Early Modern European Witchcraft*, Oxford, 1990, 244–53; e "Learned Systems and Popular Narratives of Vision and Bewitchment", por Klaniczay e Éva Pócs (ed.), *Witchcraft Mythologies and Persecutions. Volume Three*, Budapeste, 2008, 50–58; Mihály Hoppál, "Traces of Shamanism in Hungarian Folk Beliefs", por Anna-Leena Siikala e Mihály Hoppál (ed.), *Studies on Shamanism*, Helsinque, 1992, 156–68; Jeno Fazekas, "Hungarian Shamanism", por Carl-Martin Edsman (ed.), *Studies in Shamanism*, Estocolmo, 1967, 97–119; Tekla Dömötör, "The Problem of the Hungarian Female Táltos", por Mihály Hoppál (ed.), *Shamanism in Eurasia*, Göttingen, 1984, 423–9; "The Cunning Folk in English and Hungarian Witch Trials", por Venetia Newall (ed.), *Folklore Studies in the Twentieth Century*, Woodbridge, 1980, 183–7; e *Hungarian Folk Beliefs*, Budapeste, 1982, 63–70, 132–57; Ágnes Várkonyi, "Connections between the Cessation of Witch Trials and the Transformation of the Social Structure", *Acta Ethnographica Hungarica*, 37 (1991–2), 427–34; Pócs, *Between the Living and the Dead*, 37–87, 134–49; e "Tündéres and the Order of St Ilona", *Acta Ethnographica Hungarica*, 54 (2009), 379–96.

13. Fontes conforme acima.

14. Dömötör, "TheCunning Folk", 185.

15. T.P. Vukanovič, "Witchcraft in the Central Balkans", *Folklore*, 100 (1989), 9–24.

16. Mircea Eliade, "Some Observations on European Witchcraft", *History of Religions*, 14 (1975), 158–9.

17. Vukanovič, "Witchcraft in the Central Balkans".

18. Nicole Belmont, *Les signes de lanaissance*, Paris, 1971.

19. Pócs, *Between the Living and the Dead*, 134; Klaniczay, "Learned Systems and Popular Narratives", 65.

20. Rune Blix Hagen, "Sami Shamanism", *Magic, Ritual and Witchcraft*, 1 (2006), 93–9; e "Female Witches and Sami Sorcerers in the Witch Trials of Arctic Norway (1593–1695)", Arv, 62 (2006), 122–42; e "Witchcraft and Ethnicity" por Marko Nenonen e Raisa Maria Toivo (ed.), *Writing Witch-hunt Histories*, Leiden, 2014, 141–66; Liv Helene Willumsen, *Witches of the North*, Leiden, 2013, 255–9, 300–19. Sou muito grato a Rune por ter me enviado alguns de seus trabalhos em rascunho, iniciando assim uma troca de correspondência importante. Diferimos um pouco quanto ao elemento xamanismo nos julgamentos, mas isso não afeta nosso acordo geral em torno das questões principais. Willumsen fornece proveitosamente muito material de um ensaio bem registrado, mais uma vez permitindo espaço para diferenças de interpretação que demonstram como este material pode ser polivalente. O fato de os Sámi aparentemente terem se revezado entre expressar a fé no Deus cristão e em várias divindades menores é considerado por ela como uma demonstração de sua ausência de confiabilidade e desejo em agradar seus interrogadores; mas poderia igualmente expressar um sistema de crenças genuíno e sincrético.

21. Antero Heikkinen e Timo Kervinen, "Finland", por Ankarloo e Henningsen (ed.), *Early Modern European Witchcraft*, 319–38; Anna-Keena Siikala, *Mythic Images and Shamanism*, Helsinque, 2002; Laura Stark-Arola, *Magic, Body and Social Order*, Helsinque, 2006; Marko Nenonen, "Envious are the People, Witches Watch at Every Gate", *Scandinavian Journal of History*, 18 (1993), 77–91; Raisa Maria Toivo, *Witchcraft and Gender in Early Modern Society*, Aldershot, 2008.

22. Nenonen, "Envious are the People", 79; Toivo, *Witchcraft and Gender in Early Modern Society*, 61. Sou muito grato tanto a Marko quanto a Raisa por suas demonstrações de amizade e por terem enviado amostras de seu trabalho ao longo dos anos.

23. Maia Madar, "Estonial", e Juhan Kalik, 'EstoniaII', por Ankarloo e Henningsen (ed.), *Early Modern European Witchcraft*, 257–72; Ülo Valk, "Reflections of Folk Beliefs and Legends at the Witch Trials of Estonia", por Klaniczay e Pócs (ed.), *Witchcraft Mythologies and Persecutions*, 269–82.

24. Kalik, "Estonia II".

25. Também tenho reservas sobre o modo como Valk, "Reflections of Folk Beliefs and Legends", tentou preencher lacunas entre as evidências do julgamento das bruxas e o folclore moderno. Existem possíveis referências a seres semelhantes a fadas nos registros do julgamento, mas o que fica muito mais aparente no material de Valk é a maneira como o Diabo cristão e as reuniões de bruxas demoníacas foram absorvidos, de forma duradoura, pela crença popular estoniana.

26. Madar, "Estonia 1".

27. Petrus Valderama, *Histoire generale du monde*, Paris,1617, Livro 1, p. 257-61; Johann Weyer, *De praestigiis daemonum*, Basel, 1568, Livro 1, c. 10; Bodin, *De la démonomanie*, Livro 2, c. 6; De Lancre, *Tableau de l'inconstance*, Livro 4, Tratado 1.1. Ver também o relato anterior, que atribuía a reunião anual aos lobisomens de todos os povos bálticos, em Olaus Magnus, *Historia de gentibus septentrionalibus*, Roma, 1555, 442-3; e outras referências do século XVI ao tipo da Livônia citadas por Carlo Ginzburg, *Ecstasies*, trad. Raymond Rosenthal, Londres, 1991, 156-9, incluindo aquela de Caspar Peucer para o homem em Riga.

28. Debatido em Ginzburg, *The Night Battles*, 28-30.

29. Esta argumentação foi levantada, e a superficialidade das semelhanças enfatizada, por Rudolf Schende, "Ein Benandante, ein Wolf oder Wer?", e Christoph Daxelmüller, "Der Werwolf", Zeitschrift für Volkskunde, 82 (1986), 200-208; e Willem de Blecourt, "A Journey to Hell", *Magic, Ritual and Witchcraft*, 21 (2007), 49-67.

30. Valk, "Reflections of Folk Beliefs and Legends", estava convencido de que as crenças estonianas nas bruxas erigiram do "xamanismo balto-finlandês"; mas ele foi intensamente influenciado pelo modelo de Ginzburg. Seria tão bom se ele estivesse correto, e uma província sub-xamânica compacta pudesse ser construída em torno dos dois lados do Báltico com um núcleo de xamanismo genuíno entre os Sámi, mas isto é demais para poder ser afirmado com base nas evidências conhecidas.

31. Para este tópico, ver Bengt Ankarloo, "Sweden", por Ankarloo e Henningsen (ed.), *Early Modern European Witchcraft*, 285-318; e Stephen A. Mitchell, *Witchcraft and Magic in the Nordic Middle Ages*, Filadélfia, 2011, 119-45.

32. Gunnar W. Knutsen e Anne Irene Rilsøy, "Trolls and Witches", *Arv*, 63 (2007), 31-69. Sou muito grato a Gunnar por ter me enviado o artigo.

33. Jonas Liliequist, "Sexual Encounters with Spirits and Demons in Early Modern Sweden", por Gábor Klaniczay and Éva Pócs (ed.), *Christian Demonology*, Budapeste, 2006, 152-67.

34. Louise Nyholm Kallestrup, *Agents of Witchcraft in Early Modern Italy and Denmark*, Basingstoke, 2015, 151.

35. Stephen Mitchell, "Odin Magic", *Scandinavian Studies*, 81 (2003), 263-86.

36. Magnus Rafnsson, *Angurgapi*, Holmnavik,Iceland,2003,46.

37. Kirsten Hastrup, "Iceland", por Ankarloo e Henningsen (ed.), *Early Modern European Witchcraft*, 383-402.

38. O melhor estudo existente sobre a caça às bruxas na Islândia em inglês é de Rafnsson, *Angurgapi*, que aparentemente não existe em nenhuma biblioteca britânica e só pode ser conseguido diretamente com o autor. Há também o Hastrup, "Iceland"; e R.C. Ellison, "The Kirkjubol Affair", *Seventeenth Century*, 8 (1993), 17-43.

39. Russell Zguta, "Witchcraft Trials in Seventeenth-century Russia", *American Historical Review*, 82 (1977), 1187-1207; "Was There a Witch Craze in Muscovite Russia?", *Southern Folklore Quarterly*, 41, 1977, 119-28; e "Witchcraft and Medicine in Pre-Petrine Russia", *Russian Review*, 37 (1978), 438-48; Linda J. Ivanits, *Russian Folk Belief*, Armonk, NY, 1989, 83-91; Valerie A. Kivelson, "Through the Prism of Witchcraft", por Barbara Evans Clements et al. (ed.), *Russia's Women*, Berkeley, 1991, 74-94; "Lethal Convictions", *Magic, Ritual and Witchcraft*, 6 (2011), 34-61; e *Desperate Magic: The Moral Economy of Witchcraft in Seventeenth-century Russia*, Ithaca, NY, 2013; William F. Ryan, "The Witchcraft Hysteria in Early Modern

Europe: Was Russia an Exception?", *Slavonic and East European Review*, 76, 1998, 49–84; e "Witchcraft and the Russian State", por Johannes S. Dillinger et al. (ed.), *Hexenprozess und Staatsbildung*, Bielefeld, 2008, 135–47; Kateryna Dysa, 'Attitudes towards Witches in the Multi-Confessional Regions of Germany and the Ukraine", por Eszter Andor e István György Tóth (ed.), *Frontiers of Faith*, Budapeste, 2001, 285–9; "Orthodox Demonology and the Perception of Witchcraft in Early Modern Ukraine", por Jaroslav Miller e László Kontler (ed.), *Friars, Nobles and Burghers*, Budapeste, 2010, 341–60; Maureen Perrie, "The Tsaritsa, the Needlewoman and the Witches", *Russian History*, 40 (2013), 297–314; Marianna G. Muravyeva, "Russian Witchcraft on Trial", por Nenonen e Toivo (ed.), *Writing Witch-hunt Histories*, 109–40.

40. Kivelson, *Desperate Magic*, 21.

41. Kivelson, "Through the Prism of Witchcraft", 84.

42. Kivelson, *Desperate Magic*, 22, 31–2.

43. O que se sabe está resumido em William Monter, "Witch Trials in Continental Europe 1560–1660", por Clark et al., *The Athlone History of Witchcraft and Magic*, 40–44; e "Witch Trials in France", por Levack (ed.), *The Oxford Handbook of Witchcraft*, 218–31. A maior parte é filtrada pelo sistema de recursos do Parlamento de Paris, cujo estudo clássico é de Alfred Soman, *Sorcellerie et Justice Criminelle*, Aldershot, 1992. Um bom estudo de registros locais de um conjunto de ensaios na França central, Nicole Jacques-Chaquin e Maxime Préaud (ed.), *Les sorciers du carroi de Marlou*, Grenoble, 1996, não é útil neste contexto, embora seja em muitos outros.

44. William Monter, "Toads and Eucharists", French Historical Studies, 20, 1997, 563–95.

45. Isto é resumido por Wolfgang Behringer, "Witchcraft Studies in Austria, Germany and Switzerland", por Barry et al. (ed.), *Witchcraft in Early Modern Europe*, 93–5; um estudo mais recente de Tyrol, Hansjörg Rabanser, *Hexenwahn*, Innsbruck, 2006, não lança muita luz sobre o problema de gêneros.

46. Rolf Schulte, *Manas Witch: Male Witches in Central Europe*, Basingstoke, 2009, 218–45.

47. William Schindler, *Rebellion, Community and Custom in Early Modern Germany*, trad. Pamela E. Selwyn, Cambridge, 2002, 236–92.

48. A edição mais acessível é a de Strasbourg, de 1612.

49. Richard Kieckhefer, "Mythologies of Witchcraft in the Fifteenth Century", *Magic, Ritual and Witchcraft*, 1 (2006), 88–91; e "Avenging the Blood of Children", por Alberto Ferreiro (ed.), *The Devil, Heresy and Witchcraft in the Middle Ages*, Leiden, 1998, 91–110.

50. Maria Tausiet Carlés, "Witchcraft as Metaphor: Infanticide and its Translations in 16th-Century Aragon", por Stuart Clark (ed.), *Languages of Witchcraft*, Basingstoke, 2000, 179–96.

51. Pau Castell Granados, "'Wine Vat Witches Suffocate Children'", *EHumanista*, 26 (2014), 181.

52. Gustav Henningsen, *The Witches' Advocate*, Reno, CA, 1980, 27–9.

53. Ginzburg, *The Night Battles*, 69–70, 91, 99.

54. Vukanovič, "Witchcraft in the Central Balkans", 9–17.

55. Klaniczay, *The Uses of Supernatural Power*, cap. 10, mostra que essa questão de se sugar sangue só se tornou fortemente associada aos vampiros em meados do século XVIII.

56. Isto será discutido em capítulo posterior.

57. Laura Stokes, *Demons of Urban Reform*, Basingstoke, 2011, 16–26, 181–3. Ver também Joseph Hansen, *Quellen und Untersuchungen zur Geschichte des Hexenwahns und Hexenverfolgung im Mittelalter*, Bonn, 1901, 553–5; e Henry Charles Lea, *Materials towards a History of Witchcraft*, Arthur C. Howland (ed.), Filadélfia, PA, 1939, vol. 1, 348–9. Na p. 65–6, Stokes sugere que elementos de um caso em Lucerna por volta de 1450 fornecem evidências sobre um culto local à fertilidade tal como o dos *benandanti*, mas parece descrever uma reunião rotineira de bruxas para incitar tempestades, nada que se assemelhe a um combate contra adversários. Da mesma forma, não posso estender com segurança o

alcance da tradição do "guerreiro dos sonhos" na era medieval e no início da era moderna ocidentalmente, para a Córsega, onde foi registrada uma crença popular do século xx, em *mazzeri*, sobre pessoas que nasciam com a avidez de enviar seus espíritos para matar animais à noite, e com o poder de prever mortes humanas em sua comunidade: Dorothy Carrington, *The Dream-hunters of Corsica*, Londres, 1995. Em uma noite por ano, os *mazzeri* de uma aldeia se reuniam em seus sonhos para lutar contra habitantes de outra aldeia, e os mortos em tais batalhas morreriam na vida real dentro de um ano. As semelhanças com o complexo de crenças do sul eslavo são óbvias, bem como as diferenças (os *mazzeri* não eram benéficos para suas comunidades), e os registros da Inquisição da Córsega do início da era moderna, embora bem abastecidos com casos relacionados à magia, não mencionam tal crença.

58. Peter Burke, "Witchcraft and Magic in Renaissance Italy", por Sydney Anglo (ed.), *The Damned Art*, Londres, 1977, 45.

59. Todos esses relatos estão reunidos em Alice Azul Palau-Giovanetti, "Pagan Traces in Medieval and Early Modern Witch-Beliefs", York University MA thesis, 2012, 79-99 e Apêndice; Ginzburg, *Ecstasies*, 100, 108-9, 131-2; e Wolfgang Behringer, *Shaman of Oberstdorf*, trad. H.C. Erik Midelfort, Charlottesville, va, 1998, 55-6.

60. As referências aqui foram reunidas por Ginzburg, *Ecstasies*, 96,131-2,302; e *The Night Battles*, 54-5.

61. Behringer, *Shaman of Oberstdorf*, esp. 148-52.

62. Ibid., 34.

63. Gustav Henningsen, "'The Ladies from Outside'", por Ankarloo e Henningsen (ed.), *Early Modern Witchcraft*, 191-218. Ver também Giovanna Fiume, "The Old Vinegar Lady", por Edward Muir e Guido Ruggiero (ed.), *History from Crime*, Baltimore, md, 1994, 45-87.

64. Maurizio Bertolotti, "The Ox Bones and the Ox Hide", por Edward Muir e Guido Ruggiero (ed.), *Microhistory and the Lost Peoples of Europe*, Baltimore, md, 1991, 42-70. Ver também

Palau-Giovanetti, "Pagan Traces", 50-53; e Rainer Decker, *Witchcraft and the Papacy*, H R. Erik Midelfort (trad.), Charlottesville, va, 2008, 91-4.

65. Behringer, *Shaman of Oberstdorf*, 39-46.

66. Brian P. Levack, *The Witch-hunt in Early Modern Europe*, 3ª edição, Londres, 2006, 237-42.

67. Além de consultar as fontes citadas abaixo, ver também Mary O'Neil, "Magical Healing, Love Magic and the Inquisition in Late Sixteenth-century Modena", por Stephen Haliczer (ed.), *Inquisition and Society in Early Modern Europe*, Beckenham, 1987, 88-114; Guido Ruggiero, *Binding Passions*, Oxford, 1993; Louise Nyholm Kallestrup, *Agents of Witchcraft in Early Modern Italy and Denmark*, Basingstoke, 2015; e Tamar Herzig, "Witchcraft Prosecutions in Italy", por Brian P. Levack (ed.), *The Oxford Handbook of Witchcraft in Early Modern Europe and Colonial America*, Oxford, 2013, 249-67; Matteo Duni, *Under the Devil's Spell*, Florença, 2007 (Sou muito grato a Debora Moretti por ter me enviado o livro).

68. Jonathan Seitz, *Witchcraft and Inquisition in Early Modern Venice*, Cambridge, 2011, 35-44.

69. Gustav Henningsen, "The Witches' Flying and the Spanish Inquisitors", *Folklore*, 120 (2009), 57-8.

70. Francisco Bethencourt, "Portugal", por Ankarlooand Henningsen (ed.), *Early Modern European Witchcraft*, 403-24.

71. Carmel Cassar, "Witchcraft Beliefs and Social Control in Seventeenth-century Malta", *Journal of Mediterranean Studies*, 3 (1993), 316-34.

72. Louise Nyholm Kallestrup, *Agents of Witchcraft in Early Modern Italy and Denmark*, Basingstoke, 2015, 61.

73. Gunnar W. Knutsen, *Servants of Satan and Masters of Demons*, Oslo, 2004. Sou muito grato a Gunnar por ter me enviado o livro.

74. Francesca Matteoni, "Blood Beliefs in Early Modern Europe", Universidade de Hertfordshire tese PhD, 2009, 194-6.

75. Por exemplo, no estudo comparativo de Debora Moretti sobre Novara e Siena, em pesquisa conduzida sob minha supervisão.

REFERÊNCIAS & FONTES DE SABEDORIA .495

76. Wolfgang Behringer, *Witches and Witch-hunts*, Cambridge, 2004, 78.

77. Sara T. Nalle, *God in La Mancha*, Baltimore, MD, 1992, 179–81.

78. Ruth Martin, *Witchcraft and the Inquisition in Venice 1550–1650*, Oxford, 1989, passim, e Seitz, *Witchcraft and Inquisition in Early Modern Venice*, 35–8, 135.

79. Thomas Deutscher, "The Role of the Episcopal Tribunal of Novara in the Suppression of Heresy and Witchcraft, 1563–1615", *Catholic Historical Review*, 77 (1991), 403–21.

80. Anne Jacobsen Schutte, "Asmodea", por Kathryn A. Edwards (ed.), *Werewolves, Witches and Wandering Spirits*, Kirksville, MO, 2002, 119–25.

81. David Gentilcore, *From Bishop to Witch*, Manchester, 1992, cap.8.

82. Knutsen, *Servants of Satan and Masters of Demons*, 117–34.

83. Henningsen, "'The Ladies from Outside'", 196–200.

84. Cassar, "Witchcraft Beliefs and Social Control"; Bethencourt, "Portugal", 403.

85. Decker, *Witchcraft and the Papacy*, 61–145, é o estudo mais recente e também o melhor sobre esse processo, complementado por Duni, *Under the Devil's Spell*, 32–45; e Seitz, *Witchcraft and Inquisition in Early Modern Venice*, 196–244.

86. Ana Conde, "Sorcellerie et inquisition au XVIe siècle en Espagne", por Annie Molinié e Jean-Paul Duviols (ed.), *Inquisition d'Espagne*, Paris, 2003, 95–107; William Monter, *Frontiers of Heresy*, Cambridge, 1990, 255–75; María Tausiet, *Urban Magic in Early Modern Spain*, Basingstoke, 2014; Henningsen, *The Witches' Advocate*, passim; Agusti Alcoberro, "The Catalan Witch and the Witch Hunt", E*Humanista*, 26 (2014), 153–69.

87. Decker, *Witchcraft and the Papacy*, 113–31.

88. Baseia-se nos estudos citados acima e abaixo, e também está listados nas bibliografias das obras gerais listadas no n. acima.

89. Sem referência a esta tradição, Eva Labouvie, Martin Moeller e Alison Rowlands sugeriram que a crença popular entre os alemães associava as mulheres mais à magia nociva: Labouvie, "Men in Witchcraft Trials", por Ulinka Rublack (ed.), *Gender in Early Modern German History*, Cambridge, 2002, 49–70; Moeller, *Dass Willkür über Recht ginge*, Bielefeld, 2007, 228–31; e Rowlands, *Witchcraft Narratives in Germany*, Manchester, 2003, 170–79.

90. Isto foi especialmente bem observado por Dillinger, *Evil People*, 44–6. Dillinger, no entanto, também alerta (p. 51) que o sabbath é melhor percebido como uma antissociedade imaginária do início da era moderna do que como "uma condensação de tradições mais antigas".

91. Jens Christian V. Johansen, "Denmark", por Ankarloo e Henningsen (ed.), *Early Modern European Witchcraft*, 360–66.

92. Robin Briggs, *The Witches of Lorraine*, Oxford, 2007, 143–6.

93. Wanda Wyporska, *Witchcraft in Early Modern Poland*, Basingstoke, 2013, 97–101. Outro historiador dos julgamentos poloneses, Michael Ostling, analisa cautelosamente a relação de elementos cristãos e não cristãos nas ideias polonesas primitivas sobre magia e espíritos domésticos ou da natureza, e conclui que tais ideias eram completa, se não ortodoxamente, cristianizadas: "Os camponeses comuns não executavam um tipo de magia pouco cristianizada; em vez disso, eles se protegiam dos demônios cristãos por meio de objetos sacros cristãos." Ver *Between the Devil and the Host*, Oxford, 2011, 183–236; citação p. 188.

94. Dillinger, *Evil People*, 55–6.

95. Alison Rowlands, "Witchcraft and Popular Religion in Early Modern Rothenburg ob der Tauber", por Bob Scribner e Trevor Johnson (ed.), *Popular Religion in Germany and Central Europe*, Londres, 1995, 108. As tradições associadas à Noite de Santa Valburga são por mim analisadas em *The Stations of the Sun*, Oxford, 1996, 218–43.

96. Edward Bever, *The Realities of Witchcraft and Popular Magic in Early Modern Europe*, Basingstoke, 2008, 96 e passim.

97. Heinrich Kramer (?e Jacob Sprenger), *Malleus Maleficarum*, Mainz, 1486, 104A.

98. Bodin, *De la démonomanie*, Livro 2, c.4.

99. Nicholas Remy, *Daemonolatreiae libri tres*, Lyon, 1595, Livro 1, c.14.

100. Wyporska, *Witchcraft in Early Modern Poland*, 39.

101. Por exemplo, Rita Volmer, "Hexenprozesse in der Stadt Trier und im Herzogtum Luxemburg Geständnisse", por Rosemaries Beier-De Haan (ed.), *Hexenwahn*, Wolfratshausen, 2002, 72–81 (for Trier); George L. Burr, *The Witch Persecutions*, Filadélfia, PA, 1902, 23–8 (para Bamberg); Brian P. Levack (ed.), *The Witchcraft Sourcebook*, Londres, 2004,207 (por Eichstätt); Peter A Morton (ed.), *The Trial of Tempel Anneke*, trad. Barbara Dahms, Peterborough, Ontário, 2006 (para Brunswick); Thomas Robisheaux, *The Last Witch of Langenburg*, Nova York, 2009, 164 (para Hohenlohe).

102. Per Sorlin, "Child Witches and the Construction of the Witches' Sabbath", por Klaniczay e Pócs (ed.), *Witchcraft Mythologies and Persecutions*, 99–126.

103. De Lancre, *Tableau de l'inconstance*, Livro 2.2.1, 5;2.31. Para outros exemplos de demonologistas trabalhando em material semelhante, ver Boguet, *Discours des sorciers*, c. 14; Francesco Maria Guaccio, *Compendium Maleficarum*, Milão, 1626, p. 70; e Del Rio, *Disquisitiones magicae*, Livro 2.6.16.

104. Robin Briggs, *Witches and Neighbours*, Londres, 1996, 6; Brian Levack, *The Witch-hunt in Early Modern Europe*, Londres, 3ª edição, 2006, 13.

105. Seitz, *Witchcraft and Inquisition in Early Modern Venice*, 67–8, 196–218, 236–7. Ver também Frans Ciappara, *Society and Inquisition in Early Modern Malta*, San Gwann, 2001, 261–300.

106. Bever, *The Realities of Witchcraft and Popular Magic*, 5–40.

107. Desde 1900, de fato, o único caso aparente de qualquer estudioso fazendo isto foi o totalmente excêntrico Montague Summers, cuja existência da obra me foi lembrada por Julian Goodare.

108. Para a evidência sueca, ver Soili-Maria Olli, "How to Make a Pact with the Devil", *Studia Neophilologica*, 84 (2012), 88–96.

109. Para estudos especialmente bons sobre o modo como as confissões poderiam ser conseguidas em tais circunstâncias, no coração continental dos julgamentos, ver Lyndal Roper, *Witch Craze*, Londres, 2004; e Robisheaux, *The Last Witch of Langenburg*. Também é muito eviente nos registros de julgamento editados pelo grupo de Lausanne e por estudiosos mais antigos, como George Lincoln Burr.

110. Henningsen, *The Witches' Advocate*, 350.

111. Gustav Henningsen, "The Witches' Flying and the Spanish Inquisitors", *Folklore*, 120 (2009), 57–74.

112. Bever, *The Realities of Witchcraft and Popular Magic*, 65–214. Bever oferece duas definições diferentes de xamanismo, ambas viáveis e em uso pelos autores, sendo uma mais restrita e a outra mais ampla: o problema é que ele então administrou ambas no próprio material, se revezando entre uma e outra conforme a ocasião. Em geral, acho válida sua abordagem para a compreensão das crenças e acusações do inídio da era moderna. John Demos foi pioneiro no uso da psicanálise na compreensão dos julgamentos de bruxas, em *Entertaining Satan*, Oxford, 1982, e tal linha foi adotada de forma frutífera por vários outros estudiosos, principalmente Lyndal Roper, *Oedipus and the Devil*, Londres, 1994, e Diane Purkiss, *The Witch in History*, Londres, 1996. O que se faz necessário agora é que mais historiadores do assunto sigam o exemplo de Bever no envolvimento com a psicologia e a neurociência, à medida que tais disciplinas continuam a evoluir, e que discutam maneiras de captar melhores percepções de tal envolvimento.

113. Bever mencionou a importância da caça ao tesouro mágico em sua discussão citada acima, e ver também Johannes Dillinger, *Magical Treasure Hunting in Europe and North America*, Basingstoke, 2012.

INDEX:
INGREDIENTES MÍSTICOS
REBUS MYSTICIS

Abelam (povo), Nova Guiné 64
Adão (figura bíblica) 149
adivinhação 291, 297
adolescentes
    culpados pelos infortúnios 92
adoração ao demônio 81, 390
Adriano de Tiro 139
adventistas do sétimo dia 82
África
    bruxaria como culpa das mortes 49
    bruxaria vista como consequência de doença física 58
    caça às bruxas 41, 76
    características da bruxaria 36, 37, 38, 39, 40, 44
    comparação com a bruxaria europeia 38, 40
    crença variada em magia 48
    declínio do colonialismo 79
    e intimidade entre vítima e bruxa 54
    medo crescente da bruxaria 39
    missionários cristãos 82, 83
África do Sul
    partes do corpo usadas em magias nocivas 94
Agobardo, bispo de Lyon 298
Agostinho de Hipona, Santo 288, 294, 296

Agripina 144
Agrippa, Cornelius 184, 200
agurtês (padre-pedinte errante) 125
Alamanni
    código de lei 151
Alemanha (medieval e moderna)
    códigos de leis 298, 300
    crimes de bruxas 382
    e bruxa canibal 381
    julgamentos de bruxas 164
Alemanha (pagã)
    e a morte súbita de bebês 147
    e matar e comer pessoas 152
    e poder das mulheres 153
    mulheres como profetas 192
    posturas em relação à bruxaria 151
    temor de demônias noturnas 154, 155, 287
Alexandre IV, papa 300
Algonquian, tribos, América do Norte 77
alpina, região (Europa)
    julgamento de bruxas 278, 327, 332, 405
    práticas de bruxaria 324
Amba (povo), Uganda ocidental 66
Ambrym, habitantes das ilhas, Melanésia Central 88
América Latina
    bruxaria na 81

Amiano Marcelino 291, 293
âmnio 349
amuletos 219, 225
    de cura e proteção 291, 323
Andamão, ilhas 45
Aneu, vale do, Pireneus 322, 325
Angerius, bispo de Conserans 255
anglo-saxões
    e círculos mágicos 226
    vocabulário, bruxas e códigos de leis 303, 304, 305, 306
Angola 81
Anjos 224
Anniviers, vale, Alpes 325
Antonio de Montolmo 228, 230
antropologia
    e estudos da bruxaria 36, 37, 38, 39, 40, 41, 43, 90, 91
Apache, Oeste (povo), América do Norte 55, 66
Apolônio de Tiana 135
Apuleio de Madaura 135, 138, 140, 150, 151
    Metamorfoses 371
Aquino, São Tomás de 222, 299, 358
Aquitânia 298
árabes
    e magia cerimonial 212
    sobre bruxas controlando os espíritos malignos 91
Arábia Saudita
    execução por bruxaria 88

Aragão 298, 314, 378
Arcanjos 224
Ártemis 134
Arthur, rei (lendário) 249, 252
ártico e subártico
  xamanismo 178, 179, 180, 195
artífices da magia
  afirmam serem lobisomens 356
  benandanti 350
  cura 172
  em Todi 323
  e o xamã em Oberstorf 368
  funções 22, 49, 70, 97, 179, 200, 301, 314
  húngaro 178
  mulheres na Grécia antiga 133
  na Zâmbia 73
  obtêm conhecimento das "senhoras" e do mundo espiritual 369, 394
  Platão 127
  Roma antiga 204
Ashanti (povo), Gana 71
Ashforth, Adam 49, 87
āshipu (membro sacerdotal da Mesopotâmia) 115, 117
Ásia Menor
  postura em relação à magia 117
Assíria
  crença em bruxas 115
  cultura 113
Associação Nacional de Curandeiros Tradicionais, Zimbábue 81
astrologia
  distribuição 212
  na Mesopotâmia 114, 215
Atenas (antiga)
  tabuletas de maldição 128
  teatro 126
Athelstan, rei dos saxões ocidentais 304
Atinga, culto de, Gana e Nigéria 78, 84
Atos dos Apóstolos 289
Augusto, imperador romano 143
Austen, Ralph 54
Austrália
  crença em infortúnios causados por mágicos 96
Austrália (Território Norte)
  bruxaria culpada por mortes 49

Áustria
  julgamentos de bruxas 298
Autun, França 329
awenyddion (pessoas inspiradas da Gália) 166
Azande (povo), Sudão do Sul 57, 59, 70, 199

Babilônia
  crença em bruxas 115
  cultura 113, 116
Bacia Amazônica
  crença em infortúnios causados por atividades de mágicos 53
Bailey, Michael 203, 287, 315, 320, 335
Bakweri (povo), Camarões 46
Balcãs 405
Báltica, região 355, 356, 361
Bamileke (povo), Camarões 59, 71
Bamucapi, caçadores de bruxas, África Central 82
Bandini, Marco 167
Bangwa (povo), Camarões 51, 59
BaNgwatetse (povo), Botswana 75
Barotse (povo), Congo 94
Bártolo de Sassoferrato 312
basca, caça às bruxas (1609-14) 365
Basel
  conselho da igreja (1431-49) 336
Basílio de Cesareia 294
Batismo (completo)
  como forma de detecção de bruxas 82
Baxter, P.T.W. 50
Beauvais, Philip of Dreux, bispo de 299
Behringer, Wolfgang
  define e estuda a bruxaria 18
  sobre aumento da prosperidade na Idade Média 164, 260, 302, 368

  sobre julgamento de hereges 321
  sobre os errantes noturnos 279, 281, 368
  sobre pena de morte medieval para bruxaria 296, 297, 298, 299
  sobre ressuscitar animais 370
  sobre temas folclóricos 320
Bemba (povo), Zâmbia 65
benandanti
  Ginzburg sobre o xamanismo dos 161, 162, 163, 164, 165, 180, 239, 243, 349, 356
  práticas 239, 241, 242, 243, 278, 349
Bercovitch, Eytan 56
Berkeley, Gloucestershire 307
Bernadino de Siena 259, 323, 327
Bertold de Regensburg 257
Bertolotti, Maurizio 369
Bever, Edward 383, 389, 394
Bíblia (hebraico) 119, 121
Bíblia Sagrada
  condena a bruxaria 81, 242
  e a cultura europeia 107
Binsbergen, Wim van 48, 54
Birmânia
  mulheres mágicas 49
Blécourt, Willem de 321
Bodin, Jean 202, 384
Boguet, Henri
  Discours des sorciers 108
Bohak, Gideon 211, 212
Bolus de Mendes 134, 225
Botswana 71
Bougainville, ilha, Norte de Salmoão 88
Bourges 337
Brescia 367
Briggs, Robin 26
brujo/bruja (bruxa espanhola) 48
bruxa
  acredita-se causar danos 34, 44, 49, 56, 63
  ausente em textos escandinavos 193
  crimes 382
  demoníaca 281
  estereótipos 90, 91
  modo de viagem para o sabbath 384
  na Inglaterra Anglo-Saxônica 304

INGREDIENTES MÍSTICOS } .499

na literatura das Sagas 193
pactos com demônios 382, 383, 384, 385, 386, 387
satânica do início da modernidade 317, 318, 319, 321, 322, 324
tentativa de dano deliberado 387, 389
bruxaria 386, 390, 393
　adoração ao diabo 81, 101, 308, 309, 314, 318, 322, 327, 354
　ameaça às relações conjugais 55, 56
　assassinatos relacionados à 84
　ausência na Grécia antiga 126, 127, 129, 132
　características negativas 87, 88
　causados por divisões e tensões sociais 92
　como obra do Diabo 200
　como religião pagã que reafirma a vida 236
　conspiração satânica 239, 336, 374, 382, 383, 384, 385, 386, 387, 389, 390
　crença na realidade 92, 96, 97, 99
　definição 17, 18
　e crenças cosmológicas sobrenaturais 89
　efeitos sociais 88
　e fetiçaria 57, 58
　em diferentes sistemas culturais 37, 38, 39, 40, 41, 43, 103
　entre os Sámi 184
　estudo da 25, 26, 27, 29
　evidências 94
　e xamanismo 239
　execuções europeias 341
　historiadores e estudo da 38
　ideias europeias herdadas da antiguidade 107, 108, 109
　interpretação médica da 96
　medidas contra 87, 88, 89
　medo pós-colonial 39
　na Idade Média 286
　na Inglaterra medieval 303, 304, 305, 306, 307, 308
　na Mesopotâmia 113, 115, 116
　salvamento da 100
　voluntária ou involuntária 58

bruxas 161, 239, 241, 243, 281, 331, 358, 367, 381, 382, 383, 384, 385, 393
assassinato de crianças e bebês 147, 150, 322, 323, 324, 329, 330, 331, 332, 333, 335, 336, 337, 365
atua à noite 65
canibais 255, 300, 328, 335, 336, 337, 370, 382
canibal 65, 95, 146, 152, 155, 192, 272, 305
causado por aflição física 58, 59, 71
como nocivas 63
como praticantes religiosas alternativas (pagãs) 236, 242
dano involuntário por 58, 59
definições 18, 19, 21
detecção e punição 71, 73, 74, 81
devora vítimas 151
e antigos hebreus 121, 122
em relacionamentos íntimos informais 56
Hititas 119
hostilidade social 34
medo de 39, 44, 45, 78, 92, 177
possessão espiritual 59
resistência e contramedidas 69, 70, 71
sigilo 63
temida na Mesopotâmia 119
trabalha dentro da tradição 34, 58
utiliza animais reais 73
voo 62, 238, 239, 241, 244, 253, 254, 255, 257, 259, 261, 262, 278, 300, 305, 322, 335, 358, 367, 368, 369, 375, 384
bruxas (demônios noturnos catalães) 322
Bruxa velha e feia (hag) 305, 307
Budge, Sir Wallis 112
Burchard, bispo de Worms 254, 255, 257, 271, 272, 370, 371

caça às bruxas
　e caça à heresia 228, 327, 332
　e tradição folclórica 241, 332, 347, 351, 363, 365, 366, 368, 369, 381, 383, 386, 394
　frequência 50, 51, 78, 79
　função social 88, 89, 328
　idade do acusado 51
　na África pós-colonial 84
　na Idade Média 286
　na Roma Antiga 139
Caçada Selvagem 244, 245, 247, 248, 249, 277
Caernarfon
　forte romano 218
cajado
　mágicos cavalgam 194
　na prática xamânica 176
Camarões 46, 47
　leis da bruxaria 85
Cananeus 121
canibalismo 64
　por bruxas 192, 239, 272, 305
Cannon, dr. Walter 96
canon Episcopi 253, 259, 266, 275, 300, 384, 499
Carlos Magno, Sacro Imperador Romano 152
Cataluña 262, 322, 374
Cátaros 326, 330
Catolicismo romano
　conflito contra protestantes 342
　contrarreforma 352
　conversão para 83
　　e heresia 303, 309, 314
　　Grande Cisma 312, 327
　　imagem de bruxa demoníaca 376
　　Inquisição e ofensiva contra a magia 300, 319, 373, 378
　　mágicos 223
Cátulo 135
Cavaleiros Templários 310
Celsus 217, 218, 288
Cesário de Arles 265
Chalons sur Marne 336
Chave de Salomão (manual de magia) 222
Chavunduka, Gordon 97

.500

Cheremis (povo), Rússia 181
Cherokee (povo), América do Norte 147
China
  caça às bruxas 77
  pouca informação sobre bruxaria 43
Chukchi (povo), Sibéria 190
Chuvaches (povo), Rússia 181
Cícero 135
ciência
  e a visão mágica do mundo 87
Circe (figura mitológica) 129
círculo
  importância arcana 230
clarividência 201
Clark, Stuart 26
Claros, Ásia Menor 134
Clemente VIII, papa 378
Clemente VI, papa 312
Cochiti (tribo), Novo México 49
Cohn, Norman 15, 201, 238, 239, 241, 243, 280, 295, 296, 302, 316, 319, 320, 335, 336
Colônia, Alemanha 298
Congo
  bruxas infantis 87
Congo, bacia do
  bruxas anciãs 92
conhecimento oculto, termos para 47
consciência, estado alterado de 160
Constâncio II, imperador romano 291
Conto de Thorsten 194
coptas 212, 221
corpo (humano)
  cinco componentes 229, 230
corujas, associação a bruxas 139, 147, 148, 149, 150
cosmologias
  em diferentes culturas 90
crianças e bebês
  acusações proibidas 87
  acusados de bruxaria 51
culpados por infortúnios no Congo 92
  mortos como bruxas 76
  mortos por demônios e bruxas 147, 150, 322, 323, 324, 327, 330, 331, 366

Crick, Malcolm 37
Cristianismo
  adotado como religião romana 289, 294
  atacado por Celsus 217
  atividades missionárias 82, 83
  crença literal no Diabo 101
  demônios e exorcismos 288, 289
  divisões 355
  e julgamento e caça às bruxas 29, 287, 288, 300, 301, 327
  e magia cerimonial 201, 202, 203, 222, 223, 225, 228, 229, 288, 310, 311
  e perseguido no Império Romano 287
  estereótipos de hereges demoníacos e mágicos 333
  expansão do 342
  na Europa 225, 228
  não ameaçado por praticantes de magia 317
  na polarização do bem e do mal 100
  no Egito 212
  no sistema de crenças alpino 368
  Ortodoxo 362
  redefine a magia 288, 289, 294
  supressão romana da magia 293, 294
  traços demônios e exorcismo 87
  traços incorporados ao conceito de bruxaria 81, 82, 83, 84, 85, 87
Croácia 342, 349, 350, 351, 366
Crônica Primária Russa 182
Cronógrafo de 354 139
curandeiros 21, 70

Da doença sagrada (tratado grego) 124
Dalmácia 350
Damáscio 210
Dangs (povo), Índia Central 73
Defoe, Daniel 184
Déima, movimento, Costa do Marfim 83

demônia-noturna 146, 147, 148, 149
demônios e demônios
  categorias 296
  Controle Islâmico de 374
  crença mesopotâmica em 114, 115, 116, 117, 147, 288
  e o início do Cristianismo 288, 296, 299
  evocados 308
  formas animais 335
  pactos com mágicos 201, 386
  usados para bons fins 257
  visão romana de 292
Diabo (cristão)
  crença literal em 101
  e bruja espanhola 48
  e bruxaria 200
  e Tangu da Nova Guiné 83
  pactos com 387, 390, 391
  sexo com 306, 376
  suposta adoração por bruxas 239, 310, 316, 322, 325, 327, 328, 331, 337, 349, 354, 373
Diana (deusa)
  em Modena 367
  lidera mulheres em ginetes noturnos 244, 253, 255, 257, 258, 259, 263, 265
  origem e culto 259, 265, 267
Dickie, Matthew 128
Dinamarca
  bruxas causam doenças 382
  e a lei que proíbe a posse de livros e magia 360
  feitiços de amor 358
  mulheres culpadas pelo mau tempo 298
  punições por atos mágicos 373
Dinka (povo), África 63
Disir (guerreiras) 274
divindades (deuses)
  de poder supremo 206
Dobu (ilhas), Nova Guiné 49
Dodona, Grécia 134
Dowayo (povo), Camarões 69, 73
Doze Tábuas (Direito Romano) 137
druidas 171
Dzitas, México 47

E.

Egito (antigo)
  adota o Cristianismo 212
  como parte do Império
    Romano 204
  deuses 205, 219
  hospitaleiro a ideias de
    outras culturas 112
  influência sobre a cultura
    grego-romana 212
  papiros mágicos 204, 205, 206,
    207, 213, 215, 216, 219, 220, 221,
    222, 223, 224, 225, 226, 294
  sobrenatural e mágico no
    109, 110, 111, 112, 154, 217,
    218, 293
Ekoi (povo), Nigéria 46
Eliade, Mircea 161, 176, 243
Elias, o profeta 119
Elimas 289
Enciclopédia Britânica 238
Endor, Bruxa de 121
Enoque, Primeiro Livro de 122
enterros
  posturas incomuns e bens
    mortuários 170
epoidos (cantor grego de
  encantamentos) 125
Epona (deusa) 270, 271
Erik, o Ruivo, Saga de 188
Errores gazariorum ("Os Erros
  dos Cátaros") 330, 332, 336
Eslovênia 349
Esopo 128
Espanha
  bruxas, termo 322, 365
  crenças populares 376
  julgamentos e punições de
    bruxas 374, 375
  modera a punição de bruxas
    378, 379
espíritos
  comunicação xamânica com
    160, 166, 167, 168, 170, 171,
    172, 173, 174, 175, 176
  crença comum em 168
  definição 22, 23
  na experiência europeia 171
  natureza 383
  propiciados 46

Estados Unidos da América
  crenças e práticas satanistas 101
Estevão de Bourbon 255
Estíria 298
Estocolmo 359
Estônia 355
Eurípides 128
Europa
  bruxaria reintroduzida por
    imigrantes étnicos 101
  Crisitianismo na 100
  Cristianismo na 231
  diferenças regionais nas prá-
    ticas da bruxaria 103, 108
  história da caça às bruxas
    40, 155, 287
  ideias de bruxaria herdadas
    da Antiguidade 107
  influenciado por crenças
    mágicas egípcias 225
  paganismo 231
  rejeita a crença na bruxaria
    100, 101
  tradição xamânica 162,
    163, 170
  tradição xamanística 320
Evans-Pritchard, Sir Edward
  57, 58, 59, 199
Exército da Salvação
  movimento missionário no
    Congo 83
Exército Furioso 244
exorcismo 226
Eymeric, Nicholas 228, 314
Eyrbyggja, Saga 191
Ezequiel, Livro de 370

F.

fantasmas
  relatos de 217
Fayum, Egito 145
feitiçaria 58, 199
  condenada na França 315
feiticeiros diurnos 146
feitiços
  anulamentos 66
  curas e contra-ataques 45
  eficácia 387
feitiços de amor 315
feitiços e maldições 69, 297

Fergusson, ilhas, Nova Guiné 52
Ferrer, Vincent 322
Festo, Sexto Pompeu 150
Feugeyron, Ponce 327, 331, 336
Fian, John 167
Field, Margaret 95
Filadélfia, Ásia Menor 128
Filipe IV, o Belo, rei da França 310
Filipinas
  mulheres penduradas de
    cabeça para baixo 66
  sobre possessão por espíritos 59
Finamarca 395
finlandeses (povo) e Finlândia
  179, 184, 186, 187, 190, 192,
  342, 353
Firmicus Maternus 291
Flandres 298
Flaviana, dinastia (Roma) 144
Flint, Valerie 287
Florença, casos mágicos 315
Flores, sul da Indonésia 66
França
  bruxas causam impotência 382
  feitiçaria condenada 311, 312
  julgamentos de bruxas
    medievais 311
  julgamentos de bruxas do
    início da era moderna 362
  mulheres condenadas à mor-
    te por praticar magia 298
  francos 151, 254
Frazer, Sir James 242, 243
Freising, Baviera 298, 300
Frithiof, Saga de 189, 194
Friuli, Itália 161, 348, 349,
  352, 366, 368
Fründ, Hans 325

G.

Gália
  Epona e as Matres em 270
galla (demônio da Mesopotâmia) 149
Gâmbia
  caça às bruxas 87
Gana
  caça às bruxas 71
  humanos transformados em
    animais e plantas e vendidos 91

Gă (povo), sul de Gana 59
Gaskill, Malcolm 26
gatos, bruxas cavalgam 348
Gawa, ilha, Melanésia 70
Gaya (povo), norte de Sumatra 70
Gebsattel, Alemanha 383
Gebusi (povo), Nova Guiné 49
Geertz, Hildred 37
Genebra
  julgamento de bruxas
  (1401) 315
Gerald de Gales 166, 167
Germânico 143
Gervase de Tilbury 153
Geschiere, Peter 39
Ghent 298
Gifford, George 200
Ginzburg, Carlo
  abordagem dos estudos de
  bruxaria 26, 320
  caça à heresia 320
  sobre as práticas benandanti
  239, 241, 242, 243, 244, 278
  sobre cultos extáticos 280
  sobre deusas pagãs na bruxaria 266, 267, 269, 270
  sobre o xamanismo de benandanti 161, 162, 163, 164,
  250, 348, 356
  sobre peregrinos noturnos
  250, 265, 281, 321, 335
Giriama (povo), Quênia 92
Gisu (povo), Uganda 56
Gnosticismo 231
goês, goêtes (exorcista grego
  de fantasmas) 126, 217
Gongu-Hrolf, Saga de 189
Gonja (povo), Gana 64
Gotland, oeste de 193
Graf, Fritz 108, 145
Grande Cisma (1378-1418)
  312, 327
Grécia (antiga)
  astrologia e horóscopos 215
  ausência de bruxaria 127, 129
  cidadania 126
  demônios infanticidas 149
  guerra contra os persas 126
  no Egito 215
  postura em relação à magia e
  à religião 124, 125, 126, 127,
  128, 129, 133, 134, 154, 287
  sobre as propriedades das
  ervas 112

Gregório VII, papa 299, 300
Gregório XIII, papa 378
Gregório XI, papa 312
Greyerz, Peter von 330
Grimm, Jacob 277
  Deutsche Mytologie 247
  sobre a bruxa satânica 318, 319
  sobre a figura da bruxa 336
  sobre a figura de deusas
  femininas 273
  sobre espíritos noturnos 381
  sobre heresia e folclore 332
  sobre o culto de Diana/Hera
  265, 267
  sobre poderes femininos
  153, 192
  sobre procissões noturnas
  medievais 247, 248, 249
Guerra das Rosas 312
Guilherme de Auvergne, arcebispo de Paris 228, 255
Guilherme I (o Conquistador),
  rei da Inglaterra 307
Gunnlaug, Saga de 193
Gurage (povo), Etiópia 45
Gusii (povo), Quênia 55

H.

Hagen, Rune Blix 185
Hammurabi, rei da Babilônia 116
Handsome Lake, chefe Seneca 76
Hansen, Joseph 319, 320, 324,
  330, 332
Harbe de-Moshe ("Espada de
  Moisés") 211
Harpocration 219
Harran, norte da Síria 226
Harte, Jeremy 249
Harvey, Graham 159
Haselbach, Thomas von 258
Hávamál (poema nórdico) 193
hebreus (antiguidade) 119,
  121, 122, 139, 154, 167
Hécate Ereschigal (divindade)
  206, 207
Hécate (Hekate; figura mitoló-
  gica) 132, 269, 274
Hehe (povo), Tanzânia 55
heka (antigo conceito egípcio)
  109, 205

Helena de Troia 112
Hélios (deus sol) 205, 206
Henningsen, Gustav 26, 164,
  180, 243, 261, 369, 393
Henrique I, rei da Inglaterra 307
Henrique II, rei da Inglaterra 308
Héracles (divindade) 135
Hera (deusa) 266, 267, 274
herburgius 151
Hérens, vale, Alpes 325
heresia
  e a Igreja Católica 280,
  294, 303
  e caça às bruxas 303, 309,
  310, 311, 314, 316, 318,
  319, 320
Herlechin, tropa de 251
Hermetismo
  na Europa 231
Herne, o Caçador 244
Herodíade
  e João Batista 267
  nos Balcãs 350
Heródoto 128
Hewa (povo), Nova Guiné 58
Hildegard de Bingen 229
Hino Órfico 269
hiperbórea, região 217
História da Noruega 182
historiadores
  e estudos de bruxaria 36
Hititas 119, 139, 143, 154, 298
Höfler, Otto 248
Holanda
  bruxas causam impotência
  337, 382
Holda (striga) 254
Holle 259, 272, 381
Homero; Odisseia 112, 127
Honório de Autun 229
Hopi (povo), sudoeste da
  América 64
Horácio (Quinto Horácio
  Flaco) 108, 139, 150
horóscopos 216
Howard, o Manco, Saga de
  190
Hrolf Kraki, Saga de 189
Hulda (ou Olda; profetisa do
  Antigo Testamento) 261
Hungria 180, 270, 342, 350
Huron (povo), Canadá 75

INGREDIENTES MÍSTICOS } .503

I.

Ibibio (povo), Nigéria 46
Idade Média
  códigos de lei 298
  e a figura da bruxa 286
  e caça às bruxas 29
  magia cerimonial 200, 220, 221, 223, 224, 225, 230, 231, 308, 309, 310, 311, 312, 314, 330
Igreja Presbiteriana 83
Iluminismo 203
imagens
  presas com alfinetes 387
Império Bizantino 230
incesto
  entre bruxas 64
Incmaro, arcebispo de Reims 301
Índia
  diferentes castas sociais 56
  homens sacros 73
  mulheres mortas como bruxas 74
Indonésia
  julgamentos por bruxaria 75
Indo, vale do
  postura em relação à magia 117
Inglaterra
  bruxaria na 38, 307, 308
  suspeitas de práticas mágicas 310
Inquisição, Santa 311, 312, 373, 374, 376, 378
Inuit (ou povo esquimó), Groenlândia 75
Iorubá (povo), Nigéria 64
Irlanda
  a influência do papa João XXII na 311
Irmãos Juramentados, Saga dos 190
Iroquois (povo), América do Norte 65
Ísis (deusa egípcia) 219
Islã
  desenvolvimento como religião principal 231
  e controle de demônios 374
  punição por bruxaria 88
Islândia
  ginetes noturnos 257
julgamentos de bruxas 342
literatura 191
práticas xamânicas 195
Ístria 349
Itália 367
  e a imagem da bruxaria 375, 376
  e crenças populares 376
  errantes noturnos na 257
  infanticídio por bruxas 366
  magina diabólica 369

J.

Jâmblico 209
Jammeh, Yahya, presidente da Gâmbia 87
Japão
  pouca informação sobre bruxaria 43
Javé (divindade hebraica) 119, 121, 122, 226
Jericó
  muralhas derrubadas 119
Jesus Cristo 288
João Batista 266
João Crisóstomo 292
João XXII, papa 222, 310
John de Salisbury 255
Jonson, Masque of Queens 108
Jorge de Saluzzo, bispo de Aosta e Lausanne 331, 332
Josefo 112
Jubileus, Livro dos 122
judeus
  evolução 122
  exorcistas 289
  magia 210, 211, 212, 213, 224, 226
  no Egito 213
  perseguidos na Europa 303, 320, 331, 335
Judith, esposa imperatriz de Luís, o Piedoso 273
julgamentos de bruxas
  acusações e confissões 393, 394
  crença em 46
  e crença popular 239
  e divisão religiosa 342
  e estereótipos dos acusados 52
  e gênero do acusado 353, 360
  e gênero dos acusados 317
elementos de fantasia 393
e mágicos cerimoniais 359, 360
em Milão (século xiv) 259
e práticas não europeias 103, 155
estereótipos dos acusados 317
estudos históricos sobre 18
explicações para 347
justificativa para 236
na Europa antiga 18, 155
no início da Europa moderna 287
no norte da Noruega 185
origens 155
proponentes 342
punições modificadas em países mediterrâneos 375, 376, 378
raro na Mesopotâmia 115
sobre os seguidores da Senhora 259, 317
tortura utilizada 330
variações regionais 52, 103, 115, 155, 185
vítimas 236
Júlio César 153

K.

Kaguru (povo), Tanzânia 66, 75
Kallestrup, Louise Nyholm 373
Kaluli (povo), Papua 56, 59
Kamba (povo), Quênia 94
Kaska (povo), fronteira do Canadá/Alasca 76, 92
Kerebe (povo), Tanzânia 92
keshaphim (praticantes de feitiçaria) 122
Ketil, Saga de 194
Khattushili III, rei hitita 119
Khattushili I, rei hitita 119
Kieckhefer, Richard 15, 202, 203, 219, 287, 295, 320, 321, 328
Kilkenny
  julgamento (1324-5) 311
Kingsley, Mary 70
Kinshasa, Congo 83, 87, 92
Klaniczay, Gábor 162, 163
Knutsen, Gunnar 374, 376
Koning, Niek 50
Konkomba (povo), Togo 54
Kormák, Saga de 191

.504

Korongo (povo), Sudão 45
Koryak (povo), Sibéria 178
kresniks (povo), Serra Leoa 349
Kwahu (povo), Gana 49
Kyranides 219, 225
Kyteler, Lady Alice 311, 316

L.

Labeo, Notker 152
La Fontaine, Jean 101
Lamashtu (demônio da Mesopotâmia) 148
lamiai (demônios gregos) 149
Lancre, Pierre de 346, 384
Languedoc 322
Lapônia
　bruxas 184, 353
Larzac, sul da França 144
Lausanne, Suíça 324
Laxdaela, Saga de 190
Lebowa, distrito, Transvaal 91
Lecouteux, Claude 245, 249, 273
Lele (povo), Zâmbia 73, 78, 83, 84
leprosos
　perseguidos 320
Letônia 356
Levack, Brian 386
Levine, Robert 94
Lévi-Strauss, Claude 96
Lex Cornelia (lei romana) 137
Libânio 292
Lienhardt, Godfrey 56, 63
lil (demônios e fantasmas da Mesopotâmia) 147
Lilith (figura hebraica) 148
Lincoln 315, 317
Lisu (povo), norte da Tailândia 71
Lituânia 355
Liturgia de Mitras 207
Lívia, viúva imperatriz romana 144
Livônia 366
Livro do Apocalipse 289
Livro Juramentado de Honório 222
Lobedu (povo), África do Sul 84
Lobengula, rei dos Matabele 76
lobisomens 356
lobos 325

Logoli (povo), oeste do Quênia 70
Londres
　praticantes de magia punidos 310
Lorena 382
Lucerna, Suíça 261, 277
Lucian 150
Lúcifer 323
Lugbara (povo), Uganda 55
Luís X, rei da França 310
Luongo, Katherine 18
Lusaka, Zâmbia 83
Luteranismo 356, 393

mageia (arte mágica grega) 125
magia
　animosidade na Grécia antiga 124, 126, 127, 128
　benevolente 202
　causando danos 44, 58
　cerimonial 200, 201, 220, 221, 222, 223, 224, 225, 226, 227, 228, 229, 230, 231, 308, 314
　condenada na Roma antiga 137, 138, 139, 142, 144, 145
　contramagia 115
　crença absoluta na 96, 97, 99
　definição 316
　distribuição 218
　e Igreja Católica 224, 287, 288, 291, 300, 310, 311, 312
　em feudos intercomunitários 53
　e religião na Grécia antiga 124, 126
　escandinava 357
　formas de 57
　história dos usos 202, 203
　judaica 210
　livros proibidos pela lei dinamarquesa 360
　manuais 222
　medieval 330
　na bruxaria e na religião 18, 19
　na Mesopotâmia 113, 117, 217
　no antigo Egito 111, 112, 204-209, 211-218, 221, 293, 308
　nos antigos hebreus 121, 122
　positiva e destrutiva 93, 94
　praticada por homens 359, 360

　praticantes punidos na Europa medieval 314, 315, 316
　repressão romana da 291, 292, 293
　Sámi 182, 183, 184, 353
Magiares (povo), Rússia 181
mágicos
　definição 22
magos (magus)
　como palavra 135
　papel e práticas 200, 201
Magyars (povo) 352
Maia (povo), Yucatán mexicano 46
Maine, conde de 298
mal
　em culturas antigas 117
Malaui 54, 83
Maldo, distrito, nordeste da Índia 87
maleficium 137, 295, 297, 303, 504
Malleus Maleficarum 107, 384
Malta 373
Mamprusi (povo), Gana 58, 85
Mandari (povo), Sudão 55
mantis (vidente grego) 125, 128
Manuelito, chefe Navaho 76
Manuscritos do Mar Morto 122
Maori (povo), Nova Zelândia
matar destruindo resíduos corporais 61
Marmoris, Pierre 336
Marrone, Steven 319, 321
Martinho V, papa 327
masca (figura romana/lombarda) 152
Matres (ou Matronas), as 270
mau-olhado
　como poder maligno 48
　na Espanha 375
　na Mesopotâmia 116
　na Roma Antiga 143
Máximo 210
Mayer, Philip 56
Mbuti (povo), bacia do Congo 45
Medeia 129, 132, 141
mekhashepa (praticante de magia hebraica) 121
Melanésia 43, 46, 49, 53, 58, 61, 62, 65, 70, 88
Menominee (povo), América do Norte 147

Mesopotâmia
  astrologia 215, 225
  crença em demônios 114,
    115, 116, 117, 155
  cultura 113, 114, 122, 123
  demônios e fantasmas 147,
    148, 149, 155, 287
  lista de espíritos inferiores 215
  mulheres 116
  pontos cardeais 226
  propiciação de espíritos malignos 114, 115
  ritos bons e maus 117
  sistema sofisticado de magia
    216, 217
México
  taxa de homicídio e bruxaria 48
Mijikenda (povo), Quênia 79
Milão
  julgamentos de bruxas (1384
    e 1390) 259, 267
Milton, John 184
Mishná, código 123
missionários
  desestimular crenças tradicionais 95
  na África 83
Modena, Itália 365, 367
Mohave (povo), sudoeste dos
  EUA 56
Moisés, o legislador 119
Moldávia
  mágicos populares e transes
    167
Montolmo, Antonio de 228
mortos, os
  vagando (grupos) 235, 238, 239,
    241, 242, 243, 245, 248, 249
  vistos como objetos de terror
    244, 245
Moses (profeta zambiano) 83
Movimento de Ação Católica 83
Mukunguna, movimento, bacia
  do Congo 83
mulheres
  acusadas de bruxaria 54, 79,
    94, 343, 353
  como strigae 149
  como xamãs 176
  confessam que são bruxas 94, 95
  em relatos nórdicos 189
  entre os antigos hebreus 122, 123
  e poções do amor 127

fazem mal durante o sono 58
lançam feitiços para enganar
  ou enredar os homens 294
mágicas atuantes na magia
  romana 138, 139, 140, 141
mágicas condenadas na
  Grécia 128, 129, 133
na sociedade mesopotâmica
  116, 117
queimadas vivas 88
seguidoras da Senhora 253-
  263, 277, 367
se reúnem em \ 331
sonhos profundos e delírios
  279, 280
tribos germânicas, poderes
  especiais 151, 155
Murray, Margaret 237
  tese sobre bruxas 237, 238, 241
Murshili II, rei hitita 119
Mysore, Índia 59

Nalumin (povo), Nova Guiné 47
Nandi (povo), Quênia 54
Nathan de Gaza 167
Navaho (povo), sudoeste dos
  EUA 61, 69, 74, 76
Navarra 378
Ndembu (povo), Zâmbia 46, 54
Needham, Rodney 17, 18, 36
Neoplatonismo 209, 225, 231
Nepherieri (nome oculto de
  Afrodite) 205
Ngoni (povo), Malaui 54
Nicolau de Cusa, bispo de
  Brixen 260, 269, 279, 280
Nider, Johann 279
  Formicarius 328, 329, 330
Nigéria
  caça às bruxas no sul 73
  crença em bruxas 46
Northamptonshire
  caso de bruxaria 306
Noruega
  julgamentos de bruxas 185,
    353
Nova Guiné
  crença em bruxas 46
  magia destrutiva pelo uso de

resíduos corporais 94
mulher queimada viva 88
Novara, Piemonte 375
nudez
  entre bruxas 65, 66, 94, 118, 146
Nupe (povo), norte da Nigéria 73
Nyakyusa (povo), Tanzânia
  55, 59
Nyambua, culto, Nigéria 79
Nyoro (povo), Uganda) 61

Oberstdorf, xamã de 164, 260, 368
Odin (Wotan; deus nódico)
  244, 248
Odisseu 132
Oráculos Caldeus 207
Ordem Dominicana 300, 314, 322
Ordem Franciscana 328
Orderic Vitalis 251
Orígenes 288, 294
Ovídio 140, 150

País de Gales
  pessoas inspiradas 166
Paiute do Norte (povo), oeste
  dos EUA 75
Palestina
  postura perante a magia 117,
    121
Parcas, as 108
parentesco
  desafiado pela bruxaria 54
Paris, Universidade de
  sobre a magia cerimonial 314
Paulo, apóstolo 289
Pedro, o Grande, czar da
  Rússia 362
pentagrama 230
Pentecostais, igrejas 83
Percht (ou Perchta) 257, 259,
  261, 267, 273, 274, 381
persa (iranianos)
  dualismo cósmico 155, 287
persas (iranianos)
  guerra contra os gregos 126

postura em relação à magia 117, 118, 139, 154
Petronilla de Meath 311
Petrônio 141
Pharaildis, São 370
pharmaka (poção) 128, 132
pharmakeis (e pharmakides; distribuidores de poções gregas) 125, 128, 133
Pico della Mirandola, Gianfrancesco
 Strix 365, 367
Pingree, David 224
Pitágoras 227
Plínio, o mais velho 135, 143, 144
Plotino 135
Plutarco 143
Pócs, Eva 26, 162, 163, 166, 168, 243, 245, 320
Pogoro (povo), Tanzânia 75
Poitiers 336
poligamia
 animosidade entre esposas 54
Polinésia
 bruxas individuais 64
Polônia
 caça às bruxas e julgamentos 342, 381
 tradição popular do Diabo brincalhão 383
Porfírio
 Carta a Anebo 209
Portugal 373
poupa (ave) 220
Price, Neil 188, 190, 191
Proclo 210
profetas 163
Propércio 140
Protestante, missão unida, Rodésia 83
provação, julgamento por 73, 116
Província do Norte (agora Província do Limpopo), África do Sul 83, 84, 97
Prüm, abade de 254
Purkiss, Diane 26

Q.

Quatro Têmporas 260, 348, 349
Quiché (povo), Guatemala 55

R.

Ralushai, comissão, África do Sul
 Relatório (1966) 96
Ramsés III, rei do Egito 110
Ranavalona, rainha malgaxe 76
Ratherius, bispo de Verona 267
Reforma
 conflito com católicos 342
 e execuções na bruxaria 342
 e magia cerimonial 231
região de Lowveld, Transvaal 66
região eslava 349, 350, 351
Região Nórdica (Escandinávia e Finlândia)
 ausência da figura da bruxa 193
 espíritos da natureza 358
 julgamentos de bruxas 186, 353
 mulheres ginetes noturnas 305
 paganismo 358, 360
 práticas xamânicas 195
 se converte ao Cristianismo 183
 xamanismo 182, 356
reino lombardo 166
religião pagã
 a bruxa na 19
 e a Caçada Selvagem 237, 243, 247
Remy, Nicholas 384
Renascença
 e magia cerimonial 231
 manuais de mágicos 221
rhizotomoi (mágicos herbalistas gregos) 125
Ricardo II, rei da Inglaterra 312
Rio, del Rio
 Disquisitiones magicae 108

Roma (antiga)
 adota o cristianismo como religião 289
 antagonismo à magia 212, 216, 287, 292, 293, 297, 302
 associação de corujas a bruxas 147, 149
 caça às bruxas 139
 cidadania 135
 cultos misteriosos incorporados à magia egípcia 206
 e mulheres praticantes do mal 139
 epidemia (331 a.C. 138, 142
 governo no Egito 204
 habilitação feminina e luxúria 141, 142
 lei 137, 143, 151
 magia e religião na 135, 137, 138, 139, 140, 141, 142, 143, 144, 145, 155
 morte prematura e reestribuição 145
 perseguição cristã 287
Roma (moderna)
 bruxas satânicas na 322, 324
 caça às bruxas 326
Roman de la Rose 255
Romênia 350, 351
Roper, Lyndal 26
Rotário, rei lombardo 152
Rottenburg 383
runas 360
Rússia
 assassinatos medievais por perda de safra 298, 299, 300, 301, 302
 julgamentos de bruxas 361, 362

sacerdotes (homens ou mulheres), como termo 21
sacrifício humano
 em relatos romanos 140
Safo 273
Safwa (povo), Tanzânia 54
saga (mágica romana do gênero feminino) 140
Sakha (povo) 178

Salazar y Frias, Alonso de 378
Salomão, ilhas, Melanésia 62, 65
Salzburgo, Ástria 363
Sámi (lapões, povo), norte da Europa 353
Sanders, Andrew 39, 43
sangue, sacrifícios de 69
Satã e satanismo
  no mundo ocidental 101
  pactos com 385, 386, 390, 391
  poder 95, 310
  secretamente 310, 316
  usa humanos para matar e aterrorizar 325
Satanás e satanismo
  e o povo Lele da Zâmbia 83
Saul, rei israelita 121
Savoy 314, 325
saxões
  convertidos ao Cristianismo 152
seidr (prática xamânica nórdica) 360
Sekani, índios, Canadá 45
Selby, Yorkshire 307
Sêneca 135
Seneca (povo), estado de Nova York 76
Sepher ha-Razim (\"Livro dos Mistérios\") 210
Seram, arquipélago das Molucas 59
sérvios 351, 366
Shaka, rei zulu 76
Shakespeare, William
  e Herne, o Caçador 249
  Macbeth 108
  sobre bruxas 184
Shan (tribo budista), Tailândia/China 59
Sharpe, James (estudioso de bruxaria) 26
Shawnee (povo), Ohio Valley 77
Shona (povo), Rodésia 95
Sibéria
  crença em infortúnios causados por mágicos 53
  livre de bruxas 45
  xamãs e xamanismo 160, 165, 171-189, 263
Siikala, Anna-Leena 186
Simão Magus 289

Simeon ben Shetah, rabino 123
Simmen, vale, próximo a Berna 329
sionistas, igrejas, Província do Norte, África do Sul 83
Slave, índios, Canadá 45
Sobre as virtudes de ervas, pedras e animais 222
Söderkoping, Suécia 358
sortiligium (ou sortilegium) 297
Soweto, Johannesburgo
  assassinatos 85
  bruxaria em 40, 49, 79
  curandeiros mágicos 94
Stratton, Kimberley 142
strix (pl. striges ou strigae; criatura mitológica romana) 149, 150, 151, 152, 239, 301, 335, 365, 381
Suécia
  espíritos da natureza 358
  julgamentos de bruxas 353
  magia 358, 359
  modo de viajar das bruxas 384
Suíça 266
Sukuma (povo), Tanzânia 85
Sulawesi (ilha), Indonésia 75
Suméria
  crença em bruxas 115
  cultura 113
  e pontos cardeais 226
Swazis (povo), sul da África 58
Swift, Jonathan 184

tabuletas de maldição
  e tentativas de prejudicar outrem 387, 389
  na Grécia e na Roma antigas 128, 129, 144
  no sudoeste da França 267
Tácito 153, 250
talismãs 224
Tallensi (povo), norte de Gana 45
Talmude 122, 149
táltos (Hungria) 162
tambores
  em rituais xamânicos 175, 180, 183, 184

Tanganica
  Maji Maji ascensão de (1905-06) 79
Tangu (povo), Nova Guiné 55, 71, 83
Tannenbaum, Nicola 61
Tannhäuser (cavaleiro) 367, 394
Tanzânia
  vigilantismo anti-bruxas 75
Tenskwatawa, o profeta Shawnee 77
Teócrito
  Pharmakeutria 133
Teos, Grécia 128
Tessália 133
Testamento de Salomão 212
Testemunhas de Jeová, movimentos das
  na África Central 82
teurgia 207, 209, 210, 225
Theoris de Lemnos 128
Theutberga, imperatriz esposa de Lothar II 301
Tholosan, Claude 332
Thomas, Keith 37
Thorbjorg (vidente da Groelândia) 189, 190, 192
Thor (deus nórdico) 369
Thorndike, Lynn 295
Thoth (deus egípcio) 218
Tiago de Voragine 255
Tibério, imperador romano 139
Tibulo 140
tietäjä (praticantes de magia finlandeses) 179, 186
Tifão (divindade) 207
tigelas de encantamento 123
Tiv (povo), Nigéria 58
Tlaxcala, província de, México 48
Tlingit (povo), Alasca 49, 61, 92, 95, 178
Todi, Itália 323, 325
Tolley, Clive 188
Tomás de Cantimpré, Santo 370
Tonga, ilhas, Polinésia 71
Toraja (povo), Sulawesi, Indonésia 75
Trachtenberg, Joshua 224
tradição
  local 26

.508

trabalho das bruxas dentro da 34, 58
transe
  e consciência alterada 160, 161, 162, 164, 165, 166, 168, 171
Transvaal
  espíritos em forma animal 91
  supostas bruxas atacadas 79
Tratado Mágico de Salomão 220, 230
tregenda 258
Tremp, Kathrin Utz 321
Trevor-Roper, Hugh 295
Trobriand, ilhas, Nova Guiné 52, 63, 146
trolls (escandinavos) 194, 273, 358
Tswana (povo), Botswana 65, 71
Tungus (people), Sibéria 160
tuno (cartomante) 182
Turner, Robert 200

U.

Ucrânia
  julgamentos de bruxas 361
Uganda
  caça às bruxas 55
urálicos, grupo (povos) 181
Uttar Pradesh (Índia)
  medo de bruxaria 45

V.

Valais, região, Alpes ocidentais 325, 327, 329, 330, 331, 333
Valdenses 326, 335
Valência 374, 376
Valente, imperador romano 291
Valentiniana, dinastia (Roma) 144
Valentiniano, imperador romano 291
Valquírias, as 273
Vampiros 366
Varro 143
Vatnsdalers, Saga 183, 190

Vaudois (palavra) 327
Veleda (profetisa germânica) 192
veneno
  como teste de provação 74
Veneza 373, 375, 387
Vênus (deusa) 367, 368, 394
Vênus (planeta) 225
videntes 170
Vigilantes, Livro dos 122
Viking 188
Villers, Wilhelm 370
vime, haste de 194
Violet, projeto (força-tarefa da polícia britânica) 101
Virgílio 140
visionários 170
visões, êxtase 166, 171, 280
voces magicae 211, 212, 215, 218, 221, 223
Votyaks (povo; Udmurts ou Chuds), Rússia 181, 182
Vugusu (povo), oeste do Quênia 70

W.

Walburga (amante de Lothar II) 301
Walpurgis, noite de 383
Wambugwe (povo), Tanzânia 54
Weyer, Johann 201
Wilburn, Andrew 144
Wimbum (povo), Camarões 47
Winchester 311
Woodeaton, Oxfordshire 218
Wratislaw II, rei da Boêmia 299
Wulfstan II, arcebispo de York 304
Württemberg 393

X.

xamanismo
  assistentes e ajudantes espirituais 173
  comunicação com espíritos 166, 167, 168, 170, 171, 172, 173, 174, 175, 176

distribuição europeia 179, 180, 182, 187, 193, 320, 321, 353, 354, 355, 356, 357
  e experiências de bruxas 394
  entre os Sámi 182, 354
  especialistas 179
  na Europa antiga 170
  na Sibéria 160, 162, 164, 184, 352
  na Sibérias 172, 173, 174, 175, 176, 178, 179
  prática feminina 176
  trajes e artefatos 175
  transes e almas deixando o corpo 164

Y.

Yakö (povo), leste da Nigéria 46, 71

Z.

Zâmbia
  acusações de bruxaria 46, 83
  profeta na 83
Zardari, Asif Ali, presidente do Paquistão 88
zduhač 349
Zimbábue
  caça às bruxas 81
Ziplantawi, princesa hitita 119
Zoroastro 117, 126
Zulu (povo), sul da África 66, 76, 83, 91
zumbis 91
Zuñi (povo), sudoeste da América do Norte 61, 64

FATOS,
FRAGMENTOS
& A HERANÇA
DAS PALAVRAS

PART EV · ETERNAS BRUXAS

MALLEVS MALEFICARVM,

MALEFICAS ET EARVM
hæresim frameâ conterens,

EX VARIIS AVCTORIBVS COMPILATVS,
& in quatuor Tomos iustè distributus.

QVORVM DVO PRIORES VANAS DÆMONVM versutias, præstigiosas eorum delusiones, superstitiosas Strigimagarum cæremonias, horrendos etiam cum illis congressus; exactam denique tam pestiferæ sectæ disquisitionem, & punitionem complectuntur. Tertius praxim Exorcistarum ad Dæmonum, & Strigimagarum maleficia de Christi fidelibus pellenda; Quartus verò Artem Doctrinalem, Benedictionalem, & Exorcismalem continent.

TOMVS PRIMVS.
Indices Auctorum, capitum, rerúmque non desunt.

Editio nouissima, infinitis penè mendis expurgata; cuique accessit Fuga Dæmonum & Complementum artis exorcisticæ.

Vir siue mulier, in quibus Pythonicus, vel diuinationis fuerit spiritus, morte moriatur Leuitici cap. 10.

LVGDVNI,
Sumptibus CLAVDII BOVRGEAT, sub signo Mercurij Galli.

M. DC. LXIX.
CVM PRIVILEGIO REGIS.

MALEFICAS INTERFICERE } p.513

QUEM FORAM AS BRUXAS DE SALEM?

{ *As bruxas de Salem e o expurgo do corpo feminino* }

Tudo começou como uma brincadeira, da mesma forma que quase todas as histórias de terror começam. E, também, na obscuridade.

Livros sobre adivinhação começaram a circular na Nova Inglaterra ao final do ano de 1691 e, com eles, o interesse de vários jovens sobre o assunto. O medo do futuro os levou a querer descobrir o que aconteceria com eles.

No condado de Essex, em Massachusetts, meninas de uma pequena comunidade da Vila de Salem se juntavam para discutir o futuro, aquele futuro que interessava às meninas do século XVII: com quem elas iriam se casar? Qual seria a profissão de seus futuros maridos?

Reza a lenda que uma das meninas criou um tipo de bola de cristal — uma clara de ovo em um vidro — e lá dentro a resposta foi assustadora: no vidro boiava algo parecido com um espectro na forma de um caixão.

O que aparentemente havia começado com a natural curiosidade de meninas inocentes estava se transformando em algo de assustar. Ninguém nunca soube o que de fato acontecia com elas, elas nunca contaram, mas em 1692 foram seus pais que começaram a tentar entender o que estava acontecendo com as suas filhas.

Mary Sibley, uma das jovens da vila, teve a ideia de fazer o que se chamava de bolo da bruxa — farinha de trigo misturado à urina das meninas — e assado pelo casal das Índias Ocidentais, escravizados do Reverendo Samuel Parris, Tituba e John Indian. A ideia era dar de comer ao cachorro que iria experimentar dos mesmos sintomas das meninas enfeitiçadas a fim de comprovar o ataque. Semanas depois, Parris denunciou Mary Sibley por sugerir tal estratagema diabólico. A semente da caça às bruxas havia sido lançada.

Foi a partir deste episódio que se iniciou um jogo de acusação, confissão, negação e morte que tomou a comunidade, através de uma obscura luta por poder político e social, um rumo bizarro e mortal quando seus cidadãos foram tomados pela convicção de que o diabo estava à solta em seus lares. Antes que a loucura das acusações chegasse ao final, dois cães e dezenove pessoas inocentes morreram na forca, e um velho foi apedrejado até a morte, enquanto 150 outros acusados aguardavam na fila da morte. Embora a crença em feiticeiras fosse quase geral em toda a cristandade, e ainda que a mania de caça às bruxas em Salem fosse modesta em comparação com o que aconteceu na Europa, o asco contra os excessos cometidos na Nova Inglaterra solapou ainda mais o prestígio da liderança ortodoxa. Com toda a probabilidade, a histeria deveu-se mais a tensões resultantes de uma ordem social, econômica e política em vias de mudança do que a excessos do clero, mas ainda assim, o trágico episódio constituiu um grave revés para a hierarquia puritana. No começo do século, a liderança social e política nas colônias puritanas estava claramente passando para as mãos da classe comercial ativa que era o sinal mais forte da chegada da modernidade.

Sarah Good, Sarah Osborne e Tituba foram somente as primeiras mulheres a serem acusadas. A partir delas vieram Bridget Bishop (a primeira a ser executada), Susannah Martin, Martha Carrier, Martha Cory, Rebecca

Nurse, Mary Easty (irmã de Nurse), Elizabeth Howe, Alice Parker, Mary Parker, Ann Pudeator, Margaret Scott, Sarah Wilds, Ann Foster, e a filha de quatro anos de Sarah Good. Esta última passou nove meses algemada às correntes em uma prisão.

A repressão sistemática do feminino, isto é, a condenação de mulheres à forca se baseou fortemente nas grandes teses que permitiram o expurgo do feminino e que são as teses centrais do *Malleus Maleficarum*, ou *O Martelo das Feiticeiras*, por ser a continuação popular do Segundo Capítulo do Gênesis, torna-se a testemunha mais importante da estrutura do patriarcado e de como esta estrutura funciona concretamente na repressão da mulher e do prazer. De doadora da vida, símbolo da fertilidade para as colheitas, a mulher passa a ser a primeira e a maior pecadora, a origem de todas as ações nocivas ao homem, à natureza e aos animais.

Na Nova Inglaterra, todas as acusações anteriores a 1656 eram a mulheres pobres, mas devido a condições de vida nas colônias, os colonos precisaram alterar algumas de suas crenças sobre o que era ser uma feiticeira. Obviamente, as origens da bruxaria na Nova Inglaterra eram necessariamente inglesas. Os colonos dividiam com os seus colonizadores a ideia de quem eram as bruxas, do que elas faziam, do poder que tinham e de onde e como obtinham o seu poder sobrenatural. Eles também sabiam como identificar as bruxas e como livrar as suas comunidades dessa ameaça tão diabólica. De fato, a crença na existência e no perigo que as bruxas suscitavam era tão divulgada, em todas as camadas da sociedade, que não acreditar era por si só um ato suspeito. Os colonizadores da Nova Inglaterra também carregavam com eles uma dupla concepção do que era a bruxaria e, por conseguinte, os riscos que ela trazia à sua comunidade e às propriedades de seus vizinhos. As bruxas eram criminosas que trabalhavam de forma sobrenatural, e era esta mesma forma de trabalho que estimulava os colonos na Nova Inglaterra a acusá-las de feiticeiras. Mas, para o clero, pior do que agirem de forma sobrenatural era a ligação delas com o demônio.

No início do século XVII, ministros e pensadores protestantes começaram a se preocupar com essa ligação, pois acreditavam que as supostas bruxas assinavam um contrato ou um pacto com o diabo, em troca da sua aliança com deus por uma subordinação ao diabo. Desta forma, elas não eram somente ameaças ao bem-estar físico e econômico dos seus vizinhos, mas também hereges. As bruxas não eram só inimigas da sociedade, eram principalmente

AS BRUXAS DE SALEM } .515

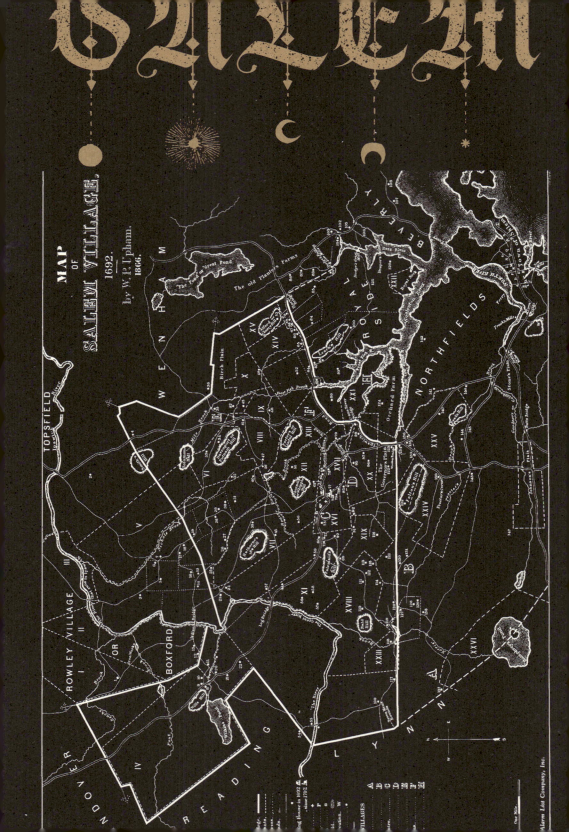

WITCHCRAFT AT · SALEM VILLAGE.

inimigas de Deus. Os ministros da Nova Inglaterra, então, quando confrontados pelas bruxas, se preocupavam principalmente com o sucesso do diabo em recrutar discípulos para destruir as igrejas puritanas. A bruxa da Nova Inglaterra era, em suma, um ser humano com poderes sobrenaturais. A mais importante de todas as suas habilidades era a de infligir *maleficium*, fazer mal às pessoas através do sobrenatural, e geralmente estas pessoas vitimizadas eram os seus próprios vizinhos ou qualquer outra pessoa que a conhecesse bem ou o suficiente para irritá-la. Esta tese explicaria as acusações em massa em Salem no final do século XVII — o bizarro interesse "em quem mora ao lado", ou seja, o "outro monstruoso", aqui transformado no corpo feminino.

As regras convencionais só eram válidas para as mulheres e homens das classes dominantes, através dos quais se transmitiam o poder e a herança. Assim, os quatro séculos de perseguição às bruxas e aos heréticos nada tinham de histeria coletiva, mas, ao contrário, foram uma perseguição muito bem calculada e planejada pelas classes dominantes para chegar à maior centralização e poder. Num mundo teocrático, a transgressão da fé era também

Salem witchcraft.

transgressão política — mais ainda, a transgressão sexual que grassava solta entre as massas populares. Assim, os inquisidores tiveram a sabedoria de ligar a transgressão sexual à transgressão da fé. E punir as mulheres por tudo isso.

Somente em 2017 pesquisadores conseguiram, de fato, identificar o lugar onde essas mulheres foram executadas, Proctor's Ledge fica abaixo de Gallows Hill, onde anteriormente acreditavam que as execuções aconteciam. A explicação dada para tal: "era público suficiente para que todos pudessem assistir às execuções", afirma a pesquisadora Marylinne Roach.

O expurgo, ao que parecia, estava em olhar a derrocada final do corpo feminino.

VANESSA CIANCONI é professora de Literatura Norte-Americana no Departamento de Línguas e Literaturas Anglo-Germânicas da UERJ e também faz parte do corpo docente da pós-graduação em Literaturas de Língua Inglesa. Doutora em Literatura Comparada no Departamento de Teatro da Universidade de Pittsburgh e pesquisa na Mellon School of Theater and Performance Research na Universidade de Harvard, e autora do livro *As bruxas como desculpa* (Multifoco, 2014). Atualmente faz parte do GT "Dramaturgia e Teatro" da ANPOLL e do grupo de pesquisa do CNPq "Escritos Suspeitos"

THE
WITCHES
OF
MACBETH
William Shakespeare
Tradução de Enéias Tavares
illustrations *Gustave Doré*

LONDON,
Printed by *Tho: Purfoot*, for *Arthur Iohnson.* 1612.

MACBETH • ATO IV, CENA I

Uma caverna e no meio dela,
um caldeirão fervente.

Trovão. Entram três bruxas.

PRIMEIRA BRUXA
Felino malhado e três vezes miado.

SEGUNDA BRUXA
Adiciona além um porco eriçado.

TERCEIRA BRUXA
E a harpia grita: É hora, é hora!

PRIMEIRA BRUXA
Lança tudo na caldeira, vamos, agora!
E depois do bucho podre e para fora,
Sapos defuntos de até quarenta dias,
Enfiados por noites em funduras frias
Espumando sumo fedido e suado!
Ferva tudo no caldeirão encantado!

TODAS
Dobre e dobre a doença e o logro,
Borbulhe o caldo e esquente o fogo!

SEGUNDA BRUXA
Enfia na panela o filé de serpente
Que com a borbulha não
sobra nem dente.
Joga gema de peixe e dedinho de sapo,
Pelugem de rato e linguinha de gato,
Uma pitada de cobra, fel de malária
Pé e asa de coruja, verme e solitária.
É aí está: Para encanto vil e potente
Como o inferno tépido e incandescente!

TODAS
Dobre e dobre a doença e o logro,
Borbulhe o caldo e esquente o fogo!

TERCEIRA BRUXA
Canino lupino e escama de dragão,
Múmia de bruxa e olho de tubarão
Com gosto acre de goela marítima!
Raiz de cicuta escavada no escuro.
Além de entranhas
de um judeu impuro.
Pata de bode mau e teixo ressecado
E colhido em eclipse enluarado.
Um nariz de turco e um lábio de pardo,
Um dedinho de infante
morto no parto,
Daquele expelido por mãe prostituta.
Isso tudo vira uma pasta, bem bruta.
Por fim, tripa oca de um tigre ferido.
Eis aqui os segredos do nosso fervido!

TODAS
Dobre e dobre a doença e o logro,
Borbulhe o caldo e esquente o fogo!

SEGUNDA BRUXA
Esfrie a sopa em seiva babuína
E beba a poção pura e genuína.

Entra Hécate na presença das três Bruxas.

HÉCATE
Oh, bem executado! Vejo suas dores
E asseguro: terão ouro e louvores!
Mas agora, ao redor desta chaleira,
Como elfos fadas em dança aneleira,
Encantem todo o suco dessa caldeira!

Música e a canção "Espíritos Sombrios".

Hecate se retira.

SEGUNDA BRUXA
Por meus dedos podres e empesteados,
Vem nessa direção um vil endiabrado!

Abram, cadeados,
Ao recém chegado!

Entra Macbeth.

MACBETH
O que é isso, suas bruacas sujas,
astutas e obscuras? O que fazíeis?

TODAS
Um feito sem nome.

MACBETH
Eu as invoco, pelo conjuro que pregam
Sabendo ou não sua origem, digam-me!
Ainda que soltem ventos
 para despencar
Sobre igrejas, ainda que
atormentem ondas
Para atritar e destroçar frágeis navios,
Ainda que o milho apodreça
 e bosques caiam,
Ainda que castelos despenquem
 em seus guardas,
Ainda que palácios e
masmorras afundem
Suas frontes sobre
as próprias fundações,
Ainda que os ricos germes
naturais sucumbam,
Fartando assim a ânsia
da própria morte,
Respondam-me!

PRIMEIRA BRUXA
Sim.

SEGUNDA BRUXA
Questione.

TERCEIRA BRUXA
E responderemos.

PRIMEIRA BRUXA
Fale: desejas ouvir
a verdade da nossa boca

Ou então da de nossos mestres?

MACBETH
Invocai-os. Deixem-me vê-los.

PRIMEIRA BRUXA
Sangue de porca, então,
lança aí dentro,
Daquela cepa que engole os rebentos.
Além de sebo de corda de enforcado.
Pro fogo!

TODAS
Venha, alto ou rebaixado!
Tu próprio e teus feitos,
ambos danados!

*Trovão. Primeiro espectro:
uma cabeça armada.*

MACBETH
Diga, poder sombrio...

PRIMEIRA BRUXA
Shhh. Já sabem teu desejo!
Ouça sua voz e nada de gracejos!

PRIMEIRO ESPECTRO
Macbeth! Cuidado com o Lorde de Fife!
Cuidado com Macduff, aquele patife!

Espectro desce.

MACBETH
Quem quer que sejas,
agradeço por teu bom
Conselho. Tu confir-
maste todo meu medo.
Apenas mais uma coisa...

PRIMEIRA BRUXA
Pare. Ele não será teu
serviçal. Eis que vem
Outro, ainda mais forte
 que o primeiro.

*Trovões. Segundo espectro:
uma criança ferida.*

SEGUNDO ESPECTRO
Macbeth, Macbeth, Macbeth!

MACBETH
Se três ouvidos eu tivesse, seriam seus.

SEGUNDA APARIÇÃO
Seja sempre violento, reto e ousado.
Ria e zombe dos reis,
pois não será dado
A nenhum nascido de
mulher ferir Macbeth.

Espectro desce.

MACBETH
Então, que viva Macduff!
Pra que o temor?
Porém, por que não
firmar dupla segurança
E o curso exato do
destino? Que ele morra!
Para que eu desminta
meu medo e durma,
Mesmo em meio à tormenta.

*Trovão. Terceiro espectro:
uma criança coroada,
com um galho de árvore em sua mão.*

Quem é esse
Que ascende tal qual um rebento de rei,
Portando em sua fronte infantil o aro
E o cetro real?

TODAS
Escute. Silêncio.

TERCEIRA APARIÇÃO
Abrace a força do leão e sua visão,
Não temas queixa, rebeldia ou traição.
Macbeth nunca será suplan-
tado, não até

O bosque de Birnam ascender qual ralé
Contra o castelo Dunsinane.

Espectro desce.

MACBETH
Nunca tal mal!
Quem mandaria na
floresta e no matagal,
Encetando raízes e troncos?
 Bom louvor!
Que a rebelião nunca chegue ao verdor
Do bosque de Birnam
e que a alta posição
De Macbeth sofra só
de baque natural. Não,
Que ele viva o curso
inteiro da existência.
Uma dúvida me resta, atroz insistência:
A prole de Banquo um dia terá poder
Nesse reino escocês?

TODAS
Busque não saber.

MACBETH
Ao contrário. Serei satisfeito agora.
Negue-me isso e sofrerás vida afora!
O que fervem aí e que barulho é esse?!

Flautas.

PRIMEIRA BRUXA
Mostre!

SEGUNDA BRUXA
Mostre!

TERCEIRA BRUXA
Mostre!

TODAS
Mostrem a ele e entor-
tem o seu coração,

Saiam, sombras, e evapo-
rem na escuridão!

Uma visão de oito reis surge,
tendo o último um
espelho em sua mão. Surge
o fantasma de Banquo.

MACBETH
Tua tez é igual ao espectro de Banquo!
Sai daqui! Tua coroa
queima meus olhos.
Teus cabelos antes dourados se igualam
Aos do primeiro rei, e assim o seguinte.
Bruxas torpes! Por que mos-
trais tudo isso?!
Ainda outro?! O quarto?
Parem, olhos meus!
Irá tal linha real até o fim do mundo?
Mais um? O sétimo? Não
verei nada mais!
O oitavo surge e seu espelho me mostra
Outros, com globos e
cetros triplicados!
Terrível visão! Agora vejo. É verdade!
Pois um Banquo coberto
de sangue escarnece
De mim e exibe sua cepa.

Espectros somem.

O quê? Nada mais?

PRIMEIRA BRUXA
Nem menos, meu lorde.
Mas por qual razão
Macbeth treme e se assusta
com esta visão?
Venham, irmãs, vamos
o enfadar de euforia,
E mostrar-lhe o melhor
da nossa fantasia!

Encantarei o ar para
nos dar uma cantiga,
Enquanto vós dançais
a nossa moda antiga!
A isso tudo o próspero rei irá bendizer:
Nosso dever pago com muito prazer!

Música. As bruxas dan-
çam e então somem,
junto de Hécate.

MACBETH
Onde elas estão? Já foram?
Que essa hora
Perniciosa seja maldita em todo nosso
Calendário! Entre! Quem será agora?

Entra Lennox.

LENNOX
O que deseja a vossa alteza?

MACBETH
Viste as medonhas irmãs?

LENNOX
Não, milorde.

MACBETH
Não passaram por ti?

LENNOX
Não, milorde.

MACBETH
Que seja infecto o ar que elas cavalgam
E maldito o que nelas confia!
O que ouvi
Foi tropel de cavalos? Quem chegou?

LENNOX
Mensageiros, meu senhor,
que trouxeram a nova de que
Macduff fugiu à Inglaterra.

MACBETH
Em fuga para a Inglaterra!

LENNOX
Sim, meu bom senhor.

MACBETH
Ó Tempo, tu anteviste meus atos fatais!
O propósito em fuga não
será alcançado
A menos que a ação
o persiga, lado a lado.
De hoje em diante,
os ímpetos do meu peito

Serão também a von-
tade dos meus braços.
Portanto, para coroar ideia com atos,
Que seja ideia e ato: atacarei o castelo
Macduff de surpresa,
tomando Fife inteira.
Passarei a faca em sua
mulher e seus filhos
E em toda a alma infeliz de seu sangue.
Nada de ameaças. O ato será feito na
Frieza da meta. Chega de aspirações.
Onde estão os mensageiros?
 Leve-me a eles.

Saem.

O JOVEM GOODMAN BROWN*

NATHANIEL HAWTHORNE 1835

Tradução de Marcia Heloisa

O sol já estava se pondo na aldeia de Salem quando o jovem Goodman Brown saiu de casa. Após cruzar a soleira da porta, virou-se para dar um beijo de despedida na esposa. A moça, cujo nome — Faith** — lhe assentava com perfeição, colocou o lindo rostinho para fora de casa e, enquanto falava com Brown, deixou que a brisa vespertina sacudisse as fitas cor-de-rosa do seu chapéu.

"Meu amorzinho", sussurrou ela aproximando os lábios da orelha do marido com uma voz meiga que, não obstante, traía uma leve tristeza, "peço que adie a jornada até amanhã cedo e durma hoje em sua cama. Uma mulher sozinha é atormentada por sonhos e pensamentos capazes de fazê-la temer até a si mesma. Por favor, meu querido marido, não me deixe sozinha, não justo esta noite."

"Minha amada Faith", respondeu o jovem Goodman Brown, "mas é por ser justo esta noite que preciso ir. Contando ida e volta, devo completar minha jornada, como a chamou, antes do amanhecer. Minha doce e bela esposa, ainda não temos sequer três meses de casados e já duvida de mim?"

"Bem, então que Deus te abençoe!", disse Faith, com as fitas cor-de-rosa agitadas pela brisa. "E que possa encontrar tudo em paz quando voltar."

---

* *Goodman* era um título semelhante a *Mister*, usado em geral para pessoas mais humildes, cuja posição social era inferior aos "senhores". O equivalente feminino é *Goody* ou *Goodwife*. [As notas são da tradutora]

** O nome da esposa de Brown enfatiza um dos temas do conto: fé.

"Amém!", exclamou Goodman Brown. "Faça suas orações, querida Faith, e vá se deitar cedo, que nada de mau há de acontecer."

Despediram-se; o rapaz seguiu caminhando até que, quando estava prestes a virar na esquina da casa de reuniões*, olhou para trás e viu a cabeça de Faith ainda despontando da casa, enquanto ela acompanhava seus passos com ar melancólico, apesar das fitas cor-de-rosa.

"Pobrezinha!", pensou ele, sentindo um aperto no coração. "Como sofro em ter de deixá-la para cumprir tal missão! Ela falou em sonhos. Julgo ter vislumbrado preocupação em seu rosto ao mencioná-los, como se um sonho tivesse revelado que tipo de trabalho preciso realizar esta noite. Mas não, não, a mera ideia seria capaz de matá-la. É um anjo abençoado na terra e, após esta noite, não a deixarei mais; hei de segui-la ao paraíso."

Tendo tomado essa louvável decisão para o futuro, Goodman Brown tratou de se apressar ainda mais para cumprir seu propósito maligno. Seguiu por uma estrada sombria, escurecida pelas árvores mais soturnas da floresta que, de tão juntas, estreitavam a trilha e dificultavam o acesso. Era um caminho solitário, mas havia algo de inquietante naquela solidão, pois, uma vez que os inúmeros troncos e os grossos galhos das árvores ofereciam amplo esconderijo, o caminhante poderia cruzar sem saber com uma multidão invisível.

"Pode haver um índio** diabólico atrás de cada árvore", pensou Goodman Brown com seus botões. "O próprio diabo pode estar no meu encalço!", imaginou ele, olhando assustado para trás.

Fez uma curva, ainda virando a cabeça para ver se era seguido, e, ao olhar para a frente novamente, deparou-se com um homem de trajes austeros, sentado ao pé de uma velha árvore. Quando Goodman Brown se aproximou, ele levantou-se e pôs-se a caminhar ao seu lado.

"Está atrasado, Goodman Brown", comentou. "Ouvi o relógio da Old South quando atravessei a cidade, e lá se vão mais de quinze minutos."

"Faith me atrasou um pouco", respondeu o jovem, com a voz trêmula, recuperando-se do susto que a aparição súbita lhe causara, mesmo que não fosse de todo inesperada.

---

*   Local onde os puritanos realizavam suas obrigações religiosas.

** Nota-se que, atualmente, o termo "índio" é visto como um generalismo que perpetua preconceitos, esconde a diversidade dos povos indígenas e apaga suas origens. Optamos por seguir o original à risca e manter a palavra para que o texto continue dialogando com o entendimento da época. Há claramente um peso negativo na imagem dos povos originários do ponto de vista do personagem do conto.

O crepúsculo mergulhara a floresta na penumbra, e era para sua região mais escura que os dois homens se dirigiam. O sujeito que caminhava ao lado de Brown aparentava ter em torno de 50 anos de idade e ser da mesma classe social que ele. Por apresentar notável semelhança com o jovem, mais na expressão facial do que nos traços em si, podia ser tomado por seu pai. No entanto, embora parecesse ter a mesma simplicidade do rapaz nas vestes e nos modos, o homem possuía o ar de alguém que conhecia bem o mundo e que não se sentiria envergonhado em um jantar com o governador ou na corte do rei William*, se seus serviços fossem por eles solicitados. O único detalhe que poderia ser considerado digno de nota em sua figura era o cajado, que, imitando uma cobra preta, fora talhado de modo a dar a impressão de que uma serpente viva se contorcia — provavelmente, mera ilusão de ótica, intensificada pela parca claridade da floresta.

"Apresse-se, Goodman Brown", instigou o homem, "este andar vagaroso não combina com o início de uma viagem. Tome meu cajado, se já ficou cansado tão depressa."

"Amigo", disse o rapaz, estacando o passo, "cumpri minha palavra e vim ao teu encontro, mas agora penso que prefiro voltar. Não me sinto à vontade com o assunto que pretende abordar."

"Não me diga!", disse o sujeito do cajado de serpente, sorrindo. "Façamos assim: vamos continuar andando, enquanto conversamos mais um pouco. Se não conseguir convencê-lo, pode voltar. Mal entramos na floresta."

"Mas é muito longe!", exclamou o rapaz, retomando a caminhada sem perceber. "Meu pai nunca enveredou pela floresta para tal coisa, nem o meu avô. Desde os tempos dos mártires, somos uma família de homens honestos e cristãos honrados. Serei o primeiro dos Brown a seguir por este caminho e em..."

"Em tal companhia, ia dizer", observou o homem, interpretando a pausa. "Pois bem, Goodman Brown! Entre os puritanos, não há uma família que eu conheça tão bem quanto a tua, e isso não é pouca coisa. Ajudei teu avô, o oficial, quando ele chicoteou com vigor aquela mulher quaker pelas ruas de Salem. E levei ao teu pai a tora de pinheiro, acesa no fogo da minha própria lareira, para incendiar uma aldeia indígena na Guerra do Rei Philip**.

---

* Rei William III (1650–1702), monarca da Inglaterra, Escócia e Irlanda de 1689 a 1702.
** Também conhecida como Primeira Guerra Indígena, a Guerra do Rei Philip ocorreu no sul da Nova Inglaterra, de 1675 a 1676. O conflito foi a última tentativa dos nativos norte-americanos de impedir a colonização de suas terras.

Os dois foram meus bons amigos e fizemos vários passeios agradáveis por esta mesma trilha, regressando felizes após a meia-noite. Em consideração a eles, aceitaria de bom grado tua amizade."

"Se isso é verdade", retrucou Goodman Brown, "muito me espanta que nunca tenham comentado nada. Se bem que não é de se admirar que tenham mantido segredo, pois bastaria um rumor desses para serem expulsos da Nova Inglaterra. Somos pessoas de oração e boas obras, e não compactuamos com nenhum tipo de maldade."

"Maldade ou não", prosseguiu o viandante do cajado retorcido, "conheço muita gente aqui na Nova Inglaterra. Os diáconos de várias igrejas já tomaram o vinho da comunhão comigo, homens distintos de diversas cidades me elegeram seu representante e a maioria da Grande Corte é composta por defensores ferrenhos dos meus interesses. E o governador também. Mas esses são segredos de estado."

"É mesmo?", indagou Goodman Brown, fitando seu impassível companheiro com perplexidade. "Seja como for, não tenho nada a ver com o governador ou com o conselho; eles agem de acordo com seus princípios e em nada influenciam um simples fazendeiro como eu. Mas, se porventura resolvesse de fato prosseguir com o senhor, como tornaria a olhar para nosso bom pastor em Salem? A voz dele me faria estremecer, nos dias de sermão e no domingo de descanso."

O viajante, que até então ouvia Brown com a devida seriedade, rebentou em uma risada incontrolável e, enquanto seu corpo sacudia às gargalhadas, o cajado de cobra pareceu ganhar vida.

"Rá, rá, rá!", ria desbragadamente. Por fim, se recompôs e disse: "Prossiga, Goodman Brown, prossiga. Mas, por favor, não me mate de tanto rir".

"Bem, para concluir o assunto", continuou Goodman Brown, bastante melindrado, "devo pensar na minha esposa, Faith. Isso partiria seu coração, e prefiro sofrer a causar-lhe sofrimento."

"Sendo assim", retrucou o homem, "é melhor que siga teu caminho, Goodman Brown. Não permitiria que mal algum acontecesse a Faith, nem por vinte velhas mancas como essa aí na frente."

Assim dizendo, apontou com o cajado para uma mulher que seguia pela trilha e Goodman Brown logo a reconheceu como sua antiga professora de catecismo; senhora exemplar, muito religiosa, que continuava sendo sua conselheira moral e espiritual, junto do pastor e o diácono Gookin.

"É de fato impressionante que Goody Cloyse esteja se embrenhando no meio da floresta a esta hora da noite", admitiu. "Mas, com sua licença, amigo, hei de seguir por um atalho até termos deixado essa boa cristã para trás. Como não o conhece, ela pode querer saber com quem eu falava e para onde estava indo."

"Como preferir", aquiesceu o companheiro de viagem. "Vá pela mata e deixe-me seguir pela trilha."

Assim, o jovem atalhou pela mata, mas cuidou para não perder seu companheiro de vista. O homem prosseguiu tranquilamente pela trilha, até se aproximar a uma curta distância da velha senhora. Ela, enquanto isso, seguia com espantosa rapidez para sua idade, murmurando palavras incompreensíveis — estava rezando, sem dúvida. O caminhante esticou o cajado e tocou a nuca ressequida da senhora com o que parecia ser a cauda da serpente.

"O demônio!", gritou a velha beata.

"Então Goody Cloyse reconhece seu velho amigo?", indagou o viajante, pondo-se diante dela e apoiando-se no cajado.

"É mesmo o senhor, Vossa Reverência?", perguntou a boa mulher. "Ora, essa, quem diria! É idêntico ao meu velho amigo, Goodman Brown, avô daquele paspalhão. Vossa Reverência não vai acreditar; minha vassoura desapareceu misteriosamente. Desconfio que tenha sido afanada por aquela bruxa que escapou da forca, Goody Cory, justo quando eu estava toda untada de sumo de salsão, potentilha e acônito."

"Misturado com bom trigo e gordura de bebê recém-nascido", completou o sujeito que parecia o velho Goodman Brown.

"Ah, vejo que Vossa Reverência conhece a receita", disse a velha, se escangalhando de rir. "Então, como ia dizendo, estava prontinha para a reunião e, como não tinha cavalo, resolvi vir a pé mesmo, pois soube que hoje à noite um bom rapaz se juntará a nós. Se Vossa Reverência me der o braço, chegaremos lá em um piscar de olhos."

"Isso não posso fazer", respondeu o homem que parecia seu velho amigo. "Não posso lhe dar o meu braço, Goody Cloyse, mas pode levar meu cajado, se quiser."

Ele atirou o cajado aos pés dela e é possível que tenha ganhado vida, pois era um dos báculos que emprestara aos magos egípcios. Goodman Brown, no entanto, não pôde comprovar o fato. Ergueu os olhos, atônito, e quando tornou a olhar para baixo, não viu nem sinal de Goody Cloyse e do cajado em forma de serpente. Seu companheiro de viagem estava sozinho, esperando calmamente por ele, como se nada tivesse acontecido.

"Aquela mulher me deu aulas de catecismo", disse. O comentário era trivial, mas o significado, profundo.

Continuaram caminhando; o homem exortava Goodman Brown a apertar o passo e a permanecer na trilha, oferecendo argumentos tão convincentes que pareciam vir do próprio ouvinte, e não daquele que buscava persuadi--lo. No caminho, arrancou um galho de bordo para usar como cajado e se pôs a desnudá-lo dos ramos, úmidos com o sereno. Assim que seus dedos tocavam neles, esturricavam, como se estivessem expostos ao sol por uma semana. Foram adentrando pela trilha até que, de repente, em um recanto sombrio da estrada, Goodman Brown sentou-se em um toco de árvore e se recusou a seguir viagem.

"Amigo", disse ele, resoluto, "já me decidi: não dou mais um passo. Tanto se me dá se uma velha desgraçada decide ir para o diabo, embora tenha passado a vida inteira achando que ela ia para o céu. Isso lá é motivo para que eu abandone minha preciosa Faith e resolva tomar o mesmo rumo?"

"Verá com outros olhos daqui a pouco", garantiu o homem, muito calmo. "Sente-se, descanse, e quando quiser retomar a caminhada, tem meu cajado para servir de amparo."

O homem não disse mais nada, apenas atirou o cajado e despareceu, como se engolido pela crescente escuridão. O rapaz continuou sentado à beira da trilha, congratulando-se internamente pela desistência e satisfeito por poder continuar encarando o pastor em seus passeios matinais com a consciência tranquila, sem precisar fugir dos olhos do velho diácono Gookin. E pensando que aquela mesma noite, que por pouco não fora conspurcada por um propósito maligno, haveria de proporcionar-lhe o sono dos justos, um repouso puro e doce, nos braços de Faith! Absorto pelo encanto de pensamentos tão louváveis, Goodman Brown teve o devaneio interrompido pelo som de cascos de cavalos se aproximando da trilha e julgou prudente esconder-se na mata. Embora tivesse desistido de seu intento, sentia-se culpado por ter ido até a floresta com más intenções.

Junto ao som dos animais, pôde distinguir a voz grave de dois cavaleiros, que conversavam sobriamente enquanto se aproximavam do local onde o rapaz estava escondido; no entanto, a pronunciada escuridão da mata naquele trecho em particular o impedia de ver os viajantes e os cavalos. Embora roçassem os arbustos à beira do caminho, não pareciam interceptar o brilho fugidio da nesga de céu estrelado pela qual passavam. Goodman Brown se agachou e depois ficou na ponta dos pés, afastando os galhos e espichando a cabeça o máximo possível, mas não logrou discernir sequer uma sombra. O esforço tornou-se ainda mais angustiante, pois podia jurar, embora lhe parecesse impossível, ter reconhecido as vozes do pastor e do diácono Gookin. Pareciam trotar calmamente, como faziam quando rumo a alguma ordenação ou algum conselho eclesiástico. Um dos cavaleiros parou para arrancar um galho.

"Entre os dois, reverendo", disse a voz que parecia do diácono, "eu preferia perder um jantar de ordenação do que a reunião de hoje. Fiquei sabendo que vem gente nossa de Falmouth, de Connecticut e de Rhode Island, além de diversos xamãs nativos que, a seu modo, dominam tão bem quanto nós as artes diabólicas. E, além do mais, será apresentada uma nova jovem hoje à noite."

"É verdade, diácono Gookin!", respondeu o pastor, em tom solene. "Avie-se, ou vamos nos atrasar. Aguardam-me para começar, o senhor sabe."

O som dos cascos fez-se ouvir novamente, e as vozes, reproduzindo um estranho diálogo, ecoaram pela floresta, onde igreja alguma jamais tinha se reunido, onde nenhum cristão entoara uma prece. Para onde, então, aqueles homens santos se dirigiam enquanto penetravam nas profundezas daquela floresta profana? O jovem Goodman Brown precisou se apoiar em uma árvore para não cair, sentindo uma aguilhoada lancinante de decepção no peito. Volvendo os olhos para o céu, duvidou da existência de um paraíso. No entanto, lá estava a abóbada azul, pespontada de estrelas.

"Com Deus no céu e Faith na terra, hei de resistir até o fim contra o diabo!", bradou Goodman Brown.

Enquanto ainda contemplava o firmamento, erguendo as mãos em súplica, uma nuvem deslizou depressa pelo zênite, mesmo sem vento, e ocultou as estrelas reluzentes. O céu azul continuava visível, exceto sobre a cabeça de Goodman Brown, onde uma nuvem sombria avançava em direção ao norte. Pairava no ar, como se vindo da nuvem, um alarido confuso. Em um momento, o ouvinte julgava reconhecer vozes de conhecidos da sua cidade, homens e mulheres, tanto piedosos quanto ímpios — encontrara com alguns na mesa de comunhão, bem como testemunhara outros brigando na taverna. No momento seguinte, os sons eram tão indistintos que duvidava de sua existência, convencendo-se de que não passavam de murmúrios da velha floresta, que sussurrava na ausência do vento.

Adveio também nova onda de vozes familiares, ouvidas diariamente durante o dia na aldeia de Salem, mas jamais oriundas de uma nuvem noturna. Distinguiu a voz de uma moça, lamentando-se com indefinido pesar e suplicando por uma graça cuja obtenção talvez fosse causar-lhe sofrimento; toda a multidão invisível, de santos e pecadores, parecia incentivá-la.

O JOVEM GOODMAN BROWN } .535

"Faith!", gritou Goodman Brown, tomado de desespero. Os ecos da floresta arremedaram seu chamado, repetindo "Faith! Faith!" como se infelizes atônitos a procurassem por toda floresta.

O grito de angústia, raiva e terror ainda cortava a noite quando o desafortunado marido prendeu a respiração, aguardando uma resposta. Ouviu um clamor, logo sufocado por um ruidoso murmúrio de vozes que culminou em um riso distante, à medida que a nuvem preta se deslocava, silenciando o céu sobre Goodman Brown. Mas algo flutuou suavemente pelo ar e ficou preso no galho de uma árvore. Ao apanhá-lo, o rapaz reconheceu a fita cor-de-rosa.

"Minha Faith se foi!", lamentou ele, após um momento de assombro. "Não há bondade na terra e 'pecado' não passa de uma palavra vazia. Venha, diabo, pois este mundo a ti pertence."

Louco de desespero, Goodman Brown explodiu em uma gargalhada e, tomando o cajado, seguiu viagem com tanta pressa que parecia voar, e não andar ou correr. O caminho tornava-se cada vez mais agreste e soturno, e era cada vez mais difícil detectar a trilha. Até que ela por fim desapareceu, deixando-o no coração da floresta escura, impelido pelo instinto que guia os mortais para o mal. Estava cercado por sons assustadores — ruídos de árvores, uivos de animais selvagens, gritos de índios. Às vezes, o vento soava como o sino de uma igreja distante; às vezes, retumbava ao redor, como se a própria natureza troçasse dele. Mas Goodman Brown era o principal horror da cena e não se acovardava perante os demais.

"Rá, rá, rá!", gargalhava quando o vento se punha a rir dele. "Vamos ver quem ri mais alto. Não pensem que me assustam com suas diabruras. Venham, bruxas. Venham, bruxos. Venham, xamãs. Pode vir o próprio diabo, pois aqui vai Goodman Brown. Tremei perante ele, como ele tremia diante de vocês."

Era bem verdade que, em toda a floresta assombrada, não havia algo mais assustador do que a figura de Goodman Brown. Ele passava ventando pelos pinheiros escuros, brandindo seu cajado com gestos frenéticos, ora proferindo as mais horrendas blasfêmias, ora soltando tão potente garga-lhada que alimentava os ecos da floresta com um coro de risos satânicos. O demônio encarnado é menos apavorante do que um homem possuído. Assim avançou o endemoniado, até avistar uma luz vermelha bruxuleando entre as árvores à sua frente, como se tivessem ateado fogo nos troncos e galhos caídos na clareira, fazendo subir ao céu sua chama incandescente à meia-noite. Estacou, fazendo cessar a fúria tempestuosa que o movera até então, e ouviu o que parecia ser um cântico, carregado solenemente pelo ar com o peso de múltiplas vozes. Ele reconheceu a melodia; era popular no coral da casa de reuniões da aldeia. Os versos chegaram ao fim, prolongados por um coro composto não de vozes humanas, mas de todos os sons da soturna floresta ressoando em tenebrosa harmonia.

Goodman Brown soltou um grito, mas o som rapidamente se perdeu, devorado pela algazarra da desolada escuridão. No intervalo do silêncio, aproximou-se até a chama iluminar seus olhos. Em uma das extremidades da clareira, ladeado pela muralha preta da floresta, erguia-se um rochedo que, em sua rude aparência natural, parecia fazer as vezes de altar ou púlpito. Estava cercado por quatro pinheiros flamejantes; os troncos intactos, mas as copas em chamas, como velas em uma reunião vespertina. O fogo também tinha se alastrado pela folhagem que crescia além do topo do rochedo, e as labaredas, erguendo-se aos céus, iluminavam todo o campo com sua oscilante claridade. Gravetos e folhas pendentes ardiam em chamas. A brasa avermelhada crescia e decrescia, ora revelando a numerosa congregação, ora mergulhando-a nas sombras. Quando ressurgia da escuridão, parecia povoar, em um lampejo, todo o coração da floresta solitária.

"Um grupo solene, em trajes sombrios", disse Goodman Brown.

E ele tinha razão. Tremeluzindo entre as trevas e o resplendor, surgiam rostos que seriam vistos no dia seguinte no conselho da província e outros que, domingo após domingo, lançavam olhares devotos para o céu e contemplavam com expressão beatífica, dos púlpitos mais excelsos da região, os bancos lotados da igreja. Alguns dizem que a mulher do governador estava lá. Havia senhoras de alta estirpe, todas suas conhecidas, mulheres de figurões, várias viúvas, donzelas de reputação ilibada e belas mocinhas com medo de serem descobertas por suas mães. Ou os súbitos clarões de luz que fulguravam pelo campo obscuro atordoaram Goodman Brown ou ele de fato reconheceu diversos membros da igreja da aldeia de Salem, todos famosos por sua imaculada santidade. O bom e velho diácono Gookin chegara, acompanhado pelo venerável pastor. No entanto, em irreverente confraternização com tais figuras sóbrias, respeitáveis e devotas — os anciãos da igreja, as damas virtuosas e as virgens castas — havia homens de vidas dissolutas e mulheres de má-fama, miseráveis dados a todo tipo de vício perverso e repugnante, suspeitos até mesmo de crimes abomináveis. Era estranho notar que os bons não se esquivavam dos maus, nem os pecadores se envergonhavam perante os santos. Também espalhados em meio aos seus inimigos de cara pálida estavam os líderes espirituais dos índios, os xamãs, que costumavam assombrar suas florestas nativas com sortilégios mais horrendos do que qualquer bruxaria inglesa.

"Mas onde está Faith?", pensou Goodman Brown; e quando a esperança se acendeu em seu coração, ele estremeceu.

Entoaram outro verso da canção, uma passagem lenta e lúgubre como o amor piedoso, mas acompanhada por palavras que expressavam tudo que nossa natureza é capaz de conceber em termos de pecado, com insinuações ainda mais nefastas. A litania dos demônios é insondável para meros mortais. Cantaram verso após verso; o coro do deserto ressoava como o tom mais grave de um órgão monumental, e no estrondo final do terrível cântico elevou-se um som, como se os ventos, os riachos, os animais e todas as demais vozes selvagens da floresta se mesclassem às dos condenados em homenagem ao príncipe de todas as coisas. Os quatro pinheiros flamejantes lançaram uma chama mais alta, revelando silhuetas e rostos de horror na fumaça que pairava sobre a indecorosa assembleia. Nesse mesmo momento, o fogo que ardia no rochedo se expandiu, formando um arco incandescente sobre sua base, onde surgiu uma figura. Em verdade, a figura guardava semelhança considerável, tanto nos trajes quanto nos trejeitos, com alguns sacerdotes das igrejas da Nova Inglaterra.

"Tragam os convertidos!", bradou a voz que ecoou pelo campo, reverberando por toda floresta.

Goodman Brown deu um passo à frente, saindo da sombra das árvores e se aproximando do grupo, por quem sentia uma espécie de fraternidade, pois tudo que havia de mais nefasto em seu coração simpatizava com aqueles infiéis. Ele poderia jurar que era seu próprio pai morto quem o convidava a se aproximar, pairando espectralmente sobre ele em meio à fumaça, enquanto uma mulher, com vaga expressão de desespero, fazia um gesto para que recuasse. Seria sua mãe? Não teve forças para recuar, nem para resistir — nem mesmo em pensamento — quando o pastor e o bom diácono Goodkin seguraram seus braços e conduziram-no para o rochedo incandescente. Caminhava para o mesmo local uma mulher de silhueta esbelta, com o rosto encoberto por um véu, conduzida por Goody Cloyse, a devota professora de catecismo, e Martha Carrier, que recebera do demônio a promessa de ser rainha do inferno. Era uma bruxa descontrolada. E, sob o baldaquino de fogo, pairavam os prosélitos.

"Bem-vindos, meus filhos", disse a figura de preto, "à comunhão de vossa raça. Encontrastes tão jovens vossa natureza e vosso destino. Meus filhos, olhai para trás!"

Eles olharam; reluzindo em uma chama, surgiram os adoradores do diabo. Um sorriso de acolhida iluminou seus rostos soturnos.

"Eis ali", prosseguiu a figura sombria, "todos aqueles por vós reverenciados, desde crianças. Vós os tomáreis como mais santos do que vós e rechaçáreis vossos próprios pecados, comparando-os com vossas vidas justas e aspirações divinas. No entanto, ei-los todos compondo minha assembleia de adoradores. Esta noite, vos sereis permitido conhecer seus feitos secretos: como anciãos da igreja, já de barba grisalha, sussurraram indecências para as jovens criadas de suas residências; como muitas mulheres, ansiosas por trajes de luto, deram uma bebida aos maridos na hora de dormir, para que dormissem o derradeiro sono em seus regaços; como rapazes imberbes se apressaram para herdar a fortuna de seus pais; e como formosas donzelas — não ruborizem, minhas queridas — cavaram pequenos túmulos em seus jardins e convidaram-me como único presente no funeral de seus filhos. Em virtude da simpatia de vossos corações humanos pelo pecado, sabereis todos os locais — nas igrejas, nas alcovas, nas ruas, nos campos ou nas florestas — onde foram cometidos crimes e exultareis ao ver toda a terra como uma mácula de culpa, uma gigantesca nódoa de sangue. E ainda muito mais. Podereis penetrar, em vossos íntimos, no mistério profundo do pecado, a fonte de todas as artes perversas e que fornece, de forma inesgotável, mais impulsos malignos do que o poder humano — ou até o meu poder — pode manifestar em seus atos. E agora, meus filhos, olhai uns para os outros."

Eles obedeceram; e, sob as chamas acesas com o fogo do inferno, o pobre Goodman Brown viu sua Faith, e ela, o seu marido, tremendo diante do altar profano.

"Vede, meus filhos", proferiu a figura, em tom grave e solene, quase pesaroso em seu horror desenganado, como se sua natureza angélica de outrora ainda pudesse lamentar nossa raça miserável. "Depositando fé um no coração do outro, acreditastes que a virtude não era apenas um sonho. Agora, fostes desenganados. O mal é a natureza da humanidade. O mal há de ser vossa única felicidade. Bem-vindos de volta, meus filhos, à comunhão de vossa raça."

"Bem-vindos", repetiram em uníssono os adoradores do diabo, em uma nota de desespero e triunfo.

O JOVEM GOODMAN BROWN }.539

E lá ficaram os dois prostrados; o único par, ao que parecia, que ainda hesitava à beira da perversidade daquele mundo infernal. No rochedo, havia uma espécie de bacia, cavada naturalmente na pedra. Acaso continha água, avermelhada pelo brilho das labaredas? Ou seria sangue? Ou quem sabe chama líquida? Naquela bacia, a figura do diabo mergulhou a mão e se preparou para selar a marca do batismo na testa dos jovens, para que pudessem participar do mistério do pecado, tomando consciência das faltas secretas dos outros, tanto em ato quanto em pensamento, mais do que tinham de suas próprias. O marido fitou a lívida esposa, e Faith retribuiu seu olhar. Da próxima vez em que se olhassem, acaso veriam como eram desgraçados e impolutos, estremecendo perante o que tais revelações haveriam de mostrar-lhes?

"Faith! Faith!", gritou o marido. "Olhe para o céu e resista ao maldito."

Se Faith obedeceu, ele não soube dizer. Mal acabou de pronunciar tais palavras, viu-se sozinho na noite serena, ouvindo o rugido do vento se extinguir pela floresta. Escorando-se no rochedo, sentiu a superfície fria e úmida. Um galho pendente, que fora todo queimado, aspergiu gélido orvalho em sua face.

Na manhã seguinte, o jovem Goodman Brown desceu a rua devagar pela aldeia de Salem, olhando ao redor como um desorientado. O velho pastor dava uma volta pelo cemitério, despertando seu apetite para o desjejum enquanto refletia sobre seu sermão. Quando Goodman Brown passou por ele, o pastor o abençoou com um gesto. Ele se esquivou do venerável sacerdote como quem se protege de uma maldição. O velho diácono Gookin estava orando em casa e, pela janela aberta, as palavras sagradas da oração alcançavam a rua. "Para qual Deus clama o bruxo?", pensou Goodman Brown. Sob os primeiros raios de sol da manhã, Goody Cloyse, aquela admirável senhora cristã, estava na janela catequizando a menininha que fora lhe levar seu leite. Goodman Brown puxou a criança como se a resgatasse das garras do próprio demônio. Dobrando a esquina da casa de reuniões, viu a cabeça de Faith, com as fitas cor-de-rosa, olhando aflita para a rua. Ao vê-lo, seu coração vibrou de alegria e ela saiu correndo em disparada, quase beijando o marido na frente de toda a aldeia. Mas Goodman Brown encarou-a com um olhar triste e severo e passou por ela sem a cumprimentar.

Teria Goodman Brown adormecido na floresta e apenas tido um pesadelo sobre um encontro de bruxos?

Acredite nisso, se quiser, mas infelizmente foi um sonho de mau presságio para o jovem Goodman Brown. Desde a noite do terrível pesadelo, ele se tornou austero, triste, sorumbático e desconfiado; um homem sem qualquer esperança. Aos domingos, quando todos na igreja entoavam um salmo sagrado, ele não conseguia ouvi-lo sem que um ensurdecedor cântico infernal sobrepujasse a melodia santa. Quando, do seu púlpito, o pastor se dirigia aos fiéis com vigor e fervorosa eloquência e, com uma das mãos espalmada na Bíblia aberta, versava sobre as verdades sagradas de nossa religião, sobre as vidas e mortes triunfantes dos santos e sobre júbilos futuros e indizíveis pesares, Goodman Brown empalidecia, temendo que o teto fosse desabar sobre o blasfemo e seus ouvintes. Ao despertar sobressaltado à meia-noite, repelia o abraço de Faith, e, pela manhã e ao entardecer, quando a família se ajoelhava para orar, ficava sério, resmungava sozinho e fitava a mulher com uma expressão sisuda, afastando-se dela. E quando, depois de viver muitos anos, seu corpo encanecido foi sepultado — seguido por um honroso cortejo formado por uma já idosa Faith, seus filhos, netos e vários vizinhos —, nenhum verso de esperança foi inscrito em sua lápide, pois Goodman Brown teve uma morte tenebrosa.

NATHANIEL HAWTHORNE (1804-1864), um dos maiores contistas norte-americanos, nasceu na cidade de Salem, em Massachussets, e é descendente direto de um dos juízes envolvidos nos Julgamentos de Salem. O conto "O Jovem Goodman Brown" tem um dos diálogos mais diretos com o contexto histórico do demônio que a literatura de sua época já viu.

a pele nua
na sola dos pés
faz do passo
uma promessa

as folhas estalam como ossos

a lua abocanha a clareira
vazando luz entre os lábios
os galhos despertam rijos
em priápica sentinela

o som musculético das feras
fere a sombra que rasga a mata
densa como a carne

a noite se encolhe
mansa e assustada

a bruxa
incandescente
troveja.

— "promessa",
por bruxa M.Heloisa —

COLHEITA ANCESTRAL

Nesta safra de verão honramos as bruxas, as feiticeiras, as pitonisas e as sibilas. Mulheres que nos antecederam e, com sua poderosa magia ancestral, tingiram nossas veias com um sangue que pulsa apaixonado pelos mistérios da vida e as revelações da morte.

Em nome da família Macabra, gostaríamos de agradecer a todos que buscam as lâminas afiadas do conhecimento para libertar aqueles que ainda estão presos às amarras do medo. Um agradecimento mais que especial aos membros do nosso estimado Coven, sem os quais nossa fazenda seria apenas uma faixa inerte de terra, sem a lua que deita sua luz e faz brotar alimento do solo.

PRIMEIRA COLHEITA
NO VERÃO DE 2021

RONALD HUTTON (1953)

É historiador e pesquisador nascido na Índia e criado na Inglaterra. Graduou-se em Cambridge e depois em Oxford, e obteve uma bolsa no Magdalen College antes de ir para a Universidade de Bristol, em 1981, onde é professor ainda hoje. Ronald Hutton é autoridade em história das Ilhas Britânicas nos séculos xvi e xvii, contexto global das crenças da bruxaria, paganismo antigo e magia, tendo escrito cerca de catorze livros sobre estes assuntos. Além disso, Hutton participou de documentários e programas de rádio, como *A Very British Witchcraft* e *Professor Hutton's Curiosities* (ambos de 2013), entre outros. Seu trabalho com a religião Wicca é de grande influência entre os estudos de religiões contemporâneas.

Não creio em bruxas, mas que elas existem, existem

MACABRA
DARKSIDE

MAGICAE é uma coleção inteiramente dedicada aos mistérios das bruxas. Livros que conectam todos os selos da DarkSide® Books e honram a magia e suas manifestações naturais. É hora de celebrar a bruxa que existe em nossa essência.

FEAR IS NATURAL ©MACABRA.TV   DARKSIDEBOOKS.COM